俄罗斯证人丛书

在历史祭坛上
戈尔巴乔夫的命运

郑建新◎著

南方日报出版社
NANFANG DAILY PRESS
中国·广州

图书在版编目（CIP）数据

在历史祭坛上 ：戈尔巴乔夫的命运 / 郑建新著. --广州 ：南方日报出版社，2012.6
ISBN 978-7-5491-0569-4

Ⅰ. ①在… Ⅱ. ①郑… Ⅲ. ①戈尔巴乔夫—生平事迹Ⅳ. ①K835.127=5

中国版本图书馆 CIP 数据核字(2012)第 097699 号

在历史祭坛上——戈尔巴乔夫的命运 郑建新 著

出版发行：南方日报出版社
地　　址：广州市广州大道中 289 号
电　　话：（020）83000502
经　　销：全国新华书店
印　　刷：广东信源彩色印务有限公司
开　　本：787mm×1092mm　1/16
印　　张：18.75
字　　数：320 千字
版　　次：2012 年 6 月第 1 版
印　　次：2012 年 6 月第 1 次印刷
定　　价：36.00 元

投稿热线：（020）83000503　读者热线：（020）83000502

网址：http://nf.nfdaily.cn/press/

发现印装质量问题，影响阅读，请与承印厂联系调换

★目　录

从戈尔巴乔夫到普京：我看到的俄罗斯

——做客人民网强国论坛访谈记录

（代 序）

2011年12月，时值苏联解体20周年。国内不少媒体相继以此为专题作了回顾性报道。同月6日，我应邀做客人民网强国论坛，以“从戈尔巴乔夫到普京：我看到的俄罗斯”为题，与网友进行了在线交流。访谈内容恰和本书有关，和接下来要写的两本书也有关。因此我将稍加整理的访谈记录放在这里，作为《在历史祭坛上：戈尔巴乔夫的命运》一书的代序。

■亲历解体前的苏联，感受末日黄昏

主持人：您在莫斯科留学时，是苏联解体前夕，留学期间给您留下的最深的印象是什么？

郑建新：1989年8月下旬，我们踏上国列，前往苏联首都莫斯科留学。国列穿过蒙古，进入西伯利亚。火车行驶在西伯利亚原野时，那里的煤矿工人正在进行大罢工。那次罢工使苏联当时已经恶化的经济更加糟糕，也对戈尔巴乔夫的改革带来更多的困难。

苏联改革的第五年，世界瞩目。而我们将去苏联首都莫斯科留学，可以亲眼看到改革，无疑很是兴奋。

8月底抵达莫斯科。一个月后我去了莫斯科历史档案学院。学院的院长尤里·阿法纳西耶夫几乎是与叶利钦同样有名的改革激进派领导人。

以前一直是在北京，在远处了解和观察苏联的改革，以及苏共总书记戈尔巴乔夫；现在则是来到了改革的中心，改革就在我们身边。但是刚开始的几个月，近在身边的改革突然变得非常模糊，因为刚来莫斯科的我们，语言不通，看不懂电视和报纸，周围是陌生的面孔和环境，发生的事情比在国内

知道得甚至还要晚。我们暂时浮在苏联社会的表面。

几个月后，慢慢熟悉了语言和环境，才开始能够了解和亲眼观察那里发生的一切。那是一个帝国的黄昏，是一个巨人踉跄迈出的最后几步。记忆中最深刻的有这样一些瞬间：

1989年的新年，戈尔巴乔夫致新年贺词时表情很沉重；已经不见往日的自信和风采。苏联人是在国家一片混乱中迎来了1990年。电视里传出克里姆林宫上空的钟声，那是我第一次听到，悠远深沉，余音缭绕，有一种沉重的感觉。

在友谊大学生宿舍聊天时，苏联大学生对戈尔巴乔夫的不满令我惊异，改革一团糟，国家走入死胡同，无政府主义泛滥，经济危机比以往任何时候都严重，戈尔巴乔夫太软弱，我们需要的不是这样的领导人，需要铁腕人物，整顿秩序，恢复经济……这和我们对苏联改革和戈尔巴乔夫的了解有太多的差距。

新年过后不久，1990年2月叶利钦等人召集的大规模集会，万头攒动，令人震撼，游行者呼喊着否定列宁，否定十月革命的口号，响彻天空。电视里的场面给人的感觉是，红色帝国的根基已经动摇了。

戈尔巴乔夫3月当选为苏联总统；5月底叶利钦在俄罗斯联盟胜出，成为最高苏维埃主席，苏共党内的激烈斗争，政坛变化令人眼花缭乱；五一节的红场游行后，3万人走进红场，高呼最时髦的口号，对国家领导人轻蔑地打着口哨，大喝倒彩，发出“嘘嘘”声，令人大跌眼镜。

二十八大于1990年7月召开，苏共最后一届党代会，我们惊异地得知，叶利钦退党了，身边熟悉的苏联人也告诉我，大批党员退党，她和丈夫都退党了；二十八大后，8月我从西欧旅游回到莫斯科，有几天食品店竟然面包脱销，几十年未有过的情景，说明了苏联物资匮乏到了什么程度；还有不断加剧的民族矛盾，我的导师是研究民族问题的，我们在他家里做客时，他担忧地讲过；

…………

1990年10月3日我坐上了回国的火车。那天极冷，北风呼啸，雪花飘飘。莫斯科下了第一场雪。火车晚点，半夜时分才启程。莫斯科渐渐隐没在黑暗中，那一刻我觉得苏联的改革前景如同这漆黑的夜，前途莫测。那天也正是东西德统一的日子。

■目睹叶利钦时期，黑暗中的危机

主持人：叶利钦时期呢？有哪些记忆深刻的瞬间？

郑建新：叶利钦执政的8年，我有7年是在那里度过的，对那一时期有着深刻而真实的体验。简单说，整个叶利钦时期犹如莫斯科冬季最阴暗的天空。这不仅是指苏联解体后的俄罗斯的社会、经济、政治状况，同时还反映在俄罗斯人的脸上。人们的表情凝重，不安，忧虑重重。

炮轰白宫事件记忆犹新。那夜听得到市中心传来的枪炮声，感觉莫斯科就要打仗了。事件平息后我们去了白宫，议会大厦千疮百孔，上面几层被烟熏得很黑，没有窗户，附近还停着坦克，还有荷枪实弹的军人。

两次金融危机，1994年底1995年初，还有1998年，这两次最大的金融危机我都经历了。卢布贬值，几乎成为废纸，不仅华商和俄罗斯商人都受到巨大损失，俄罗斯百姓顷刻间也失去了多年的积蓄。一次我看到某家银行前聚集了很多人，他们想把贬值的卢布取出来，换成任何商品，但是银行里没有钱……

俄罗斯社会极其不安全，被称为世界上最危险的地方。旅俄华人对此感受最深。1995年我的老板半夜被抢劫，四个蒙面大盗闯进他租住的公寓，刺伤老板，打伤他的女儿女婿，抢走7万美元。这样的事屡屡发生，很多华人都遇到过，我自己也被抢劫过。其实也不仅是华人，连俄罗斯人都感到生活很不安全。我记得当时俄媒体不断报道银行行长连续遭到暗杀，破案？叶利钦大声疾呼一定要找到凶手，但一个都没有找到。还记得电视台一个著名主播被暗杀了，因为他反对在电视上做酒的广告。俄罗斯的杀手很厉害。

上世纪末发生在莫斯科的恐怖事件，实在恐怖：1999年夏秋之交，几天之内三栋居民大楼被恐怖分子炸毁，电视里的镜头是轰然倒塌的居民楼和百姓痛哭的场面，现在回想起来还历历在目；还有一些居民半夜被告知要紧急疏散，因为接到了大楼有炸药的电话……

叶利钦时期正如俄罗斯一些历史学家所称：是俄罗斯几百年来最暗淡的历史时期。

■对戈尔巴乔夫的评价应客观真实

网友qawsedrfa：您对戈老感兴趣？

郑建新：是的，我长久以来一直对这个人感兴趣。

1985年戈氏走上苏联最高领导人岗位，很快他就发起了惊天动地的改革。全世界都很看好。他年轻，充满朝气，没有历史包袱，思维敏捷，能言善辩，性格坦诚。那时我在读研究生，由于自小学的是俄语，对苏联发生的一切也就更多了一份关心。1987年底调到了中国社科院苏东研究所工作，研究了解那里发生的一切就是我的工作。而世界瞩目的苏联改革也正在戈氏领导下如火如荼地展开。记得1988年我收集了一些资料，写了一篇关于苏联改革的文章《戈尔巴乔夫其人和苏联的改革》，刊载在《苏联东欧问题》当年第五期，现在看那篇文章，对戈氏的改革估计有些乐观了。一年后有幸赴苏留学看到的已经是另一番情景。

戈氏的命运和苏联改革的命运不可分。改革以苏联解体落幕，戈氏也走下了历史舞台。这场轰轰烈烈开始却以联盟支离破碎解体而告结束的历史大剧，异常生动复杂曲折壮阔和带有悲剧色彩，因为改革的发起人得到的并非是他发起改革的目的。这段历史的一部分我在留学时亲眼看到了，更多的也不是很清楚。我很想搞清楚这幕历史大剧究竟是如何发生，经历了什么，又为何如此惨烈地结束。在后来旅居俄罗斯的十几年间，我一直关注走下政坛的戈氏，一直抱有要写出这个人和那场改革的愿望。

去年在我乘火车赴赤塔大学教书时，同包厢的俄罗斯教师（在青岛某大学任教）阿廖娜问我：为什么写他？俄罗斯人至今对他没有好感。我说：他是一个历史性的人物，他值得写，值得研究。

网友故园春早：*《在历史祭坛上：戈尔巴乔夫的命运》，谈谈这本书的写作，很难写吧？*

郑建新：戈尔巴乔夫生于上世纪30年代，斯大林时期。写他的生平几乎涉及到了前苏联所有党和国家最高领导人，需要阅读大量相关书籍和资料，掌握整个苏联时期各个领导人的执政情况、功过得失，熟悉苏共历史，当然这都是背景资料，最重要的是要熟知本书主人公的成长环境、家庭、性格形成特点、生活经历、他的爱情及其对他的影响等，这些内在的东西又如何与机遇和条件相重合，将他推上历史舞台，走上权力最高峰，以及又如何发动了惊世骇俗的改革。我读了能找到的大量相关书籍和在俄罗斯网站上找到的大量文章。全书分为六部分，重点是改革。那是他一生中所做的最重大的一件事，最不成功的一件事，其结果至今让他心痛的一件事。但他始终认为，当时改革是必需的。他的改革和他的命运不失为一出最悲壮的历史大剧，令人扼腕痛惜和深思。

写作时总的原则是客观、真实，尺度的把握很重要，将一个高加索移民的农家孩子，如何通过自己的努力，取得了人生的辉煌，又如何怀抱最美好的理想，顺应历史，义无反顾地发起改革，甚至可以押上自己的命运，最终也被改革大潮裹挟，黯然走下历史舞台，那个庞大的红色帝国，也在改革中轰然坍塌。他的勇气令人钦佩，但政治上显得幼稚，改革中的每一步在策略上也并非考虑很周全，最重要的是，他不仅押上了自己的命运，还将全体苏联人的命运押在没有把握的改革上。他爱自己的理想甚于爱自己的民众。这大概是俄罗斯人至今没有原谅他的原因。这是我写在书里的几句话。总之，本书通过戈尔巴乔夫的人生，主要反映的就是前苏联的那段历史，一个帝国的黄昏，一颗即将坠落的夕阳和一个企图挽回夕阳坠落的人的命运。

■普京是一个有魅力、有个性的大国领袖

网友一天一地一广仔：您如何看待普京？他与戈尔巴乔夫和叶利钦有哪些不同？

郑建新：普京是个有特点有个性的人，他冷静，理智，不动声色，强硬；他又多才多艺，上天可驾飞机，入海可开潜艇，擅长柔道，会弹钢琴，真可谓多才多艺，世界上像他这样的国家领导人，几乎没有第二个。

普京的硬汉形象很有魅力，尤其得俄罗斯女人青睐。

普京也是一个有争议的人，从他第一次竞选总统，我在莫斯科就听到俄罗斯人对他的颇多微词。但他很善于用媒体来展示自己的魅力一面。加上他执政的几年国际大环境不错，油价一路高升，俄罗斯经济得以复苏。他的声望也如日中天，非常高。但近几年反对他的呼声有越来越强的趋势，特别是这次梅普“二人转”，俄罗斯很多人感觉受到愚弄，很反感。这次俄议会选举已经凸现这一问题。这也给他竞选总统罩上阴影。即使他再次当选，他所面临的局势也与以前会有很大不同，将面对更多的挑战。但总的来说，普京不失为一个有能力和魅力的大国领袖。他前面的8年执政，改变了俄罗斯千疮百孔、支离破碎的境况，恢复了一个大国的尊严和自信，这是有目共睹的。

他是后苏联时代的新一代国家领导人。他出身于克格勃，此前也有一位，即安得罗波夫。戈尔巴乔夫、叶利钦、普京——三位领导人所处时期不同，面临的任务不同，性格也不同。

■从现在看大众对反腐效果和成效不是很满意

网友银山拍天浪：看到报道，很多俄罗斯中产阶级都想移居他国，原因是国家的腐败，可否谈谈俄罗斯的腐败问题？哪个时期最严重？如何治理？有没有成效？

郑建新：腐败在前苏联就很严重了。1989—1990年留学期间，看到不少这方面的问题。他们的腐败很有特点，每个人，哪怕只是个售票员、宿舍管理员、售货员，都可能利用手中那点权力索要钱物。比如在火车站买不到火车票，但只要在护照里夹点钱或是一块巧克力递进去，问题就能解决；再比如宿舍管理员说你违规了，送她点好处或小礼物，马上默许你在宿舍做饭、点电炉什么的；柜台上买不到的东西，比如一次我们在“儿童世界”看到排长队买吸尘器，很遗憾没轮到我们就卖完了，走到柜台前，那个售货员却从柜台下面拿出两个，问我们要不要，价钱是公价的两倍。

苏联解体后这个问题更为严重。华人碰到的主要是在经商方面和办理居住签证方面。经商方面，比如清关，不送好处简直不可能拿出自己的商品，没有问题也会找出问题，让你的商品躺在仓库里，每天要交很多罚金。而办理居住签证，就是在莫斯科警察局，那里可以说是贪污受贿最严重最集中的地方之一，那里的每个人都能得到巨大的好处，坐在收文件窗口里的漂亮女孩，塞她点钱会迅速周到地为你办理，否则可能你要多跑好几趟，随随便便找个理由就可以拒收你的文件；分管局长更是个美差，不少人的延期居住签证要得到局长的特批，这就给了局长一个收取好处费的合理机会，而且由此衍生出了"黄牛"，他们和局长很熟，他们去找局长没有办不成的事，好处费自然他们也有一份。一般一个人的延期居住签证黄牛最少都要收200美金。此外，其他方面的腐败在媒体上也可以不时看到。腐败像癌细胞那样蔓延，每一个有可能的人都不放过收取好处费的机会，很难治理。有一次我打出租车丢了一个小本子，上面全是联系电话，我很着急。两天后那个司机打来电话，说是给他钱他就给我送来，要的钱还不少，那张无耻的脸现在还在我眼前晃……

普京时期和梅德韦杰夫执政后一直高喊打腐反腐，也采取了一系列措施，比如2008年制定了《反腐败法》，突出要预防，公民参与，完备体系等；此前，梅德韦杰夫执政初始就每周召开一次直属总统的反腐败委员会会议，还制定了公务员的道德行为准则法，今年又签署了新的反腐败法令，规定受贿贪污者最高罚款可达收取贿赂的100倍，从个人资产中扣等。但是成效似乎不很显著，民众仍不满意。

最近看到俄网站上一个网友提的问题：俄罗斯的官员100%腐败还是99%？很多跟帖回答：绝对是100%，还补充了一句：不仅是俄罗斯。有人这样解释为什么：官员是一个完整的链，如果去掉了其中一环，那么链条就会断裂，无法存在，所以不贪腐的官员很快会被从中清除掉。

主持人：*斯大林的女儿刚刚在美国去世了，俄罗斯人怎么看待斯大林的女儿？*

郑建新：约瑟夫·斯维特兰娜·阿利卢耶娃，11月22日在美国一家养老院去世。俄罗斯媒体电台电视台都有报道，俄罗斯百姓对此也比较关注。

电视一频道简要播放了她的资料图片，并这样说：曾经被称为各族人民领袖的斯大林的女儿，一生的一半在西方度过。她的一生更像一本冒险小说，没有任何苏联权贵子女通常的命运。父亲最喜爱的是她。克里姆林宫公主的生活大起大落，饱尝富贵和贫困。她有过三个名字：出生时的斯维特兰娜，后来生活中的阿利卢耶娃，去世时名为拉娜·皮杰尔斯。她违背父亲的意愿和苏联沿袭的老规矩生活。在一次采访中她说：我恨俄罗斯，苏维埃的俄罗斯，我永远不会回去。我不是俄罗斯人。1967年叛逃到美国。1970年第三次结婚，丈夫姓皮杰尔斯。生了一个女儿奥莉加，后来她与丈夫离婚，周游世界，以写回忆录的稿费生活。1984年突然回到莫斯科，并探访了家乡格鲁吉亚；但不到两年，又返回美国。最后一年她住在美国威斯康星一个小镇，开始租房住，后来去了养老院。

《共青团真理报》也作了报道，称她死于赤贫。她很遗憾母亲嫁给了斯大林，而不是木匠。她以自己受难的一生为父亲受罚。她改变了一切：国籍，丈夫，信仰，却无法改变她是斯大林的女儿。斯大林的阴影一直跟随着她。她说：无论我在哪里，在美国、瑞士、印度还是奥地利，或是到一个孤岛上，我永远是自己父亲的名字的政治囚犯，就像我国的今天。

俄罗斯网上看到俄罗斯人这样一些评论：

真可怕，她不是女儿，出卖了自己的亲生父亲。

她的命就是这样，如今她的灵魂终于回归了寂静……

非常值得同情的人，却不得不背着那个时代的独裁者的重负，但这并非是谁的过错……

网友糖果乐园：俄罗斯年轻人的状况？他们是否也像中国年轻人，是车奴和房奴？

郑建新：我去年在赤塔大学任教时，对我教授的三年级大学生作了一份问答卷，可以从某个方面反映俄罗斯年轻人的状况：

问：什么时代出生？前苏联还是俄罗斯？

答：前苏联末年，1990年，1989年。

问：知道苏联吗？怎么看苏联？

答：知道，但那时需要改革。

问：知道戈尔巴乔夫的改革吗？对改革如何看？

答：人们可能不喜欢戈尔巴乔夫，但改革是必要的。

问：去过莫斯科吗？

答：没有，去过满洲里。

问：对现在的生活如何看？

答：不很好，我们寄希望于未来。

问：什么是社会主义？什么是资本主义？

答：……

问：最大的愿望是什么？

答：去中国工作，或去其他国家。

问：信教吗？

答：信。（几乎是全部）

问：喜欢赤塔吗？

答：不很喜欢，这里太落后。

问：吸烟吗？

答：13人有三人吸烟（还好，有的班女生绝大部分吸烟）。

我看到的俄罗斯大学生，学中文的，很刻苦，业余时间除了学习就是睡觉。“我们没有时间娱乐，”她们对我说。

买房肯定是要贷款的，尤其在莫斯科，天价，比北京还贵；汽车相对便宜。

■俄罗斯旅途丰富了我的写作视野

网友杨再昌：旅俄生涯对您的人生及写作有哪些启发和影响？

郑建新：俄罗斯人坦率，不会揣摩别人，有话直说，有时让人觉得变脸很快。俄罗斯人有着坚韧和罕见的忍耐力，历经沧桑，却依然顽强。俄罗斯精神可以说是他们内心深处对东正教的虔诚的信仰，感谢上苍，寄希望于上苍，他们相信这辈子的苦难，可以换取死后的安宁。

俄罗斯很美，大自然，天然的，森林，海洋，湖泊，莫斯科市内就有很多大片森林，还有美丽的莫斯科河。那里冬季寒冷，对俄罗斯人的性格肯定有影响，他们的坚韧不屈与此密切相关。俄罗斯气势宏大自然美丽的风光也是他们文学艺术的创作源泉，灵感的来源。

俄罗斯为什么有那么多出色的文学家和诗人，正是源于此。游览过俄罗斯的美景，就会有很深的体会。我在那样一个环境中生活这么多年，自然多少也会受到熏陶，受到影响。况且一个人漂泊在外，常感孤独，也由此极大地丰富了内心世界，并且很想将自己的思考和感受写出来。

主持人：有人说，您的《俄罗斯证人》一书是近些年反映俄罗斯的最生动和真实的一本书，听说打算写成系列作品，能否谈谈您的写作计划？

郑建新：总的构想是，《俄罗斯证人》一书写了三个时期：红色帝国的最后时光（戈尔巴乔夫时期），黯淡的叶利钦时期，交错光影的普京时代，从社会底层百姓小事，至国家重大事件，以作者亲眼目睹的生动故事展示一个国家和民族经历的历史巨变；接下来的三本书是这三个时期的执政者的传记，恰好可以构成一套完整的丛书。该丛书将会更加深入地多层次地深刻全面地反映上世纪末本世纪初震惊世界的苏联解体，解体后的俄罗斯经历的苦难历程和普京上台后如何力求重振大国雄威的历史。这会是一套很有价值的系列丛书。出版社对此也很感兴趣。打算先写普京，然后是叶利钦。

★卷　一

高加索的儿子

我是高加索的儿子。

——《20世纪的精神教训——戈尔巴乔夫与池田大作对话录》

这里有我的根，我的故乡。我与这片土地生在一起了，她那生命的乳汁在我身上流动。我热爱斯塔夫罗波尔。

——《真相与自白：戈尔巴乔夫回忆录》

我想对我的老乡说一点：任何时候，任何地方，都不如我在故乡那样感到幸福。

——记者在戈尔巴乔夫80岁大寿前夕对他的采访

《斯塔夫罗波尔报》2011年3月2日

家族：迁移来的农民

在莫斯科南面，遥远的南方，在黑海和里海之间，大高加索山北面的斜坡上，延伸着一大片平原，很适于种庄稼，也是牧养的好地方。那里地势平缓，气候温和，常年绿草如茵，风光秀丽，景色宜人。小山上有高加索矿泉水带，小泉水源源不断地从山岩间潺潺流下，更有别什套山的矿泉水从1400多米高的山岩上奔流而下，景色壮观。那里的天然气和石油储量也相当丰富，此外这里还是有名的建材区，木材储量丰富。这就是戈尔巴乔夫的故乡斯塔夫罗波尔边疆区。

斯塔夫罗波尔是前高加索的中心部分，有着悠久的历史。1975年曾在这里的马舒克国营农场内发现了一个约4000年前的古墓，里面葬着一个主人和他的四名仆人。而早在公元前1世纪，这里就有苗特人和辛德人的部落。公元前8至公元前7世纪，来自第聂伯河沿岸的西徐亚人和克里米亚人侵占了这里。后来这片土地曾属于希腊殖民者。公元初年阿兰人在这里建立自己的国家，存在了数百年之久，后被匈奴消灭了。约从9世纪开始，基督教流传到这里。俄罗斯人最早出现在斯塔夫罗波尔平原大约在10世纪，与基辅罗斯联系密切的特穆塔拉坎公国也于那时出现。13世纪鞑靼—蒙古入侵者再次踏入了这块平原，成为这里的统治者。

俄罗斯帝国在这里立稳脚跟，是在1555年8月。那时伊凡雷帝的使者安德烈·谢佩托夫与阿迪格公使从北高加索回到莫斯科后，随即宣布位于北高加索的皮亚季戈尔斯克王国永远隶属俄国。此后在那里建立了军事防线。叶卡捷林娜二世在位期间，修筑了亚速—莫兹多克边界设防线，由七个城堡组成，斯塔夫罗波尔是其中之一。城堡的第一批卫士是霍皮奥尔哥萨克（今沃罗涅日省）和弗拉基米尔（弗拉基米尔省）团的近卫军士兵。

此后俄国军队开赴这里驻扎，并开始建设哥萨克村镇。其他地方的很多农民也跑到这里，他们是为了逃脱地主的残酷压榨。后来沙皇采取强制方式将农民流放到此地。大迁移使俄罗斯农民经历了难以想象的种种人间悲剧，惨不忍睹，令人发指，很多人在迁移中丧命，成为沙皇移民的牺牲品。在大批被迫迁往这里的农民中，有一个姓戈尔巴乔夫的家族，他就是本书的主人公米哈伊尔·谢尔盖耶维奇·戈尔巴乔夫①的先辈。米哈伊尔·戈尔巴乔夫的曾祖父莫伊谢伊一家，是从沃罗涅日省迁来的移民；外曾祖父母戈普卡洛一家，是来自乌克兰切尔尼戈夫和哈尔科夫的移民。

戈尔巴乔夫家族的先人——曾祖父母和外曾祖父母就这样被迫来到高加索

现在的普里沃利镇。

平原，在这里定居，开始了新的生活。

曾祖父莫伊谢伊·戈尔巴乔夫有三个儿子：阿列克谢、格里戈里和安德烈，安德烈就是后来的小米沙（米哈伊尔的昵称）的爷爷。曾祖父全家住在普里沃利村的最边上，倒数第二个农舍。左边50步之外就是萨利斯草原，右边是卡尔梅希草原。当年的戈尔巴乔夫一家是个大家庭，18口人。邻里不是近亲就是远戚，都姓戈尔巴乔夫。据本书主人公回忆，大家庭秩序井然，日子过得安稳有序。曾祖父是一家之长，他的话就是法律。儿子们成家后都另外盖房单过。小儿子安德烈·莫伊谢耶维奇（小米沙的爷爷）与祖母斯捷潘尼达结婚后，也过起了自己的小日子。1909年，米哈伊尔·戈尔巴乔夫的父亲谢尔盖·安德烈耶维奇·戈尔巴乔夫出生了。

米哈伊尔·戈尔巴乔夫的父亲谢尔盖·安德烈耶维奇未满十岁时，十月革命发生了，整个国家发生了巨大的变化，斯塔夫罗波尔也不例外。米沙的外公潘捷列伊·叶菲莫维奇·戈普卡洛是一个坚定积极的革命者。13岁时戈普卡洛的父亲去世，五个孩子中他是老大，下有四个弟妹，家里生活非常清贫。第一次世界大战期间小米沙的外公曾在土耳其前线作战。苏维埃政权成立后他分到了土地。“我们的土地是苏维埃给的。”这句话他常常挂在嘴边。苏维埃是他的恩人，苏维埃的任何运动他都会积极热情地参加。20世纪20年代，外公参与创建了村里的土地共耕社，全家——外婆瓦西里萨·卢基扬诺夫娜（她娘家姓利托夫琴科，其家族的根也在乌克兰），还有米沙的母亲玛丽亚·潘捷列伊耶夫娜，都入了社，那时玛丽亚·潘捷列伊耶夫娜还是个小女孩。1928年外公加入了联共（布），成为苏联共产党党员。他参与建立的集体农庄名为"庄稼人"，他担任了第一任农庄主席。米沙后来有时候会问起外婆当年外公是如何建立起合作社的，外婆总是幽默地说：合作社啊，"你外公建立了一整夜，可第二天早上人们就都跑光了"。②

外公外婆的"宠儿"

时光进入了上世纪30年代。

30年代的苏联，在斯大林统治下，农村正在大规模地实行集体化，国家处于第一个五年计划的一步。由于政策不当，步伐太快，引起很多农民，特别是富农的不满，粮食收成和上缴大幅度减低。30年代初粮食的缺乏已经很明显，到了1932—1933年间很多地区出现了严重的饥荒，其中也包括斯塔夫罗波尔地区。当时禁止媒体对大饥荒作任何报道，因此时至今日也无法知道在30年代的大饥荒中，究竟有多少人被饿死，历史学家说大约总有几百万人。也在那一时期，斯大林在全国开始了第一次"大清洗"。

"大清洗"其实从20年代末就开始了。20年代末的清洗，主要目标是技术界的知识分子和专家学者，官方的口号是打击和镇压资产阶级旧知识分子，因为他们到处搞破坏活动。报刊宣称，旧知识分子中有90%—95%的人对革命怀有不满。那次清洗立案审查的最著名的反党集团案件有"沙赫特案件"、"乌克兰解放同盟案件"、"劳动农民党案件"。牵扯进这些案件中的很多人都是优秀的专家学者，严刑拷问后他们被投入监狱，不少人被枪毙；一些人后来放了出来，回到自己的工作岗位；还有一些人被长期监禁。而20年代末30年代初的镇反运动，仅仅是斯大林搞"大清洗"的序幕。在后来的漫长岁月中，这样残忍的迫害运动搞过多次。历次"大清洗"运动的受冤屈者，均在很多年后才得到平反昭雪。

身处偏远农村的戈尔巴乔夫的爷爷和父亲，自然不会很了解国家上层的这些事情，但政治迫害已经波及到了农村。农业集体化的种种曲折和可怕的大饥荒他们也都经历了。

1929年，谢尔盖·安德烈耶维奇20岁了，邻家乌克兰小女孩儿玛丽亚·潘捷列伊耶夫娜也出落成一个声音悦耳、五官端庄的漂亮姑娘。谢尔盖在这一年娶了玛丽亚·潘捷列伊耶夫娜为妻。1931年3月2日，本书的主人公，他们的儿子米沙（即米哈伊尔·戈尔巴乔夫）出生了。那是个恐怖艰难的年头。斯大林已经树立起了自己极高的威望，正在进一步清洗不合他心意的所有的人。在残酷的所谓镇压“人民的敌人”的运动中，千百万人蒙冤受屈。也在那一年，在红色恐怖的冲击下，坐落在莫斯科红场上的世界最大的一座东正教大教堂被炸毁。那座当年修建了足足44年，高355英尺，宏伟壮观的建筑物就这样毁于一旦。小男孩很多年后知道，他的出生伴随着远方炸毁大教堂的轰鸣声。

小男孩聪明活泼，很招人喜爱。在父母身边生活了三年后，小米沙离开父母，住到了外公外婆家。外公外婆住在离普里沃利村20公里的邻村“红十月农庄”，外公是农庄主席。小米沙很愿意住在外公外婆家，他觉得这里比自己家还自在惬意。戈尔巴乔夫后来在回忆录中描述那一段时光时说：外公外婆家“完全是我的自由天地，他们对我特别疼爱。我觉得他们什么都围着我转。大人想方设法让我在父母家住上两天，却总是做不到。（在外婆家）不仅我满意，父母同样满意，外公外婆就更不用说了”，“我感到，我对他们很重要”。③

小米沙高兴快乐地住在外公外婆家，其实当年外公外婆家里的生活非常贫寒，有些画面一直清晰地留在了他的记忆里。很多年后他还记得，外公外婆家的住房，像当时村里每个农民的住房一样，用土坯盖成，房屋很简陋，屋里屋外的差别只是温度——屋里要比外面暖和一点。地面都一样，泥土地；没有床铺，睡的是高板床或者俄式炉顶；睡觉没有被子，盖的是皮袄或一件破旧衣服。那生活真可以说是一贫如洗，这还是农庄主席的家。那样的日子是30年代苏联所有外省乡下人贫寒生活的缩影和写照。戈尔巴乔夫还记得：外公常常在寒冷的冬天将小牛犊拴在屋里，外面太冷了，外公担心小牛犊会冻坏。还把抱窝的母鸡母鹅也安置在家里，和小米沙共居一室，外公说那是为了让它们在春天早日孵出小鸡和下蛋。小米沙对此并不反感，旁边有他喜欢的小牛犊和鸡呀鹅呀的，他甚至还觉得很有意思。

外公家里有一个自己钉的简陋的书架，立在屋外间一个墙角的地面上，上面散落着一些书，戈尔巴乔夫还记得，那是些薄薄的小册子，是当时出版的马克思、恩格斯、列宁著作的一些单行本。他记得其中还有斯大林的《列宁主义基础》，加里宁的文章和讲话。而里屋的另一个角落里供有圣像和蜡烛，外婆经常在那里画十字作祈祷。外婆是个虔诚的教徒。很有意思的是，圣像摆在外公自己制作的小木桌上，圣像的旁边就是无产阶级革命领袖列宁和斯大林的肖像。宗教世界和无神论的革命世界，就这样共居一处。积极参加革命的外公并没有觉得这有什么不好，他觉得这很正常，虽然他自己并不信教，但对妻子的信仰则很宽容。外公在村里威信极高。他常爱说的一句话是："一个人要紧的是穿着宽松的鞋子，可别夹着脚。"④

生活条件虽然很艰苦，但家庭环境却很温馨，外公外婆都很爱他，当然还有父亲母亲。他是大家的"宠儿"。小米沙在外公外婆家一直住到上小学时，才回到父母身边。

戈尔巴乔夫的爷爷是另一种情况。爷爷安德烈一直不接受集体化，没有加入集体农庄，是个体农民。爷爷参加过第一次世界大战，在西部战线作过战。戈尔巴乔夫还清楚地记得，家里有一张爷爷的骑马照片："骑士"以优美的姿态骑在一匹黑马上，头戴一顶有帽徽的漂亮制帽。小米沙总是好奇地问："爷爷，你穿的是什么军服啊？"脸上布满皱纹，身躯干瘦弯曲的爷爷并不回答孙子的问题。因为他并没有穿着那身制服拍照，照片是借助道具拍摄的。道具的制作很简单：在挡板上画一匹马和一个剽悍的穿着制服的骑兵，将骑兵的面部挖一个洞，拍照的人站在道具后面，只需将头放在洞的部位露出即可。爷爷的相片就是这样拍下来的。

爷爷安德烈的一生集中反映了一个俄国普通农民的命运。他结婚后自己单过，养育了六个孩子，四个女儿，两个儿子。当时村里按男性分配土地，这样家里自然就人多地少，于是爷爷带着全家没日没夜地拼命在地里干活。但不幸那些年旱灾不断，生活仍是入不敷出，很是拮据。过了很多年后，生活才有了好转，接近中农水平。这时三个女儿到了该出嫁的年龄，眼巴巴都等着嫁妆。爷爷除了辛勤耕种庄稼，喂养牲畜，还在果园里拼命干活。他把果园侍弄得很好，不仅果园面积越来越大，而且他还搞了很多嫁接，有的苹果树可以同时结出三种不同滋味的果实。孩子们对爷爷的心灵手巧很是佩服。果园不仅给全家带来不少收入，还带来了欢乐。

1933年，戈尔巴乔夫两岁时，大饥荒向斯塔夫罗波尔猛烈袭来。天气干旱，土地龟裂，草原上热浪滚滚，太阳似一颗火球，将万物晒得焦枯。连续几个月老天爷没有降下一滴雨水，庄稼全都旱死了。而几年来大规模的集体化破坏了千百年来当地农民形成的生活基础、经营管理方式和生活习惯，使这场灾难越加严重。饥饿犹如凶猛的野兽，将很多人置于死地，仅普里沃利村就有1/3甚至一半的人死于饥饿。一些人家甚至全部死光，成了绝户。整个村庄奄奄一息，景象凄凉悲惨。那些荒废的房屋，多年没人居住，直到二战前仍在村里随处可见：剥落的墙壁，残缺的篱笆，毫无生息地立在那里，似乎在等待主人回来，而主人却魂归西天，永远离去了……小米沙和他的伙伴们经常在那些荒废的农舍里玩游戏……那场大饥荒也给戈尔巴乔夫的爷爷家带来了灾难，他有三个孩子死于饥饿。更倒霉的是，第二年，即1934年春天，爷爷因未完成播种计划而被逮捕，罪名是"怠工"，被送到伊尔库茨克州去伐木。其实爷爷是冤枉的，他因为种子缺乏而无法完成上面下达的任务。

爷爷被捕后，奶奶斯捷潘尼达带着两个孩子留在家里。幸亏大儿子谢尔盖（米沙的父亲）承担了所有的家务，将全家支撑了下来。爷爷在劳改营表现不错，1935年被提前释放。回家时他带着两张突击队员奖状。这一次他立刻加入了集体农庄。爷爷心灵手巧，很会干活，不久就被派去管理农庄的养猪场。他把养猪场管理得井井有条，成绩始终在区里位居榜首。爷爷又开始获得奖状。但爷爷当年被逮捕一事，像一道阴影，始终留在戈尔巴乔夫幼小的心灵中。

外公被捕

外公也被逮捕过，在他快离开外公家回到父母身边的时候。

1937年小米沙六岁了，他即将回到父母身边上小学。在外公外婆家自由愉快的生活就要结束了，这使男孩闷闷不乐。但另一件意想不到的事情的发生，却让小米沙受到极大的震动和打击：快开学的时候，外公戈普卡洛被逮捕了，罪名是参加了反革命右倾组织的活动。那一天小米沙亲眼看见外公被人带走，惊恐万分。农庄主席被捕的消息很快传遍全村，他的家似乎被封闭了："白天不准任何人去，夜里只有邻居悄悄用某种方式帮助我们。我们成了敌人，家，是人民敌人的家……"⑤那些日子没有人敢和他家来往。原来的邻里乡亲，经常来串门聊天的叔叔大婶，此刻全都形同路人，见了小米沙和他的外婆连招呼都不敢打。人间冷暖如此变幻无常，给戈尔巴乔夫留下了难以忘却的印象。

外公还算幸运，一年多后就被放回来了。那一天所有的亲人都聚集在一起，围坐在外公家一张大圆桌旁，听他讲述自己如何被审讯以及经受的一切非人折磨。那些人用强光照他的眼睛，用门夹断了他的手，试图逼他承认是托洛茨基组织的创建人和领导人之一。但外公什么也没承认。家人听到这些都忍不住号啕大哭起来，为外公受到的折磨，也庆幸他终于活着回来了。外公认为，这一切都是地方政府搞的刑讯逼供，差点使他丧命。而斯大林什么也不知道，这不是他的错。

外公被捕的遭遇在小米沙心头刻下了深深的烙印。他一直想搞清楚那究竟是怎么一回事。战后，当他已经是莫斯科大学法律系的大学生，并将被转正为苏共正式党员时，他向父亲和很多人写信问询此事，但谁也说不清楚。随着时间的流逝，他才像很多人一样越来越明白，外公当年被捕是斯大林的"大清洗"波及他的家乡的结果。外公只是"大清洗"中成千上万受害者之一。岁月悠悠，几十年过去了，但直至现在，在2011年3月2日他80大寿记者与他的访谈中，他依然清晰地谈及此事，他说："家里至今还保存着文件，全部事件的复印件，所有的审讯……"⑥

小米沙回到了普里沃利村父母身边，进了附近的小学，开始了新的生活。

1937年，苏联的乡村开始摆脱革命后的赤贫状态，发生了很大的变化，农民的生活都有不同程度的提高。村里的小商店里有了花布和煤油出售，集体农庄庄员可以按劳动日多少得到一定数额的粮食。爷爷家和外公家的屋顶不再铺稻草，而是换上了漂亮的瓦顶；到处都在卖很时兴的留声机；还有流动放映队来村里放电影，哇，很诱人，虽然是无声电影，虽然次数有限，但流动放映队每次来到村里时，全村都像过节般热闹。

家乡的农舍。

而最令小米沙和他的小伙伴开心的，是可以买到冰淇淋吃，那是村里人从城镇贩回来的。村里的孩子还从来没有吃过这么好吃的东西。劳动之余，周末很多农家举家到森林里休息娱乐，男人喝酒唱歌，喝多了也许会打一架；女人们除照料男人和孩子，她们之间有着聊不完的家长里短；而孩子们则在一起踢球，做游戏。总之，生活比以前好了、富裕了，变得轻松、丰富，庄稼人不再为吃穿发愁。

小米沙也突出地感觉到了这一点。他对周围的一切新鲜事物倍感兴趣，很乐意去学校，那里有很多有趣的知识和事物，也喜欢自家屋前那座大花园，他经常很长时间呆在那里玩耍，乐此不疲。那可是他的乐园，好玩的东西太多了。有时候他会在那里看书，那是些多么好看的儿童故事书啊，书里的世界使他忘记了一切。有一次他在花园树丛下看连环画册，竟然三天没有回屋。妈妈以为他失踪了，满村子找他。最后在花园里找到了，小米沙正酣睡在那里，旁边有一摞书，最上面的一本是《无头骑士》。这种时候妈妈不会客气，一定会惩罚他，罚他做一些他平时不愿做的体力活。

战时和母亲相依为命

日子就这样流水般过得飞快。突然，战争在一个早晨爆发了。

1941年6月22日，那是一个星期天的早晨，小米沙看见全村人神色严肃地聚集在村苏维埃旁边，收音机里在宣布一个可怕的消息：战争开始了。戈尔巴乔夫记得，宣布这个消息的人是莫洛托夫。7月，村子里已经空空荡荡，男人都不见了，上了前线，家里只剩下妇孺老小。小米沙站在村子的土路上，吃惊地望着一下就变得寂静的村庄。

爸爸暂时还没有应征入伍。他是拖拉机站的机械师，由于需要收割庄稼，所以暂缓入伍。但这一天很快就来到了。

8月初的一个夜晚，爸爸收到了入伍通知书。当晚妈妈为他收拾好行装，在村里集合，第二天一早就出发去了区中心集合。村里其他应征入伍的人也都在全家陪伴下来到区里。临出发的那一刻，亲人洒泪告别，哭声一片。小米沙记得，爸爸临走前给他买了一根他爱吃的冰淇淋和一个巴拉莱卡琴，作为分别礼物。小米沙紧紧抱着那把琴，送走了父亲。回家后他毫不吝惜地在琴上刻下了送别父亲的日子："1941年8月3日。"那把三角琴在整个战时都未离开过他，他经常弹奏它，在琴声中思念父亲……后来，已经是战后了，生活逐步走上正轨，那把琴却不知遗失在哪里了……

爸爸上前线那年米沙满10岁了。从爸爸离开家里的那一刻开始，小米沙

1940年，父亲上前线前是康拜因机械师。

和妈妈一起度过了战争带来的最艰难的时光。爸爸上前线打仗了。妈妈独自带着他。送走爸爸，小米沙和妈妈回到家里，他突然觉得自己长大了，爸爸走了，他是家里唯一的男人，他要帮助妈妈支撑起这个家。

1941年，和外公外婆合影。

那一年他和外公外婆合拍了一张照片，这可能是他小时候的唯一一张照片。外公外婆坐着，10岁的男孩光着脚站在两人中间，眼睛睁得很大，流露出不安的神色，嘴角下弯，好像有很重的心事，皱巴巴的布衬衫套在背带裤里，一副农家孩子的装扮。

由于战乱和困难，小米沙不再去学校读书。生活一下子变得如此艰难，甚至比大饥饿时期还要困难。时光倒流到了某种原始状态，人们活着的唯一的目的和一切活动，都围绕着“怎么继续活下去”，不要饿死。

而活下去确实不容易，最必需的生活用品都缺乏：取暖的木材，食品，衣服和鞋。一切生活必需品都得自己动手来做，比如穿的，需要从种大麻开始，然后沤大麻，剥大麻，搓成线，织成布，最后缝制成衣物。这些活他都帮着妈妈做。母亲每天天亮即起，先去自家菜园挖地除草，接着把家里的活计交给米沙干，自己去农庄的地里干活。米沙需要储备喂奶牛的草料和家里取暖用的燃料。那一带没有树林，找不到木材，当地人都把牛粪压缩晒干，用它当燃料做饭。而取暖的柴禾都是用草原上带刺的沙蓬。米沙需要去草原将沙蓬割下来，运回家中储藏，以备冬天取暖。

米沙整天一个人在家，有干不完的活，忙得他团团转，连气都喘不过来，嬉戏玩耍的念头全都抛在了脑后。10岁的男孩因生活发生了急剧的变化，早早结束了童年，仿佛一下长大了。但童心依旧，这是真的。在干活的空隙，望着草原美丽的风景，或站在自家花园前的时候，男孩的思绪仍不免会飘得很远，眼前会出现一幅幅大自然的美景，或皑皑白雪的冬季，或山上满眼绿色的森林。微风中颤动的树枝，头上飞过的一只蜜蜂或蝴蝶，都会让他眼睛发亮；还有草原，他心爱的大草原，一望无际伸向地平线，原野上的日落日出，尤使他心驰神迷。那一刻他的心已经飞到了“另外一个遥远的、虚无缥缈的却又如此向往的世界。那是幻想的世界，儿童想象的世界”。⑦他热爱大自然，从小大自然对他就有一种极大的吸引力。冬日的暴风雪，春天的明媚阳光，夏季的河流水塘，秋天的萧瑟冷峻……都使他流连忘返。每当这时，眼下的艰难和困苦就会消失得无影无踪。

1942年炎热的夏季即将过去，秋天就要来临了。这时有大批难民从罗斯托夫方向经过普里沃利村向后撤离。妇孺老小似潮水般滚滚而来，老人肩上背着背包和口袋，驱赶着奶牛、马群和羊群，用推车推着小孩，经过村子时，拿东西和村里人换食品。外公潘捷列伊和外婆也收拾起自己的东西，不知到哪儿去了。村里人也做好了万一法西斯打到这里的准备：他们把村石油站的油桶打开，将煤油倒入叶戈尔雷克小河，放火烧掉尚未收割的庄稼。这些东西绝不能留给敌人。全村人心惶惶，一片混乱，大家做好准备随时撤离，像他们看见的那些难民那样。

反法西斯战争正处于最艰难的时期，到处都在进行殊死的搏斗。即使没有上前线，即使是十几岁的孩子如小米沙，也感受到了并且亲眼看到了战争的残酷。1943年初春，2月底3月初，一场大雪过后，他和其他孩子一起去了一个偏远的森林，他们想寻找战利品。在离村庄不远处，孩子们在雪下发现了一大片已经腐烂的尸体，裹在尸体上的服装遍布泥污，但依稀可以辨认出是苏联红军战士的服装。这是一批红军战士的遗骸！头上还戴着锈迹斑斑的钢盔，握着步枪的“手”只剩下了白骨，野兽已将尸体啃光。白骨触目惊心，惨不忍睹！雪地上还有手提式机枪、手榴弹、一堆堆空弹壳……这里显然曾进行过一场激烈的战斗，苏联士兵全部战死了。没有人知道他们是谁，没有人掩埋他们，那一个个尸体在肮脏的冰雪中用黑洞洞的“眼睛”看着小米沙他们这群不速之客。小米沙心中受到极大的震动。这就是战争，死亡，流血，无比残酷。

家里不时能收到父亲从前线寄来的信。父亲为米沙不得不中断学业很不安。1944年，父亲又从前线来了信，他对母亲说：“卖掉可以卖的一切，衣服，鞋，用来买书，一定要让米哈伊尔学习。”⑧即使如此，卖掉东西的钱也只勉强够买面包糊口。但母亲还是决定让米沙回到学校读书。

中断了两年学业后，米沙又回到了学校。学校情况完全变了，战争时期学校条件变得非常艰苦。更糟糕的是，以前学过的东西米沙已经什么也不记得了，老师讲的课他听不懂。放学回家后，米沙对母亲说，他再不想去学校了。妈妈听闻此言掉下了眼泪，然后默默收拾了一些东西，出了家门。晚上回到家，东西不见了，带回来一堆书。米沙默不作声地看着那堆书，然后翻看着，后来读了起来。妈妈睡着了，他却一直读啊读，读得入了迷。早上起来他去了学校。小男孩既被妈妈感动了，也被妈妈带回来的书所吸引。他改变了自己的决定……戈尔巴乔夫后来在回忆录中说：“这一夜在我的头脑里产生了某种东西，无论如何，早上起床后我去了学校。”⑨

饥饿再次袭来，在1944年的冬末。米沙家里已经没有一粒粮食，怎么活下去？母亲毅然决定，用父亲的一些东西去很远的库班河换食品。她把米沙一人留在家里，背着那些东西出了远门。那些天小米沙天天跑到村口张望，看妈妈回来没有，但天天失望而归。直到第十五天，妈妈终于回来了，疲惫不堪，背着一袋玉米。库班河到普里沃利村不但路途遥远，而且极难行走，很多地方都是烂泥滩，根本无路可行。那一袋玉米妈妈费了千辛万苦才背回来。而正是这一袋玉米，加上家里奶牛的奶，才使米沙和妈妈没有被饿死。妈妈在米沙的眼里很伟大很勇敢。他后来认为，正是妈妈的善良和吃苦精神感动了上帝：不久天降甘霖，下雨了，那是救命的雨！有了雨水，菜园的各种蔬菜就有救了，米沙和妈妈也就不愁吃的了。“那一次大自然救了我们。大自然似乎理解妈妈，帮助她。妈妈的举止感动了上帝。在我们生活最困难的关头，上帝发了慈悲之心，拯救了我们。”⑩

课余时间米沙依旧常常在家里或是田间干活，这是他的责任和义务。战争的硝烟虽然没有在家乡出现，但在田间干活时他却常常听到远处传来隆隆的炮声。这时他会想起父亲，也许那正是父亲所在的部队和法西斯作战呢，也许不是。父亲现在在哪里呢？

父亲“死而复生”

父亲“阵亡”的噩耗是在1944年夏末得知的，那时离卫国战争的最后胜利只剩下9个月的时间。

米沙记得，一个晴朗的下午，家里收到一封来信，里面是父亲上前线时带走的证件和家里的照片，还有一张简短的通知书，说上士谢尔盖·戈尔巴乔夫已在喀尔巴的马古拉山上英勇阵亡，信的落款处写着时间：1944年8月27日……母亲和小米沙一下惊呆了，他们不敢相信这是真的。当年送父亲上前线的情景还历历在目，父亲送给他作纪念的巴拉莱卡琴还在他身边，而今，父亲就这样离开了他和妈妈，永远不会回家了。

屈指算来，谢尔盖离开家乡上前线已经3年多了。后来当他“死而复生”时，他对米沙讲述了自己入伍后的情况。入伍后他先去了克拉斯诺达尔，分派在新建的独立旅；年底独立旅在罗斯托夫附近的战斗中参加了第一场与法西斯的战斗，伤亡惨重，死亡官兵440人，伤120人，651人失踪。但谢尔盖·戈尔巴乔夫幸免于难。1942年3月，他所在的部队担当米阿斯河防卫任务，战斗中又有大量伤亡。后独立旅奉命开往米丘林斯克，改组为第161步兵师，此后又开往沃罗涅日，编入第60军。无数次的大小战役，每一次战斗都有牺牲的危险。据父亲讲，他至少有十次死于战场的可能，但一次次都化险为夷。死神总是与他擦肩而过。而他身边的很多战友却没有他这样幸运，不少人战死沙场。

在强渡第聂伯河的战役中，敌机在天上狂轰滥炸，在地面用炮火密集猛攻，战斗异常惨烈。当时谢尔盖带领战友们乘坐小渔船、自制木筏和渡轮过江。他担任狙击小分队队长，任务是保护一条渡轮上的迫击炮顺利到达河对岸。漆黑的夜空闪烁着炮火的红光，对岸隐约可见灯火明灭，谢尔盖坐在小艇上，炮火硝烟中能闻到浓浓的血腥气，虽然看不见，但他觉得第聂伯河的河水已被鲜血染得通红。谢尔盖因强渡第聂伯河获得了勇敢奖章，他为此感到十分自豪；后来他还获得过其他奖励，包括两枚红星勋章。1943年年底，他所在的师参加了基辅战役。1944年4月参加了普罗斯库罗夫—切尔诺夫策战役。同年7—8月参加了利沃夫—桑多米尔战役和解放斯坦尼斯拉夫市的战斗。该师在喀尔巴战役中死亡461人，伤1500余人。[11]

但没想到，经历过多次血腥战斗的父亲，最后还是“牺牲了”……在可诅咒的马古拉山上……

母亲和米沙都极其伤心，好几天沉浸在悲痛之中。没想到，几天后……

几天后他们居然收到了父亲的来信，说他安然无恙。信的落款也是1944年8月27日。米沙和妈妈疑惑不解，这封信是否是父亲牺牲前写的呢？4天之后他们又收到父亲一封信，是8月31日写的。这么说，父亲没有牺牲，他还活着！米沙既高兴又气愤，高兴的是父亲还健在，气愤的是那些人误传了父亲去世的消息，让他和妈妈伤心了好几天！他拿起笔，给父亲写了一封信，在信中他对写信误报父亲死讯的人表示很愤慨。父亲在回信中说：“孩子，你不该责骂战士们：前方什么事情都会发生。”[12]这句话对小米沙触动很大，是的，战争如此残酷，每天有多少战士战死沙场，正是他们在用鲜血和生命保卫家园，自己完全没有理由责怪那些战士误传了父亲牺牲的消息……要宽容。这一点米沙铭记了终生。

后来，在战争结束后，父亲已经回到家里，他对米沙和妈妈详细讲了怎么会误认为他已经牺牲了的整个经过。

1944年8月，在一次进攻前夕，父亲所在部队接到命令，天亮之前要在马古拉山上搭建起前线指挥所。夜里，父亲同他的狙击分队队员开始在山上挖壕沟。父亲把装有证件和照片的挎包放在新挖战壕的胸墙上。突然山下的树林里传来一阵枪声，父亲以为这是在前面侦察的侦察兵返回来了。他走上前去，冲他们喊道：“你们要干吗？往哪儿打枪？”对方没有回答，而是在黑暗中猛烈射击，还传来用德语说话的声音。原来是德国人！父亲和狙击手们立即四散跑开，仓促中他忘记了放在战壕胸墙上的挎包。夜色漆黑，德国鬼子无法追赶他们，战士们竟无一人伤亡，简直是奇迹。父亲开玩笑说：这是我的“第二次生命”。第二天早上部队开始进攻，在父亲丢下了挎包的地方挖战壕，挖战壕的步兵发现了父亲的挎包，于是他们断定，父亲已在攻打马古拉山时阵亡，然后便将一部分证件和照片寄至家中。

事情的原委原来是这样！父亲并没有死，或者说“死而复生”了。

越是接近胜利，战争就越是残酷，就如黎明前的黑暗。上士谢尔盖·戈尔巴乔夫在1945年经历了战时最危险凶残的时期。

1945年四五月间，他的部队开到了捷克斯洛伐克的科西策。他们深入敌后袭击，布雷，破坏公用设施，经常几个晚上不能睡觉，然后获准休息一个星期。他们到了离前线数公里的地方，四周是静谧的树林，没有丝毫战争的气氛。当战士们进入梦乡时，空中却发生了激战。战士们被惊醒，全都爬起来想看个究竟。炮弹呼啸着掠过上空，爆炸声此起彼伏。有人大喊了一声：“卧倒！”大家全都扑向了地面。这时一枚炸弹就在离谢尔盖不远处爆炸了，一大块弹药片砸在了他的一条腿上，很危险——只要再偏上那么几毫米，那条腿就会被劈断。还好，没有伤着骨头。又一次万幸。

捷克斯洛伐克的科西策战役，是他在战争中的最后一次战斗，由于腿部负伤，他的战争生活就此结束。他被送到克拉科夫的军医院医治受伤的腿。这时，反法西斯战争的胜利已近在眼前了。

1945年5月9日，苏联红军攻克了柏林，战争结束了。

四年的战争生活作为上士谢尔盖·戈尔巴乔夫生命的一部分，他永远铭记于心。“战争年代的种种经历和见闻，父亲至死也无法摆脱。关于战争他讲得很多。讲到战争初期是何等地艰苦，武器不够，而且战士们还不会打仗。”米沙记得，父亲经常给他讲在塔甘罗格附近经历的一场肉搏战。“那场战斗惊心动魄，惨烈悲壮，血流成河。当时他心中只有一个念头：不是你被打死，就是你把德国人干掉。双方都杀红了眼，发出野兽般的吼叫声……”⑬

战争胜利后，普里沃利村中心也竖起一个普通的方尖纪念碑，上面刻满了为国捐躯者的姓名，戈尔巴乔夫姓氏在其中占了整整一行。

四十多年之后，在戈尔巴乔夫当上苏联总统时，当时的国防部长德·季·亚佐夫赠送给他一件极不寻常的珍贵礼物——他的父亲谢尔盖·戈尔巴乔夫在战争期间所在部队的军史。“我怀着万分激动的心情读了这部军史，更加深刻而清楚地认识到，我国人民走向胜利的道路是何等艰苦，所付出的代价又是何等沉重。”⑭

战争给人民和国家造成的破坏是惨重的；胜利的代价是巨大的。苏联人民为之付出了很多很多，戈尔巴乔夫的家庭是千千万万为之付出了鲜血和代价的家庭之一。还好，上士谢尔盖·戈尔巴乔夫活着回到了家乡，和亲人团聚了；

风华正茂的戈尔巴乔夫。

他看到了胜利。而很多家庭却因战争而残缺不全，妻子失去了丈夫，母亲失去了儿子，孩子失去了父亲……

战争结束那年，戈尔巴乔夫14岁了。他和他那一代青少年，经历了战争的艰难，饥饿，失去亲人的痛苦，变得早熟，坚强，具有忍耐力和承受力。战争对这些孩子来说如同一场噩梦。现在噩梦结束了，但战争的烙印已深深地在他们身上留下了印记，对他们正在成长中的性格和世界观的形成都产生了极大的影响。

1945年6月24日，莫斯科红场举行了盛大的反法西斯战争胜利庆典。斯大林站在高高的列宁墓上检阅部队，万众欢腾，举国同庆。苏联人很自豪，正是他们的伟大领袖斯大林，领导苏联军队和人民赢得了这场伟大的卫国战争的胜利。小米沙从报纸上看到这一幕，他同样也沉浸在胜利的喜悦之中，满怀对领袖斯大林的崇敬。少年戈尔巴乔夫不可能想到，40年后他自己也会站在那里，出席国家的各种重大活动，成为这个国家的第八代接班人。

康拜因驾驶师

父亲从前线回来了，又当起了康拜因机械师，并且开始教小米沙学习驾驶康拜因。米沙还在学校学习，课余和周末就和父亲一起在田间驾驶收割机。米沙很喜欢在一望无际的田野上驾驶康拜因，坐在驾驶室中，望着无边的麦田，看着被机器收割的一片片庄稼，他觉得可以一直这样开下去，不知疲倦。这工作带给他无限的快乐和自豪！当然，抢收庄稼的时候也异常辛苦，酷暑当头，机器轰鸣，灰尘弥漫，驾驶室热得透不过气，工作量相当大——从早到晚不敢怠慢丝毫。米沙暂时还只是课余时间学习驾驶康拜因，这种体验还未曾经历。但是他不怕吃苦，他年轻的生命已经经历过不少艰难困苦。

短短几年时间的分离，父亲发现14岁的儿子长高了，体魄强壮，成熟稳重，待人诚恳热情，干起活来很卖力气。不仅如此，米沙学习也很用功，成绩优秀，是学校的佼佼者。在政治上他也很上进，热心社会工作，喜欢参加学校的文艺演出等各种活动。

1949年，米沙因收割庄稼出色获得了列宁劳动红旗手勋章。正是这枚奖章，为他日后顺利被莫斯科大学录取起了关键的作用。

1950年，米沙以优异成绩在当地中学毕业了，获银质奖章。19岁的戈尔巴乔夫已经是一名苏联共产党预备党员。他充满自信和朝气，目光坦诚，待人随和，意气风发。温馨和谐的家庭给了他健全的心灵和积极向上的性格；经常干活使他有一个强健的体魄；战争使他成熟和有耐力；多民族融为一体的高加索人的很多优点，也对他产生了很大影响。这一切对于他的成长和发展无疑都是很重要的因素。如今年轻人中学毕业了，父亲问他继续读书还是留在家里干活，他已经有了自己的打算。

40年代，在学校演出莱蒙托夫的歌剧《假面舞会》。

他像当地很多中学毕业生一样，渴望继续读书。不同的是，他的同学大多选择州里的大学，他们不敢奢望去首都莫斯科读书，或是他们不想远离家乡和父母。而米沙正与他们相反，他想走出家乡，看看外面的世界；他想去首都莫斯科学习。早在春天，他就已经向莫斯科的几所大学发了信，了解入学条件。莫大、能源学院、鲍曼技校、钢金属和经济工程学院都回了信。去哪所学校呢？“如果能读莫大的法律系该多好。直到现在都不知道，哪根神经触动了我。”“我那时喜欢数学、物理，迷上了铁制品，似乎更应该去当技术维护工。没有，最终去学了法律。”⑮

戈尔巴乔夫把自己的所有资料寄到了莫大，却一直没有回音。他从拖拉机站又寄去一封信。几天后，草原邮局送来了录取通知，他被录取了，而且连住宿都安排好了。没有考试，没有谈话，他就被录取了。米沙异常激动和兴奋，父母也为他感到自豪。他到国家最高学府读书的愿望实现了！这是他生命中的一个转折点，第一个转折点。

9月，戈尔巴乔夫在斯塔夫罗波尔依然酷热的秋阳下，踏上了开往莫斯科的火车。这是他第一次坐火车。亲人都来送行，火车缓缓启动。他向父母和爷爷奶奶、外公外婆挥手告别。火车载着他向首都驶去。

站在车窗前，他久久凝视着窗外的原野，满怀激情和理想。远途跋涉是他心中长久的夙愿。如今他第一次独自出了远门，带着自己的梦想离开了家乡。天空湛蓝，白云点点，他觉得世界很美好，很广阔，前面有很多事情等着他，完全崭新的生活在等着他。

注释

①俄罗斯人的名字依次为：名，父名，姓。

②③④⑦⑧⑨⑩⑪⑫⑬⑭参看《真相与自白：戈尔巴乔夫回忆录》。

⑤⑥《美国新时代》在戈尔巴乔夫80岁大寿前对他的采访，戈尔巴乔夫基金会网站。

⑮《斯塔夫罗波尔报》，2011年3月2日，戈尔巴乔夫基金会网站。

★卷　二

莫大高才生

莫斯科大学给了我决定我的生活选择的基本知识和道德力量。正是在这里开始了长年累月对我国历史、它的现在和将来进行重新思考的漫长过程。可以断言：如果没有这五年，也就没有政治家戈尔巴乔夫。

——《真相与自白：戈尔巴乔夫回忆录》

我的生活中也有各种变故，经过的苦难也不少。但我还是认为，我的经历中只有一所大学，那就是莫斯科国立罗蒙诺索夫大学。

——《真相与自白：戈尔巴乔夫回忆录》

莫大高才生

戈尔巴乔夫就这样顺利地从斯塔夫罗波尔大草原，来到了首都莫斯科，走进国家最高学府莫斯科大学法律系，开始了人生的新阶段。

战后能进这所大学读书的人，很多都是曾在前线打过仗的退伍军人，戈尔巴乔夫虽然没有这样的经历，但他是远离首都的乡村中学应届毕业生，银质奖章获得者，19岁，苏共预备党员，担任过学校团支书，区团委成员，有5年驾驶康拜因工作的经验，并因工作出色获得过列宁红旗劳动勋章，父母历史清白。这样的中学应届毕业生并不多。所以后来戈尔巴乔夫认为，上述条件无疑都是莫大录取他的重要原因，但是还有一点，即“我觉得那是出于平衡大学生成分的结果，我是一个起平衡作用的很好的人选”。①

火车一路向东北行驶，沿途经过了很多城市，斯大林格勒、罗斯托夫、哈尔科夫、奥廖尔、库尔斯克、沃罗涅日等。战争虽然已经结束五年了，但那些城市看上去依然千疮百孔。战争给这些城市留下的创伤触目惊心，令戈尔巴乔夫心痛不已。战后国家的恢复，城市的重建谈何容易。

几天后火车抵达了莫斯科。当火车停在首都热闹非凡的火车站时，眼前的一切对他来说都是陌生而新奇的。

宽阔的街道，川流不息的汽车，全部是玻璃顶棚的气势宏伟的国家百货

50年代的莫斯科大学。（从教堂方向看）

商店，琳琅满目品种繁多的商品，大剧院的豪华，各种各样的博物馆，风格各异的地铁站，首都无处不在的文化风情，大都市人特有的神情和讲究的穿着，彻夜不息的璀璨灯光……一切都吸引着他，令他目不暇接。当然，这里还有全国人民敬爱的领袖斯大林，莫斯科的心脏克里姆林宫，久已向往的红场——伟大的革命导师列宁长眠于此……多少年来梦寐以求想亲眼看看这一切的愿望，现在已经不再是梦想，它触手可得。克里姆林宫和红场离位于列宁山的莫大很近，如果愿意甚至可以天天来这里散步。一下子从斯塔夫罗波尔大草原的小村庄走进首都这座大都市，头几个星期他感到无所适从，应接不暇。

莫斯科大学的气势和科学文化氛围也令他惊叹：那么气派的教学楼，那么多的学生，那么多有名的教授，图书馆浩如烟海的书籍资料……这和他的草原村庄普里沃利简陋的中学完全不可同日而语，有着天壤之别。

新的环境，新的面孔，新的学业，新的生活，这一切都吸引着他，他决心不辜负这大好时机，努力再努力地学习。况且，他的新同学大多是莫斯科人，他们见多识广，知识和眼界都比来自外省农村的他强很多。他并不自卑，但他看到了差距，他会赶上去，很快。为此，他给自己做了严格的规定，大学期间绝不为感情分心，不谈情说爱，不为学习分散任何精力。

斯特罗明卡大街。

莫大主楼和教学楼位于莫斯科城西，列宁山上；大学生的宿舍则位于城东北“索科尔尼基”（意思为“鹰”）地铁站附近的斯特罗明卡大街，旁边有亚乌札河流过。“鹰”地铁站是莫斯科地铁的第一站，首都地下宫殿般的地铁由此开始兴建。当时那里属莫斯科城郊，虽然斯特罗明卡大街是莫斯科最著名的街道之一。这条街道原名为海军街，约修建于彼得一世时期。宿舍所在地相传原来是一所古色古香的寺院②，四个圆顶教堂围着一个中心教堂；后来把它改造成了叶卡捷琳娜海军养老院；十月革命后在原本两层的建筑上加高了两层；战后做了莫斯科大学的学生宿舍。自1945年以来，战后历届大学生都住在这里，甚至家在莫斯科市的大学生也喜欢住宿在这里，因为这栋建筑物的中心有大学生俱乐部和阅览室，位于一楼。

宿舍楼是一栋刷成了黄色的四层城堡式矩形角建筑物，外观看上去奇特，却并不美观，但里面可是一个小小的世界，住着来自全国各地和其他国家的学子。据赖莎回忆，这个“宿舍城”里住着五六千名莫大学生。战后集中到这里学习的年轻人形形色色，各种各样。他们年龄不一，从17岁至35岁，文化程度不同，经历各异。10多人甚至20人住一个大房间，屋内除了床铺和桌椅、小书柜等，没有别的家具。个人的东西都放在自己的箱子里，箱子放在自己的床铺下。建筑物里老鼠甚多，在宿舍里窜来窜去，硕大，肥胖，什么都啃，夜里常常爬上桌子，有时还会窜到床上，吓得女生尖叫。但年轻人仍然充满活力，乐观愉快。黄色建筑中最令人称奇的是那条长长的走廊，连接和环绕着四栋建筑，每一边的长度是250米，环绕一周正好1000米即一公里。大学生们把它看作是这座大学生城堡中的街道，有谁在自己的宿舍里呆腻了，或者被满屋的烟气熏得头昏脑涨时，就会走出来，沿着长长的走廊散步。精力充沛的年轻人经常睡得很晚，甚至彻夜不眠，“夜猫子”们在走廊上摇来晃去，整夜都可以听到不知从哪里传来的喧哗声，使这座“城堡”成为一座名副其实的大学生的“不夜城”。这就是当年有名的莫斯科大学的斯特罗明卡宿舍，大学生城堡，大学生的“不夜城”。

戈尔巴乔夫当年就住在这里。他住的房间共有22个人。集体生活的粗犷、艰苦和各种不便，磨炼着每个人的个性，也使戈尔巴乔夫经受着另一种锻炼。他来自农村，条件艰苦不是问题，而且他性情随和，与同学相处融洽。戈尔巴乔夫很快就适应了这里的一切，不仅是适应，还如鱼得水，感觉挺好。这里的生活在他看来，就像加入了大学生的“集体农庄”。每天早上，像每个大学生那样，要赶到列宁山的教室上课，从斯特罗明卡大街先坐三站无轨电车，再乘地铁，还要步行几公里路。大学生们常常逃票，站在电车的外踏板上，有的站在电车车厢间的挂钩上；晚上放学后若没有什么急事，迈开双腿走回宿舍是经常的。当口袋里有钱时，他会和几个同学顺路走进一家小酒馆，要上一份红菜沙拉、一瓶葡萄酒，但多半是要一瓶伏特加，每人饮上几口，解解馋。

莫大宿舍前身。

在同学们眼里，这个穿戴土气，说话带有南方口音，重音发不准，总是穿着同一身西服的年轻人，一看就知道来自外省农村。但戈尔巴乔夫的家庭和他的经历潜移默化地使他形成的诸多优点和秉性，使他很快赢得了同学们的好感。他聪明好学，性情健康开朗，待人诚恳朴实，喜欢交往，热心于学校和班级的各项公益活动。大学生的日子很清苦。每月220卢布助学金，家里还要给

1950年，莫大法律系高才生戈尔巴乔夫。

他寄来200卢布才够用。此外父母还经常寄给他各种食品和母亲自己制作的甜点、罐头等，戈尔巴乔夫收到这些东西后，全都慷慨大方地分给各房间的同学享用。那几年他多少次收到家里寄来的食品，没有一次不分给大家的。同学们把他作为榜样，并选他当了班长。此后，他对同学们更加关心了。他可以在冬夜把自己暖和的大衣让给有急事外出的朋友穿。那时莫斯科冬季很冷，最冷时气温经常在零下30摄氏度，有时甚至达到零下40摄氏度，而大学生们大多没有足够的御寒服装。他常常和同学促膝谈心，了解他们的想法，解决他们的困难。他和同学们混得很熟。宿舍的22名学生，都是风华正茂的年轻人。开玩笑，喝啤酒，吹牛，唱歌，学习，对某个问题争论不休，那个时期莫斯科大学生的凡此种种，戈尔巴乔夫全都参与其间，唯独一样例外：他从不去大学生俱乐部跳舞。那时学校经常举办舞会，很多男同学热衷于在那里消磨课余时间，找女朋友，而戈尔巴乔夫极少光顾。他不会忘记给自己定下的严格规定：大学期间不谈恋爱。

和在中学一样，他学习非常努力和用功。他深知自己来到首都读书不易，父母要为此付出更多的劳动，才可以将家里的农产品拿到集市上去销售，以资助他读书。此外家里还有他的年仅四五岁的小弟弟需要养育。1947年妈妈又生了一个男孩。比戈尔巴乔夫小16岁的弟弟亚历山大·谢尔盖耶维奇后来成了一名苏联军官，一直住在莫斯科。

除了学习专业知识，戈尔巴乔夫博览群书，哲学文学历史艺术，凡能找到的一切书他都感兴趣。他读了亚里士多德、马基雅弗利、孟德斯鸠、洛克、杰弗逊、车尔尼雪夫斯基的著作，当然，还有马克思、恩格斯和列宁的著作。他特别对别林斯基产生了兴趣。别林斯基当年也曾在莫斯科大学语文系学习过，那是在1829年。后来被学校开除了，原因是他组织了进步小组“十一号文学社”，并创作了反农奴制的戏剧《德米特利·卡里宁》。戈尔巴乔夫读了别林斯基的《文学的幻想》、《论俄国中篇小说和果戈理君的中篇小说》（1835）、《艺术的概念》（1841）、《论普希金》（1845）、《致果戈理的信》（1847）和《一八四七年俄国文学一瞥》（1848）等一系列著述，极受启发，引起他对很多问题的思考。别林斯基的一些精辟睿智、富有哲理的短句，更让他百读不厌；每读一遍都会有新的思考和收获。

别林斯基说：“种种痛苦的经验证明，在认识真理的过程中，渊博的学识同公正和正义不是一回事。”“在所有的批评中，最伟大、最正确、最天才的是时间。”“只有劳动才能使人变得幸福，使他的心灵变得开朗、和谐、心满意足。”

别林斯基还说：“作为新生力量的青年一代，应该成为时代的青年，每个青年具有新的思想，准备更替旧的思想。这也是人类进步和人类进程的条件。”“创造人的是自然界，启迪和教育人的却是社会。”

“一般就在部分之中；谁不属于自己的祖国那么他也就不属于人类。青春在人的一生中只有一次，而青春时期比任何时期都强盛美好。因此，千万不要使自己的精神僵化，而要把青春保持永远。”

“不能不热爱祖国……但是这种爱不应该消极地满足于现状，而应该是生气勃勃地希望改进现状……并尽自己的力量来促进这一点。”

戈尔巴乔夫仔细咀嚼着这些话，不要“精神僵化”，热爱祖国就要“生气勃勃”地“改进现状”，这些话对他影响很大，他后来在工作中始终表现出的不安于现状，向往革新，以及最终在当选为苏共中央总书记后发起的改革，似乎都可以追溯到他在莫大这一时期读书的收获，尤其是别林斯基的著作对他的潜移默化的影响。

别林斯基关于爱情和幸福的论述，也使他受益匪浅：

“爱情需要合理的内容，正像熊熊烈火要油来维持一样；爱情是两个相似的天性在无限感觉中的和谐交融。”

“如果我们生活的全部目的仅在于你们个人的幸福，而我们个人的幸福又仅在于一个爱情，那么生活就会变成一片遍布荒茔枯冢和破碎心灵的真正阴暗的荒原，变成一座可怕的地狱……”③

相信在戈尔巴乔夫后来和赖莎的恋爱中，他们肯定交换过有关的看法，其中就有别林斯基的这些精辟深刻的论述。在他们一辈子的生活中，两个人信守的原则似乎都可以从这里找到根据和影子。

与赖莎相识：命运之遇

第一年的学习生活很快就过去了。1951年，戈尔巴乔夫已是莫大法律系二年级的学生。

一年的学习，不仅使戈尔巴乔夫获得了很多知识，还受到大都市和高等学府各方面的熏陶和影响。聪慧敏捷的他已经熟悉了这里的一切。戈尔巴乔夫除了学习，还积极参加社会活动和工作。他的预备党员的身份和获得过劳动红旗勋章的资历，使他当选为系团支部委员。从事这一工作，更加锻炼了他的能力，扩大了他的视野和交往圈子，结识了不少新朋友。而最重要的一件事是，在这一年，一个偶然的机会，他和赖莎相识了。这是他的命运之遇，对他今后的生活有着极大的影响，是他整个生命中举足轻重的大事。此后，他的命运无时无刻不和这个女人密切联系在一起。他们如此志同道合和相亲相爱，如一些人所形容，赖莎和他，如同一个硬币的正反面一样，不可分离；他们的女儿伊琳娜也说，父母好比一个男人和一个女人合成的同性人。

戈尔巴乔夫的恋爱和婚姻并非完全一帆风顺，像很多人的恋爱一样，他对赖莎的追求也经历了曲折和痛苦。

戈尔巴乔夫的命运之遇实在只是由于偶然的一瞥而已。他的同学都知道，米沙对女孩子不太感兴趣，舞会这样的地方他很少去。他的精力在学业和社会活动上。但是那一次，他却去了大学俱乐部举办的舞会。

那天晚上宿舍里很安静，同室的同学大多去了舞会或是什么地方消遣，米沙一人在专心看书。这时同班同学利别尔曼和尤拉回到宿舍对他说：晚会上他们看到一个新来的女孩，非常出色，"快去看看吧。"他们鼓动米沙。从来对此无动于衷的戈尔巴乔夫，这一次不知为何却动了心，说："好吧，你们先去，我过会儿去找你们。"他又回到了书本上。可是有点看不下去了，心灵深处似乎有某种力量驱使他，"什么样的出色女孩？"他决定放下书本，去舞会一看究竟。④

大学生俱乐部位于一层。米沙下到一楼，很远就已经听见从那里传来的舞曲声。他匆匆走进去，年轻人双双对对，翩翩起舞，一曲接一曲。而他一眼就从人群中看见了那个新来的女孩，随之目光被她紧紧吸引。那个女孩穿一件素色大方的连衣裙，容貌优雅，身材苗条，不像莫斯科人，但也没有外地人的土气；女孩显得与众不同，目光中流露出聪慧和善良，浑身散发出一种高雅迷人的气质。

1950年，莫大哲学系高才生赖莎。

眼前的女孩使米沙产生了强烈的要和她认识的念头，不谈情说爱和交女友的戒律已完全被抛到了脑后。他和女孩认识了。女孩名叫赖莎·马克西莫夫娜，比他高一年级，是哲学系的高才生。当戈尔巴乔夫邀请她跳舞时，他们边跳边聊了起来。"住在大学的宿舍吗？"戈尔巴乔夫问。女孩点点头："当然，就住这里，斯特罗明卡大街。"原来他们住在同一栋宿舍楼，奇怪，戈尔巴乔夫怎么在这之前竟从来没有在宿舍楼里见过她！

米沙从舞会回来，心里失去了以往的平静。赖莎的面庞一直在他眼前晃动。他对女孩儿产生了极大的好感和兴趣。他想进一步与她交往。戈尔巴乔夫开始找各种机会和理由接近赖莎。他想见到她，想和她说话，想听她说话。随着和赖莎的每一次接触，他都发现，仿佛她是一块巨大的磁石，自己越来越被她吸引。他开始恋爱了。他坠入了情网。

但赖莎却比他冷静得多。戈尔巴乔夫能够感觉到，她待他只像对待一般的平常朋友，没有表现出过分的热情，平静中还有几分冷淡。小伙子从她的眼睛里清楚地看到了这一点。

戈尔巴乔夫并不丧气。尤拉也来帮忙——他很善于和女孩子们打交道。他和米沙准备了晚餐，买来女孩子们爱吃的巧克力和甜点，然后请来赖莎和她同宿舍的女生做客。他们边吃边聊，饭后喝红茶吃巧克力。那天米沙显得过分热情，他很想给赖莎留下好印象，但不知为何却偏偏动作笨拙，说话也不很得体，总之是适得其反。事情有点不妙。“我给她留下的恐怕是极其愚蠢和可笑的印象。”⑤戈尔巴乔夫沮丧地想到。果然，赖莎提出了不再见面的要求。

那段日子米沙很痛苦，爱情带来的痛苦。但赖莎一直没有从他心中消失，他也就一直遵从自己心底的愿望，没有放弃对女孩儿的追求。

12月来了，很快就是新年。俱乐部经常举行演出。那天晚上演出的是交响乐。

上半场演奏结束时，戈尔巴乔夫走到楼道里休息，与熟人聊天。下半场开始时，他走向自己的座位。音乐已经奏响，这时他突然觉得有一双眼睛在注视着他，他看见了，那是赖莎，他们的目光不期而遇。米沙没想到在这里又遇见了他心仪的女孩，他既高兴又不安，仓皇中只是对她说：“你是几号？我在找我的座位。”赖莎站起身来说：“我正想走呢，坐我这儿吧，我对这场演奏不是很感兴趣。”戈尔巴乔夫不失时机地接着说，“那我们一起走吧。”⑥

他们一起走出了俱乐部，戈尔巴乔夫提议去散步，赖莎同意了。

冬夜，风不大，飘着细碎的雪花。在雪花中戈尔巴乔夫和赖莎长久地漫步街头。他们谈到了即将来临的考试，谈到了各自的专业，大学的生活。他们谈了很多，很多……就这样，他们又开始约会见面了，并在此后一直保持着会面。

恋爱不会一帆风顺。在一次会面时，赖莎情绪低落，很久都没说话，她是在想怎么对米沙说。最后还是说出了她早已想好的决定：“我们不该再见面了，这段时间我过得很好，重新回到了生活中，与自己信赖的人中断联系是很艰难的，非常感谢你。我不会再重复这样的事。最好现在就中止我们的关系，现在还不晚……”⑦他们这一段时间相处非常愉快，互相都有了进一步了解，越是这样，戈尔巴乔夫越觉得赖莎是个出色的女孩，越愿意把自己的一生与她联系在一起。但是戈尔巴乔夫没想到，赖莎此刻又提出分手。他不知道，赖莎在与他相识之前，刚刚与她的男友分手。第一次恋爱的失败对她是个沉重的打击，她至今还没有完全从阴影中走出来。和戈尔巴乔夫交往后，如她所说，她重新恢复了自信和对生活的希望，但她心中始终有担心，生怕重蹈第一次恋爱的覆辙，于是提议分手。

赖莎的话对戈尔巴乔夫无异于当头一棒。他们继续散步，但都沉默不语，很久，已经走到了离宿舍不远的斯特罗明卡大街，他站住了，看着赖莎的眼睛说："赖莎，我做不到，这对我无异于大灾难。"但是分手时赖莎仍坚持不再见面了，"不，我还要和你见面，两天后，傍晚，在老地方，我会在那里等你。一直等到你来。"戈尔巴乔夫坚决地说。⑧

戈尔巴乔夫在不安中度过了两天。两天的时间他觉得很长很长。每分每秒都那样难耐，很折磨人。终于等到了约定见面的时间，他准时去了那里。过了不久，他惊喜地看见赖莎来了！而赖莎也带着同样的惊喜和喜悦。他们相互看着对方，像久别重逢的恋人一样，其实不过才两天的时间。此后赖莎不再提分手的事。他们频频见面，关系更加亲密；他们在一起度过了所有的课余时间。

戈尔巴乔夫和赖莎在一起的时间总是散步和交谈。两个人都非常喜欢散步，这习惯后来一直保持终身，在戈尔巴乔夫当选为苏共总书记和苏联总统后也没有改变。现在他们经常一起从学校步行走回斯特罗明卡的宿舍，从列宁图书馆走到阿尔巴特街，或是漫步在柯鲁泡特金街和沃尔宏卡街头，经常一起去剧院和博物馆，一起走进离宿舍不远的森林呼吸新鲜空气……他们青春浪漫的脚步走遍了莫斯科的大街小巷。他们边走边聊，有着说不完的话。他们不只谈大学生活、考试，还谈各自的家庭，谈自己的理想，谈对很多问题的思考和看法，交换读书心得。在交谈中戈尔巴乔夫谈起自己的母亲如何勇敢坚强，怎么带着自己熬过了战争时期的种种艰难；谈到父亲上前线打仗的情况，怎么"死而复生"，母亲和自己及亲友虚惊一场；谈到外公被逮捕，还谈到他的斯塔夫罗波尔大草原，迷人的草原风光，蓝天白云，家里房前的花园……这让赖莎很是羡慕，她长这么大，一直都在漂泊，没有过"家"的感觉……但她随全家坐火车常年到处周游，也见多识广。她对米沙谈到了她在火车上见到的一切，沿途的风景，原始森林，西伯利亚边远的小村庄，那些人的生活，还有她的父母……

戈尔巴乔夫的母亲是乌克兰人，父亲是俄罗斯人；而赖莎的情况正相反：父亲是乌克兰人，母亲是俄罗斯人。她的父亲马克西姆·安德烈耶维奇是一名铁路员工，一辈子修建铁路。最早修建过俄罗斯第一条大铁路：西伯利亚铁路。在修建从鲁布佐夫斯克—里德至阿尔泰的铁路时，铁路线穿过一个名为韦谢洛亚尔斯克的村庄。马克西姆·安德烈耶维奇在那里结识了赖莎的妈妈并和她成了亲。赖莎的母亲是农家后代，家里很穷，一辈子过着苦役般的生活。大概是巧合，和戈尔巴乔夫的家庭有着相同的际遇，赖莎的外公也在30年代被逮捕，说他是托洛茨基分子，后来一直下落不明，大概早就死于异乡了。而外婆作为人民敌人的老婆，最后被痛苦和饥饿折磨而死，抛下了四个前途未卜的孩子……“妈妈直到现在也不知道，托洛茨基是何许人也，别说当时的外公了。”⑨

赖莎是家里第一个孩子，1932年生在西伯利亚的鲁布佐夫斯克，出生后接受了东正教洗礼。而那时正是全国反宗教最厉害的时期。随后又有了赖莎的弟弟然尼亚和妹妹柳达。那时她的母亲刚刚25岁。作为普通农民的母亲，从小耕织，不识字，结婚后才从扫盲班毕业，但她“纯朴，敏锐，天资很高”。⑩全家很长时间没有固定的住所，不断随父亲坐火车四处奔波，父亲到哪里修建铁路，全家就跟到哪里。全家经常住在板棚或临时用预制板搭建的小屋里，有时就睡在铁路上的货车厢里。赖莎说：“妈妈认为自己命运的不幸在于没受过教育，因而将自己生活的目的确定为看到自己的孩子们受到真正的教育。她的目的实现了。”“父亲爱所有的孩子，但在生活中总是与我关系特别亲密。我是他的公主。”⑪赖莎天生有一种向上的渴望，她心中似乎建立了一座金字塔，她总是竭尽全力争取达到最顶峰，这对她似乎也并非特别困难。她的名字Рая（拉雅，赖莎小名）的Ра有天堂的意思，я是苹果，即天堂的苹果。父母给她取的名字是有含意的，他们希望自己的女儿能走出他们的宿命，能比他们强。

母亲是家庭主妇，全部家务都亲自做，而教育弟妹则是赖莎的事。赖莎与弟弟然尼亚自幼就有着深厚的感情，他是赖莎童年时代最亲近的人。然而后来然尼亚命运多难，成了无可救药的酒鬼，这成为赖莎心中永远的伤痛。

母亲很坚强。1941年送父亲上前线时，很多女人和孩子号啕大哭，有些人当场晕倒。“妈妈则控制住自己的悲伤，她说：指望谁来帮助我们？应当自强自立！”⑫父母一辈子辛勤劳作，什么活都干，直至暮年。而他们一直向往的家，一个固定的住所，直至父亲工作了40年后，才得到了……赖莎回忆起这些往事并不轻松，心中充满对父母的同情：“我的童年不完整，是破碎的。可能和无休止的搬迁有关。……童年的我害羞，拘禁，封闭在内心的城堡里。”⑬但也有幻想、快乐。

赖莎童年时向往成为远洋航海的大厨，是大厨，而不是旅客。她和其他孩子还常幻想去寻找宝藏。“所有的时间都去寻找宝藏。”由于父亲的工作特点，小姑娘赖莎经常变换读书的学校，整个中学时期换过六所学校。她永远都是一个新来的学生，每一次转校都不得不熟悉新的老师和同学，很难。战后的学校里，同年级的学生年龄和经历都不同。她要学会和他们相处。但是倔强好强的女孩，在颠沛流离中学习成绩一直优秀，毕业时获得了金质奖章，达到了她心中的金字塔顶峰。获得此项奖章的她，有权选择全国任何高校继续读书。

她不假思索就选择了莫大哲学系。哲学高深莫测，是一门思辨和智慧的学问，她喜欢。“就这样，1949年我17岁时，来到了这里。”⑭

米沙讲述的斯塔夫罗波尔的草原风光使她着迷，她则回忆起和妈妈在西伯利亚的生活：“西伯利亚的冬天非常寒冷，我和母亲住在一起，我们常常一起包饺子，包很多。我们把饺子装在小袋里，放在门外的严寒中冻起来，吃上一个冬天。”⑮

“那里人烟稀少，风光独特，有一种苍凉的美，你能想象得到吗？它肯定不像你的斯塔夫罗波尔草原。西伯利亚的美是令人伤感的，特别在冬季，皑皑雪原，一望无际，狂风呼啸而过，卷起冰雪，或是雪花飘撒在寒风中，有时会来暴风雪，迷蒙一片，不见天日……但是我喜欢暴风雪，大自然的独特景观，令我心醉。当然，春天夏天，那里也同样美。森林里那些碧绿的苔藓，你可没有见过，太美了！还有清澈的河流……我喜爱大自然……”赖莎对米沙讲述这些时，两眼闪烁着，流露出掩饰不住的喜悦和迷恋。戈尔巴乔夫仿佛从她的眼里已经看到了西伯利亚飞舞的雪花。他想：我们俩真的很相像，我自己对大自然也有一份天然的永远的迷恋和喜爱！

但他没有说话，只是静静地听着，目不转睛地看着眼前的女孩。他很感动，觉得赖莎很不容易，也很不简单。他还发现，他的母亲与赖莎的母亲也很相似，两个同样生活在贫困乡村的普通女人，没有受过任何高等教育，善良，吃苦，忍耐，非常关心家庭和孩子，都经历过战争时期的艰难困苦，并且都顽强地活了下来。

赖莎在大学的生活和戈尔巴乔夫一样，很清苦。宿舍里住着14个人，要学会和大家相处。她的穿着很简朴，长期只有一身像样的服装，靴子也是，无论夏天还是冬天，都穿同一双皮靴。但她有一件非常漂亮的大衣，一件真正的大衣，有着波斯羔羊皮领子。那是父母送给她的礼物。这件大衣神奇地出现在某个农村消费合作社里，被父母发现了。爸爸不惜用债券挣来的1000卢布买下了它。他觉得自己的“公主”，莫大高才生很配穿它。赖莎收到这件礼物也惊喜不已。这件礼物她一辈子都记得。在其他方面她和所有的莫大女生一样，计算着花钱，省吃俭用，坐车会逃票——这是那时所有的“穷大学生”的“发明”。

1952年夏季，6月，莫斯科的“白夜”。

夜里11点钟，光芒四射的太阳还挂在当头；午夜时分天色朦胧；继而天空微微发暗；凌晨4点多太阳就会升起，灿烂的阳光将洒向大地。

白夜的一天（6月22日前后十天通称为“白夜”），戈尔巴乔夫和赖莎在宿舍的小花园里散步，他们不知疲倦地彻夜长谈。他们谈到了白夜的奇观，惊叹这一神奇的大自然现象。也在那个神奇的夏夜，他们定下了终身。“我们俩可能终于明白了，我们不能也不应当分离。生活证明，我们双方的选择都没错。”⑯

三个月后他们结婚了，结婚前的三个月他们有暂时的分离。戈尔巴乔夫先是在莫斯科莫洛托夫区检察院实习，后来暑假回到了斯塔夫罗波尔。但无论在哪里，他们一直相互通信。

在检察院实习时他给赖莎写过这样的信：

这里的状况令我非常烦恼。特别当每一次接到你的来信尤感如此。你的来信是那么美好，珍贵，亲切，善解人意。由此更加强烈地感觉到周围的可恶……特别是区级领导机关的习惯。官场的习俗，从属关系，早就规定好的一切结局，官员们公开的专横跋扈，妄自尊大……看看这些地方官员，没什么突出的才干，除了肚子。多么刚愎自用和自信，居高自傲，一副庇护人的语气和声调！轻视科学。对年轻的专业人士挖苦讽刺。不久前在报上读到了关于畜牧学家莫夫西西扬的报道，他毕业于斯塔夫罗波尔农学院。境遇很冤。我在他的身上看到了自己的命运。……我和很多年轻的专业人士谈过，大家都很不满。我像以前一样工作很多，直至做到很晚，夜里记日志，简要记录。然后检察长将在日志上签字……还有这里一个人都没有。真的，哪儿都没有人。不工作的时候很无聊。⑰

赖莎一直保存着这封信，很多年后她读起这封信，仍然惊异，在50年代，实习大学生戈尔巴乔夫已经看到了官场的丑陋和阴暗。

暑期回到家乡，他投入了紧张的秋收。在驾驶康拜因的间隙他抓紧时间给赖莎写信，用的是练习本的纸和铅笔。一封信里这样写道：

太阳还要很久才升起时我就起床工作了。检查和保养机器，这需要3—4小时。（然后是驾驶收割机）收割，收割，就是说只要有可能，即麦田没有下雨就会不停地收割。夜间工作有专门的照明灯，每天要站着工作20小时，尘土飞扬，机器晒得极热，太阳的炽热不可忍受。白天气温已经是35—36摄氏度。驾驶到筋疲力尽。无法呼吸……信写完了……但不知道如何寄给你……17日，何时寄出，真的不知道。⑱

戈尔巴乔夫在那个暑期玩命地工作，父亲说那是因为他有了“动力”。确实，他这样工作是为了自己和赖莎结婚挣钱。那个暑期他挣了不少钱，1000卢布。

1953年9月25日，戈尔巴乔夫和赖莎登记结婚了。结婚登记所就在宿舍楼对面的建筑里。

婚礼选定在十月革命纪念日那天举行，即11月7日。地点在斯特罗明卡大街的大学生餐厅。来参加婚礼的都是同年级同学。婚礼简单朴素，完全是大学生式的，却热闹喜庆。餐桌上摆着的都是平时大学生常吃的凉拌菜，各种沙拉，酒嘛，除了香槟，还有首都牌伏特加。大家纷纷举杯向戈尔巴乔夫和赖莎祝贺，席间欢声笑语不断，年轻人翩翩起舞。赖莎穿着一身漂亮时尚的连衣裙，那是她第一次在真正的时装店定做的；戈尔巴乔夫身着用贵重料子制作的西服。两个人的婚礼服和其他费用没向父母要分文，所用的钱正是戈尔巴乔夫暑假在家乡拼命干活挣得的。遗憾的是没有结婚戒指，也没有钱为赖莎买新鞋。赖莎只得向女友借了一双鞋，穿着它举行了婚礼。双方的父母都没有来，赖莎的父母甚至刚刚知道自己的女儿要嫁人了，女婿也是莫大的学生，一个来自斯塔夫罗波尔草原的年轻人。独立的赖莎一直没有将自己和米沙谈恋爱的事告诉父母，只是在结婚前才通知了他们，只是通知，并不是征求他们的意见。

两个年轻人在同学的祝福中，带着共同的理想和追求，走进了新的生活。从那一刻起，他们知道，两个人从此再不会分离，无论是幸福还是痛苦，是荣耀还是灾难，都会共同分享和承担，一辈子都将是这样。

他们婚后“十分幸福”，戈尔巴乔夫开始感到自己是个有家眷的人。学习依然十分刻苦，但小日子也过得舒适愉快，有了家庭早餐和晚餐，甚至有时会做上一顿家庭午餐。同学们也时常去他们的“小窝”做客。在一起生活中，赖莎亲眼看到了作为莫大法律系的学生，丈夫是如何废寝忘食、如饥似渴地钻研学习，凡事都要搞清楚其实质和核心。她还发现，米沙除了直爽、真诚、乐观外，还很幽默，爱开玩笑，口才极佳；喜欢诗歌和音乐，经常大声朗诵一些诗歌，而且喜欢唱歌。戈尔巴乔夫天生一副不错的嗓子，和赖莎漫步郊外时，有时会大声唱起他喜爱的歌来：“我走在莫斯科郊外，阵阵薄荷的香气扑来，大自然慈爱地对我低语，倾吐珍藏在心底的话……”还有《俄罗斯的田野》：“田野，俄罗斯的田野，有时月光晴朗，有时雪花飞扬，和你在一起幸福又痛苦。不，永远不会忘掉你。”

戈尔巴乔夫的恋爱只在最初耽误了几天学业，后来再没有受到影响，甚至在与赖莎热恋时。现在两个人生活在一起，经常相互鼓励和鞭策，戈尔巴乔夫各方面更加优秀和突出。这一年他已转正，成为苏共正式党员，还担任了系团支部书记，不久又被选为学校党委成员。而赖莎面临着毕业，她打算继续读研究生。

戈尔巴乔夫在莫大遇到赖莎，是他的命运之遇。他在回忆录中说，当他第一眼看到赖莎时，就奇怪地感觉到赖莎似乎就是他的妻子。经过不懈的追求，他的诚心感动了赖莎，她真的成了他的妻子。此后他的一切精神导向和活动都与她联结在一起。赖莎对戈尔巴乔夫后来的生活和事业一直都有着最重要的影响，而戈尔巴乔夫生命中的每一步，也都是两个人一同迈出去的，包括他当上苏共总书记后发起的改革，也不能视作是他一个人的所为。那场惊天动地震撼世界的改革，其实是他们两个人共同的思想和尝试。

戈尔巴乔夫与赖莎是一个整体，无法分离，就如前面所言，他们是一枚硬币的正反面。“我们的关系，我们的感觉，从最开始就是很自然的，是我们命运的不可分离的一部分。我们都知道，失去对方生活将没有意义。我们的感觉就是我们的生命本身的感觉。”赖莎对此这样确认。“当然，（我们）有着某种秘密，连接两个人的感情和之间约定的秘密。我们正是那样的人：对双方都是必需的。在世上有着自己的某种秘密，这很好……”“想一想我们生活的选择，我们生活的道路，它来源于我们的童年和青年，这不是偶然的。”⑲

婚后不久，赖莎做了一个奇特的梦，醒来后她将这个梦讲给了丈夫听。这个梦后来一直被他们俩清晰地记得，戈尔巴乔夫还写在了自己的回忆录中。赖莎梦见，她和戈尔巴乔夫好像掉在了一口很深的黑井中，只有一束光线从很高的井口射进来。他们俩艰难地向上爬，互相帮助。双手攀援，但并没有感觉到疼痛。赖莎掉了下去，幸好被戈尔巴乔夫抓住了，他们重新慢慢向上爬。两人竭尽全力，最终从黑洞里爬了出来，耗尽了全身的力气。爬出黑井后，呈现在眼前的是大片的洁净的森林，林中蜿蜒着一条小路，硕大而明亮的太阳落在远处的地平线上，小路犹如流泻进了太阳中，并融化在其中。赖莎和戈尔巴乔夫迎着太阳走去。突然，有可怕的黑影从小路两边出现在他们面前。这是什么？森林大声喊道：“他们是敌人，敌人，敌人。”赖莎和戈尔巴乔夫的心脏缩紧了……双手握紧，他们继续沿着小路向地平线走去，向太阳走去……

赖莎的梦意味着什么？他们多年后的生活是否被这个新婚不久的梦所印证？当戈尔巴乔夫和赖莎在1991年的暴乱事件中被软禁在疗养地福罗斯的时候，那情景是否有点像这个梦所暗示的？总统全家被封闭的三天，切断了和外界的一切联系，曾经最信任的人也背叛了他们，那场危机和所处的险境就像梦中的黑井，小路两边的黑影即是发起政变的人，是敌人，但是他们没有屈服，仍向着太阳走去……

斯大林逝世

1953年，苏联的多事之年，不少大事都发生在这一年。

元月，新年刚过不久，一件惊天大案震惊全国。克里姆林宫十几名保健医生被揭发出来，他们竟然是钻进国家最高机构的外国间谍。他们利用医生的身份，一直利用治病的机会谋害苏联党和国家领导人，将病人慢慢“治死”，用这种方法为帝国主义效劳。那些医生很多都是全国医学界的权威、有名的大夫和科学院院士。经过审理，涉嫌医生15名全部被捕，受审，入狱。其依据只是一名犹太女医生毫无根据的诬告信。这是斯大林生前发生的最后一次政治迫害案，即有名的“医生间谍案”。

医生间谍案尘埃刚刚落定，3月5日斯大林突然逝世。据报刊报道，斯大林突患脑溢血，抢救无效，死于莫斯科北郊的别墅，终年73岁。

戈尔巴乔夫是在大学教室里得知这一噩耗的。他和同学们早晨坐在教室里等着上课，老师神情凝重地走进来，将这一噩耗告诉了大家。顿时，所有的人都震惊万分。

斯大林逝世的消息无疑像一颗重磅炸弹，震惊了苏联大地和全世界。这个统治了世界1/4领土的帝国的领袖，战胜了德国法西斯的巨人，如今寿终正寝，人们难以相信。这消息在苏联报刊上一登出，立即引起苏联全国人民的无比悲痛。斯大林，他们最敬爱的领袖，列宁的战友和接班人，红色帝国的缔造者之一，苏维埃社会主义联盟的建设者，伟大的反法西斯战争的总指挥，人民心目中神圣的领袖，如今却与世长辞了。伟人的去世在每一个苏联人心中蒙上了一层阴影。此刻他们真心地为此悲恸。

莫斯科万人悼念斯大林去世。

全国默哀八天，红场降国旗，所有的机关部门、工厂企业都停止工作。莫斯科和各大城市主要街道和建筑物上都高高挂起黑色框的领袖肖像，巨幅横标和黑色帐幔上写满了哀悼之词。全国每一个角落都笼罩在悲伤绝望的气氛中。

安葬仪式定于3月9日在红场举行，之前的连续三天，千百万人在莫斯科的大街小巷排起长队，蜿蜒几公里长的队伍缓缓地向普希金大街移动，再由这条大街走向工会大厦的圆柱大厅。领袖的遗体安放在那里，每一个人都想看领袖最后一眼，与遗体告别。更多的人是第一次有机会亲眼看到他们的统治者。挤在人流中的，也有戈尔巴乔夫和他的同学们。

莫斯科一时间似乎变成了一座空城，人们全部拥挤在去工会大厦的路上，那里涌动着一股巨大的人流，没有秩序，混乱拥挤，很多街道出现了踩踏事故。在极其拥挤的人流中，“许多人被挤到墙根。铁栅栏倒塌，大门被挤坏，商店橱窗被挤碎。人们爬到路灯铁柱上，没有抓住从上边又跌下来，再也没有爬起来。有些人爬到人群上方，在人的头上爬行。有些人很绝望，想从卡车底下往回爬，但他们无法爬过去，这些人软弱无力地躺在地上，无力再爬起来。后边挤上来的人踩在他们身上，人群被挤来挤去”⑳。被人流踩在脚下的人没有来得及实现与领袖告别的愿望，就死在了路上，做了领袖的殉葬品。还有被踩昏了的人，却无人救助，因为所有的单位都停止了工作，包括救护车和医护人员。斯大林的吊唁和葬礼是第一重要的国家大事，任何事情不得干扰。死在踩踏事故中的人据说有一千多，但准确的数字至今不是十分清楚。他们的尸体后来被拉到郊外，埋在了一个大坑里。

有幸顺利走到工会大厦的人，走进圆柱大厅。斯大林的遗体安放在大厅临时搭建起的高台上，周围摆满了鲜花和草木，哀乐在圆柱大厅中飘荡。他们环绕斯大林遗体一周，虔诚地望着棺木中的那个人，每个人都洒下了真心的泪水。

戈尔巴乔夫和他的同学们在街上走了整整一天，还好，他们有幸避开了踩踏事故，终于走进了圆柱大厅与领袖告别。在布满鲜花和挽联的圆柱大厅的高台上，他看见了身穿大元帅军服的领袖遗体静卧在水晶棺中。那是他第一次如此近距离地看到自己崇敬的领袖。他回想起他的中学毕业作文，写的就是伟大的领袖，题目是《斯大林是我们战斗的荣光，斯大林是我们青春的骄傲》，字里行间充满了对斯大林的敬仰。那篇作文得了最高分，在他毕业后好几年，他的那篇文章一直作为范文，发给母校每一个学生阅读。每个人都是他身处的那个时代的产物，戈尔巴乔夫也不例外。他和很多人一样，当然不会知道斯大林究竟是一个怎样的人，人们所看到的，是一个领袖的耀眼的光环，非常耀眼、炫目，遮盖了真实的一切。他统治这个国家已经30余年。民众像对待神那样，崇拜和盲目服从自己的领袖。而此时此刻，戈尔巴乔夫和他周围的人一样，真心为斯大林的去世感到悲痛。

斯大林棺木停放在列宁墓前。

3月9日在红场举行了隆重的追悼会和葬礼。天空极其阴暗，雪花点点飘落。载着斯大林棺木的炮车由六匹纯黑色马拉着，在表情肃穆、身穿呢大衣的士兵守护下，缓缓进入红场，党和国家领导人步行跟在后面。红场上千百万人脱帽致哀。马林科夫致悼词后，在哀乐声中斯大林的棺木与列宁的水晶棺放在了一起。那一刻礼炮鸣响，飞行编队也从列宁墓上空飞过……

斯大林逝世后，苏共上层开始了激烈的权力之争。贝利亚、马林科夫和赫鲁晓夫，这几位苏共集权宝座上的主要人物，斯大林的忠实信徒和帮手，都在伺机接替斯大林的职位。

马林科夫被公认是斯大林钦定的接班人，他暂时接管了政权，就任部长会议主席。他是斯大林的忠实信徒，也是斯大林一手提拔起来的。但马林科夫既无服众的威望，也没有令人信服的资历，更不具备领袖才干。当然，在官场混了这么多年，他也并非庸碌之辈。在斯大林葬礼上的讲话，就透露出一些新的构想。4月，斯大林逝世还不到一个月，他就为“医生间谍案”作了平反。塔斯社报道了对“医生间谍案”所作的重新审理，全部恢复了当事人的名誉。《真理报》也发表了社论：《苏维埃社会主义法律是不可侵犯的》，强调任何人不得破坏苏维埃确立的法律，苏维埃法律是苏联公民权利的保障，是国家的最高原则。而仅仅在两个月前，即2月8日至2月27日，该报发表的一系列文章还在大谈要提高警惕，要揭露“杀人犯”、“暗杀者”、“资产阶级民族主义者”等。短短时间的截然相反的变化，反映出新的当局在试图改变斯大林时代的做法。对斯大林本人暂时没有触动，这一切都找到了替罪羊：前国家保安部部长斯伊格纳捷夫和副部长柳明被认为是罪魁祸首，前者被解除了职务，而后者被执行了枪决。

“医生间谍案”在斯大林去世不到一个月的时间里就被平反了。诬告者因此获得的列宁勋章被追要了回来。其实这个冤案只是斯大林生前多次搞的镇压、迫害、清洗事件中的最后一个。拨乱反正，为无数冤屈者昭雪平反，还以清白，还原历史的真实面目，还要等很多年。

马林科夫掌权时期还做了一件事，就是除掉了贝利亚。当然，在这件事上赫鲁晓夫起了决定性的作用，他说服了马林科夫。如何逮捕贝利亚，事前也经过了精心策划。而贝利亚一无所知，毫无警觉。1953年6月26日，这位不可一世的党内第二号人物在政治局会议上突然受到谴责，迅速被捕。《真理报》随即发表了《党、政府、苏联人民牢不可破的团结》的社论。7月初举行了苏共中央全会，马林科夫作了关于贝利亚罪行的报告。塔斯社、《真理报》都作了报道，并列举出他的主要罪行。年底最高法院审理了该案，12月24日贝利亚被枪决。

国家政坛的变化令人眼花缭乱，目不暇接。作为莫大的一名学生，上层的很多内幕戈尔巴乔夫不会知道，但是国家领导人的变动，舆论的变化和权威报纸《真理报》的一篇篇社论和文章，却是每个人都看得到的。上层的变化也在大学里反映出来。“讲课愈来愈有意思，课堂讨论、学生小组的活动也愈来愈活跃。”㉑

在戈尔巴乔夫大学的最后两年里，他已经感受到了自上而下的某种变动，人们后来将其称之为“解冻”。虽然还没有公开提及斯大林的名字，这是个太敏感的话题，但是他搞的镇压和清洗运动，却已经逐步被公开批评；在“大清洗”中蒙冤受屈的很多人也开始得到平反。在言论方面也比以前宽松得多，一些文学艺术作品也开禁了。而人们也越来越大胆地讲出自己对某些问题的看法和怀疑。虽然这一切离真正的民主相差还很远，但毕竟有了变化。

1955年2月，马林科夫辞去了领导人的职务。1956年春天，苏共召开二十大。赫鲁晓夫在会上作了《关于个人崇拜及其后果》的报告，即后来被人们称为“秘密报告”。报告中直接提出应当清除斯大林所搞的个人迷信。那时，戈尔巴乔夫已经从莫大毕业，和赖莎一起回到自己的家乡斯塔夫罗波尔州工作了。

高等学府莫大，集中了全苏联的精英，他们是国家的未来和栋梁。他们处于国家权力的中心首都，上层的一切虽然不可能了解得很清楚，但是各种迹象、报刊的文章所透露出的，敏感的大学生全都感觉得到。对斯大林的某些做法的否定，对戈尔巴乔夫触动极大。他和大家一样，震惊之余，思考着，回顾着，了解着。领袖神秘的面纱开始揭开，领袖大搞个人迷信和专制，领袖制造了那么多的冤假错案，领袖犯有错误。那么什么才是正确的？真正的列宁主义该如何去做？苏联的社会主义建设怎么继续发展下去？现在的最高领导人是否有能力胜任？他开始深入思考这一系列问题。他的法律专业使他的思考更为深入，法律如何发挥自己应有的作用，社会主义法律与党的关系等诸如此类的问题，也常常萦绕在他心头。问题的答案他不可能一下子找到，社会实践作出回答也需要好多年。在他毕业后，在他回到家乡斯塔夫罗波尔工作时，在他当上了斯塔夫罗波尔州团委书记和州委书记后，甚至在他成为苏共总书记后，他一直都在思考这些问题。但是最早开始思考这些问题是在莫大。正如他后来在回忆录中写道：“正是在莫斯科大学开始了对国家历史及其今天与未来的反思的漫长过程。”

毕业返乡

1955年夏季，戈尔巴乔夫结束了学业，面临毕业分配。赖莎在一年前就已经毕业，准备继续读研究生，并获得了读研究生的资格。

何去何从？他与赖莎经常谈论。可以回家乡工作，斯塔夫罗波尔，那里也很需要干部，况且他们是莫斯科大学的高才生，回到家乡会有很大的优势，但是赖莎怎么办？她应该读完研究生。那就争取留在莫斯科吧。但是他没想到，斯大林去世已经两年有余，斯大林一手搞的一些冤假错案也陆续得到了平反，在他和他的同学们的毕业分配问题上，却以另一种方式受到了斯大林的牵连，使他原本可以留在首都工作的希望化为泡影。

6月底，当他考完最后一门功课时，恰好收到了国家司法部门的一封信，通知他去面谈工作问题。当时国家司法部门需要一批年轻的司法干部，给斯大林时期的冤假错案平反，那些案件是大量的。戈尔巴乔夫非常兴奋，他和赖莎留在莫斯科的打算看样子有可能顺利实现。

在约定的日子，戈尔巴乔夫兴冲冲来到国家司法局，一位官员接待了他，戈尔巴乔夫等待着具体谈谈他将来的工作。但出乎意料，那位官员说：斯大林时期的冤假错案都是当时没有经验的年轻司法干部造成的，所以有了最新的规定，不会录用任何一个应届毕业生。你回去另找出路吧。这番话犹如一瓢冷水浇在年轻的莫大毕业生身上。他满怀热望而来，却扫兴而归。多少年后，戈尔巴乔夫谈起这段往事还感觉不平：“我们其实也成了斯大林的受害者，由于斯大林时期的冤案是年轻的司法干部经手办理的，于是拒绝我们那批刚毕业的大学生去那里工作，剥夺了我们留在莫斯科国家司法机构工作的机会。”㉒

毕业纪念照。

去莫斯科国家司法部门工作的希望没有了，摆在他和赖莎面前的是，要么再寻找其他部门，争取留在莫斯科，这并非没有可能；要么干脆回自己的家乡斯塔夫罗波尔工作，那里偏远落后，很需要刚毕业的大学生，可以在家乡一展宏图。但这样就要中断赖莎的研究生学业。考虑再三，两人决定与其在陌生的首都工作，不如回到家乡发展。那里的一切对戈尔巴乔夫来说都很熟悉很亲切。

就这样，赖莎放弃了读研究生，她和戈尔巴乔夫一起回到了斯塔夫罗波尔。离开莫斯科之前，他们在宿舍合影留念。赖莎穿着灰色外衣，戈尔巴乔夫则是西服，两张充满朝气和希望的年轻面孔，被定格在那张照片里。照片一直保存至今，成为他们的青春、爱情和刻苦求学的见证。

离开莫斯科前，他和赖莎去看望了赖莎的父母。女婿第一次登门，受到的是岳父母不冷不热的接待，因为他没带来什么好消息，他没能留在莫斯科工作，他们的女儿将要和他一起去南方一个不起眼的小城市，而且赖莎还要因此放弃读研。

赖莎留在父母家多住些日子，戈尔巴乔夫一人先回到莫斯科，收拾行装。主要的行装就是一大木箱的书。临行的前一天，戈尔巴乔夫躺在床上，望着熟悉的宿舍——他和赖莎早就搬到了列宁山上新建成的“豪华”住处，两人一间的公寓式宿舍，那是他们温馨的小窝。他回顾这五年的学习生活，在莫斯科大学经历的一切，久久不能入睡。

五年的大学生活结束了。离开莫斯科，他倒也没有什么遗憾的。重要的是，这五年他收获了很多。他的知识、眼界和工作经验（大学团委）都更加丰富，他也更加成熟稳重，充满自信。和五年前刚刚来到莫斯科时相比，戈尔巴乔夫已经完全成为了另一个人。他还有了可心的妻子，他们不仅真心相爱，还像朋友一样相互信任和支持。莫大的五年对他意味着什么呢？正如他在回忆录中所言：“可以断言：如果没有这五年，也就没有政治家戈尔巴乔夫。”

还是那列火车，载着他返回了美丽的斯塔夫罗波尔草原。他和赖莎将要在家乡开创自己的新生活，开始他人生的另一个阶段。

注释

①《斯塔夫罗波尔报》，2011年3月2日，戈尔巴乔夫基金会网站。

②这栋建筑曾是叶卡捷琳娜海军养老院。现在是莫斯科国立仪表制造和信息技术大学。卫国战争时期该建筑的部分毁于炸弹，现在只有四个角状建筑，少了一个。一、二层很古典，三、四层是后来建上去的。

③本小节别林斯基的所有引文来自有关网站的《别林斯基名言》，不再一一注明。

④⑤⑥⑦⑧⑱⑲⑳㉑㉒《真相与自白：戈尔巴乔夫回忆录》。

⑨⑩⑪⑫⑬⑭⑮⑯⑰赖莎·戈尔巴乔娃：《我希望……》，俄文版。

⑳德米特里·沃尔科戈诺夫：《凯旋与悲剧》。

★卷　三

一帆风顺的仕途

第一书记是一种特殊现象，是政权体制中的关键人物。他的职位和巨大权力不是人民给的，也不是差额选举的结果，而是莫斯科——苏共中央政治局、书记处、总书记本人——给的。

——《真相与自白：戈尔巴乔夫回忆录》

47岁是成熟的年龄，我明白，离开斯塔夫罗波尔就意味着我生命中一个时期的结束。

我们自己创造了自己的命运，成了今天这样的人，我们是充分地利用了国家为公民提供的条件。

——《真相与自白：戈尔巴乔夫回忆录》

党务工作者

戈尔巴乔夫和赖莎回到了自己的故乡，州首府斯塔夫罗波尔市。这座城市对戈尔巴乔夫来说并不陌生，他以前多次来过，但也不是很熟悉，那时他只是一个过路人。当年这个边远的城市在一个中学生和年轻的康拜因驾驶者眼里，就是最热闹繁华的地方了。如今，莫大高才生戈尔巴乔夫从莫斯科回到家乡，一切在他眼里都变了样。与首都莫斯科相比，斯塔夫罗波尔市看上去是那么偏远、落后，甚至有些荒凉。而他和赖莎的家就要安在这里，他们将在这样一座城市开始工作和生活。

来到斯塔夫罗波尔市的第一天，戈尔巴乔夫就急不可待地走进城里的大街小巷，他要仔细看一看这座城市，他要知道，他究竟将要在一个什么样的城市里安家。

50年代的斯塔夫罗波尔市虽然是州政府所在地，但城市建设确实落后，市内大多是两层高的建筑物，三四层的都不多见。街头建筑有着古希腊的风格，但市容破败。城里只有一条比较大的街道，公共汽车不多，交通极不方便，人们到哪里几乎都要靠两条腿走路，而在雨雪天里道路泥泞不堪，出门行走非常艰难。城市没有下水道，下雨的时候，很多地方积成了水洼，难以通行。两个优点是，城里树木成阴，郁郁葱葱，看上去多少有那么几分生气；而农产品也惊人的便宜，一大堆西红柿也就几个戈比。

斯塔夫罗波尔市旧貌。

找到住处是戈尔巴乔夫的当务之急，他要在赖莎来之前，找到他们的小家庭的栖身之地，条件是他们的经济能力可以承受的。可是找一个合适又便宜的住处谈何容易？他问询过他的新工作单位边疆区检察院，但是看样子他们帮不上什么忙，只建议他去找房屋经纪人。他找到了经纪人，经纪人给了他三处地址，最后在喀山大街上他找到了一间小屋，11平方米，屋里除了一张窄窄的已没有一点弹性的弹簧双人铁床、一个取暖用的火炉外，没有任何家具。火炉占了房屋面积的1/3。房子有三扇窗，窗框全都变形，难以关严。从窗户向外望去，有美丽的花园。这是这间小屋唯一的优点。这房子是一对退休教师的，条件很差，但月房租250卢布，尚可以承受，于是戈尔巴乔夫租了下来。他把那个装书籍的大木箱（已经从莫斯科邮寄来了）放在房屋中间，充当桌子和书柜；又买了两把椅子，自己动手做了衣架。11平方米的小屋已经满满当当。住处就算准备妥当了，只等赖莎从家乡回来。这间小屋就是戈尔巴乔夫和赖莎回乡后最初几年的住处。

8月初，戈尔巴乔夫已经在边疆区检察院实习。检察院对新来的年轻人和他生活上的困难不闻不问，没有给予任何帮助。在实习中，这个单位也没有给戈尔巴乔夫留下任何好印象。检察院里没有人认真办案，司法程序繁杂，工作单调枯燥，丝毫激发不出他的热情和积极性。他感到自己无法适应这样的工作。他是带着自己的抱负、理想、热情回到家乡来的，现在却觉得有劲使不出来。回想在莫斯科大学的情景，紧张充实的学习，很有意思的党团和其他社会工作……他第一次觉得也许当初选错了专业，他的兴趣和积极性不是法律，而是党务工作，而且在莫大的几年，他已经积累了这方面的很多经验。思考再三，他果断地决定，离开检察院。

去哪里工作呢？他打算到州团委从事团的工作。州团委恰好有他的熟人。经过交谈，州团委对他很感兴趣，他们正需要年轻的干部，而戈尔巴乔夫的莫大毕业背景和在法律系从事过党团工作的经历，也起了很大作用。总之，很快就谈好，州团委建议他来担任宣传鼓动部副部长。边疆区也已经同意了。这样，问题只剩下如何让检察院放他走人。有了区里的意见，绕开检察院也行，但戈尔巴乔夫没有这样做，他办事稳当，不想把关系搞僵。经过一番说和，他被检察长狠批一顿，但还是同意放他走。

很多年后，80年代，当戈尔巴乔夫已经成为苏联党和国家领导人的时候，他收到了当年骂他后放他走的检察长的一封信，信中有这样的话："今天，我怀着极其满意的心情想到，当时没有阻挡您的生活道路是做对了。"①

戈尔巴乔夫就这样调到了州团委工作，一切还算顺利。赖莎暂时还没有来到这里，她还在父母身边。戈尔巴乔夫写信把全部情况告诉了她。仔细算来，他在边疆区检察院工作的时间一共也不过10天左右。

工作改行，这是戈尔巴乔夫人生道路上的重要转折点，他从此踏上了从政的道路。调入州团委的第一天起，他就完全恢复了活力，将巨大的热情投入到了自己的工作中。他喜爱这个工作，熟悉这个工作。共青团的宣传工作被新来的年轻人搞得生机勃勃。

戈尔巴乔夫顺利转行后，不久赖莎来到了他身边。这是赖莎第一次来到南方都市斯塔夫罗波尔，时值秋季，这里的一切使她感到新奇和兴奋。"慷慨的阳光，麦田，很多花园。向日葵随着太阳转动，使人惊异的山峦和草原，充满艾蒿和百里香的清香。在半沙化和冰冻的山上，到处可见使人精神焕发的能治病的矿泉水，沙子细腻罕见，河水泛着微波。市内有塔形的杨树，很多的栗子树、柳树、橡树、榆树、丁香。到处是鲜花。秋季将大自然装扮得十分美妙，金紫色，令人感动的细腻的市容。”赖莎惊叹，“这里的秋季太美了，斯塔夫罗波尔仿佛就是秋季的化身。”②外省都市的从容不迫和寂静也让她惊异，“我们满怀憧憬和希望来到这里开始了我们艰难的生活道路。”③

确实，戈尔巴乔夫正在全力以赴开展他艰难的新工作。他首先了解了州团委的状况。大多数团员都生活在偏远的农村，封闭落后，团组织松散，团员觉悟和文化水平都很有限，对州团委的工作任务执行很差。戈尔巴乔夫打算从访问基层团组织开始，了解情况，传达州团委精神，有针对性地开展工作。他迈开双腿，跑遍了斯塔夫罗波尔的每一个农庄和村落。在那里他召集团员开会，听他们讲述自己的生活、希望、困难以及对团委的建议。有的团员萎靡不振，没有朝气；有的村庄非常贫困，农民生活极其艰难，团员有积极性，但不知道该做什么……戈尔巴乔夫通过走访基层，了解到很多以前不知道的情况，看到了农民的生活和基层团组织的状况。有一次他徒步去了山里最偏远的一个畜牧场。道路泥泞难行，坐落在山谷之中的村庄绵延20公里，简陋低矮的土屋被炊烟缭绕，房屋周围是变黑的篱笆。村里的土路上没有一个人影，偶尔传来几声狗吠。山风吹过，越显荒凉。戈尔巴乔夫站在山坡上看着荒漠的村庄，感触颇深。这里真是一个被上帝遗忘的角落，远离尘世，冷清得像一座静静的墓地，难怪年轻人纷纷逃离这里。

那个时期戈尔巴乔夫经常出差，出差期间的所见所闻、感受想法，他都写信向赖莎倾诉。他们结婚前还在莫大时形成的这个习惯，一直没有改变。戈尔巴乔夫需要和赖莎交谈和交流，当他们分离时就以写信的方式进行。外出期间他几乎天天写信，就像面对赖莎在谈心。一天不和她谈心，他都会感到不安。信寄到斯塔夫罗波尔市，通常需要一个星期甚至十天半个月，常常是戈尔巴乔夫已经出差回到家了，信才收到。而每当回到家里，他都会把所见所闻再讲给赖莎听。赖莎总是满怀兴致，听他讲述，还不时发表感慨，谈自己的看法和感受。她不仅是他最好的听众，她的看法还常常给戈尔巴乔夫很大的启发。团委组织的一些活动，赖莎只要有时间也经常去参加。她对丈夫的工作给予了力所能及的支持。

戈尔巴乔夫积极工作，但也不是都能得到上级的理解和好评。那时区党委第一书记是德米特里耶夫。第一书记对他的工作就颇多微词。在如何和同事相处上也出现过小问题。戈尔巴乔夫很爱和同事辩论，像在莫大和同学争论问题那样。他雄辩的口才，丰富的知识，常常让对方下不来台。于是有人说他爱出风头，乱用莫大毕业生的牌子。戈尔巴乔夫听到这样的议论后，在工作中很注

50年代末，夫妇俩回普里沃利老家探亲。

意这个问题，而且特别关注同事们的文化及学习的提高，并经常和他们谈心，交朋友。

戈尔巴乔夫和赖莎在斯塔夫罗波尔的最初几年，工作和生活都很艰苦，好在他们都经历过艰难困苦。那些困难对他们来说算不上什么。夫妇俩从不抱怨，也不去奢望。戈尔巴乔夫积极工作，乐观通达，经常深入基层；赖莎善于持家，把租来的小屋收拾得干净利落，井井有条。爱干净和整洁是她的天性。他们的家后来无论搬到哪里，都被女主人收拾得如同宾馆一样干净整齐。夫妇俩非常看重精神生活，他们一如既往经常谈心，相互鼓励，交换对各种问题的看法，读书，散步，听音乐，徒步郊游……日子过得充实、愉快。

赫鲁晓夫的秘密报告及其改革

1956年2月14日，苏共第二十次代表大会在大克里姆林宫会议厅举行。这是斯大林去世后的首次党代会。出席大会的有1349名有表决权和81名有发言权的代表，共代表党员和预备党员700多万。开幕式庄严肃穆，主要领导人已在主席台就座。会场中有细心的代表已发现，这次大会不像以往，主席台上没有悬挂斯大林的画像。这似乎预示着什么。果然，赫鲁晓夫在代表大会结束后，作了题为《关于个人迷信及其后果》的报告，后来被称为“秘密报告”。听取赫鲁晓夫秘密报告的代表只能凭特别请柬才能进入会场，并谢绝外国代表团参加。但根据赫鲁晓夫的指示，大会特别邀请了部分老布尔什维克。

赫鲁晓夫秘密报告的主要内容是“反对斯大林搞个人崇拜”。报告是由中央书记处几位书记共同起草的。有幸亲耳听到“秘密报告”的人回忆，赫鲁晓夫站在主席台上，手拿一份提纲，不是照稿宣读，而是洋洋洒洒自由发挥，一直讲了约五个小时。他的讲话要点是：集体领导是苏联共产党领导的最高原则，斯大林破坏了这一原则；个人崇拜的危害是破坏了革命法制，使许多无辜者遭到迫害；个人崇拜使苏联在卫国战争中受到严重损失；个人崇拜阻碍了苏维埃社会的发展；个人崇拜的根源是斯大林个人的不良品质。

赫鲁晓夫在苏共二十大上作报告。

报告中详细列举了在斯大林亲自发起的“大清洗”中有多少人蒙冤死去。那些数字令人触目惊心。大规模的恐怖和镇压发生在1937年，那一年被定为反革命罪的人是1936年的9倍。第十七次党代表大会（1934年1月）选出的139名中央委员和候补中央委员中，有98名遭到逮捕和枪决，占70%；出席十七大的有表决权和发言权的1966名代表中，1108名遭逮捕，占了一多半。保安机关使用的是严刑逼供，而这一切都是经过斯大林直接批示同意或示意以及支持的。斯大林时代苏维埃法制被极其粗暴地破坏了。

报告直指斯大林，其中有这样的话：“斯大林的一些不良品质在列宁活着的时候还只是处于萌芽状态，但在以后年代里已经发展到严重地滥用职权的地步，因而给我们党造成莫大的损失。我们必须严正地研究和正确地分析这个问题，以便消除任何可能性，不再重复斯大林在世时所犯下的一切过失。斯大林根本不允许实现集体领导和集体工作，他不仅对反对他的人要施加暴力，而且由于他的任性和专横，只要他认为是违背他的思想的人，也要施以暴力。斯大林不是通过说服、解释和耐心地同别人合作，而是把他的思想强加于人，要别人无条件接受他的意见。凡是反对他这种做法的人，或者力图证明自己的观点，证明自己正确的人，都必然会被开除出领导机关，接着就会受到精神上的折磨和肉体上的消灭。”④

赫鲁晓夫大胆直言的“秘密报告”，如同一声惊雷，在会场引起极大的震动和不安。报告期间大厅中一时安静得连一根针落地也能听得见。这样的报告没有人敢想，这样的禁区没有人敢触动。统治了这个帝国三十余年的伟大领袖，突然间被揭发批判，很多人听着身上都冒出了冷汗。几个小时的报告结束后，人们才回过神来。大会主持人布尔加宁走上讲台，他建议对报告不讨论，不提问。会议通过了报告的内容，同时通过决议，媒体不刊登报告，由党团组织内部传达。

其实“秘密报告”的内容在一定程度上是人们预料到的。斯大林去世后对斯大林时期的许多做法已经给予了否定。30年代“大清洗”中的许多冤案已经得到平反。至1955年年底，就已经有数以千计的政治犯从斯大林的劳改营中被释放回家。

“秘密报告”没有保密多久，二十大闭幕后仅几天，苏联国内已是家喻户晓。报告内容在党内团内作了广泛传达，供700多万党员和1800万共青团员讨论学习；而国外也已经广为流传。

报告在全国产生了巨大的震动，不亚于一场强地震。

赫鲁晓夫其实一直都是斯大林最信任的为数不多的国家高级领导人之一，也是斯大林“大清洗”中很多冤案的忠实执行者。斯大林在世时，他称斯大林是自己的“生身父亲”，在其任职的各个领导岗位上完全按照斯大林的旨意办事。也许他早有不同的看法，只是时机不到。斯大林去世三年后，他才抛出这颗重磅炸弹。一些人说，赫鲁晓夫之所以这样对待斯大林，除了可能的人性的良知、公正和正义感的一面外，也说明他是个很有心计的人。他一直韬光养晦，等待时机，是个深藏不露的改革家。但也另有人认为，此外还有其他原因。他与第一个妻子生的儿子列昂尼德·赫鲁晓夫，是被斯大林判处死刑的。小赫鲁晓夫在二战期间的一次飞行战斗中意外失踪，做了德国人的俘虏，后来回国，面临被枪毙的命运。赫鲁晓夫两次恳请斯大林对他儿子从宽处理。斯大林虽口头应允，但小赫鲁晓夫还是被立即就地枪决了。赫鲁晓夫现在是在为儿子复仇。不少人认为这种解释很肤浅。赫鲁晓夫反对斯大林的个人崇拜和“大清洗”，有着更深刻的原因和历史背景。况且他的小儿子被枪决，也正反映出“大清洗”的恐怖。⑤

1936年，斯大林和赫鲁晓夫在苏共中央委员会主席团会议上。

苏共新的第一书记的“秘密报告”，戈尔巴乔夫是在边疆区党委看到的，在州委的一份通报上。他也受到了极大的震动。30年代后期的席卷全国的“大清洗”，他只有模糊的印象，那时他才是个六七岁的孩子，很多事情根本不可能了解。他记得的只是外公突然被捕，他看着外公被带走时震惊得不知所措的情景。现在他才明白，外公被捕不过是整个国家“大清洗”中波及到高加索农村的一个小浪花，根本不算什么。看看报告，在那次“大清洗”中，多少老布尔什维克、党的高级领导人、军队高级将领，以及知名的科学家和普通百姓，都遭到了残酷的迫害！

戈尔巴乔夫一直在思考国家体制问题，而赫鲁晓夫的报告不只是让他感到震惊，也对他一直思考的问题有极大的启发。个人崇拜绝对不符合列宁的教导和布尔什维克的原则，“大清洗”完全是对社会主义法制的破坏和践踏。他很赞成报告，赞赏赫鲁晓夫的大胆敢言。开会时他观点明确地表态支持报告。但很多人，包括各级干部和普通百姓，远不是一下子就能接受报告的内容。报告后的一段时间，很多地方人们思想混乱，想不通。斯大林，他们心中最神圣的偶像，国家和党的化身，永远正确的领袖，怎么会是这样的人？“大清洗”，那是革命的需要，被镇压的人，他们都是间谍和人民的敌人！

面对这种情况，戈尔巴乔夫提议组织一些理解力强、有理论基础的团干部，向广大青年宣讲二十大的精神。他的行动计划得到边疆区党委的批准。戈尔巴乔夫自己带头深入到了基层。

基层老百姓的反应和提出的问题是他所不曾料到的。年轻人和知识分子比较容易接受报告的精神，反应热烈；受到“大清洗”迫害的人和他们的亲属及好友，也感同身受，一致赞成；但另一些人根本不相信报告中列举的事实，绝对接受不了对斯大林的批评。还有为数不少的人相信报告讲的都是真实的，但他们的问题是：为什么要“家丑外扬”？公开谈论斯大林的问题，会把人们的思想搞乱。

戈尔巴乔夫把在基层看到听到的一切都向边疆区党委作了如实汇报，引起了重视。而他自己从基层回来，觉得问题更多了。他想不清楚，找不到答案。后来他明白了，主要原因之一是赫鲁晓夫的报告没有分析，没有“推论”。报告具有个性鲜明、激烈揭露的性质，刺激了人们的神经，但缺乏论证。报告将许多极其复杂的政治、社会经济和社会心理过程的原因统统归结为“领袖”本人的不良品质。真正需要的是进行更加深入的分析。

苏共二十大在苏联历史上具有独特的意义。它是斯大林时代的真正结束。赫鲁晓夫顺应历史，在二十大展开的反对斯大林个人崇拜的斗争，堪称一场伟大的思想解放运动，对苏联人民的政治生活和社会生活产生了十分重要的影响。大会前后释放了大批被迫害的政治犯，重新审理了在“大清洗”中含冤死去的近千万人，为他们恢复了名誉。苏联政治气候空前宽松，广大知识分子从恐怖中得以解脱，社会文化生活和学术界逐渐活跃，索尔仁尼琴等作家的作品得到公开出版，备受争议的伊丽亚·爱伦堡的小说《解冻》，成为人们形容苏联那一时期社会、政治、文化生活新局面的流行语。

在全国展开的思想解放运动中，戈尔巴乔夫还在斯塔夫罗波尔州第一次组织成立了共青团辩论俱乐部，提出了具有反叛性的口号：需要辩论，而以往强调的是服从、遵守和统一。在共青团的辩论俱乐部里，辩论者不用讲稿，不预先准备发言提纲，而是就当前存在的任何尖锐的问题，直抒己见，展开辩论，进行探讨。这样的辩论激发了人们的思考，活跃了团组织的气氛，使大家考虑和观察问题更加全面深入。这项工作不仅显示出戈尔巴乔夫出色的组织能力和演说天赋，而且表现出他的敏锐，接受新事物和力求图新的禀赋。

赫鲁晓夫在二十大上被选为苏共中央第一书记；1958年兼任苏联部长会议主席。自此，开始了为期九年的赫鲁晓夫时期。但他的执政并非一帆风顺，这反映了他发起的改革受到来自上层和下面的反对。其间突出的表现是1957年的政治危机。

赫鲁晓夫的一系列做法和政策，特别是反对斯大林的个人崇拜，在东欧引起一片骚乱，这为他的反对者提供了契机。莫洛托夫、卡冈诺维奇、伏罗希洛夫、马林科夫、布尔加宁等人迅速联合起来，向赫鲁晓夫发难。1957年6月18日，布尔加宁打电话请赫鲁晓夫参加在克里姆林宫举行的部长会议。会上莫洛托夫、卡冈诺维奇、马林科夫轮番向赫鲁晓夫展开了猛烈的批评和围攻，要求他下野，反对派一时间占据了优势，置赫鲁晓夫于十分不利的境地。但赫鲁晓夫和米高扬采用拖延战术，他坚决要求召开中央委员会全体会议表决，否则他决不走人。他估计在中央委员会全体会议上，大多数人会支持他。他的支持者也在积极配合，莫斯科的党代表闻讯都来到了克里姆林宫，和赫鲁晓夫一样，他们要求立即召开中央委员会全体会议。反对派在这种情况下别无选择，只得同意。6月22日全体会议召开，会上朱可夫严厉指责了莫洛托夫、卡冈诺维奇、马林科夫在斯大林时代“大清洗”中的罪行，反对派最终被击败。赫鲁晓夫反败为胜，指控反对派为“反党集团”，并将他们从中央主席团驱逐出去，但对他们的处理很宽容。莫洛托夫被降职为苏联驻蒙古大使，其他反对派成员也被远调至莫斯科以外的地方任职。赫鲁晓夫面临的一场政治危机就这样化险为夷。

朱可夫在赫鲁晓夫清除“反党集团”中起了很关键的作用，他在紧急时刻调动军用飞机将全国的党代表及时运到莫斯科，这样才有了后来赫鲁晓夫由劣势转为胜利的局面。朱可夫后来成为了主席团的重要成员，个人威望不断升高，这引起了赫鲁晓夫的怀疑和恐惧。后者终于在1957年10月的中央委员会全体会议上发起对他的批评，并撤销了他国防部长的职务。这是后话了。

赫鲁晓夫执政期间，基本上遵从党章办事，实行集体领导的原则，尽量避免个人说了算。他呼吁苏联党内谨防“老人持续当政”、“病夫治国”。他改变了斯大林时期动辄对持不同意见者进行消灭的做法，基本上没有对政敌进行打击报复。他还开放了克里姆林宫，使普通群众能够参观；取消了中央领导的“特殊供给”、官僚干部的各种特权和“特殊津贴”，这些做法都深得民心，但同时也招致一些官员的不满，更引来斯大林时期的既得利益者的痛恨。

在经济方面赫鲁晓夫也尝试了改革，特别是对农业。他试图改变过分集中的农业管理体制，扩大集体农庄和国营农场的自主权，允许农庄庄员拥有一定数量的自留地和饲养一定数量的牲畜；实行了削减农业税，提高农副产品收购价格的政策，还大规模开垦荒地和种植玉米。 在工业管理体制的改革方面，他将部分企业管理权下放到加盟共和国；给予企业调整部分工资等权力；并推行“物质利益原则”，在一定程度上承认企业和个人的物质利益，通过这种方法调动人们的生产积极性。他还采取措施扩大地方权力，但没有使企业获得独立自主的经济地位。

1961年十月革命节前夕，赫鲁晓夫委派卫戍司令部的军人在夜里秘密将斯大林的水晶棺从列宁墓抬出，放入预先做好的棺柩中，埋入了红场克里姆林宫墙外苏共中央领导人的墓群中。当然这并非是他自作主张，而是苏共第二十二次代表大会通过的决议。戈尔巴乔夫那时已经担任了斯塔夫罗波尔市团委第一书记、州团委第一书记。他参加了苏共第二十二次代表大会，表决通过这一决议时，他举手表示赞同。

1962年，赫鲁晓夫将省（区）级党委划分为两个平行的机制，分别负责农业和工业。在实行中事实上形成了两个党组织：工业党组织和农业党组织。他的本意是避免权力过度集中，但带来的却是管理上的某种混乱。当时担任苏共斯塔夫罗波尔区域农庄—农场生产管理局边疆区党委组织员和苏共斯塔夫罗波尔农业边疆区党机关局局长的戈尔巴乔夫，目睹了赫鲁晓夫这一改革在当地引起的混乱。“边疆区农业党委第一书记库拉科夫与边疆区工业党委第一书记博先科之间没完没了的明争暗斗。从旁看着这场几乎每天进行的‘拔河’、相互盯梢和竞争，可能认为他们从未在一起共过事，一辈子都是死对头呢。”⑥

1962年的改革在全国不少地方都引起了混乱，使很多人产生了不满，这也是赫鲁晓夫两年后被迫下台的原因之一。

1964年10月，赫鲁晓夫的执政画上了句号。当年支持他的那些人，最终又将他赶下了台。

10月14日，赫鲁晓夫正在黑海海滨度假。勃列日涅夫打电话要他回莫斯科开会。他们在莫斯科已经策划好了政变。

前来开会的赫鲁晓夫完全没有预料到会发生什么。走进会场他才惊讶地看到，等待他出席会议的战友们，他以前的坚定支持者，这次却演出了一场逼宫戏：他们要他交出政权。最终米高扬说服了赫鲁晓夫，要他自愿递交退休声明。赫鲁晓夫被迫在退休书上签了字。后来报纸上刊登了一则消息，称赫鲁晓夫因年龄和健康原因要求离职，中央根据本人要求已解除了他的职务。赫鲁晓夫就这样被免除了一切职务，强迫“退休”，成为“特殊养老金领取者”。

赫鲁晓夫病逝于1971年9月11日，葬于新圣女公墓。他沉寂了多年，然而苏联人民没有忘记他。全国各大报纸在不显眼的位置低调报道了他逝世的消息，但群众却自发地大规模前去吊唁，引发当局一度下令关闭了新圣女公墓。

赫鲁晓夫墓碑。

赫鲁晓夫被认为是一个改革家，虽然对他褒贬不一，不乏微词，说他鲁莽，说他没有从根本上进行改革，但他毕竟是第一个尝试冲破斯大林体制铁幕的人。赫鲁晓夫的一系列作为表现出了一个政治家的胆略和气魄。这是人民怀念他的原因所在。

赫鲁晓夫执政时期是一个转折性的时期，他所尝试的改革为后人，包括戈尔巴乔夫提供了经验教训。戈尔巴乔夫后来在回忆录中谈到赫鲁晓夫的改革时说：

“我认为赫鲁晓夫是一个行动始终如一的人。如上所述，他的改良主义从一开始就不是明确无疑的，同样，第二阶段也不能归结为毫无意义的即兴之作。依我之见，其中也贯穿着改革方针的继续。”⑦

“在我看来，整个赫鲁晓夫时期的主要特点在于赫鲁晓夫想强迫体制工作，却仍然沿用体制的办法。赫鲁晓夫力求进行实际的变革尤其是经济领域的变革、提高经济效率。加大社会发展力度的意图是完全正当的。但是体制不接受新事物，而且还进行抵制。”

“今天在回顾历史时，我认为自斯大林去世（尤其是党的二十大以后）至60年代中期，是我国历史上一个特殊的而且极其重要的时期。无论赫鲁晓夫本人的主观意愿如何，就其意义而言，这是对极权主义体制的第一次冲击，这是使我国社会朝民主化迈进的第一次尝试。”⑧

在赫鲁晓夫整个执政期间，戈尔巴乔夫都是一名地方官员，赫鲁晓夫实行的一切，他不仅经历了，而且在基层执行了。赫鲁晓夫不是一个成功的改革者，他的改革不可能彻底，因为他既没有理论准备，也没有具体目标。赫鲁晓夫改革的意义在于进行了第一次尝试，第一次是最难的。

赫鲁晓夫的改革以及他本人的命运，无疑对一直在思考社会主义种种问题的戈尔巴乔夫带来了极大的启发和借鉴作用。他看到了改革的必要和改革的艰难。在他的心灵深处是赞同和希望改革的。也许正是这次改革催化了他20年后发起更大规模和更彻底改革的决心。总而言之，改革的种子已经播在了戈尔巴乔夫的心里，在适当的时候一定会发芽。

女儿伊琳娜出世，赖莎通过学位论文

1957年，戈尔巴乔夫和赖莎的女儿伊琳娜出世了。女儿的生日在元月6日，比妈妈晚一天。此后妈妈的生日总是可以和女儿的一起来过。

女儿的出世并不容易。在莫大的最后一年，赖莎经常生病，关节肿胀疼痛，走路都感觉困难，心脏也不很好。医生说她患了风湿性关节炎，心脏先天不足，需要好好治疗，最好不要生孩子，因为她的心脏可能会承受不了。医生的这番话让赖莎非常沮丧，有段时间她情绪很低落。她多么渴望要一个孩子。没有孩子的家庭是不完整的，她始终这样认为。但是她却因病可能终生不能养育她和戈尔巴乔夫的孩子。戈尔巴乔夫毕业时最后他们决定回乡，其中赖莎的疾病也是做出这个决定的一个原因。位于南方的斯塔夫罗波尔，那里温暖的气候也许会有助于赖莎康复；家乡还有很多温泉，洗温泉澡对风湿性关节炎也很有益处。确实，回到家乡后，赖莎的病好了很多，她可以走很远的路也不会感到腿疼了。过了两年，她生下了女儿，心脏并没有影响她。女儿的诞生给他们带来的是特别的惊喜，“她发出的咿呀声对我来说就像音乐般悦耳”。⑨

回到家乡的最初几年，赖莎的事业并不顺利。在偏远的州首府，她始终找不到适合自己专业的工作，很长一段时间呆在家里，靠戈尔巴乔夫一人的收入生活。还因为她不是党员，而大学教研室里被上过前线的人和党员占满了。赖莎只能偶尔找到临时性的工作，有时在图书馆当管理员。赖莎是个事业型的女性，有抱负，有热情，却无法施展。呆在家里做家务使她很失落。还好，女儿伊琳娜出生后，她在医学院找到了教书的工作，后来在农业学院经济系讲授哲学和社会学。

有了女儿以后，他们的居住环境有了一些改善——租下了一所带院子的两居室，很方便。这时赖莎也开始工作，经济上也比以前宽裕一些。两年后分给戈尔巴乔夫两间房，公用的厨房和厕所在走廊里；在戈尔巴乔夫成为州团委第一书记后，他们终于分到了单独的公寓。

伊琳娜3岁时像普通孩子一样上了小区的幼儿园。妈妈每次送她去幼儿园，离开时她都掉眼泪，但那无济于事。上学时父母也没有为她特别费心，去找斯塔夫罗波尔市最好的学校，而是像其他孩子一样就近入学。那时戈尔巴乔夫已经担任了苏共斯塔夫罗波尔农业边疆区党机关局局长，并且很快——在1966年9月担任了斯塔夫罗波尔市委第一书记。父母很注意，从不利用职权为她搞特殊，并注意教育她不要有任何优越感，要一切靠自己，自己努力去争取好成绩。伊琳娜是个听话聪明的孩子，父母的话她会记在心里并照着去做。平日在家什么活都干：收拾家，做饭，去商店买东西，还帮助妈妈做图书卡片，分类整理社会调查问卷和材料。家里有很多书，女儿很早就学会了制作图书卡片，并开始大量读书。她在学校学习用功，和同学相处融洽，是班里的优秀生，“那些年（女儿）和我们一起分享了我们的快乐和艰难。”⑩

伊琳娜经常被送到普里沃利村爷爷奶奶家住上一段时间。因此乡村生活对她来说并不陌生。爷爷奶奶家屋前有一个美丽的花园，爸爸小时候常在那里流连忘返。到处是罂粟花、紫罗兰，芳香美丽；还有自家的菜园，爷爷种了很多种蔬菜，长得很旺盛。家里养了很多鸡，还有母牛，每天都有新鲜牛奶喝。奶奶一直是个虔诚的教徒，屋子的一个角落里还供着圣像，伊琳娜经常看见奶奶在那里祈祷，她还常常悄悄地为小姑娘画十字祝福……伊琳娜直到大学毕业前，一半时间都是在爷爷奶奶身边度过的。那里的一草一木、田园风光和爷爷奶奶的面孔，经常晃动在她的眼前。她自认为是一个地道的农村人。姥爷姥姥那里她很少去。姥爷还在修建铁路，姥姥仍然跟着他不断地从一个地方迁移到另一个地方。他们没有固定的家。

赖莎在莫大没能读成研究生，这一直是她的遗憾。现在她决定重新开始，她要读副博士。尽管那时女儿还小，家务繁重，但学习和工作对她来说永远是第一位重要的。她选择了社会学专业。这个专业当时在苏联已经绝迹30年了，因为当局视社会学为异端，在人们眼里这也是个危险的研究领域，无人敢问津，直到50年代末60年代初社会学研究才慢慢恢复。

赖莎选择了与现实密切相关的社会学论文选题：《论集体农庄农民生活习俗形成的新特点》。第一步就是要花费巨大的精力和时间去搞社会调查。那段时间赖莎非常辛苦。她穿着一双很大的橡胶雨靴，奔波在满是泥泞的乡村小路上，敲开集体农庄庄员、农村老人和卫国阵亡士兵家属的大门，进行社会调查。她带着事先准备好的调查表，上面有30多个问题，都要一一问询和记下。在社会调查的同时，她还对很多农民家庭作了研究。在一个村民的院子里，一位孤独的单身母亲请她坐下喝茶，好奇地问她：“你为什么这么瘦？想必你没有丈夫。”“有？那么他是个酒鬼吧，或者他经常打你？有福气的人不会这样挨家挨户地跑。多辛苦！……”她们以一个农村女人的心理来看她，像同情一个女人那样同情她。

为了搜集到一手资料，赖莎走访了集体农庄、大队、畜牧场、学校、图书馆、商店、医院、儿童学前教育机构、养老院。“斯塔夫罗波尔4/5的家院我都去做了社会调查。”⑪仅深入农村走过的乡间小路足有100多公里，而搜集的咨询资料和社会调查问卷共有3000多份。这项辛苦的工作完成后，在家里将资料分门别类，整理梳理。伊琳娜至今还清楚地记得妈妈在家里整理那些资料的情景：全家出动，帮助妈妈。那是妈妈花费了好几个月的时间和心血搞出来的，地板上、床铺上、桌椅上……到处都是。伊琳娜趴在地板上帮助妈妈分类……

资料分类整理后，赖莎进行了深入分析和思考，认真搞出了论文大纲，并开始执笔写作……1967年她带着自己的论文赴莫斯科国立师范学院，进行了论文答辩。论文顺利通过了，她获得了哲学副博士学位。但她的目标何止是副博士？她还希望继续研究，深入学习，有朝一日能够通过博士论文的答辩。

很可能是妻子的学习精神感染了丈夫，1962年9月，戈尔巴乔夫也在妻子教学的斯塔夫罗波尔市农业学院经济系开始读研究生函授课程。他选的是农业经济专业。斯塔夫罗波尔是苏联的农业基地之一，而农业问题始终在苏联经济中占有最重要地位。学习这个专业对他的工作将有很大帮助，也为他后来调入莫斯科任苏共中央农业书记打下了基础。戈尔巴乔夫经过5年函授学习，提交了论文，1967年拿到了农业经济学副博士学位证书。

夫妇俩带着女儿，都完成了研究生学业，实属不易。戈尔巴乔夫边学习边工作，一点也没有耽误自己的工作和仕途。在1966年9月，即读函授研究生的最后一年，他已经担任了苏共斯塔夫罗波尔市委第一书记。

戈尔巴乔夫与赖莎一辈子爱读书，爱学习。后来当戈尔巴乔夫调到莫斯科任新职后，赖莎也在首都有了新的工作。赖莎除了工作外，还要照顾家庭，特别是帮助丈夫，丈夫承担着越来越重要的工作和职责，需要她的帮助。她已经不可能再继续读博士，对此她一度焦虑不安。但是她最终做出了选择：舍弃自己，全力以赴帮助和支持丈夫。

一帆风顺的仕途

戈尔巴乔夫在州团委热情积极和富有成果的工作，引起了区党委领导人的注意。他稳稳地很快地在仕途的阶梯上不断上升，而且经常是一下子迈上两个台阶。下面是戈尔巴乔夫那几年的任职记录：

1955年，回乡后任边疆区团委宣传鼓动部副部长。

1958年4月，任边疆区团委第二书记。

1961年，当选为斯塔夫罗波尔团市委第一书记；边疆区团委第二书记，很快就担任了第一书记。

1962年3月，任苏共斯塔夫罗波尔区域农庄—农场生产管理局边疆区党的组织员，同年12月任苏共斯塔夫罗波尔农业边疆区党机关局局长。

1966年9月，出任苏共斯塔夫罗波尔市委第一书记。

1968年8月，任苏共斯塔夫罗波尔边疆区委第二书记；一年多后，1970年4月，升任第一书记，并在1971年进入苏共中央委员会；此后一直担当斯塔夫罗波尔边疆区委第一书记，直至1978年11月当选为苏共中央书记，进入中央书记处工作。全家搬到莫斯科。

1960年，和少先队员在一起，时任边疆区团委第二书记。

在他顺利的升迁中，包括当上苏共中央书记，前斯塔夫罗波尔边疆区委第一书记库拉科夫都起了重要作用。

库拉科夫，库尔斯克州一个农民家庭的儿子，很熟悉和了解农村生活。此人积极进取，有责任感，不像很多官僚只关心自己的利益；他思想不僵化，曾是赫鲁晓夫改革的积极支持者。

1960年秋天，42岁的库拉科夫成为边疆区委第一书记，受到当地干部和群众的欢迎。人们对他抱有很大希望。库拉科夫与前任的不同不仅在于他年轻，而且处事果断，性格开朗，具有个人魅力。戈尔巴乔夫对库拉科夫很有好感，而库拉科夫也赏识戈尔巴乔夫的人品和能力。他是戈尔巴乔夫在官场上的第一个提携者。

库拉科夫担任斯塔夫罗波尔边疆区第一书记后，“政府机关的轮子加速了运转”。[12]戈尔巴乔夫那时已当选为共青团边疆区委第一书记和边疆区党委候补委员，他愈来愈多地转向党的工作，深入各区，参与制定决议，在全会和积极分子会议上讨论各种问题。库拉科夫不断交给他新的任务，似乎在考察他的能力和特长。不久，库拉科夫建议戈尔巴乔夫从共青团的工作转到党务工作。3月，戈尔巴乔夫成为边疆区党委派驻斯塔夫罗波尔管理局的党组书记，这是一个新组建的机构，为慎重起见，戈尔巴乔夫为此还被请到苏共中央去谈话。担任此职务后，戈尔巴乔夫全力以赴地投入于新的工作，不分昼夜，深入农庄，为建立新的管理机构而奔忙。他还担当着边疆区党委候补委员的职务，经常与库拉科夫见面，库拉科夫也一如既往，交给他各种任务，和他一起到区里各处视察工作。1963年1月1日，戈尔巴乔夫被任命为新成立的农业边疆区党委组织部长。

1966年，随代表团出访时参观东德养猪场。

1964年秋天，勃列日涅夫执政后不久，库拉科夫被调到了中央工作，任农业书记。因为在勃列日涅夫等人策划的将赫鲁晓夫赶下台的宫廷政变中，库拉科夫也参与了，因此在新的领导人眼里，库拉科夫被看作是“自己人”。其实库拉科夫早先是支持赫鲁晓夫的改革的，但后来他受到了赫鲁晓夫的排挤打击，而这为他走进莫斯科的权力中心创造了条件。

库拉科夫被勃列日涅夫调到中央后，戈尔巴乔夫仍留在斯塔夫罗波尔，兢兢业业，不遗余力地工作。他穿着揉皱的脏靴子，跑遍全区，或是发布紧急布告通知，或是为解决农场职工的什么问题，或是去处理畜牧区需要帮助的某件事情，或是为了玉米的种植生产，还有要整肃党的纪律，对违规者采取惩罚措施等等。这些繁杂的工作，他都不厌其烦，干得津津有味。在市政建设方面也有不小的成果。斯塔夫罗波尔市铺设了自来水中央供水管道，发展了住宅建设，新建了几所高校和中专技校。修建了游泳池和书店，无轨电车遍布市区。随着居民人数的增加，城市扩建了。现在的斯塔夫罗波尔市，与他刚来时大不一样，变得繁华、热闹、漂亮。

总之，那几年戈尔巴乔夫全心全意为党工作，脚踏实地，积极热情，富有成效。他没有过多的想法，没有谋求任何私利的打算，眼睛也并不盯着名利，或只想一味追求升迁。他只是认真地辛苦地干好自己的工作。此外他和大家相处也不错，人们信赖他；区党委很多人对他都有很高评价。

但他还是有自己的苦恼，并不是因为工作的辛苦，而是和上级的几次小摩擦。那些小摩擦让他感到不快，也让他觉得前程渺茫。此外更令他沮丧的还有，他越来越看清楚了，在人们眼里伟大正确的党，其实内部就如一个烂泥潭。他开始动摇是否还要沿着从政这条路走下去，还是改行去做学问、搞研究、写文章，那可是他一向的夙愿，现在来做还不算晚。恰好那时他通过了研究生的资格考试，并开始搜集资料准备写论文，题目是关于斯塔夫罗波尔的农业生产专业化和布局问题。赖莎非常支持他的想法。但是情况很快发生了变化，使戈尔巴乔夫搞学术研究的愿望未能实现。

区委第一书记有问题被撤职了，第二书记叶夫列莫夫升任为第一书记，于是第二书记的位置空了出来。大家都盯着这个职位，竞争激烈，唯独戈尔巴乔夫置之度外。他已经决定弃政，谁被提升与他无关。他还办好了手续准备和赖莎一起去索契休假。但他非但没能改行去做学问，计划好的度假也未成行。

刚刚升任为第一书记的叶夫列莫夫，根本不同意戈尔巴乔夫担任他腾出的空缺——区委第二书记的职位，但置身于竞争之外的戈尔巴乔夫，在中央出面干预的情况下，1968年8月初仍被任命为第二书记。中央拿出的根据是，要以“新老干部正确搭配的列宁主义原则”组建领导班子，很有说服力。叶夫列莫夫拿不出反驳的理由，只好承认现实。情况突然发生了如此大的变化，戈尔巴乔夫也就放弃了做学问的决定。

一年多后，1970年4月，第一书记叶夫列莫夫如愿调回了莫斯科。4月10日，斯塔夫罗波尔边疆区党委全会在一片掌声中选举戈尔巴乔夫为第一书记，全票通过。人们的高兴可以理解，这是多年来第一次由斯塔夫罗波尔人而不是“外人”担任此职。戈尔巴乔夫成为全国最年轻的区委书记，39岁，边疆区党委的其他所有书记和委员都比他年长许多。

父母从报纸上看到了儿子当选为区委第一书记的消息，父亲给儿子写来了祝贺信：“祝贺你的新工作。父母为你极其高兴和自豪。让我们的高兴永不消失。希望你健康强壮并为祖国繁荣奋斗。”这封寥寥数语、朴实无华的信使儿子全家很感动。赖莎将这封信一直保存了下来，每次读到它，她仍会感动得落泪。可惜父亲于1976年66岁时去世了。戈尔巴乔夫那时正好去莫斯科参加第二十五届党代表大会，得悉父亲病重的消息后立即赶回家乡，他和赖莎一起守护在已经失去意识的父亲身边两昼夜，2月23日老人去世了。

叶夫列莫夫调回莫斯科时，中央也将戈尔巴乔夫招去了克里姆林宫。这是惯例，将要上任的区委第一书记都要走这样的过场，以显示中央的权威和对新上任者的关怀。

1970年4月戈尔巴乔夫走进了克里姆林宫，主要领导人都接见了他。在勃列日涅夫宽敞的办公室里，戈尔巴乔夫与总书记面对面谈话，其间戈尔巴乔夫大胆地提出了请求，因为在上一年，即1969年，斯塔夫罗波尔遭受了严寒、干旱、沙尘暴等自然灾害，200万公顷已播种的冬小麦死掉了一半，多年生草本植物也已枯死。人们熬过了冬天，但新粮下来还得熬好几个月，眼下才是4

月，没有国家的帮助是过不去的。戈尔巴乔夫请求中央帮助。勃列日涅夫听后哈哈大笑，立即拨通了库拉科夫的电话，说："咱们这是打算推荐一个什么人来当第一书记啊？他还没有选上，就在提要求，要配制饲料了。"库拉科夫也学着他的腔调说："列昂尼德·伊里奇，取消推荐现在也还不算晚。不过尽管如此，戈尔巴乔夫说得对，边疆区是应当扶一把的。"⑬

1970年是勃列日涅夫担任总书记的第六年。那时他身体健康，精力充沛，头脑清晰。他和即将上任的斯塔夫罗波尔边疆区党委第一书记谈笑风生。坐在他对面的戈尔巴乔夫那时绝对不会想到，15年后这张桌子会成为他的办公桌，他会成为克里姆林宫的主人。

毋庸置疑，库拉科夫在戈尔巴乔夫的关键性的升迁中起了决定性的作用。因为当上了州委第二书记后，戈尔巴乔夫才算踏上了一个大台阶，真正开始了从政的道路。那一刻离他成为党中央委员的光明前程已经不远了。而正是库拉科夫的竭力推举，戈尔巴乔夫才会如此顺利和快速地不断高升。库拉科夫那时已经是党中央政治局委员，他对戈尔巴乔夫在各方面影响很大。戈尔巴乔夫在担当斯塔夫罗波尔第一书记后，甚至在做了总书记后，很多方面还可以看到库拉科夫的影子。

与安德罗波夫建立友谊

戈尔巴乔夫成为斯塔夫罗波尔州执掌大权的第一人，边疆区委第一书记，这片土地的主人。在苏联这样一个高度集权的国家，边疆区和州一级领导干部由中央任命，选举只是一个形式。所有被任命的干部都很清楚，他的主要职责就是对上级负责，让上级满意，得到上级的好评。只有这样他才能保住自己的地位，也才有继续升迁的可能，而人民和国家的利益基本不在官员们的考虑范围之内。因为大小官员的职位和权力不是人民给的，也不是差额选举得来的；得到权力后也根本不受人民的监督，其实何止是人民的监督，他们的权力没有任何切实可行的有力监督。

边疆区委或州委第一书记在这个高度集权的国家是个什么样的角色呢？他们是国家体制的主要支柱，他们必然都会是中央委员会委员，因此在苏共中央委员会中，这一级干部占了大多数。总书记就是由他们选出来的，他们的作用不可小觑。因此在选择州委第一书记时，上面必然也很谨慎小心，一定要提拔"自己人"。

边疆区委或州委第一书记既要听上级的，但又有一定独立性，在自己的地盘上他说了算。第一书记是名副其实的一人之下万人之上，是管辖地的皇帝，权力很大。所有的事都由他拍板，管辖地的一切权力实际上都掌握在第一书记手中，区内的任何干部任命都不可能绕开他们。

边疆区的泥疗中心。

当然，谁当第一书记，最后决定权属于总书记。

山之海疗养院。

斯塔夫罗波尔的面积有澳大利亚那么大，但在苏联它只是181个省一级机构中的一个而已，并没有什么特殊。就是说，全苏联有181个像戈尔巴乔夫这样的州一级党委第一书记。戈尔巴乔夫只不过是其中最年轻者而已。一般来说，戈尔巴乔夫在这样的年龄就达到了这一级的高度，已属不易，继续升任到中央的机会，并不比其他省一级党委书记多，甚至可以说几乎没有。而且中央已经有了库拉科夫，不久前从斯塔夫罗波尔调去的，任农业书记；还有另一位从斯塔夫罗波尔来的高官——安德罗波夫，不可能再从同一个地方调干部到中央来。戈尔巴乔夫对此很清楚。他一如既往，不抱奢望和野心，只是兢兢业业地干好自己的工作。他在自己的家乡感觉很好。自从他担任区委第一书记后，确实给这里带来了健康清新的工作作风。他开放、亲民，善于听取和尊重其他人的意见，对身边的工作人员从不压制，而是鼓励和支持。

但是戈尔巴乔夫几年后最终还是从近200名州委一级的干部中脱颖而出，走进了苏联最高权力核心，其中，斯塔夫罗波尔著名的温泉疗养院起了很大的作用。

斯塔夫罗波尔是苏联著名的疗养度假胜地，那里有不少国家级疗养院。

疗养院大多建在高加索矿泉水小区，周围环绕森林河流，风光秀丽，空气清新。夏季温暖但不炎热，冬季不很干燥。疗养院条件优厚，设备高档，居住舒适。这些疗养院都是指定的全苏进行泥疗和浴疗的地方，是政府官员疗养的首选地。这里还建有很多豪华别墅。每年七八月份，从莫斯科和全国各地来到这里休养度假的高层领导人、将军和报社高级编辑等络绎不绝。他们带着妻儿老小，来这里度假疗养。这时斯塔夫罗波尔州委第一书记戈尔巴乔夫会忙着迎来送往，接待最重要的客人。他亲自送他们去疗养地，不时去拜访他们，通报信息，检查对国家领导人的接待是否周全，还经常为一些领导人在景色美丽的森林里或原野的绿地上，摆上丰盛的野餐，边吃边聊。他是这里的主人，这绝对是他的本分工作。这种工作使他渐渐与最高权力的核心人物建立了极其密切的关系。政治局委员勃列日涅夫、柯西金、安德罗波夫、苏斯洛夫、库拉科夫、乌斯季诺夫等人都曾经来这里疗养过，戈尔巴乔夫都周到热情地接待过他们，尽地主之谊。总之，斯塔夫罗波尔独特的天然疗养的好环境，为他日后的仕途提供了其他人没有的好条件：他有机会频频接触国家级别的领导人。在一个高度集权和以某种独特的方式选拔干部的国家，这可是有着绝对重要的意义。戈尔巴乔夫自然是个聪明能干的精明人，但是仅靠他的这些才干，他不可能在仅仅几年后进入克里姆林宫，成为边疆区和州一级第一书记们梦寐以求的苏共中央书记处书记。那些州委书记也并非都是无能之辈，其中不乏有才干者，但他们缺乏的是机会，与国家高层领导人密切接触的机会。在戈尔巴乔夫经常接待的克里姆林宫高官中，安德罗波夫是他接触最多、关系最深的一位。那些年安德罗波夫定期来这里疗养，住在红石疗养院，治疗肾病。

1973年，和安德罗波夫在疗养胜地皮亚季戈尔斯克。

安德罗波夫时任克格勃头子。他比戈尔巴乔夫大17岁，1914年6月15日出生在斯塔夫罗波尔的纳古茨卡亚镇（后改名为索鲁诺—德米特里耶夫镇），那里离红石疗养院不远。两人是同乡。戈尔巴乔夫对自己的同乡兼莫斯科来的上级照顾得格外周全，但他很有分寸，不锋芒毕露，不夸耀自己的才干，言谈直言不讳，坦率诚恳，很得安德罗波夫的好感。安德罗波夫认为自己的小老乡是年轻一代领导人中比较能干的。在疗养院治疗期间，他一般不与任何人来往，除了与定期从莫斯科克格勃来的人见面外，但对一个人例外，就是戈尔巴乔夫。安德罗波夫的保安对州委第一书记的车从来都放行无阻。这足见他们之间的关系非同一般。

戈尔巴乔夫对他的上级加老乡也很敬重。他们很谈得来。在与安德罗波夫的接触中，他注意到，安德罗波夫与克里姆林宫其他官员不同，他不喝酒，不打猎，待人随和，有时与同事开开玩笑，独居，在休息和治病时也工作，和莫斯科保持24小时的联系。斯塔夫罗波尔特有的好环境，这里的疗养院、矿泉水，给戈尔巴乔夫带来了好运，加深了他与安德罗波夫的友谊。如今，在最高权力的中心，他已经不仅有他的第一位提携者库拉科夫，还有了一位更重要的支持者——安德罗波夫。他从州委第二书记很快升任为第一书记，其中不只有库拉科夫的举荐，还有安德罗波夫的相助。

1978年，和安德罗波夫在家乡疗养院，左一为戈尔巴乔夫。

与安德罗波夫的友谊，为他在后来库拉科夫去世后调入中央最高权力机构打下了最重要的基础。安德罗波夫不仅竭力推荐他，还安排了勃列日涅夫和契尔年科到当地对戈尔巴乔夫的考察，即著名的矿泉水火车站的接见。当时也有其他候选人，例如克拉斯诺达尔边疆区的书记米杜科夫，他的条件甚至比戈尔巴乔夫还好，那里的农作物生长条件更好，农产品经常获得丰收，而且最重要的是，米杜科夫是勃列日涅夫的好友。但最终，戈尔巴乔夫凭借强有力的后盾和某些偶然因素，在这场权力角逐中不战而胜。

矿泉水火车站的一幕

1978年秋季的某一天夜里，出现在矿泉水火车站的一幕可能纯属偶然，但却惊人地预示了苏联后来几年国家最高领导人接替和变迁的历史。偶然与必然的重合使得那一幕极具戏剧性。后来人们对这一幕写了不少神乎其神的文章。

那一天夜里，准确地说是9月19日，苏联当时最高领导人和在他之后陆续登上最高领导人位置的四个人，都出现在矿泉水市火车站。这四个人即勃列日涅夫、契尔年科、安德罗波夫和戈尔巴乔夫。

在漆黑的夜里，在斯塔夫罗波尔一个不起眼的小火车站，四巨头为何齐聚在一起？这要从库拉科夫去世说起。

库拉科夫，上面已经谈到，戈尔巴乔夫的上级、一直以来的提携者和保护人，苏共中央书记处分管农业的书记，1978年7月突然死亡。在他死前有传闻，说总书记的职位将由库拉科夫接任，勃列日涅夫只保留苏联最高苏维埃主席一职。那时勃列日涅夫已身患重病。但传言并没有变为事实，而库拉科夫却突然死亡了。库拉科夫死后，塔斯社通报说，他因急性心脏病发作而突然去世；但克格勃却散布说，库拉科夫是由于争权未成而割断了自己的血管去世。还有人说是因为他做了胃部手术不久，饮酒太多而死亡。与他关系密切的人都知道他一向很健康，结实得像头公牛，根本不知道何为头疼脑热和感冒。而且他死后的葬礼也没有中央要人出席。

对上层内部的钩心斗角，戈尔巴乔夫无从证实其真假，或者在很大程度上觉得那是人们的臆测，若真的存在库拉科夫与总书记争权的情况，被视为库拉可夫亲信的戈尔巴乔夫，在他死后无论如何不可能走进克里姆林宫权力中心。不论库拉科夫是怎么死的，但他的死亡再次为戈尔巴乔夫调入中央权力机构提供了条件。

库拉科夫死后，需要有人填补他的空缺；此人不仅要具备很多其他条件，还要熟知农业，因为要填补的职位就是农业书记嘛。在这方面，恰好不久前戈尔巴乔夫有过一次关于农业问题的发言，那次发言还是库拉科夫提议的。在农业问题的中央全会上，戈尔巴乔夫的发言一炮打响。他分析深刻，条理清晰，有批评有建议，指出的问题切中时弊，与一般粉饰太平不痛不痒的发言大不相同，给与会者留下了深刻的印象。那次发言对他成为农业书记的新人选起了作用，此刻克里姆林宫的高层领导自然而然将目光盯在了戈尔巴乔夫的身上：年轻，能干，坦诚。当然接班人还要有最重要的一点，即忠实于现任最高领导人。这恐怕是诸多条件中最重要的。于是就有了上文提及的那一幕。那是最高领导人对即将进入权力中心的候选人的一次实地考察。

在矿泉水火车站进行的实地考察，是安德罗波夫一手安排的。安德罗波夫当时正在红石疗养院休养。那一天他中断了自己的休养和治疗，和戈尔巴乔夫一同驱车来到矿泉水火车站，与勃列日涅夫及他的助手契尔年科见面。勃列日涅夫是前往巴库途经这里，最初并没有停留的打算，但在从莫斯科出发前的最后一刻，他改变了主意，同意安德罗波夫的建议，决定在矿泉水火车站作短暂停留，见一见安德罗波夫推荐的未来的中央书记处书记。而戈尔巴乔夫应当说是这次国家核心人物会面的目的和中心。

总书记亲临小火车站和他见面，戈尔巴乔夫自然极其重视，虽然他并不知道这是决定他命运的一次会面。会面本身和不冷不热的谈话给他留下的印象极

今日矿泉水火车站。

为平淡，还有难堪的冷场。他在后来的回忆录中写道：

当天晚上，专车抵达矿水城车站。由安德罗波夫、我和斯塔夫罗波尔边疆区执委会主席T·塔拉诺夫迎接。

矿水城车站十分舒适可爱，但是不大，极易一晃而过……那是个温暖而漆黑的夜晚。群山的轮廓依稀可辨。市区灯火点点。天上缀满大颗的星星。这样的星星只有在南方才可以见到。万籁俱寂。只有飞临矿泉水机场的飞机打破了宁静。列车平稳地停下来，勃列日涅夫走下火车，过了不一会儿，身着运动服的契尔年科也下了车。……于是我们四人（勃列日涅夫、安德罗波夫、契尔年科和我）在空荡荡的站台上漫步……

四位相继替换登场的总书记。

我是从基斯洛沃茨克与安德罗波夫同乘一辆吉尔车去迎接勃列日涅夫的。两人的谈话与往常完全一样。他仿佛是顺便提了一句：

“在这儿你是东道主，谈话就靠你来掌握了……”

然而谈话并不投机。在寒暄问好和不痛不痒的关于我和安德罗波夫的健康和休假的话语之后，就开始冷场了。我觉得总书记有些超然物外，对旁边这几个人不大理睬。这个场面让人感到难堪……

四巨头后来还谈到斯塔夫罗波尔地区的绵羊问题和运河修建情况，领导人的休假等。总书记似乎不是很愿意谈话，而契尔年科则完全沉默不语。安德罗波夫后来解释说，由于疾病，勃列日涅夫越来越感到说话费力，这多半是他寡言少语的原因吧。戈尔巴乔夫记得，总书记原来可是个很健谈好交往的人。1970年与总书记在克里姆林宫面对面谈话的情景他还清楚地记得，时隔8年后见到的总书记与之前已判若两人。

这次会见让戈尔巴乔夫感到有点莫名其妙。但他看到，安德罗波夫似乎倒是很满意。

四巨头在矿泉水火车站的会见是一个很有意思的历史镜头。会见在漆黑的夜里匆匆结束。戈尔巴乔夫并没怎么把它放在心上。他照旧在第一书记的位置上干他的工作。他已经在这个岗位上工作了近九年，得心应手，波澜不惊。他可以这样一直干下去。

走进国家权力中心

在矿泉水火车站与总书记等人会见两个多月后，1978年11月25日，戈尔巴乔夫飞往莫斯科，参加27日将要举行的苏共中央全会。

熟悉的飞行路线，舷窗外熟悉的景色，这些年来他多少次这样飞来飞去。但这一次不同于以往，在莫斯科有一件关乎他的命运的大事等待着他，他的政治生涯将再次发生变化。此刻他还不知道这一点。

到达莫斯科的第二天是星期日，中午，给赖莎打过报平安电话，他随即去拜访了自己的老朋友兼老乡马拉塔·格拉莫夫。格拉莫夫那一天刚好过50周岁的生日，公寓里好不热闹。50周岁也算是人生的大寿，聚集在那里的朋友们——大多是斯塔夫罗波尔来的老乡，无拘无束，开开心心度过了一天。佳肴美酒自不必说，还有敞开心扉的闲聊、玩笑、打趣，席间一起放声高歌，大家玩得都很尽兴。戈尔巴乔夫像往常一样，他不怎么喝酒，但谈天说地是他的特长。闲聊中当然也谈到了时政，例如谁将接替死去的库拉科夫，有幸被提拔到苏共中央任书记处书记。在官场混了这么多年，与上层人物没少打交道，在自己家乡经常迎来送往，也时常到莫斯科开会、请示、汇报工作，戈尔巴乔夫了解这个庞大的机构的复杂性，也没少看到铁幕后的秘密，深知其中各种利害、弊端、冷酷以及其他各种问题。他并不急于调到中央来。

当戈尔巴乔夫和他的朋友们在格拉莫夫的公寓里高谈阔论，频频举杯的时候，契尔年科却派人正在找他，而且找了整整一天。直到傍晚，生日欢宴快结束时，戈尔巴乔夫得知了这个消息，于是马上驱车去见契尔年科。

走进契尔年科的办公室，契尔年科开门见山对他说：“明天列昂尼德·伊里奇（即勃列日涅夫）打算在全会上建议选举你为党中央书记，所以他想见见你。”戈尔巴乔夫闻言感到有点突然，他说：这个决定是否经过周密的考虑了？我熟悉农业，但农村所需要办的事我都没有把握办到。这些年来他与契尔年科的关系一直不错。契尔年科听完他的话，说：勃列日涅夫看重的是你站在他的一边，对他忠心耿耿。这很重要。契尔年科一向寡言少语，说完这句话就不再说什么。戈尔巴乔夫很想再与总书记的助手谈几句，但契尔年科却结束了谈话：“既然列昂尼德·伊里奇作出这样的结论，那就没什么可谈的了。”⑭谈话就此结束。

回到下榻的宾馆俄罗斯饭店，莫斯科已经华灯初上。位于红场边上的俄罗斯饭店，是他来莫斯科开会办事的固定住处，10楼的一个房间，那个房间的窗户正好对着克里姆林宫。

已经是晚上10点左右。他拨通了家里的电话，对赖莎说：“知道吗？对我很突然的提议。明天召开中央全会。等着，我一定打电话给你。”

之后他久久坐在窗前的安乐椅上，思绪飘忽不定。他关掉了房间里的灯，在黑暗中向窗外望去。熟悉的圣瓦西里大教堂的圆顶看得很清楚，远处是克里姆林宫高耸入空的塔楼，隐约可见的红场。四周很静，远离喧嚣。他离开莫斯科回到家乡工作已经将近25年了，虽然莫斯科对他来说一点也不陌生，他曾经在这里度过了五年的大学生活，和赖莎一起，回乡工作后也经常飞到这里开会，可是，完全回到莫斯科工作，担任苏共中央书记，那是另一回事。说实话，他对此并不是那么向往。以前也有过调他到莫斯科工作的意向，但他一向不很积极。他感觉在家乡工作挺好。他担任边疆区委第一书记已经有八年半的时间了。苏联有近二百个边疆区和州，他只是其中一个区的区委第一书记。每个区和州委第一委书记在上面大概都会有自己的人，谁知道呢，戈尔巴乔夫只知道，他在上层的熟人是库拉科夫，还有安德罗波夫。库拉科夫是推举他担任区委第一书记的人。他与库拉科夫虽然关系很好，但两人经常会对某个问题争得面红耳赤。他还记得去年（1977年）深秋的那次争论，留给他特别深刻的印象。争论是从贷款和有保障的货币报酬开始的。当时正在筹备再次召开关于农业问题的中央全会，库拉科夫让戈尔巴乔夫把他的意见都写出来。那一年的最后一天，戈尔巴乔夫完成了报告，72页，寄往了莫斯科。后来就有了戈尔巴乔夫在这次会议上的发言。这个发言很成功，给与会者印象深刻，但也引起一些人的不满。而在1978年7月，库拉科夫突然去世了。库拉科夫是主管农业的书记，而戈尔巴乔夫的特长和专业正是农业。这一点对最后决定由他顶替库拉科夫，大概也起了重要作用。

在中央具有举足轻重作用的安德罗波夫，也是他的老乡，与他关系密切。他想起了他与安德罗波夫的一次谈话，是在1975年。他们谈到了干部问题。干部老龄化非常严重，平均年龄接近70岁，不少人已经在位二三十年，不仅平庸无能，而且事实上已经没有履行职责的能力，但依然占据高位。戈尔巴乔夫像往常一样，开门见山地问："你考虑不考虑国家大事？"安德罗波夫答道："你不觉得问得有些离奇？"戈尔巴乔夫直言了干部的现状："再有个三五年，大多数政治局委员可都得走了。也就是陆续离开这个世界。他们已经时日不多……"安德罗波夫大笑："你把我们说得……"⑮他们之间的谈话一贯这样直爽。

安德罗波夫说："年纪大的人有阅历，也有经验，却没有野心。而所有的年轻人一心只想着向上爬，爬得越高越好……"戈尔巴乔夫反驳说："你这可是列宁干部学说的新发展。我一直以为任何时候都必须搞新老干部结合。这样就成了合成，合金。既可以防止冒险主义，又可以防止停滞不前和保守主义。"他还生动地打比方说："您记得吗？民间有个说法，叫做：哪片树林下面不带小灌木丛。"⑯

…………

戈尔巴乔夫从安乐椅上起身，在屋里来回踱步，拿起一瓶矿泉水，又回到窗前。飘雪了，莫斯科的冬天。雪花轻轻地从天空撒向大地，飘落在红场上，无声无息。

他回想起库拉科夫去世后，8月安德罗波夫给他打电话，询问斯塔夫罗波尔的情况，然后约定在基斯洛沃茨克见面。安德罗波夫虽然没有露出一点口风，但他肯定推荐了自己，戈尔巴乔夫心里想。

那一夜戈尔巴乔夫一直躺在窗边的安乐椅上，彻夜未眠，浮想联翩，没有一丝困意。脑海中一幕幕回忆使戈尔巴乔夫觉得，"上面"早就在考察他了，而眼下已经作了最后的决定。

窗外天色微亮，继而露出曙色，戈尔巴乔夫突然发现，已是清晨了。他起身去洗了脸，镜子中的自己精神饱满，没有丝毫倦意。他看看手表，时间还早，但他决定今天早一点去克里姆林宫。

走出饭店，雪已经停了。户外行人稀少，空气清新。不远处就是红场。他深深地吸了一口气，向覆盖着一层白雪的红场走去。新的一天，他的人生又将发生新的变化。

上午10时。克里姆林宫斯维尔德洛夫大厅。苏共中央全会开始举行。委员们都坐在自己固定的位置上，有些人已经在此稳坐了几十年。

一切如契尔年科所说，会议刚刚开始，勃列日涅夫就提出选举中央书记，并提议戈尔巴乔夫为候选人，接着简要介绍了戈尔巴乔夫的情况。戈尔巴乔夫站了起来。全会一致通过总书记的提议。然后，全会同样平静地将契尔年科从政治局候补委员转为政治局委员，并选举吉洪诺夫和谢瓦尔德纳泽为候补委员。“根据健康状况和本人的要求”免去马祖罗夫的政治局委员职务。会议时间很短，所有议程都很顺畅，没有发言，没有提问，也没有反对意见。

戈尔巴乔夫在一个笔记本上记下了他生命中极为重要的那一天：1978年，11月27日。那天是星期一。

会议休息时，戈尔巴乔夫走进侧厅，熟人、同事和部长们纷纷上前表示祝贺。戈尔巴乔夫又被请入主席团的房间，里面聚集了政治局委员、候补委员和中央书记。安德罗波夫离他最近。他面带微笑，迎上前来：“祝贺您，小灌木丛。”他还记得他们那次谈话，戈尔巴乔夫心里想。柯西金也上前祝贺，态度非常亲热。戈尔巴乔夫走到勃列日涅夫面前，他只是点了点头，继续喝茶。

全会结束后，戈尔巴乔夫回到饭店。有人通知他：“您可以使用吉尔轿车，房间里高频电话已经安好。您将有一名值班军官，所有的差事都交给他办……”嗬，这么快！他的待遇已经变了！克格勃机关和中央办公厅办事效率真的很高。戈尔巴乔夫走进房间，即刻拨通了斯塔夫罗波尔家里的电话，告诉赖莎，要她注意听晚上的新闻。

次日上午，他先去见了勃列日涅夫。总书记心情不好，心不在焉，对戈尔巴乔夫的话毫无反应，对他只说了一句话：“库拉科夫真可惜，是个好人啊……”戈尔巴乔夫打消了想向总书记谈谈农业政策必须改变的想法。

走出总书记的办公室，他从克里姆林宫直奔老广场，去见中央办公厅主任帕夫洛夫。办公厅主任告诉他：书记处书记每月800卢布，和列昂尼德·伊里奇（即勃列日涅夫）一样多，还有每月200卢布的食品补助（政治局委员为400卢布），工作时间的伙食成本和礼仪方面的开销均由办公厅承担。关于住宅、别墅以及服务人员，在戈尔巴乔夫从斯塔夫罗波尔回来的时候将拿出方案来。

接着戈尔巴乔夫对各位中央书记逐一进行礼节性的拜访，还顺便去看了中央书记处机关工作人员、书记们的助手和顾问们。这些人和戈尔巴乔夫一向很熟，他每次到莫斯科来大家都在一起说说笑笑，十分随便。但现在看到他一下子变得很拘谨，就像陌生人一样。等级制一夜之间拉开了他们的距离。戈尔巴乔夫很无奈：“等级观念真是一个可怕的怪物……”⑰

接下来他去拜访了安德罗波夫，并且惊讶地发现，他的谈话也和以前大不一样。安德罗波夫一再对他的“小灌木”强调：“现在团结最重要。团结的核心就是勃列日涅夫。这点要记住……”戈尔巴乔夫却直截了当地说：“您对我最了解。我不会为了取悦谁去改变自己的观点和立场。”安德罗波夫笑了：“那太好了，因为我看见柯西金已经开始竭力讨好你了。”⑦

原来如此！上层真的很复杂！戈尔巴乔夫还没有开始工作，就已经感受到了。他和安德罗波夫的关系是否也会改变？他对安德罗波夫说：“至今我认为我们俩是朋友。现在有什么变化吗？”安德罗波夫回答说：“没有，没有，此话不假，我们俩是朋友。”⑧

戈尔巴乔夫最后去见了苏斯洛夫。他们商讨了戈尔巴乔夫离开斯塔夫罗波尔州后，谁来接替边疆区委第一书记的问题。

这一天终于结束了，戈尔巴乔夫当选为书记处书记后的第一天。很紧张，马不停蹄。

几天后他返回斯塔夫罗波尔交接工作。他乘坐的已经是国家级领导人的专机，由特别航空分队提供。飞机里空空荡荡，只有他一个人，陪同的卫队坐在另一个机舱里。

飞机穿行在湛蓝的苍穹，远近白云如一座座海上浮岛，冬日暖阳在远处闪烁。他觉得这几天自己就像这架飞机，飘在了高空。新的工作和环境究竟如何，有点让人摸不到头脑……但他更多的还是充满了希望。

47岁，重返莫斯科

赖莎已经在家里急切地等待丈夫的归来。

那天晚上她听了新闻，知道米沙已经被选为中央书记处书记。她为米沙高兴和自豪，也为自己当初的选择陶醉：她的眼光没有错，米沙绝非无能之辈。他不仅有事业心，而且有头脑，有能力，有热情，也不乏灵活性。看看他这些年所走过的道路，他的从政轨迹，如此顺畅，在每一个台阶上，他几乎都是最年轻的佼佼者，那正表现出了他的非凡才干！但米沙即将去莫斯科工作的消息也没有使她特别激动。她和米沙一样，对斯塔夫罗波尔已经有了深深的感情，他们并没有想急于回莫斯科。在这里他们感觉很好。第一书记的权力已经够大了，家里各方面的条件和待遇都很优越，况且有相对的独立性，一切都是第一书记说了算，离高层可远可近，弹性很大；走进上层权力中心，这一切优势将不复存在，而且高层领导集团历来钩心斗角，赖莎对此也略知一二，因此丈夫高升是福是祸也很难说。此外，他们回乡至今，已经24年多。24年的奋斗和打拼，才有了如今的一切。丈夫的事业自不必说，如日中天；她自己工作也很顺利，获得了副博士学位，一直在大学任教，除了教学，还研究她极感兴趣的妇女和社会问题，干得兴致勃勃。他们的女儿伊琳娜也不辜负父母的希望，一直靠自己，刻苦努力，学业优秀，中学毕业时获金质奖章，进入当地医学院学习，如今已经以优异成绩毕业了，并和自己的同班同学成了家。全家人相互鼓励，和和睦睦，高兴快乐地过日子。24年来，他们的青春、热情、汗水和心血全都洒在了这片土地上；他们在这里实现了自我价值和理想；女儿的全部生命都是在这里度过，这片土地养育了她；全家对斯塔夫罗波尔都怀有深厚的感情。现在，米沙被选为书记处书记，将回到莫斯科工作，就是说，他们全家都要跟着他搬到莫斯科去。说实话，她很不舍，很留恋。她想，米沙和她一定怀有同样的心情。当然女儿女婿非常兴奋。他们是年轻人，首都将给他们打开新的世界。而且伊琳娜长这么大，还从未去过莫斯科。

70年代，全家在斯塔夫罗波尔市合影。

戈尔巴乔夫回到斯塔夫罗波尔后，繁忙的事情等待着他：交接工作，与共事多年的同事告别，收拾行装，准备赴莫斯科上任。

临行前他和赖莎走遍了斯塔夫罗波尔市的大街小巷、郊外原野、森林河畔。他47年的人生有42年都是在斯塔夫罗波尔度过的，24年是在这个城市。城市现在的模样和他当初来到这里时已大不一样。每一个变化都与他息息相关。市区里的每一条街道，每一栋建筑，都留下了他的一段记忆，都见证着他这些年在这里的工作成果。那些远离城市的乡村，无数土路上也都留下了他年轻的脚步，他曾经为了工作多少次奔波在那里。郊外熟悉、美丽的景色，更使他和赖莎感慨万千。自然风光中留下了他们太多的记忆，节假日和周末他们身穿运动服和旅游鞋，多少次徒步远行，跋山涉水，在那里散步。一年四季的不同景色看过多少遍……但最后一次的告别，那些熟悉的景致依然使他们心动，使他们留恋。

记忆像一幅幅画，出现在眼前：清新的空气，明媚的阳光，清脆的鸟鸣，潺潺的溪流，草原的清香……这一切带给他们无比的快乐和惬意。一切都这么美，像画一样，他们静静地站着，或坐在溪边，不说一句话，享受着大自然的一切。他们忘不了有一次在森林里散步，却迷失了方向，久久找不到回去的路，后来顺着电线杆才走回家，那时城里的朋友已经惊慌失措，在到处找他们了。戈尔巴乔夫当时任边疆区委第一书记。第一书记突然失踪，那还了得！他和赖莎一辈子酷爱大自然。他们喜欢走进大自然，欣赏大自然，聆听大自然，在大自然中休养身心，汲取力量。大自然可以去除他们心头的一切烦恼，使他

斯塔夫罗波尔原野美景。

们的心灵变得纯洁宁静，给他们力量。

女儿伊琳娜出生后，在他们散步和接触大自然的时候，多了一个小家伙。他们走到哪里都带着她，女儿跟着他们，有时已累得脚步踉跄，可爸爸妈妈并不停步。他们最喜欢走路。有时候全家可以在山上呆上整整一天，在林下野餐，米沙会放声歌唱，而赖莎和女儿是他的听众，她们唱不出那么高的音来……

在与家乡的一山一水一草一木告别时，也是他和赖莎最好的交谈时间。清新的空气使他们的头脑更加清晰。47岁了，米沙。在边疆区摸爬滚打了24年，担任过近9年的边疆区委第一书记，有着莫大的高等学历，获得了斯塔夫罗波尔经济大学农业经济副博士学位，学识经历堪称一流。在这样一个已经成熟了的年华和时刻，他将走进国家最高权力中心，在新的岗位上施展才干。新的工作，新的环境，新的面孔，对他提出了新的挑战。他喜欢挑战。从政的成功使他面对未来更加充满自信。他觉得他一直从事的工作很有意思，他已经爱上了这个职业，这个职业已经是他的终身选择。他和赖莎交谈着自己的想法。他的热情感染了妻子。赖莎望着他闪烁着热情的眼睛，完全支持他。他们共同而不是戈尔巴乔夫一个人，已经做好了准备，将以全部热情投入新的工作。他还能走多远？他不知道，也不去想它。眼下回到莫斯科，做好新的工作是最重要的。

对着初冬的略显萧瑟的高加索风光，望着依然五彩缤纷的树林，伸展到天边的广阔的草原，憧憬着未来的事业和工作，他在心底说：亲爱的家乡，我的斯塔夫罗波尔，再见了！你是我永远的爱。

注释

①⑥⑦⑧⑫⑬⑭⑮⑯⑰《真相与自白：戈尔巴乔夫回忆录》。

②③⑨⑩⑪赖莎·戈尔巴乔娃：《我希望……》，俄文版。

④赫鲁晓夫报告，网上有关史料。

⑤关于小赫鲁晓夫，后来有俄罗斯媒体说：其实他根本就没有被俘过，也不是被斯大林处以绞刑，而是在1943年二战期间的一次空战中为救战友被击落而身亡。

★卷　四

走上权力巅峰

我到莫斯科来，很清楚自己肩上的责任。从一开始我就一心扑在工作上，像苦役犯一样每天工作12—16小时。

——《真相与自白：戈尔巴乔夫回忆录》

我将此生最好的年华贡献给它（从政），我品出了个中滋味，如今这个天地已使我全神贯注。

——《真相与自白：戈尔巴乔夫回忆录》

这架机器如何运作

戈尔巴乔夫夫妇在1978年年底回到阔别了23年的首都莫斯科。一切既熟悉又陌生。

他们被暂时安置在了戈尔基10号别墅。别墅不大，分派给他们的服务人员、保安人员和卫队没有单独的住所，也住在别墅内，整天在全家人眼前晃来晃去，戈尔巴乔夫和赖莎连单独交谈的机会都难得，只好每晚下班后在别墅的院落中散步时进行。不久他们搬到了位于索斯诺夫卡的另一座别墅中。那是一座老式木建筑，年久失修，但住起来还算舒适。这座别墅30年代奥尔忠尼启泽曾经住过，后来契尔年科也在这里住过。

新的环境和住所没有任何亲切的感觉，周围的一切都是陌生的，他们仿佛走进了一座孤岛。

不久赖莎又回到斯塔夫罗波尔，然后带着孩子们和家当一起回到了莫斯科。新年将至，全家第一次在莫斯科过了年。

除夕，戈尔巴乔夫夫妇和女儿女婿围坐在一起，举杯祝贺。夜里12时整，克里姆林宫响起了悠远深沉的钟声。新的一年来到了，1979年。全家祝愿新的一年带给他们好运。

新年过后，戈尔巴乔夫全力以赴投入于自己的工作，像一架上满了发条的机器。他每天工作12—16小时，加班到深夜是常有的事。负责农业的中央书记，他明白自己身上的责任。在工作中和书记处会议上，他总是积极发表自己的意见和建议，满怀热情，甚至是激情。他认为这是对党的事业负责，至少是对自己的权位负责。从莫斯科大学一直到担任斯塔夫罗波尔第一书记，他一直是这样工作。但他很快就发现，这样不行。他的建议不仅不一定被采纳，还招来一些非议，说他“爱出风头”。聪明灵活的戈尔巴乔夫立刻改变了方式。莫斯科有莫斯科的游戏规则。上层权力中心的人，言行处事自有长期以来形成的一套模式，要适应这一切才行，否则会招来不必要的麻烦。他可不想成为国家庞大机器的无谓牺牲品。可他也决不想人云亦云，讨好逢迎。两者兼顾真的不很容易。但他悟性极高，处事灵活。他会尽量这样去做。

自到中央以后，他的机敏灵活加上积极热情、脚踏实地、勤勤恳恳的工作，善于交际处事，审时度势，把握分寸，时而妥协，时而在一定场合坚持己见，并不随声附和，因而很得多数人好感。1979年他已经成为政治局候补委员，一年后进入了政治局。如今他是政治局中最年轻的委员，49岁。他经常是最年轻的：在莫大他是最年轻的党员；在斯塔夫罗波尔成为最年轻的州委第一书记；现在又是政治局中最年轻的成员。

1979年，勃列日涅夫和戈尔巴乔夫。

开会是国家决策者工作的重要组成部分。戈尔巴乔夫成为政治局委员后，参加各种会议的时间更多了。此刻在宽敞的会议室里，勃列日涅夫正在主持政治局会议。他的右边坐着苏斯洛夫，依次是基里连科、佩尔谢、索洛缅采夫、波诺马廖夫、杰米切夫。左边挨着总书记的是柯西金，柯西金被撤职后是吉洪诺夫，然后依次是格里申、葛罗米柯、安德罗波夫、乌斯季诺夫和契尔年科。新当选为政治局委员的戈尔巴乔夫坐在契尔年科旁边，离总书记最远。每个人都有自己固定的座位，不可以随意乱坐。等级制从上到下，由这里延伸下去，触角一级级伸展到全国各级政权机构。而会议桌上只有一张年轻面孔，这就是戈尔巴乔夫。他的年龄比其他在座者的平均年龄小14岁。

会议室的桌子很大，勃列日涅夫在和同一侧的人谈论问题时，另一侧离他远的人根本听不清楚，也就很难加入讨论。其实就算听清楚了，也不会有什么讨论。一则总书记的身体状况使他难以主持一个正常的会议——他坐在那里坚持不了多一会儿，更别说生动活泼富有成效的讨论了；二则大家基本也是唯总书记是从，他的意见没有谁提出问题，更没有人反对。契尔年科事先已经和各位委员打过招呼了，不要提问题，总书记应付不了。

戈尔巴乔夫坐在那里，远远地看着总书记，看着会场。几年前高层领导亲临矿泉水火车站的一幕浮现在眼前。去那里考察他的三个大人物——勃列日涅夫、契尔年科和安德罗波夫，如今都和自己同坐一室，围在一个会议桌上决定国家大事。他已经走进了国家最高权力机构，接触到了国家机器的核心，并且已经成为国家核心部分的一员。如今他可以仔细观察这架庞大的机器是如何运转的，机构设置的状况，中央政治局和书记处是一种什么样的关系，总书记和他周围的同僚又是如何相处和工作的。以前他只是来莫斯科开会时偶尔能接触到这些，现在他每时每刻都与他们在一起。他很久以来都感兴趣的这些问题，如今他可以尽心了解和观察。这是每个立志从政的人应当很好地去研究和了解的。戈尔巴乔夫正是透过自己的眼睛，非常感兴趣地观察着这一切。

坐在会议桌中心位置上的勃列日涅夫明显已经是个病人，而且病得不轻。勃列日涅夫早已患有脑血管硬化症，又滥用镇静药，几年前病情就已经开始恶化。由于药物的作用，他经常精神萎靡，说话口齿不清，颠三倒四；后来发展到双手颤抖，不能写字。戈尔巴乔夫想起大约十年前，决定由他担任斯塔夫罗波尔州委第一书记时，他来到克里姆林宫和勃列日涅夫见面时的情景，那时的总书记还有精力，可以正常工作。而再早的时候，勃列日涅夫是个英气勃勃、魅力十足的男人，很讨女人喜欢，他也有过不止一个情妇——当然这都是人们私下谈论的话题。总书记在二战时负过伤，因此落下了说话口齿不清的后遗症。现在随着年龄的增长和其他疾病，发展到了很严重的程度。他已经72岁了，身患重病，健康状况已经完全不堪担任国家领导的重负。现在每一次的政治局会议都像一出木偶剧，总书记不过是宣读早就为他准备好的决定而已，会议时间一般也都很短。即便如此，也经常会出现这样的情况：会议正在讨论某个重要问题，总书记却突然犯了病，语无伦次，不知所云，大家心照不宣，权当做什么都没有看见，会议草草收场了事。每当这时，戈尔巴乔夫都感觉格外沉重：我们的体制为什么不能让一个有病的老人离职去休息和治病呢？是什么阻碍他，一定要让已经力不从心的他履行职责呢？这样的状况对他和国家有什么好处呢？他在私下里对安德罗波夫谈过自己的想法。安德罗波夫的解释和很多人一样，说这样做对国家稳定有好处，无论是国内还是国际，都需要国家的稳定。这并非是他的托词，或是为自己打算。安德罗波夫确实是这样考虑的。但很多人则是另有用心。

勃列日涅夫曾经提出想退休。1978年，也就是戈尔巴乔夫调到中央担任农业书记的那一年，他和妻子商量好，打算退休。他已经工作得够多了，该休息了。但后来听说那只是在试探，并非他的真意。试探的结果果然是，他周围的人坚决阻止他这样做，他们说总书记的威望和名声对国家稳定很重要，要求他继续呆在岗位上，甚至可以不做什么，所有的工作都由别人代替。就这样，他继续戴着“总书记”的帽子，而大部分工作由别人代劳。那些劝说他不要离职的人与其说是为国家考虑，其实更多的是为自己考虑。如果更换了总书记，必定会更换一批官员，很多高龄者也必然要像总书记那样退休。他们不想退休，不想丢掉自己的高官厚禄。保住自己的官位最重要，而保住自己的官位，首先就要保证总书记不退休。

一个病夫在领导着党和全国。中央政治局每天都在上演木偶剧。勃列日涅夫已经在这个岗位上工作了15年之久，而且还会一直干下去，直至鞠躬尽瘁。

勃列日涅夫是在1964年迫使赫鲁晓夫下台后开始执政的。那个时候戈尔巴乔夫还只是斯塔夫罗波尔农业边疆区党机关局局长，库拉科夫手下的一名小官员。他对这起轰动全国的政治事件当然记得很清楚。勃列日涅夫当选为苏共第一书记（当时称第一书记，后改为总书记），在当时是几方协调的结果，一些人认为他只是个过渡人物，可以像傀儡那样任人摆布，并没有把他放在眼里。但是他们没有料到此人其实并不简单，自有一套，执掌大权后始终牢牢把握住了权力。

勃列日涅夫执政初期多少还有一定的作为，他纠正和结束了赫鲁晓夫后期的随意和混乱的改革，采取了一系列稳定国家的措施，人民生活得到一定程度的提高，对民主也有所发展和扩大。在他执政期间制定了新的宪法，这可是一件大事。40多年来，国家一直沿用1936年斯大林时期制定的宪法，直到1977年，在勃列日涅夫的领导下，才根据国家几十年发生的巨大变化出台了新的宪法。新宪法动员了广大民众参与讨论，有1.4亿人，即2/3的成年人举行了各种宪法讨论会，参与宪法的制定。戈尔巴乔夫记得，新宪法最终是在1977年的10月7日最高苏维埃非常代表会议通过。新宪法规定：苏联是社会主义全民国家，代表工人、农民、知识分子和国内各族劳动人民的意志和利益。苏联的一切权利属于人民。苏联社会主义制度发展的基本方针是进一步发扬社会主义民主。

按照这个新的宪法，党是政策的制定者，最高苏维埃审查和通过法律，政府的职能是执行党的政策和贯彻法律。看上去似乎挺不错，各有分工，但实际情况远不是这样。“党插手一切部门和领域，干涉立法机关和执行机关的职能，使得宪法有名无实。党的最高领导地位和作用，也没有任何法律方面的规定。党在法律之上，党不受任何约束。而且党在很多时候都化身为总书记，而总书记在1977年兼任最高苏维埃主席团主席和国防会议主席，大权独揽，党政军权集于一身。在这样的情况下，他一人统管了一切，权力高度集中。最高苏维埃和政府只是个陪衬。民主何在？”①

近几年，特别是调到中央工作后，戈尔巴乔夫不仅看到了总书记是怎样“带病”工作的，也看到了党政不分的混乱，还看到了国家整个政策的保守和僵化。机构臃肿，人浮于事，效率低下，腐化裙带之风盛行。而整个国际形势在日新月异地变化着。中国已在1978年开始了令人瞩目的改革，东欧一些国家也在探索改革变新之路。但勃列日涅夫领导下的最高领导集团，却完全无视这一切，还在循着老路走下去。

国家机器由一个重病缠身的老人掌管，政治局所有的人都围着他转，帮助他支撑门面，在他的身后也是一大批老人——整个干部队伍极端老龄化。看看政治局委员的年龄就可以知道，14名政治局委员中，60岁以上的占92.9%，70岁以上的占57.1%。领导集团成员“超稳定”，苏共二十三大（勃列日涅夫时期）连选连任的中央委员占到总数的79.4%，二十五大则上升为83.4%，二十六大时，中央政治局和书记处竟未有一人变动。而党和国家的机构是，苏联部长会议所属的部竟有64个，国家级的委员会20多个，正副部级干部多达800多人，有的部有20多位部长。②

在一个70多岁高龄的身患重病的老人的带领下，国家机器还能正常运转吗？整个社会犹如一潭死水，没有任何活力。而总书记已经没有多少精力考虑党和国家的大事了，他关心的只是自己的勋章、威望。戈尔巴乔夫在不少报刊上都看到，吹捧总书记的文章比比皆是，而勋章，他已经获得了一百多枚，还在不断地为自己授勋！

挂满勋章的勃列日涅夫，勋章和女人是他的两大爱好。

戈尔巴乔夫在政治局会议上思考着这一切的时候，勃列日涅夫口齿不清地宣读了一个事先为他准备好的文件，契尔年科从自己的位置上跑来跑去，到总书记那里好几次，为总书记解释着什么，其余人默默地看着这一切，然后宣布会议结束。会议前后大约也就一刻钟的样子，而准备这次会议用了好几天的时间。

来到中央工作的这些日子，戈尔巴乔夫也看到了上层人物之间的奇怪关系。人们都围着总书记团团转，似乎都很关心他，但实际上没有人真正关心。没有人劝他离职去颐养天年，这一基本的人道的做法被视为大逆不道。只有犯了严重错误或者变为人民的敌人的领导者，才会活着离职。一个英明伟大的领导者必定要死在岗位上，这样才能“走进”红场永垂不朽。于是，周围的同僚们千方百计对外掩饰他的病情，造成假象，好像他们的总书记依然有能力管理国家，可以永远正常工作。最为卖力的就是作为总书记助理的契尔年科。他的主要工作就是想尽办法，为一个重病人如何在最高权力的位置上继续待下去而努力。

再有，高官们之间的关系也极其复杂。戈尔巴乔夫和安德罗波夫早就建立了友谊，关系密切，无话不谈。但来到莫斯科后两家却从未有过交往，即使后来成为邻居也不相往来。1980年年底戈尔巴乔夫成为政治局委员，他们两家的别墅正好相邻。第二年夏天戈尔巴乔夫打电话给安德罗波夫，邀请安德罗波夫和夫人塔季扬娜·菲利波夫娜来做客。他们准备了家乡的饭菜。

安德罗波夫在相邻的别墅中对着话筒说：“是啊，那是一段美好的时光，可是，米哈伊尔（戈尔巴乔夫的名字），我得推辞。”

“为什么？”戈尔巴乔夫很是不解。

“因为明天就会有闲言碎语：是谁？在哪儿？为什么？都谈论了些什么？”

“有那么严重？”戈尔巴乔夫惊讶了。

“就是这样。我和塔季扬娜·菲利波夫娜还没有出门，那边就该开始向列昂尼德·伊里奇（勃列日涅夫）报告了。米哈伊尔，我这样做主要是为了你。”③

两家相距咫尺，两人关系也非常密切，却不便交往。这就是权力中心特有的现象。安德罗波夫说的不无道理。从那时起，戈尔巴乔夫和赖莎就再不邀请同僚中的任何人来做客，也不应邀去别人那里做客。

高官的夫人们也有自己的小圈子，她们经常聚会。赖莎参加了几次夫人们的聚会，那里弥漫的气氛让她惊讶不已。太太们也分三六九等，她们的等级制观念丝毫不亚于她们的丈夫。而她们的身份地位，自然完全取决于丈夫的级别。1979年3月8日国际妇女节那天，按照惯例举行了政府招待会。所有领导人的妻子都站在大厅门口，列队欢迎国内外来宾。赖莎站在一个没人站的地方，不久，她前面一位地位很高的太太马上转过身来，毫不客气地用手指着后面说：“你的位置在那儿……最后一个。”④ 赖莎才意识到，站在哪里是有严格的规定的，自己不知道这里的规矩，站错地方了。

赖莎还发现，高官夫人们的世界充满了傲慢猜忌、趾高气扬，对一些人庸俗地吹捧恭维，对另一些人却轻视无礼。这个上层小天地像一面镜子，反射出权力中心的丑陋。她很不适应。她与莫斯科大学哲学研究所的老熟人和同行建立了联系，走进了她所熟悉的学术活动，参加他们的友谊聚会。她还学起了英语。她觉得和自己的同事相处要舒服得多。他们的女儿女婿也没有走进莫斯科权贵子弟的圈子，伊琳娜和丈夫进入了新的单位，很快就交上了新朋友。

故地重游

在外省生活了24年。这期间戈尔巴乔夫虽然经常来莫斯科开会，但每次都是来去匆匆。这一次将在中央长期工作，戈尔巴乔夫和赖莎决定好好看看这座城市有哪些变化，到他们记忆中熟悉的地方故地重游一番。

周六周日戈尔巴乔夫会要上一辆车，夫妇两人一起乘车在市里转悠。

往哪里去？他们没有具体目标，不过是随兴所至，随便开到一个地方便停下车来，下车走走。周围的一切都会勾起心灵深处的记忆，往事历历在目，出现在眼前。

小车穿过市中心向莫霍瓦亚大街驶去，熟悉的红门，克拉斯诺谢利斯卡亚大街，索科尔尼基地铁站，依然矗立在那里的消防瞭望塔，鲁萨科夫俱乐部，斯特罗明卡大街……戈尔巴乔夫和赖莎让司机停下车，走下来，站在大街上伫立良久。他们的大学生活，青春，两个人的相识相爱，多少次沿街散步，倾心交谈……他们那几年的青春和生命全都与斯特罗明卡大街和鲁萨科夫俱乐部分不开。当年的莫大宿舍已经另作他用了，而宿舍对面的结婚登记处——他们当年结婚登记的地方也成了市政府的一个什么机构。

还驱车去了亚乌泽河边。车驶过小桥，停在普列奥布拉任斯卡亚广场。这里已经面目全非，无法辨认：旧广场不见了，周围的一切全都变了样。现在出现在眼前的是一片新建筑。戈尔巴乔夫和赖莎感慨万千。他们熟悉的旧广场消失了，就像他们的青春年华。旧广场承载着他们当年的美好记忆和一部分生命。

小车驶到了克拉斯纳亚普列斯尼亚大街，这里同样勾起了戈尔巴乔夫的回忆。1951年，一个年轻的大学生奔波在这里，为选举作宣传鼓动。戈尔巴乔夫当年是大学生宣传鼓动队的副队长。那些日子他走出校门，在大格鲁吉亚街和小格鲁吉亚街道上，挨家挨户拜访住在摇摇欲坠的小破屋中的居民，答应那些人提出的生活上的一些请求，例如修理楼梯和屋顶、龙头和开关、锁和门等等，只为了他们在选举日前去投票选举。因为只有答应帮助他们解决这些琐碎的实际生活问题，他们才答应去投票。站在克拉斯纳亚普列斯尼亚大街上，戈尔巴乔夫和赖莎眼前是一幢幢高层居民大楼。它们替代了昔日的低矮破屋。

列宁山上的莫斯科大学，他们的母校，也有了很大变化。以前在莫斯科河畔的大学滑雪跳台四周，是一片空地和低矮的房屋，如今也已经被一座座大楼包围。指点着那些大楼，戈尔巴乔夫问赖莎：还记得吗？当年我们到那里取过父母寄来的包裹。

莫斯科这个“大农村”现在变得比以前繁华了，有了一点儿大都市的味道。看着这些变化，戈尔巴乔夫的心情是复杂的。过去破败落后的那种生活环境确实应当改变；但是那种生活也相当让他留恋，回想起来特别温馨。那些小路、矮屋、旧广场……生活虽然艰苦，但却更贴近自然。

为了更深入地了解首都，戈尔巴乔夫和赖莎后来改变了观光莫斯科的方式，他们从14—16世纪的莫斯科建筑和文物开始，依照莫斯科形成的时间顺序，一一前去观光。每次去游览都有赖莎结识不久的历史学家陪同做导游。历史学家可以随时随地给他们上生动的“历史课”。

莫斯科西部有14世纪修建的维索克别特罗夫斯科修道院，还有圣诞修道院和斯列津卡修道院，这些建筑以其古朴典雅使他们着迷；15—16世纪建成的诸多街道至今仍保留了那时的名称，他们踱步在“武器胡同”、“皮革街”、“陶瓷滨河街”上，回想莫斯科遥远的过去，感觉比在书本上读到的要生动形象得多；16世纪形成的很多街道也保留至今：尼科尔斯卡娅街、伊里荫卡街、瓦尔瓦尔卡街等，走在那里，听历史学家讲述几百年前的过去，兴趣盎然；红场上和克里姆林宫里矗立着的诸多气势恢弘、美轮美奂的建筑群，虽然天天在戈尔巴乔夫眼前出现，但再听一听它的历史，它们在戈尔巴乔夫和赖莎的眼里变得更加厚重和珍贵。还有18世纪的莫斯科市医院，正面有高大的圆柱，很有气派。市里随处可见的建筑于各个时期的小教堂，色彩风格各异，也让他们流连忘返。18世纪末俄罗斯贵族们兴建的多处庄园，同样是他们感兴趣的地方。“帕什可夫大厦”，“杰米多夫庄园”，“巴雷什尼科夫庄园”，莫斯科南部的“查里奇诺”，北部的“奥斯坦金诺”，还有克里姆林宫的枢密院等，那些彰显着俄罗斯古典主义风格的建筑，稳稳地立在那里，任凭风吹雨淋，不知疲倦地窥视着世事的变迁。

看过这些之后，戈尔巴乔夫和赖莎便开始到更远的市郊。在莫斯科西面20公里处，有著名的阿尔汉格尔斯科庄园博物馆。庄园依傍莫斯科河而建。小车沿河岸飞驰，沿岸一片片树林草地，白鸽一群群飞起飞落，河中蓝天白云的倒影，来往行驶的小船……满目都是美不胜收的自然风光，郊外的美景令他们陶醉。漫步在庄园里，看着白色石墙的金顶银顶教堂，开阔壮观、布满绿草的庭院，倚着石狮的栩栩如生的人物雕像，洁白如玉的石栏杆，还有馆内收藏的17—19世纪的精美油画、版画和工艺美术作品，真是极大的享受。这座庄园令人回想起16世纪30年代莫斯科河岸边的小村落……而走在庄园的小路上，他们想起伟大诗人普希金。普希金在1827年和1830年两次特意来到这里。庄园内留有伟大诗人的足迹。莫斯科南面的科洛缅斯科公园夫妇俩早就听说过，但一直没有机会去。现在总算如愿以偿。那里的美景也深深吸引着他们。科洛缅斯科公园建在莫斯科河高高的北岸上。站在公园里向南望去，河流像一条蓝色飘带，从公园南面蜿蜒流过。公园最高处有16世纪建成的教堂，通体白色，坐落在碧绿的草地上，尖顶直刺云天。

阿尔汉格尔斯科庄园博物馆。

莫斯科大剧院。

除了观赏游览首都的名胜古迹，补上莫斯科历史这一课，他们还光顾各大剧院，观看正在上演的各种歌剧。戈尔巴乔夫和赖莎一直都十分喜爱戏剧。高尔基模范艺术剧院和小剧院，瓦赫坦戈剧院、讽刺剧院、现代人剧院，都是他们经常光顾的地方。在塔甘卡剧院他们极感兴趣地观看了《震撼世界的十天》、《相反的世界》；在大剧院观看了名演员演出的《斯巴达克》。他们还去参观了特列嘉柯夫美术馆、普希金造型艺术博物馆，到音乐学院大礼堂欣赏音乐。

莫斯科，苏联的首都，不仅是政治中心，也是文化艺术中心。戈尔巴乔夫和赖莎充分利用了这一便利，学习历史，并以俄罗斯灿烂的文化艺术熏陶自己，装备自己，也满足自己。政治中心的钩心斗角和令人不愉快的气氛，被丰富多彩的文化生活冲淡了不少。

勃列日涅夫时代的结束

勃列日涅夫在1982年十月革命节过后的第三天，即11月10日去世了。11月7日十月革命节庆典那天，身兼苏共中央总书记、苏联最高苏维埃主席团主席、总司令和国防委员会主席的勃列日涅夫还出席了阅兵式，并在阅兵式后的庆祝酒会上致了祝酒词。一切似乎正常。但三天后却突然去世了。

那一天，戈尔巴乔夫正在接见捷克斯洛伐克代表团。书记处派人送来一张便条，上面写着：安德罗波夫要马上见您。“出什么大事了？”戈尔巴乔夫读过纸条这样想，与客人道了歉，匆匆离开会见大厅。

安德罗波夫一个人坐在自己的办公室里，看上去神色镇定，但戈尔巴乔夫感觉到了他内心的紧张。安德罗波夫让戈尔巴乔夫坐下，对他说：勃列日涅夫已经去世。他的妻子维多里亚·彼得罗夫娜向他通报了这一消息，并要见他。她现在不想见其他任何人。安德罗波夫已经去过扎列奇耶别墅（勃列日涅夫的别墅）见了总书记的遗孀。

国家最高领导人在职去世，这是继斯大林1953年以来近30年后的又一次。赫鲁晓夫未算在内，他被迫离职后在1970年去世，报刊上只发了一条不引人注目的小消息，没有为他举行国葬，也没有把他葬在红场上的领导人墓群里。

听到总书记去世的消息，戈尔巴乔夫感到这确实是件大事，他沉默片刻，说道：

“也好，老广场⑤的重要时刻来到了。必须作出决定，我认为此事与您本人有关。”⑥

安德罗波夫心事重重，没有答话。戈尔巴乔夫觉得以他们的关系不必拐弯抹角，于是直截了当地问道：“你们是否在小范围里碰过头了？”⑦

安德罗波夫点了点头。不错，他和乌斯季诺夫、葛罗米柯、吉洪诺夫已经碰过头，达成一致，同意推举安德罗波夫接替总书记职务。他没有提到契尔年科。

在勃列日涅夫重病期间，安德罗波夫与契尔年科之间已经展开了权力角逐。契尔年科是总书记助理，倚仗工作的便利，他一度试图阻止其他人接近总书记，这样他就可以以总书记代言人的身份出现，继而主持政治局工作。这是顺理成章的。但安德罗波夫威望比他高，背后有得力的支持者。经过几个回合的较量，安德罗波夫渐渐占据了上风，日常工作都由他来主持。契尔年科眼见大势已去，却也说不出什么。但是主持日常工作与真正走上最高领导岗位，还是两码事。他的紧张心情可以理解。安德罗波夫的“小灌木”戈尔巴乔夫自然是他的全力支持者，但戈尔巴乔夫毕竟来中央工作时间不长，还没有很深的根基和影响力。

整个政治局都是老人，除了戈尔巴乔夫，而戈尔巴乔夫的经验和资历离担任总书记还差点。因此勃列日涅夫之后，注定还要由老人当政。

安德罗波夫与契尔年科两人在年龄上相差不多，前者只比后者小三岁；健康方面两个人也都很有问题。安德罗波夫从30岁就患有糖尿病，52岁时心脏病发作过，此外还有慢性关节炎、高血压以及因沙门氏病菌和流感引起的严重后遗症。当然，外界不大知道他的病情。克格勃医生的保密工作很到家，而且安德罗波夫工作能力惊人，看上去也不像个病人。他可以几天不休息，一直工作到深夜。而契尔年科患有严重的心肺病和哮喘，连呼吸和说话都困难，一望便知是个病夫。

安德罗波夫在同僚中享有“现代的、有专业知识的、机智灵活的干部”的盛名。他担任过匈牙利大使，后来在中央联络部工作了十年，自1967年起一直是秘密警察机构克格勃的头子。他温文尔雅，戴一副近视眼镜，很有学者风度，熟知马克思理论和历史。而勃列日涅夫的助手契尔年科没有任何建树和业绩可言，他只不过一直紧跟勃列日涅夫，受其信任和赏识，是勃列日涅夫的

"大内总管"。两者相比，大多数人倾向于安德罗波夫接替总书记也就不足为怪了。

勃列日涅夫去世当天即召开了政治局会议，成立了治丧委员会，安德罗波夫任治丧委员会主席。吉洪诺夫在会上提议安德罗波夫为苏共中央总书记候选人。政治局一致同意，并决定立即召开苏共中央非常全会，契尔年科将代表政治局在全会上就此问题发言。

接下来是总书记的葬礼。千百万莫斯科人涌上街头，高举勃列日涅夫画像；戴上志哀袖章的政治局委员照例抬着总书记的棺木，慢慢走进红场；沉重的气氛，哀伤的音乐，悼念词，降半旗，铺天盖地的歌功颂德的文章……统治了这个国家18年的勃列日涅夫，在75岁时离开了他们。

契尔年科确实忠实于总书记，他为勃列日涅夫安排了异常奢华盛大的葬礼。在11月12日举行的全会上，契尔年科又不遗余力地宣读他的助手写的讲话，称勃列日涅夫是"列宁事业最彻底的继承人"、"具有一切天赋和美德的杰出理论家"等，充满溢美吹捧之词。

站在高高的列宁墓上，戈尔巴乔夫看着追悼会上的一切，回想起当年斯大林去世时的情景。1953年初春，人们也是这么伤心。国家好像大难临头了一样。后来赫鲁晓夫当政，开展了反斯大林的个人崇拜，进行了某种程度上的改革；再后来是勃列日涅夫执掌了大权，他纠正了赫鲁晓夫的失误，并且连续执政18年。勃列日涅夫的去世标志着一个时代的结束。在他之后会怎么样呢？在

勃列日涅夫葬礼，右一为安德罗波夫，右三为契尔年科。

这个庞大的核心机构中，戈尔巴乔夫已经工作了四年，眼界开阔了，对国家机器的了解也更加深入，国家体制中的诸多弊端也看得更清楚了。存在很多很多的问题，这些民众未必了解，但是处于上层核心机构中的人，他们对此都看得很清楚。不改革没有出路。不改革国家将会继续停滞不前。勃列日涅夫的去世，将这个问题尖锐地摆在了国家领导者们面前，也摆在了新任总书记安德罗波夫的面前。

毫无疑问，勃列日涅夫对赫鲁晓夫的改革是否定的，而赫鲁晓夫的改革是在尝试破除国家的极权模式，虽然他并没有看清楚这一点，只是把所有的问题归结到斯大林的个人品质上。而且赫鲁晓夫晚期已经在诸多方面否定了自己，有来自各方面的压力，特别是他周围的那些人，他不得不屈从于他们；也有他本身的原因，他逃不出旧体制的根深蒂固的巢穴。但要看到的是，虽然他晚年的一些举措杂乱无章，但仍然是在试图削弱党和国家官僚的无限权力。他并没有完全放弃改革，因而也会招致党和国家官僚的不满。他被赶下台去是必然的。

赫鲁晓夫之后，勃列日涅夫走上了最高领导岗位。正是在勃列日涅夫时期，戈尔巴乔夫从一名中层负责干部，一步步升任到重要的领导岗位，直至中央。1964年勃列日涅夫上台伊始，他时任苏共斯塔夫罗波尔农业边疆区党机关局局长，1970年他已经成为斯塔夫罗波尔州委第一书记，开始经常到莫斯科开会，并经常向总书记汇报工作；1978年戈尔巴乔夫调入权力核心机构，天天和总书记共事；1979年成为中央政治局候补委员；1980年成为正式的政治局委员。他对整个勃列日涅夫时期了解得非常清楚。他调入莫斯科权力核心机构的时候，已经是勃列日涅夫后期，国家很多问题越积越深，表现得更加严重和明显，加上总书记健康状况恶化，戈尔巴乔夫看到，随着总书记健康状况的不断恶化，国家机器似乎也完全停止运转了。而现在勃列日涅夫的去世和新领导人的上台，为改革提供了契机。

然而有多少人看到了这一点呢？

在上层领导人中可以分为两部分：一部分人看到了勃列日涅夫时期存在的种种弊端，充分认识到了改革是关乎国家前途命运的大事，刻不容缓；另一部分人则依然如故，墨守成规，觉得一切都是天经地义，要沿着以前的路走下去。两种截然不同的想法，首先表现在对刚刚去世的总书记的评价上。

前者对勃列日涅夫时期的评价尽量保持分寸，不吹捧和拔高，“以便为进行改革哪怕创造一点机会”。[7]而后者对勃列日涅夫则大肆吹捧，过分赞颂，试图把他变成又一位最伟大的“权威”，其目的在于保住自己的权位，并且给新上任的领导人套上框框。安德罗波夫和戈尔巴乔夫都属于前者，后者的代表人物是契尔年科等人。还好，安德罗波夫最终当选为新的总书记。这反映了大多数人希望国家有所变革的意愿。

追悼会进入了尾声。此刻戈尔巴乔夫就站在安德罗波夫的身边。戈尔巴乔夫很了解他。他知道他一定会有所作为，会展开改革，国家将会有很大的变化。

短暂的安德罗波夫改革时期

安德罗波夫短暂的执政时期开始了，人们对他抱有很大的期望。

安德罗波夫。

安德罗波夫作为苏联秘密警察克格勃头子，登上国家最高领导人的位子，这在苏共历史上还是第一次。他的警察头子的经历似乎没有影响他的个人形象。在很多人眼里，他文雅有礼，知识丰富，爱好广泛，没有不良嗜好，对任何形式的个人迷信都持反对态度，允许同僚与他辩论，办事灵活。他还喜欢听俄罗斯古典音乐、现代爵士乐，喜欢现代绘画艺术，爱读美国侦探小说。他能说英语，家里有许多英文书籍。他博览群书，熟知古典文学和当代文学，还具有外交政策方面的专业知识。

安德罗波夫从1961年苏共二十二大起，就一直是中央委员，那时是赫鲁晓夫当政时期。1967年起，他成为苏共中央政治局候补委员，1973年4月成为正式委员。1976年获大将军衔（相当于军兵种元帅），统帅25万边防军。

1914年出生的安德罗波夫已经68岁了。他的生活经历中有三个重要时期，这三个时期对他都具有不一般的意义：1953—1957年出任苏联驻匈牙利大使；1957—1967年在中央联络部工作；1967年5月—1982年5月任国家安全委员会主席，即克格勃头子。

任匈牙利大使期间，在1956年10—11月，匈牙利首都布达佩斯发生了大规模群众示威游行，反对政府在革新方面的无能。他亲眼目睹了成千上万的匈牙利人如何走上街头，愤怒地高呼反政府口号，并且最后从示威游行演变成了“真正的起义”。许多匈牙利共产党员和国家安全机关工作人员，在群众的激愤中被打死，倒挂在树上或电灯杆上，惨不忍睹；数千名愤怒的匈牙利青年还将巨大的斯大林铜像推倒，切割成碎片。这些场面给他留下了极深的印象。在平息这一事件中，虽然安德罗波夫坚定地站在苏联政府的立场，并略施技巧，成功地帮助匈牙利政府渡过难关，但是他看到的一幕永远不会从脑海中抹去。1957年他被调回国内工作后，经常对身边的人们讲起此事。他说："你们无法想象，当街道和广场挤满已失去控制并碰到什么就毁坏什么的人群时是什么样的情景。我可是亲身经历过的，我不希望我们国家也发生这种事情。"⑧正是他的这一经历和不希望苏联也发生这种事件，使他时时保持清醒的头脑，使他能够看到体制存在的弊端，看到了如果统治者失去民心会发生什么。需要改革的想法也许那时就埋在了他的心里。

安德罗波夫是苏共的高级干部，是国家统治机器中的重要一员，他的思想和经历必定有着鲜明的时代烙印。他的改革也完全是为了巩固和完善现有的机制。

在勃列日涅夫执政的整个18年，有10年他在中央联络部工作。那一时期他熟知了国际交往的知识和经验，为国家多有建树，并获得过各种奖章。任总书记之前，他担任国家安全委员会主席15年之久，对内是秘密警察的头子，对外则是苏联间谍在世界各地活动的总负责人。当时任命他来领导克格勃，目的显然是为了强化克格勃组织，将它牢牢置于党的监督控制之下，更好地巩固最高领导人的权位。因此自然在安德罗波夫任职期间，克格勃得到了进一步发展和加强，人员扩编，预算增加，活动范围也扩大了。安全部的秘密警察有效地打击和压制了勃列日涅夫时期的持不同政见者，但是安德罗波夫没有采取斯大林那样的残暴手段，从肉体上消灭那些人，而是使用了新的方法，或流放，或开除国籍赶出国门，或送进精神病医院，在精神上进行摧残折磨。这些方法很有效。勃列日涅夫时期国内一直相当稳定，其中秘密警察的有效工作功不可没。安德罗波夫本人认为，他的工作就是保证国家稳定，国家稳定有益于党和人民，他当然要全力以赴履行自己的职责。但这并不说明他没有看到体制存在的问题。

安德罗波夫在官场多年，深刻了解制度存在的弊端，目睹了从上至下蔓延的腐败风气，看到了官员们如何只想着个人飞黄腾达，捞取好处，任人唯亲，办事效率低下等问题。因此他走上最高领导岗位后，立即发起了反对贪污腐化和低效率的运动。他要狠狠打击贪污受贿行为，整顿职工的劳动纪律和社会秩序。在经济上他进行了试验，搞体制改革，给工业部门和工厂管理人员更多的权力，放松中央政府机构对他们的控制。安德罗波夫是想建立一个高效率的有秩序的社会机制，破除一切简单化机械化的做法和说教。

经过一段时间的整肃，他的上述举措都收到了明显成效。各机关企业劳动纪律大大加强，贪污腐化明显减少，社会秩序稳定，生产效率提高。虽然有人不满，但大多数人拥护他这样做，他在民众中也享有很好的口碑。

戈尔巴乔夫是他进行改革的最坚定的支持者，最积极的执行者，最得力的助手。安德罗波夫也格外器重他，视他为“农业专家”。总书记经常交给他一些单独工作，有意培养和锻炼他。戈尔巴乔夫不仅主管农业，还开始涉及其他部门，一跃成为管理整个苏联经济的头面人物。苏联的经济情况在那时大有起色，与戈尔巴乔夫的鼎力相助自然分不开。

戈尔巴乔夫也开始涉足外交活动。1983年，戈尔巴乔夫与著名的美国农业专家克里斯塔会见，他清晰的头脑，坦率的谈吐，旺盛的精力，以及对农业的深入了解和对存在问题的精辟分析，都给客人留下了深刻的印象。美国客人说，如果苏联由这样的人来领导，事情完全会是另一个样。

1983年5月中旬，他率代表团访问了加拿大。这是戈尔巴乔夫最重要的一次出访。这次出访不在于他看到了什么，最重要的是他得到了什么。在思想上，此行使他有机会与时任苏联驻加拿大大使的雅科夫列夫深入交谈。这次交谈对他极有启发。他更加确信苏联亟须改革，必须改革。这对他后来发动大规模的改革和形成著名的外交新思维，起了重要作用。同时他也发现了一个志同道合的改革者和得力助手。雅科夫列夫后来成为他改革的中坚。此行的另一个收获是，他在加拿大也留下了很好的印象：彬彬有礼，年轻有为，敏锐，专业。

安德罗波夫对他的“小灌木”的重用和“小灌木”在国际活动中的不俗表现，为其日后走上苏共最高领导人的位置奠定了一定的基础，虽然那条路并非一帆风顺。

在安德罗波夫大刀阔斧的改革中，保守势力并没有偃旗息鼓，与改革派的摩擦没有停止过。突出的表现是1983年的6月全会。

安德罗波夫由于几个月来呕心沥血的工作，健康状况急剧恶化。春天他突然患上了严重的关节麻木症，不能行走，只得装上关节器械装置。稍后，肾脏病等其他痼疾越发严重，开始接受血液透析治疗。戈尔巴乔夫经常看见他面色苍白，大汗淋漓，行走艰难。后来他只能坐着接待同他谈话的同僚。有人已在克里姆林宫内到处散布，说总书记生命“危在旦夕”，搅得人心惶惶；另一些人则窃喜，期待着卷土重来的时机。苏共中央6月全会就是在这样的情况下进行筹备的。

这次会议将主要讨论意识形态问题。召开这次中央全会，是安德罗波夫提出来的。其中一个因素是，他不久前获得一个信息，说官方简单的宣传不仅起不到任何作用，甚至起相反的作用，更多的苏联人抱着好奇心，悄悄收听西方的广播。这个信息促使他召开这样一次全会。他想通过这次会议，转变意识形态的工作方法，使之更有成效，达到整顿整个社会的政治、思想和道德现状的目的。

重病缠身的安德罗波夫只能提出意向，报告还要负责意识形态的契尔年科来准备。于是契尔年科接受起草报告的委托。契尔年科和济米亚宁等人，也就把这次会议和报告作为恢复“勃列日涅夫主义”的时机。

契尔年科完成报告后，戈尔巴乔夫阅读了全文，他看到报告通篇没有任何改进意识形态工作的有效建议和思想，除了空话，就是大量堆砌安德罗波夫的语录和引文，他们将安德罗波夫的名字和他们想推行的僵化保守方针完全扯在了一起。戈尔巴乔夫气愤地想，这是貌似执行安德罗波夫的思想，实际却在违背他的原则。真是公开的挑衅！他将自己的看法告诉安德罗波夫，并提出自己要和契尔年科开诚布公地谈一谈。

戈尔巴乔夫与契尔年科谈过，相当委婉，但不仅没有结果，还被视为“不谦虚，是企图指点和教训他人”。⑨

1983年6月中旬举行了中央全会，契尔年科作了题为《党的意识形态与群众政治工作的若干现实性问题》的报告，人们的感觉不言而喻，像是回到了几个月前，非常沉闷。接下来的讨论犹如一潭死水，发言内容如出一辙：首先肯定全会提出的意识形态问题的重要性；继而表示决心，保证执行会议精神，拥护以安德罗波夫为首的政治局；接着赞扬报告写得深刻及时；还有最后，简要汇报自己的工作。

安德罗波夫带病出席了会议。在听契尔年科费力地宣读报告时，他的脸色越来越阴沉。后来他把戈尔巴乔夫叫到跟前说：“休息后坐到这儿来，由你来主持大会。”这已经充分表明了安德罗波夫对报告和会议的态度。

6月全会就像一条分界线，之前一直在积极改革，之后一切又恢复到了原样。

9月，安德罗波夫前往克里米亚休假。在那里他的身体时好时坏，但头脑一直很清醒。在他生命的最后日子里，他连翻一页书都要警卫员代劳，却一直没有间断阅读各种文件和书籍，并作批示。戈尔巴乔夫经常和他通电话，通报一些信息。政治局和书记处的会议由契尔年科主持。戈尔巴乔夫偶尔主持书记处的工作。卧病在床的安德罗波夫还想在年底再召开一次中央全会，他在电话中对戈尔巴乔夫说：你一定要在全会上发言。

12月的一天，戈尔巴乔夫得到医生的许可，去看望安德罗波夫。这是他们最后一次见面。

> “我走进病房的时候，他正坐在沙发上，试图绽出一丝笑容。我们寒暄、拥抱了一番。上次见面以来发生的变化令人震惊，我面前的他已判若两人。他形容枯槁，浮肿的面庞呈蜡黄色而略显灰白，双目黯淡无光。他并不抬眼望人，显然连坐着也勉为其难。我尽了最大的努力，让自己的眼

睛不致回避他，并设法多少掩饰一点极为震惊的感情。”[10]

安德罗波夫那时正在准备年底要召开的全会上的讲话，他的助手们在为他起草。讲话的结尾处有几句很重要的话：鉴于自己身患重病，从国家的利益出发并力求保证党和国家的领导不致中断，总书记建议授权戈尔巴乔夫主持政治局工作。关于这一点，安德罗波夫当时没有对戈尔巴乔夫讲一个字，也许他认为这样对戈尔巴乔夫更好。戈尔巴乔夫是过了很多年以后，才在当年起草该讲话的沃尔斯基的回忆录中读到这一点的。当时只有传闻，说安德罗波夫有意让戈尔巴乔夫接班，可是没有任何证据可以说明。不论是安德罗波夫还是契尔年科，以及起草讲话的沃尔斯基，都没有向戈尔巴乔夫透露过一个字。而会议前夕发到各个委员手里的讲话稿，已经将这几句话删除了。

1984年新年前夕召开了中央全会。这是安德罗波夫在世时举行的最后一次全会。每个与会者都明白，他们将再一次面临选择国家领导人。会议照惯例进行，听取了两个报告，批准了计划和预算，增选了沃罗特尼科夫和索洛缅采夫为政治局委员，切布里科夫为政治局候补委员，利加乔夫为中央书记。戈尔巴乔夫和吉洪诺夫在会上作了发言。

很快，新年到了。雪花飞舞在莫斯科上空，落在大街小巷上，落在街头的圣诞树上，落在克里姆林宫恢弘精美的建筑群上。新年过后不久，2月9日，安德罗波夫在医院去世了。他短暂的15个月的执政，连同他的改革一起成为了过去。他去世时享年69岁。

戈尔巴乔夫对安德罗波夫的病逝非常惋惜。他们自从在斯塔夫罗波尔的疗养院认识以后，一直保持了密切的友谊。安德罗波夫既是他的上级，又是他无话不谈的朋友，还是指点他的导师。在很多问题上他们看法一致。安德罗波夫言传身教，教给他很多在官场应当遵守的游戏规则，使他可以避开不必要的矛盾和牺牲。戈尔巴乔夫在仕途上的一帆风顺，与他的“教父”的教导和提携分不开。安德罗波夫很器重他，希望他的“小灌木”能长成参天大树，成为国家的支撑者。在他病逝前的几个月，他肯定考虑过接班人问题，考虑过让戈尔巴乔夫主持政治局工作，接任总书记。但是最后他却没有明确指出这一点。是疾病的突然恶化使他没有来得及，还是他有了其他想法？或者他知道即使契尔年科按顺序接任苏共中央总书记，那也不过是短暂的过渡，权且这样走一下过场，对戈尔巴乔夫可能更有好处？这些都已经不得而知。但不管如何，戈尔巴乔夫永远忘不了和安德罗波夫在一起的日子，忘不了他对他的教诲以及和他一起度过的愉快时光。他在后来的回忆录中写道：“我同这个人曾经那么亲密和持久地联系在一起，我在许许多多方面都要感激他。在多年的岁月里，我总是向他倾吐自己的思想和疑难。我时刻感受到安德罗波夫那经久不渝的友善态度。他任何时候都不曾流露过一个老练的早已习惯于决定他人命运的政治领袖的屈尊俯就之态。”但是，关于对他的恩师的全面评价，戈尔巴乔夫保持了分寸和理性。他认为他的上司兼导师也是一个很复杂的人，他在勃列日涅夫时期压制和反对不同政见者方面起了主要作用，在没有搞清楚所有这些历史真相之前，对安德罗波夫的评价都会是模糊的。

在安德罗波夫执政期间，由于安德罗波夫对他的放手和重用，戈尔巴乔夫的地位和威望已经有了明显提高。在国内他被很多人看作总书记最合适的接班人；在国际上他的名字也越来越被重视，甚至被视为“王储”。眼下，最使他担忧的是，安德罗波夫的去世，很可能就此中断开始不久的改革。国家将向何处发展？

安德罗波夫葬礼。

和历届前任国家领导人逝世一样，安德罗波夫遗体告别在工会大厦圆柱大厅举行。赖莎去了那里，向他们的老上级和好朋友安德罗波夫告别。她回来惊异地对戈尔巴乔夫说，在悲伤的告别人群中，竟然有人流露出掩饰不住的欣喜，并用异样的眼光看着她，似乎在说：安德罗波夫一死，你们的好日子到头了。

哀乐再次响起在红场。一年多前勃列日涅夫追悼会的沉重画面似乎还没有从人们眼前消失，新的挽联、花圈和遗像又出现在大街小巷。与上次追悼会不同的是，撒切尔夫人和老布什前来莫斯科参加了安德罗波夫的葬礼。

与此同时，人们都在期待，谁是下一个总书记？然而人们都失望了：新的苏共中央总书记由契尔年科接任。

很多人心里想：随便哪一个人来接班，都会比他强，为什么偏偏是他？人们在私下传说：不要扔掉追悼会的袖章，不久还会派上用场……人人心里都明白，年老多病的契尔年科接任总书记不过是走过场罢了，他只是个过渡人物。但人们的疑惑是，为什么要选一个濒临死亡的人来接任国家领导职务？随同撒切尔夫人来的保健医生，见过契尔年科后，预测他活不了多久，他的预测与实际相差无几……

但在失望中，人们还看到了希望，因为戈尔巴乔夫被宣布为党和国家第二号人物，成为政治局的核心成员，地位仅在契尔年科之后。他已经在主管农业、经济、教育、意识形态和外交事务。

病夫治国：契尔年科执政

新的总书记的选举是在克里姆林宫斯维尔德洛夫大厅举行的。

中央委员们静静地坐在那里，脸上带着期待，很想知道政治局会提议谁来接任总书记。不少人心里想的是戈尔巴乔夫。但吉洪诺夫在契尔年科宣布开会后，立即要求发言，说政治局委托他提议契尔年科为总书记候选人。听到这个名字，很多人脸上现出掩饰不住的失望，但没有人反对。论资排辈也是多年的老传统了。按照这个传统，自然是轮到契尔年科了。年老多病的契尔年科也没有推辞。于是全体委员对吉洪诺夫的建议投了赞成票，包括戈尔巴乔夫本人。他当时的想法是，最重要的是中央不要出现严重分歧。

契尔年科走到麦克风前讲话，很费劲，很吃力，带着肺气肿病人特有的嘶嘶声。

契尔年科担任总书记时，已经72岁了。在苏共历史上历届接任总书记的人中，他是年龄最大的。他在最高领导岗位上只任职13个月就病逝了，也是历届最高领导人中执政期最短的。就才干而言，在历届领导人中他也属最平庸者。

契尔年科一辈子没有什么特殊建树，缺乏政治和国务活动经验，但三次获得金星英雄奖章。缘由全在于他紧跟勃列日涅夫，忠实于勃列日涅夫，竭尽全力为勃列日涅夫效劳，因此备受勃列日涅夫赏识。

契尔年科在20世纪50年代初就结识了勃列日涅夫，此后一直影子般追随勃列日涅夫，为勃列日涅夫效犬马之劳。勃列日涅夫执掌政权后，他一直充当着勃列日涅夫的“大内总管”的角色。他不仅对总书记忠心耿耿，不放过任何美化、拔高总书记的机会，不遗余力地赞颂勃列日涅夫，还投其所好，大树特树勃列日涅夫的光辉形象。他称勃列日涅夫为“杰出的无可替代的政治家”，“列宁事业最彻底的继承人”等。勃列日涅夫重病后，契尔年科为总书记在公众面前的每一次亮相、每一趟出行都精心策划，费尽心思，找人替总书记写讲稿、写回忆录、出文集。在这方面可以说他不遗余力。

契尔年科接任总书记后，很难正常工作。其实别说工作，他连说话和呼吸都很困难。一个风烛残年的老人，站在讲台上力不从心地宣读讲稿，一些人怜悯他，一些人看不起他。而戈尔巴乔夫在想：为什么他不能辞去工作，去关注一下自己的健康？是什么迫使他肩负起领导国家这副力不从心的重担？人性中对权力的贪婪和留恋只是原因的一个方面，最重要的是体制问题。国家缺乏权力更迭的正常民主机制，从而使一个病入膏肓甚至智力欠缺的人也能高踞于权力金字塔的顶端。病夫治国意味着那个体制本身也濒临死亡。

契尔年科执政的一年多时间里，不仅国家机器无法正常运转，而且70多岁的老人契尔年科也受尽磨难，当然这是他心甘情愿的。他不顾年老体衰，还要飞到祖国各地视察。为此特意为这位行动困难的总书记设计制造了电动升降舷梯，总书记不用迈步就可以方便地升到机舱门口，登上专机。尽管这样可以顺利上下飞机，但颠簸的旅途仍然只会使他的健康状况不断恶化。

新的总书记是在安德罗波夫去世一年后的一个月零一天去世的。在他临死前还上演了更荒唐可笑的“宫廷游戏”，后面会讲到。

而在这一年多的时间里，一把手契尔年科长期躺在医院里，作为第二号人物的戈尔巴乔夫全面主持了工作。他召开政治局和各种会议，了解各方面情况，提建议出主意，投入了巨大热情。虽然有人对他发难，公开挑衅，但戈尔巴乔夫很克制，不说过激的话，也不做出格的事，他只是一心一意把书记处的工作搞好，用事实回击。在很短的时间里，书记处的工作被他搞得有声有色，令人瞩目。他和契尔年科的关系一度很冷，有人在总书记那里说了不利于他的话。当时任苏共组织部长的利加乔夫是戈尔巴乔夫的坚定支持者，他为此专门给契尔年科打过电话，消除他们之间的隔阂。而戈尔巴乔夫在此期间也一直对契尔年科尊重有加，谨慎谦虚，办事极有分寸，事事不忘请示。这是他的本性使然，也是他的聪明过人之处。几十年官场的历练使他知道该如何应对，特别是在当前的关键时刻。目前耐心等待和有成效的工作最为重要。若给人以抢班夺权的印象，那就会功亏一篑。而脚踏实地地工作，将会为他打下更为牢固的基础。利加乔夫的电话起了作用，而力不从心的契尔年科也不傻，对戈尔巴乔夫的尊重有所回报，与他达成了某种默契。

这一年对戈尔巴乔夫而言是极为关键的。他在最高领导人一直病卧床榻的情况下，实际上进行了作为第一把手的演练。他成功地展示了自己的能力和才干，在中央和州一级领导人中赢得了很多人的赞赏。上层的权力斗争随着总书记病情的加剧而越发激烈，从总体来看，虽然不能说戈尔巴乔夫已经有了必胜的把握，但毋庸置疑，他的威望和基础更加牢固，他的羽翼也更加丰满，他已经从“小灌木”长成了一棵大树。

属于他的那一刻，终于在1985年3月来到了。

走上权力巅峰

1985年。新年。莫斯科。

这一年的新年和往年没有什么两样，莫斯科和苏联人照样在雪花飞舞中迎来了新的一年。没有人意识到，两个月以后，他们的国家将翻开历史上新的一页，会有一位新的总书记执掌政权，他会发起一场自上而下的全面的改革，他的改革终将带来最震撼世界的变化，而这一切也将彻底改变历史和他们的生活、信念以及一切。

新一页的契机是他们年迈多病的总书记契尔年科的去世。

在人们欢度新年的时候，总书记仍躺在医院里，经受疾病的折磨。他已经病得奄奄一息，整日卧床，在医院躺了有些日子了。最优秀的医生，最先进的进口医疗设备和最昂贵的药品，对他的疾病都已经不起作用。像每一个人都逃脱不了的命运一样，他已经走到了生命的尽头，死神在向他招手了。与此同时，像历届领导人去世前夕一样，苏共高层的权力斗争也因此而变得激烈。一些人不想总书记死去，但并非为了延续他的生命，而是为自己的私利和前途考虑。于是，在总书记去世前，不顾他垂危的生命是否能够承载这样的重负，仍上演着这个帝国很多年来不断上演的“戏剧”。

2月。新年刚过，莫斯科依然寒风凛冽，白雪皑皑。俄罗斯联邦最高苏维埃选举将于24日举行。按照惯例，选举前夕要举行政治局委员在自己的选区与选民会见的特别仪式。契尔年科病重的消息属于国家机密，一直不对公众公开，但是他确实已经无法出席任何会议，更不要说和选民见面和讲话了。但是特别仪式是必须举行的，这是惯例。怎么办？戈尔巴乔夫提议为他写一份书面讲话，再由选举委员会组织一次集会，在会上宣读他的讲话。但莫斯科市委书记格里申却突然单独跑到医院，去同契尔年科商谈此事。他想甩掉戈尔巴乔夫，或者想突出自己和总书记的关系，让大家看到，总书记信任的是他。但是从根本上甩掉戈尔巴乔夫不可能，戈尔巴乔夫已经主持书记处工作好几个月了。于是格里申给戈尔巴乔夫打电话，说是受总书记直接委托，准备组织集会并代为宣读讲话稿。戈尔巴乔夫不动声色，同意这样做，尽管他觉得很滑稽，但既然这是契尔年科最后的意愿，他不会不同意。

2月24日。孔采沃医院。一座单独的两层小楼。二楼。这里是专门为党和国家最高领导人治病的地方，当年安德罗波夫重病时就住在这里。现在契尔年科也住这里。

在总书记病室隔壁的房间里摆上了投票箱，并颇费心思作了一番布置，为的是让人们看不出总书记是在什么地方投票的。契尔年科勉强起来，穿上衣服，艰难地走到投票箱前，用哆嗦的手投了票，然后费力地读了为他起草的一篇讲话稿。他口齿不清，双手颤抖，稿纸散落一地，人也差点跌倒，幸好被人及时扶住……摄像机录下了这个镜头，只展示了投票的镜头，删除了不体面的场面。戏，就算演完了。这种虚假做法被格里申解释为：“最主要的意义在于要向民众表明，总书记还有能力投票。”⑪

电视上播出了总书记投票的镜头。画面虽然经过了特殊处理，却掩盖不住总书记苍老衰弱的病容。百姓们心照不宣，谁都知道这是一场戏。国家最高领导人早就重病在身，无法工作，这已经不是秘密。在他当选为总书记的时刻，人们就知道这一点。电视转播的一幕不过是官方通过自己的宣传工具在愚弄百姓而已。果然，“还有能力投票选举”的总书记，半个月后，即3月10日，就与世长辞了。

那一天戈尔巴乔夫刚刚回到家里，电话铃声响起，他拿起话筒，是恰佐夫打来的，他告诉戈尔巴乔夫：契尔年科去世了。戈尔巴乔夫立即给葛罗米柯、吉洪诺夫、博戈和柳博夫打电话通知此事，并决定晚上11点召开政治局会议。戈尔巴乔夫没有忘记事先与葛罗米柯见面，此人对他颇为关键。

勃列日涅夫、安德罗波夫、契尔年科三位最高领导人相继去世。

外交部长葛罗米柯可以说是戈尔巴乔夫的上一代人。1931年葛罗米柯入党时，戈尔巴乔夫刚刚出生。而1937年葛罗米柯担任苏联外交部长时，戈尔巴乔夫也只是个流着鼻涕的农家男孩。葛罗米柯步入国家外交领域纯属偶然，但他努力工作，才华出众，受到斯大林赏识，被任命为外交部长。此后他一直担任外交部长，历经斯大林、赫鲁晓夫、勃列日涅夫、安德罗波夫和契尔年科时期。他是几朝元老，熟知外交事务，在中央说话有一定影响力。契尔年科去世后，在谁接替总书记职务上，葛罗米柯的态度很重要。戈尔巴乔夫和他在开会前20分钟左右会了面，在某种程度上达成了一致。葛罗米柯同意提议戈尔巴乔夫为总书记候选人。

接下来的政治局会议确定了治丧委员会名单，在确立治丧委员会主席时，一直和戈尔巴乔夫过不去的格里申突然第一个提议，由戈尔巴乔夫担任。通常，担任治丧委员会主席的人，即是总书记的接班人。但由格里申提出来，有些令人意外。会议一度沉默，戈尔巴乔夫提议暂时不做决定，请大家再考虑一下，在第二天下午5点召开中央全会之前定下来。那时不仅要定下来谁是治丧委员会主席，还要提出总书记候选人，并在紧接着召开的中央全会上投票选举出新的总书记。

戈尔巴乔夫又从党中央委员会机关紧急抽调来一些人，成立了几个草拟文件的小组。梅德韦杰夫、雅科夫列夫、博尔金等人一个个被从他们的住处召来。他们陆续走进会议室时，戈尔巴乔夫已经坐在他的座位上。大家疑惑地看着他，他只挥挥手说："又是……"于是大家明白，又是总书记去世了。

接下来开始讨论第二天将要举行的中央全会上的讲话。戈尔巴乔夫简要谈了他的基本想法：既要讲继承，又要讲创新，二者要结合起来。言辞不要过于激烈，把握分寸很重要。大家一致同意他的想法，并且补充说，讲话一定要向国内外释放出这样的信息，即苏联将会有变化，不会再是老样子了。

戈尔巴乔夫回到家里已是凌晨4点。赖莎还没有睡觉，一直在等他。多少年来一直就是这样，不论多晚，她都会等待丈夫回家。他的事就是她的事。她要知道他工作中的一切，面临的问题，他的境况。而戈尔巴乔夫回到家里都会毫无保留地向她详细讲述一切，和她讨论每个细节，仔细听取她的意见，那不仅是一个妻子和女人的意见，更是一位有哲学头脑的睿智女人的深刻看法和建设性意见。她的看法对他颇有参考价值，不可或缺。她是他的第一"高参"和助手。

他们俩照例走出别墅，沿着寒冷的覆盖着白雪的花园小径散步。自从搬到莫斯科后，他们之间的每一次谈话都是在别墅的院子里散步时进行的。他们不希望自己的谈话被外人听到或被窃听。

花园里静谧、空旷，寒星在天穹闪烁，只有踩在雪地上的脚步声和两个人的低语谈话声。戈尔巴乔夫和赖莎两人心情都很激动。戈尔巴乔夫目光熠熠有神，讲述着一切；赖莎神情专注，仔细倾听。国家连续三个最高领导人去世，目前或许到了改变这种状况的时刻。就现在的局势和事态的发展来看，他们俩都相当清楚，戈尔巴乔夫很有可能被选为苏共中央新的总书记，登上国家权力最高峰。这种可能不是现在才出现，而是在安德罗波夫去世时就已经有了。当时不仅仅有关于安德罗波夫希望戈尔巴乔夫接替总书记的传闻，而且赖莎在安德罗波夫去世后看望安德罗波夫的妻子时，她哭着对赖莎说，为什么要选契尔年科当总书记？尤拉（即安德罗波夫）希望的可是米哈伊尔·谢尔盖耶维奇（戈尔巴乔夫）啊。安德罗波夫的妻子是不会瞎说的。

但是在安德罗波夫去世后，年迈多病的契尔年科还是按照顺序登上了权力宝座。戈尔巴乔夫接受了这个事实，他没有表示不满，他知道那不仅没有用，反而会适得其反，影响他已有的基础。一切应当顺其自然。现在机会终于轮到他了，而且这样快。眼下尽管还不能说他是公认的总书记接班人，不能肯定他有百分之百的"胜利"把握，但戈尔巴乔夫确实是呼声最高的总书记人选了。

他和赖莎在清冷寂静的花园里走了一圈又一圈。他们谈了很多，俩人都感到，国家又到了一个十字路口。新的一天不仅关系到国家的命运，也是他们家庭的一件大事，关系到戈尔巴乔夫和赖莎今后的生活和命运。如果他顺利当选为新的总书记，那么他本人不仅要担当起国家机器的掌舵人的角色，还有他的家庭都会处于国家权力的顶端，处在政治的风口浪尖上，开始一种完全不同于以往的新的生活。走上权力顶峰，戈尔巴乔夫可以放开手脚施展自己的才干，实现多年的理想和抱负，可以打碎他认为不合理的一切，开始他早就觉得必需的改革，将国家和人民引上新的更好的生活道路。而赖莎不会袖手旁观，她将一如既往全力支持丈夫的工作，和他分担一切，为他出谋划策，做好他的第一助手。戈尔巴乔夫多少年来希望的不就是这一天吗？这一天如今就在眼前。州委第一书记中已经有几批人前来见他，要他担当起总书记的责任。他们支持他。如果确有这样的机会，他会当仁不让。他企盼着大干一番。想起7年前来到莫斯科的时候，他和赖莎也这样谈过，他们的目的就是为了改变国家现状！“我们不会再这样生活下去了。”戈尔巴乔夫坚定地满怀希望地对赖莎说。这句话包含了很多含义。当然另一种可能他们也想过，即或许中央在总书记候选人上有不同意见，如果“政治局和党中央就这个问题发生分歧，我会自动取消自己的候选资格”，⑫他不愿意看到党的分裂。

东方露出了曙光。新的一天来临了。

戈尔巴乔夫毫无倦意，回到屋里吃过早餐，驱车前往克里姆林宫。在这之前，他接到了利加乔夫打来的电话，他们一如既往保持着良好的关系，戈尔巴乔夫确信，利加乔夫会全力支持他。而他的直觉也告诉他，他会成功。他对今天充满信心。

1985年3月11日。上午。7时。

红场再次举行葬礼，为去世的契尔年科。国家领导人和各国来宾站在高高的列宁墓上，面对庄严肃穆的会场。哀乐再次奏起。沉重的气氛中有一种厌倦和麻木。领导人在短短几年中接连去世，不断举行全国性葬礼，这种状况实在太不正常，况且这是在一个泱泱世界超级大国！

契尔年科葬礼，戈尔巴乔夫走在最前面。

下午2时，政治局会议准时召开。戈尔巴乔夫从容端坐在会议主持人的座位上，他明亮的目光扫向每一个人，宣布开会。会议议题只有一个：以政治局的名义为中央全会提出新的总书记候选人。会场极其安静，葛罗米柯要求发言，他在讲话中直接提议戈尔巴乔夫为总书记候选人。他简要而有说服力地列举出戈尔巴乔夫具有的优秀品质和工作能力。随后吉洪诺夫发言，表示完全赞同葛罗米柯的提议。其他政治局委员没有意见。政治局会议结束。总书记候选人就这样产生了。

下午5时。中央委员会举行全体会议。委员们已经从全国各地被紧急召来。戈尔巴乔夫坐在主席台上，他从人们的脸上和他们的目光中，立刻感受到了与会者对他的支持和信赖。他宣布先为总书记的去世默哀。全体起立，但哀悼的气氛实在不浓，更多的似乎是一种解脱和轻松。人们都在想，终于有可能结束老人当政了。接下来葛罗米柯再次发言，他说受政治局委托，提议戈尔巴乔夫为总书记候选人，列举了戈尔巴乔夫所具有的优秀品质和担当此任必备的能力。他没用讲话稿，言辞恳切，令人信服，最重要的是他说出了大家的心声。葛罗米柯结束讲话后，全场爆发出经久不息的热烈掌声，场面比当年安德罗波夫当选时还热烈。戈尔巴乔夫立刻被这种热烈气氛感染，心潮澎湃，极其激动。他，从这一刻起，成为了这个红色帝国的最高领导人。他走上了权力的巅峰，在他刚刚度过了54周岁生日的时候。

在激动人心的热烈气氛中，新当选的总书记步履矫健，精神饱满地走上讲台，作了施政讲话，即前一天连夜准备好的讲话。现在来看那个讲话，感觉很平常，仍有不少因循守旧的提法，但在当时与会者还是能听出其中不乏新意的内容，感到很受鼓舞。戈尔巴乔夫的施政演说显示了新的总书记的信念和改革的愿望，尽管是初步的和模糊的。

1985年3月12日，《消息报》刊登的新当选总书记戈尔巴乔夫的照片。

那一天戈尔巴乔夫回到家里已经很晚了。全家人包括外孙女娜佳都在等他。她们向他祝贺，为他准备了鲜花。这是她们生活中很重要的一天，她们作为他的亲人不可能不等他回家而去休息。那个令人激动的消息她们已经知道了。大家除了极其兴奋、激动和高兴，还有忐忑不安。5岁的小娜佳大概是当中最有预见的人了。她对姥爷说：“姥爷，我祝贺你，希望你健康、幸福、好好吃粥。”⑬粥在俄文中的另一个意思是一团糟、混乱。戈尔巴乔夫后来在回忆录中写道：“是的，我从此陷入了多么糟糕混乱的一锅粥里了啊。”

戈尔巴乔夫顺利当选为苏共总书记，在年富力强的黄金年华走上红色帝国的权力顶峰，这实属一个奇迹。他上任不久就倡导和发起了一场惊天动地的彻底改革。这样一粒反叛的种子，居然在铁幕一样厚而坚硬的土壤中发了芽，并长成一棵大树。回顾他的成长经历，他居然能在后来被他摧毁的那样一种干部选拔制中一级级顺利而迅速地升迁，直至最高点，很多人对此惊讶不已。为什么？是什么原因？他充满温馨的家庭环境所给予他的健全的心智和性格，聪明的天赋，积极向上的进取精神，接受真理的自然秉性，思考和大量阅读各种书籍，高等学府的影响，有所作为和最大限度发挥自己才干的心愿，灵活的交际处事，以及妻子的影响和与之深入探讨的结果，还有斯塔夫罗波尔的矿泉水，有名的温泉疗养院和漂亮的草原风光带来的好运……所有这些大概都起了作用，培育了这粒种子，并形成了这颗种子内在的特质，使他在那样一种环境中顺利升迁而又保持了自己心灵深处的某些东西。戈尔巴乔夫这样一个人，在20世纪80年代中期破土而出，成为苏联政坛上的最高领导人，实在有种种巧合，但又有着内在的必然性。

有一点不要忘记。其实戈尔巴乔夫一直是一个传统意义上的党的好干部。他坚信马列主义，坚决执行党的各种决议，拥护以总书记为首的党中央，否则难以解释他为什么在仕途上如此顺畅。尽管他与一般官僚不同，在秉性中有另一种特质，坚持自己的看法，不人云亦云，正直坦荡，心底蕴藏有改革的渴望。但他的愿望犹如一粒种子，一直被蒙在厚厚的土下，没有时机破土成长。直至改革开始的最初两年，他其实都坚信共产主义，都是列宁的忠实信徒。在改革中碰到问题和困难，他必定会去列宁的著作里寻找答案。他的很多讲话中都清晰地记下了这一切。顺便说一下，在苏联社会主义近七十年的历史中，一共有过8位最高领导人（包括马林科夫在内），7位总书记，其中只有第一位列宁和最后一位戈尔巴乔夫的专业是法律。戈尔巴乔夫的思想后来所发生的重大变化，是在改革中一步一步发展形成的，直至最后，他成为一个最彻底的兵营式社会主义—集权制的反叛者。

1985年3月11日，他登上了苏联历史舞台的中心。他将要开始一场惊天动地、惊世骇俗的改革。改革的结局没有人能料到，但是改革的必然性确实很多人都看到了。戈尔巴乔夫不过是顺应了历史潮流而已。他有幸，也是不幸被历史推上了舞台。无论改革是成功还是失败，他都必定要充当改革发起人的角色，承受改革带来的一切。

改革的大幕即将拉开，其标志就是他上任一个月后召开的4月全会。

注释

①③④⑥⑦⑨⑩⑪⑫⑬《真相与自白：戈尔巴乔夫回忆录》。

②数字援引自《俄罗斯证人》一书附文：《苏联解体纪实报告》。

⑤指苏共中央委员会旧址，意思是指国家最高领导机构。

⑧网站相关资料。

★卷　五

改革始末

我之所以执掌权力是因为我意识到必须进行彻底的改革……

——《真相与自白：戈尔巴乔夫回忆录》

我的目标只有一个，那就是民主主义，那就是为了自由，为了摆脱恐怖的过去与所有的独裁。至于公众对我个人持有什么样的评价，那是他们的自由……

——《20世纪的精神教训——戈尔巴乔夫与池田大作对话录》

我从一开始就认定自己的目标是将权力置于民主的监督之下，使其具有合法性。在这条道路上，1991年12月我不得不经受了最严重的考验。

——《真相与自白：戈尔巴乔夫回忆录》

1. 大幕拉开

（1985年3月至1986年年底）

4月全会：改革拉开序幕

戈尔巴乔夫就职上任了。他走上了这个庞大的红色帝国的最高领导岗位，成为它的第七任总书记。

1985年3月12日，他接任总书记的第二天，接见了很多国家的领导人，包括美国总统老布什。他们都是来参加契尔年科的葬礼的。戈尔巴乔夫与他们进行了积极有效的初次接触。从他们的反应可以看出，他们很高兴戈尔巴乔夫当选为苏共新的总书记。随后的时间里，西方媒体对戈尔巴乔夫的当选一片喝彩，认为他没有历史包袱，与斯大林毫无关系，与僵化的勃列日涅夫也不同。他是苏共全新的一代领导人。

各国驻外使节也有信息反馈回来，整个西方由于戈尔巴乔夫当选而对苏联表示同情和好感，这是从未有过的情景。他们对戈尔巴乔夫满是赞扬，说他智慧、内行、博学，谈话生动。科尔、舒尔茨、密特朗和撒切尔等领导人都对苏联新的总书记寄予厚望。戈尔巴乔夫在当选前访问过英国，与撒切尔夫人有过接触。撒切尔夫人对他的印象相当好：坦率，敏锐，头脑清晰，是一个可以与之打交道的人。在会见过美国会众议院议长奥尼尔后，客人对他也有极好的评价，说他是一位“有过人禀赋和待人真诚的人，一位世界级的国务活动家”。

其实国际社会对戈尔巴乔夫的关注和好感几年前就开始了。1983年安德罗波夫执政时期，任农业书记的戈尔巴乔夫接见过美国一个农业代表团，他给美国客人留下了深刻的印象。

1984年戈尔巴乔夫率苏联最高苏维埃代表团去意大利参加了恩里克·贝林格的葬礼。他在意大利期间坦率地承认苏共过去确有某些不足，这使意大利共产党人既感到惊讶，又产生了敬意。人们对他极其友好，当他出现在追悼会主席台上时，台下200万热情的意大利人一直高喊着他的名字，向他问好，热烈的场面足足持续了10—15分钟。

1984年9月，英国代表团访问莫斯科，戈尔巴乔夫与代表团见面会谈时说，各党有权利选择适合自己的政策和道路。他的坦率真诚的谈话令人愉快。戈尔巴乔夫已经是最受西方欢迎的活动家了。那时西方报刊已称他为“王储”，[1]认为俄罗斯有了希望。

国内反应也极为热烈。戈尔巴乔夫当选为总书记深得民心。他的充满朝气的年轻面孔令人民满意。首都的大街小巷里，公共汽车上，地铁和商店里，到处都能听到人们在兴奋地谈论他们的新的总书记。人们对他寄予厚望。

面对国内外如此热烈的气氛，戈尔巴乔夫深受感动，也更加感到肩负的使命之重大。他唯有努力工作，才能不负众望。他为自己制订了一些原则，比如周六是他的工作日，比如不提倡在任何地方挂他的画像，还有禁止无谓的吹捧和赞扬，特别是在开会的时候。

当然仅仅努力工作绝对不够，最重要的是开始改革，那是他早就积压在心底的愿望。那些日子，他更多的时间是用来思考。每当夜深人静之时，或者独自在办公室的时候，他都在回顾过去，研究现状，为眼下的工作作出安排，并缜密思考长远的改革方针策略。

他第一次以一个主人的身份，审视着他的帝国和帝国的核心苏共的现状和历史，他要搞清楚，他接手的是一份什么样的“遗产”，目前的状况究竟如何，哪些可以继承，哪些必须摒弃。这对他即将履行的总书记职责和开始的工作是必不可少的极其重要的一步。

庞大的红色帝国是在十月革命胜利后的第五年，即1922年12月30日，由俄罗斯、乌克兰、白俄罗斯和南高加索联邦共同组成，全称为苏维埃社会主义共和国联盟，简称苏联，可以说它是列宁和斯大林亲手缔造的。联盟后来不断扩大，发展到有15个加盟共和国。第一任领袖是列宁，由于重病，列宁在1924年去世，由斯大林接任联盟的最高领导人，此后他统治了帝国30余年，1953年去世；这期间由斯大林亲手发起了几次“大清洗”运动，致使千百万无辜者被杀害，关入监狱；在第二次世界大战中，当德国法西斯1941年入侵苏联后，苏联人民进行了伟大的卫国战争，1945年以胜利结束。斯大林1953年逝世后，马林科夫短暂地执掌了政权，他还没有在权力的宝座上坐稳，就被赫鲁晓夫所取代。赫鲁晓夫执政九年，这是国家历史上具有重大意义的一个时期，赫鲁晓夫以一个政治家的魄力和无畏，第一次提出反对斯大林的个人崇拜，试图破除极权统治的禁锢。但是他的改革没有很好的规划和目标，带有随意性和冒险性，后期的政策给国家带来了很大的混乱，引起普遍不满，终究被支持他的人又赶下了台。接任最高领导人的是勃列日涅夫，他在1964年10月当选为苏共第一书记（后改为总书记），开始了长达18年的统治，这是继斯大林之后在位时间最长的领导人。勃列日涅夫时期没有继续赫鲁晓夫的改革，而是以稳定为重，在此基础上发展经济和军事，与美国搞战略竞赛，70年代初就取得了和美国势均力敌的军事实力。苏联一度以一个超级大国的形象出现在世界舞台上，扩展其势力和影响。勃列日涅夫晚年思想僵化，无视国际发展新潮流，看不到科技进步的巨大作用，加之身患重病，不能正常工作，致使苏联整个社会处于停滞状态。1982年他去世后，戈尔巴乔夫的上级和朋友安德罗波夫执掌政权。安德罗波夫大刀阔斧地进行了卓有成效的改革，但是他在位的时间太短了，他执政半年后健康状况就急剧恶化，改革随之停止，他在位一年零三个月就去世了。然后是历届领导人中执政期最短的契尔年科时期，仅有13个月。他接任总书记时就已身患重病，年老病衰的身体使他根本无法承担国家第一领导人的重任。他几乎没做什么，很快就病逝了。历史就这样走到了1985年。戈尔巴乔夫接替了他。

戈尔巴乔夫回顾着国家和党的历史和历届领导人的状况。自十月革命以来，国家经过了近70年的发展和建设，经历了很多曲折和磨难，走了不少弯路，党的最高领导人也犯有很多错误，那都是没有真正按照列宁的教导去做的缘故，都是偏离了真正的社会主义。如今，他接任了国家最高领导人的职位，他要坚持社会主义，真正的社会主义，列宁论述的社会主义，绝不是变了形的社会主义。因此他决不会像以往那样工作。正是为了坚持真正的社会主义，才需要改革。

苏联共产党，他现在所领导的无产阶级先锋队，现在是有着2000万党员的庞大的组织。这里汇集了国家的人才和精英，他们是社会主义建设的栋梁，虽然其中不乏腐化堕落者和官气十足的官僚，但大部分是好人。他会依靠他们进行史无前例的改革。他会让他们发挥出真正的共产党人的先锋作用。

他把思绪收回来，收到眼前。目前国家状况究竟如何？存在哪些问题？在世界上处于一种什么地位？戈尔巴乔夫这些年来对此早有深入的了解。1985年戈尔巴乔夫接手的超级大国苏联，是世界上唯一能与另一个超级大国美国抗衡的国家，它的领土和资源都居世界第一，工业发达，航天技术领先世界，军事工业和核力量更是首屈一指。超级大国表面看来确乎强大，但是了解一些内情的人都知道，其实它已经是外强中干、徒有虚名了。

党和国家在很多方面都面临相当严重的问题，甚至达到危机的程度。首先是经济问题——这是一个国家的命脉。苏联经济停滞不前已有15年之久。1979

年它的国民生产总值是14千亿美元，只有美国的60%，1979—1985年，其国民生产总值年平均增长率刚过2%，比大多数西方国家都低。其中1981—1985年即苏联第十一个五年计划期间，整个国民生产总值的增长幅度只有1.9%，是历次五年计划中增长率最少的。在这方面，苏联与美国相比，显然已经失去了优势，而日本在经济上的迅速崛起，也使苏联的大国地位受到冲击。

国民生产增长率低只是问题的一方面，更严重的是，面对当今世界范围内掀起的一场新技术革命的挑战，超级大国苏联远远落后于一些国家。有关资料显示，苏联相对于世界科技水平落后了10—30年，这也是造成它经济停滞不前的主要原因。工业设备陈旧，更新换代极差，平均使用期为20年，而美国是12年。在农业方面情况也不妙，连年歉收，问题很多，已经从世界上曾经最大的粮食出口国，沦为最大的粮食进口国。此外，生产中浪费严重，管理不善，酗酒吸毒和投机倒把现象有增无减，人口出生率降低，死亡率增高。诸如此类的社会问题，也都相当严重。

苏联的经济状况已经如此糟糕，但却仍然维系着世界上最庞大的一支军队和军事工业。据苏联政府后来透露，国家军费的年预算多年来都高达773亿卢布，而实际开支接近2000亿卢布，约占国民生产总值的20%。相比较美国的军费预算只占6.5%，日本的才占1%。经济不振的苏联，越来越难以支撑如此高昂的军费开支②

这只是宏观上的看法，他目前需要对这一切问题有具体的了解，有真确的数字说明。这样才有说服力，也才能明确从何入手解决问题。于是他收集各方面的信息，开始给政治局写报告。

1985年4月11日，他将完成的报告提交给政治局，里面详尽地指出了全国各行各业的状况，有准确的数字，那些数字很说明问题：食品工业，手工劳动占60%，劳动生产率比资本主义低60%—66%，1300家干酪奶类黄油加工厂、200家肉类生产工厂、103家罐头厂、60家罐头果酱生产厂没有净化装置。1190万个农产品储藏仓库中，1/3安装了冷藏设备，19%有通风设备。制糖业中只有20%有仓库，140家肉类联合企业没有冷库，生产现代化机械的部门只能满足55%的需求。因此，农业原材料损失30%，牲畜运送过程中损失10万吨，土豆在采购和运送中损失100万吨，甜菜为150万吨，捕捞的鱼类的损耗量是100万吨，由于储藏不当，没有很好地包装，果蔬大量腐烂发霉。住宅方面，2亿平方米的住房急需拆除或大修，大量简易住宅需要拆除，排水管道负荷量已达极限，300多个城市没有自来水和下水设施，各城市街道和马路一半没有铺设硬路面。③

这些数字已经清晰地表明，国家经济状况糟糕到了何种程度，而改变这种局面已是刻不容缓。

眼下要解决的急迫问题是：1.产品质量问题。2.要和酗酒作斗争。3.居民中没有保障的弱势群体。4.用作果园和菜园的土地问题。5.医疗方面存在的问题。④

但是最重要的是组建新的领导班子，自己的班子。有了得力的干部，才能解决上述所有问题，才能开始改革。

戈尔巴乔夫深知这一点。他执政后极其迅速地对领导核心作了初步调整：他将利加乔夫越级提升为党的第二把手，负责主持书记处会议、掌管意识形态并担任外交委员会主席；雷日科夫也直接从中央委员进入了政治局；克格勃主席换上了切布里科夫，政治局候补委员增加了苏联国防部长索科洛夫元帅。戈尔巴乔夫的人占到了多数。

现在来看看被提升为党内第二把手的叶戈尔·库兹米奇·利加乔夫的情况。此人比戈尔巴乔夫大11岁，1920年出生于西伯利亚一个农民家庭，毕业于莫斯科航空工业学院，曾在中央高级党校学习过。1944年加入苏共，1957年任新西伯利亚地方党委书记，后历任苏共中央俄罗斯局宣传部副部长、组织部副部长，西伯利亚西部托木斯克州党委第一书记。戈尔巴乔夫和他于70年代初认识，在他们一起出访捷克斯洛伐克时。当时戈尔巴乔夫在北高加索，利加乔夫在西伯利亚，都是党的基层干部，因此很有共同语言。利加乔夫1976年被选为中央委员后，两人经常在莫斯科开会时见面，深入交谈，看法常常不谋而合。1983年4月，安德罗波夫接替去世的勃列日涅夫任苏共中央总书记后，时任苏共中央政治局委员、主管农业的中央书记戈尔巴乔夫推荐利加乔夫担任中央组织部部长。政治局委员一致赞同。于是利加乔夫调任中央，同年底又被选为苏共中央书记处书记。这样两人之间的关系更加密切，甚至达到“只说半句话，彼此就能心领神会的地步”。⑤利加乔夫调到中央工作后，口碑不错。大家对他的评价是“处事果断，言谈利落，立场坚定，有知识，有远见，有魄力，廉洁奉公”。他在戈尔巴乔夫当选为总书记的权力角逐中，鼎力相助，进行多方说和，起了很大作用。戈尔巴乔夫对他的重用，是情理之中的。

戈尔巴乔夫、雷日科夫和利加乔夫。

直接进入政治局的雷日科夫，1929年出生于乌克兰顿涅茨克州。1950年毕业于一所机器制造学校，后长期在乌拉尔重型机械厂工作，历任工长、车间主任、总焊接师、副厂长。1956年加入苏共。1959年从乌拉尔基洛夫工学院毕业后，在乌拉尔奥尔忠尼启泽重型机器制造厂任总工程师和厂长。1971年成为乌拉尔机器生产联合公司总经理。1975年升任苏联重型和运输机器制造部第一副部长，后来担任过苏联国家计委第一副主席。1981年当选为苏共中央委员，第二年当选为苏共中央书记，兼任苏共中央经济部部长。他是戈尔巴乔夫的积极支持者。

此后一段时间，利加乔夫和雷日科夫都是总书记改革的坚定支持者和推行者，但在改革后期他们也都相继离开了戈尔巴乔夫。

4月23日，初步调整了领导核心后，戈尔巴乔夫又不失时机地召开了中央全会，在全会上提出了加快经济发展速度、改革经济机制的任务。这是一次意义重大的会议。4月全会被视为戈尔巴乔夫倡导的苏联改革开始的标志。改革由此拉开了序幕。

紧接着，在6月中旬，戈尔巴乔夫又召开了以科技进步为议题的会议。以科技进步为议题的会议早在勃列日涅夫时期就多次计划召开，但一拖再拖，始终没有举行。戈尔巴乔夫深知科技问题对国家经济发展的重要性，所以毫不拖延，4月全会后很快就召开了这样的会议。总书记在会上第一次对国家极其重要的科技领域作了深入分析，直言不讳指出其落后状况及其严重程度，提出了十分尖锐的批评。在此之前国外早已有文章谈到苏联科技比西方落后很多。而这次最高领导层第一次公开承认了这一事实。戈尔巴乔夫的报告在党内外引起很大反响和热烈讨论。不少人感到高兴，最高领导集团终于开始正视这一重要问题了。而报告的坦率和公开也引起国外媒体的关注。

4月全会的重点强调的是经济机制的改革；6月会议提出了科技进步和发展的重要性。如果戈尔巴乔夫倡导的改革沿着这个方向发展，或许不一定会发生后来的悲剧。但是很遗憾，总书记很快就将政治改革放到了首位。而事实证明，政治改革的超前，经济改革的毫无成果，最终引发了全国大乱，最后导致国家崩溃，使得联盟解体。这也是戈尔巴乔夫个人悲剧的主要原因。

走出红墙，走向群众

4月全会后，总书记决定在国内巡视访问。第一站他选择了苏联第二大城市，北方首都列宁格勒。5月中旬，他来到了这座雍容典雅、美丽如画的城市，开始为期三天的访问。

戈尔巴乔夫巡访的第一个活动选择了在街头与群众见面和谈话。这一方式

新当选的总书记在列宁格勒街头。

非常大胆，富有新意，体现出总书记的亲民。没有讲话稿，没有森严的保安护卫，戈尔巴乔夫像一个普通人那样走到了群众之中。街头聚集了很多人，没有事先安排，都是普通百姓。那些男女老少，很惊异，很高兴，很兴奋。多少年来，国家领导人都是高高在上，只能在报纸上电视里看到他们，在收音机里听到他们讲话。今天，新当选的总书记居然走到他们中间，聆听他们的心愿和希望，对他们讲述关于国家和党的改革和工作情况。很多信息是刚刚举行的党的4月全会精神和党的决定，这些精神和决定现在通过总书记本人，传达给了他们。

身穿深蓝色西服的总书记被激动的人群团团围住。他与他们握手，和他们谈话，无拘无束，平易近人，没有任何距离。人们看到，他们的总书记年轻热情，精力充沛，思路清晰，目光敏锐，仔细倾听来自民众的声音。站在热情的人群中，戈尔巴乔夫也立刻感受到了友好热烈和满怀期望的气氛。人群稍后面一点站着一位中年妇女，她急于离总书记再近一点。她大声对戈尔巴乔夫说："您能不能再靠我们近点？"人群中的戈尔巴乔夫笑着回答："还要怎么近？"大家都笑了。是的，他已经和街头的人们挤在了一起，近得不能再近了。戈尔巴乔夫抓住这个机会，对周围的人说：我们正在进行十分重要的工作，工作的着眼点和总计划不仅是最近这五年，而且是今后15年，直至这个世纪末。要力求改善生活条件，增强人民民主，提高商品质量。这就是我们工作的重要任务。人们听到这一点深受鼓舞。总书记讲到他们心坎里了。也在这里，在列宁格勒街头，他第一次公开承认国家经济增长速度缓慢，国家机器制造业落后，以及提高人民生活水平的必要性。在街头与普通民众见面后，他驱车去了斯莫尔尼宫，在那里会见了该市党组织积极分子。

总书记在街头与群众见面的讲话被简要刊登在报纸上。而访问中拍摄的录像带，戈尔巴乔夫带回家里和赖莎及女儿一起看了一遍。赖莎看后激动地说：你此行的讲话“应当让全国人民都听到，让人人都明白”。戈尔巴乔夫立即意识到应当这样做，于是马上给利加乔夫打了电话。利加乔夫很快回答：“我看了录像，应当在电视上全文播放。”就这样，电视里播放了总书记访问列宁格勒和在斯莫尔尼宫讲话的全部录像。真是一个令人耳目一新的国家最高领导人深入基层的录像！人们兴致勃勃地在电视机前观看，深受鼓舞，反应热烈。一个全新的不同于以往的国家领导人出现在他们眼前。一些人在街头甚至奔走相告，邻里见面后都在问：看电视了吗？人们都感觉到，国家真的要发生重大变化了。

在列宁格勒为期三天的访问中，他甚至没有接见该市市长和州委负责人，主要精力和时间都花在了深入基层、了解民情方面。总书记认为，党的最高领导人走到群众中，亲自向民众传达最高层的会议精神，让他们知道他们国家的领导人在想什么，打算做什么，这就是公开性的第一步。因此这次访问意义非同一般，不仅在形式上超越了以往的巡视访问，更重要的是其实质包含着更深刻的意义。它本身就体现了改革。

与群众交谈。

几天后，关于这次访问的单行本出版了，人们在报亭前排起了长队。对领导人的讲话反应如此热烈，这种场面已经很久没有出现过了。

戈尔巴乔夫接着又访问了基辅、远东等地。每到一地，他都会与当地百姓见面，与他们交谈。领袖的公开性和新风格使全国人民极为振奋，雪花般的信件从四面八方寄来，都是普通民众写给他们的总书记的。成千上万来信，直言不讳，坦诚朴实，没有吹嘘、奉承和崇拜，只是把他们多少年来想说的话都倾吐了出来。

戈尔巴乔夫当选后在国内各地的频频巡视和访问，显示出他与历届领导人的截然不同，在和百姓的直接接触中，也充分展现了新一代领袖的风貌、朝气、睿智和魅力，这一切都极大地提升了戈尔巴乔夫的威望和形象。人们觉得，他们真的有了一位愿意为百姓办实事的领袖，而不是只会做官的官员。

改革第一步：反酗酒运动

改革由何开始，看样子戈尔巴乔夫和他的领导班子并不很清楚。国内亟待解决的问题很多，正如总书记自己所列举出来的，但是他和他的班子最终选择了反酗酒运动作为改革的第一步。应该说，大张旗鼓地在全社会展开反酗酒运动，不是没有道理，也并非戈尔巴乔夫一时心血来潮。酗酒是苏联长期存在的严重社会问题之一。据有关资料披露，全国有1/6的人常年酗酒，人均年消费烈性酒30升。酗酒给苏联社会秩序、生产效率以及社会犯罪等各个方面确实带来了一系列严重问题，甚至对民族存亡造成一定威胁，由于酒精，苏联人的健康状况堪忧，出生率下降，死亡率上升。而泛滥的私酿酒对国家财政体系的稳定也有很大破坏性。戈尔巴乔夫、利加乔夫、雷日科夫等领导人都远离伏特加，只在某些特殊场合偶尔碰一下杯，意思一下。他们深知酒精的害处。他们周围的亲属朋友中不乏酗酒者，那些染上了酒瘾的人，丧失了健康，生活一团糟，不少人最后死于酒精中毒。赖莎的弟弟然尼亚就是其中之一，他染上了酒瘾，经常喝得酩酊大醉，清醒的时候很懊悔，但一沾酒杯就什么都忘了。他原本是一个挺有前途的文学家，结果完全被酒精毁掉了。戈尔巴乔夫和赖莎亲眼目睹了自己亲人的遭遇，很是痛苦。而然尼亚，只是千百万不幸的苏联酗酒者中的一个。而此番新领导们采取的举措，是“想用最快的速度将这个民族从长久以来的顽症中拯救出来”。⑥

酗酒是苏联长期存在的一个社会问题。历史上曾经多次展开过反酗酒运动，但都不彻底——运动过后，人们照样饮酒无度，甚至更为严重。著名科学家米哈伊尔·罗蒙诺索夫早在1761年就提出过反酗酒建议，他特别强调应当养成健康的生活习惯，减少饮酒，尤其是在节假日。80年代初安德罗波夫执政时期也与酗酒展开过斗争，1983年还成立了专门的反酗酒委员会。那时因酗酒引发的工人矿工、生产和交通事故以及犯罪等一系列社会问题非常严重。毫无节制的饮酒更使苏联人健康状况恶化，生育力降低，死亡率上升。酗酒已成为国家和人民的一场灾难。酗酒者的亲属不断给有关部门、报纸和电台写信，要求政府采取有力措施反对酗酒，以拯救他们的亲人。

禁酒运动中人们在酒店前排队买酒。

酗酒确实是国家迫切需要解决的一个问题。但是几百年形成的民族习惯，指望通过一场运动来改变，谈何容易！此外，这里还涉及到经济利益，酒类产品是国家财政预算收入的一项重要来源。以往的经验也证明，越是反对酗酒，限制销售，结果越是相反。1973年反酗酒运动后，酒产品的消耗量反而多了一倍。但这次戈尔巴乔夫决心已定，充满信心。如果连酗酒的恶习都改变不了，还谈什么改革！他决心向这一民族陋习开战。

1985年，五一劳动节刚过，中央就发布了政治局在4月的一次会议上通过的《关于杜绝酗酒现象的法令》，并且同时采取了一系列配套措施，同酗酒现象作斗争。中央是把反酗酒运动作为经济改革的一项主要任务提出来的。稍后，苏共中央又作出决定，规定从1986年起将减少烈性酒的产量，到1988年将完全停止含有酒精的果汁等饮料的生产，并规定在公共场所酗酒闹事者将受到严厉处罚和高额罚款。此后，中央还就这一问题多次开会研究，又采取了提高酒价、严明纪律以及对屡教不改者处以开除党籍和公职处罚，甚至送往“戒酒所”强行戒酒等严厉措施。

反酗酒运动就这样匆匆开始了。舆论工具大力配合，大造声势，跟踪报道，一时间搞得轰轰烈烈。对经济领域没有什么经验的戈尔巴乔夫，并没有充分考虑这场运动可能带来什么样的结果和负面效应。

由于苏共中央采取了上述种种措施，反酗酒运动在一段时间内确实奏效。据1986年统计，一年内由于酗酒造成的伤亡事故减少了20%，1988年上半年工业部门和建筑部门因酗酒造成的旷工分别减少了1/3和40%，酒后驾车造成的交通事故减少了15%。与此同时，社会秩序和劳动纪律也都有明显的好转。而那些因丈夫或父亲酗酒变得支离破碎的家庭，重新恢复和睦。他们的妻子和孩子终于看到自己的亲人成为健康的正常人，不再酗酒。银行里的居民存款也增加了450亿卢布。更重要的是，1986—1987年间人口年均增长比上年增加50万人，达到290万人，创历年最高。⑦

但反酗酒运动也带来不少问题。首先是引发了广大民众的不满，酒从最普及的商品一下变为紧俏货，排大队都难以买到；这种状况又给黑市和走私提供了可乘之机，一些人趁机专门从事酒精制品的倒买倒卖，从中牟利。最为严重的是，酒制品产量和销售额的锐减，不仅影响了整个苏联的经济消费指数，而且使酿酒行业受到致命打击。这使苏联原本不景气的经济如雪上加霜，变得更加严峻。反酗酒运动给经济带来的严重后果，在两三年后表现得极为明显，以致对戈尔巴乔夫的改革和威望都产生了负面影响。

1987年，在反酗酒运动两年后，人们又开始了酗酒。1988年政府重新放宽了对酒类的限制，而到了1989年，这场运动偃旗息鼓，草草收场了。

一些人后来回顾反酗酒运动，认为声势浩大的“反酗酒运动”从规划到施行都极其草率，使国家的经济遭受了巨大的损失，也给领导集团的权威带来了负面影响。还有人指出，反酗酒运动完全没有达到预期目的：“运动前每年因酒精中毒死亡者约1万人，运动期间，却有1.3万至2.5万人因饮用私酿酒中毒身亡。”⑧戈尔巴乔夫在后来的一次讲话中，也承认在反酗酒运动中犯了一些错误。但损失已经不可挽回。

改革中枢：三套马车

4月全会后，戈尔巴乔夫继续着手干部的调整。最主要的是建立起自己的领导班子和一支年轻化、高素质、求变革的干部队伍。这是进行改革的先决条件。在这方面，戈尔巴乔夫一点都不手软。

1985年7月解除了罗曼诺夫的政治局委员和中央书记处书记的职务。

同月任命谢瓦尔德纳泽为苏联外交部部长，并很快将其从政治局候补委员提到正式委员；并任命雅科夫列夫为苏共中央宣传部部长。

9月迫使吉洪诺夫辞去苏联部长会议主席职务，10月又解除了他的政治局委员职务；雷日科夫代替了他的部长会议主席职务。

10月解除了格里申的莫斯科市长职务，任命叶利钦担任。

二十七大召开前夕，大部分加盟共和国召开了党代会，改选了新领导，19人被更换。

而在二十七大上，戈尔巴乔夫再一次全面调整了党的领导核心，新的中央委员占到44%；新的候补中央委员占69%，叶利钦和雅科夫列夫的地位上升，前者成为政治局候补委员，后者成为中央书记处书记。

在任命的系列高层干部中，有两个人物至关重要，这就是任宣传部部长的雅科夫列夫和任外交部部长的谢瓦尔德纳泽。他们两人和戈尔巴乔夫构成了苏联改革的中心枢纽。他们不仅是总书记推行新的内政外交各项政策的最得力的助手，还为其出谋划策。

雅科夫列夫和戈尔巴乔夫。

亚历山大·尼古拉耶维奇·雅科夫列夫，比戈尔巴乔夫大8岁。1923年12月出生在俄罗斯一个劳动者的家庭，在卫国战争中负伤并落下残疾，腿瘸。1943年复员后，回到俄罗斯拉夫尔国立乌申斯基教育学院历史系继续读书，并在学校加入苏联共产党。1956年作为培养对象被送到苏共中央社会科学学院研究生部学习，其间曾到美国哥伦比亚大学进修两年。1960年通过副博士论文答辩，1967年通过博士论文答辩，研究美国对外政策理论发展史。他的很多观点都与官方相异。1969年起雅科夫列夫任教授，同时还担任过苏共中央宣传部副部长、宣传部代理部长。20世纪70年代，苏联在政治思想领域有过不少争论，雅科夫列夫大胆的言论和相悖的观点，使他成为很有争议的焦点人物之一。他的言论引起高层的不满，于是被派往加拿大担任大使。他自己称这是对他的“政治流放”。1973年至1983年，他在加拿大一待就是十年，直至1983年一个偶然的机会，才被调回莫斯科。

雅科夫列夫1983年回国休假期间，通过博尔金建议戈尔巴乔夫访问加拿大，去看一看资本主义国家的农业，加拿大的农业搞得非常好。时任苏共中央书记处农业书记的戈尔巴乔夫欣然同意了。5月他前往加拿大。此行不仅使戈尔巴乔夫了解了西方国家的农业状况，也使他有机会与雅科夫列夫深入交谈。他们的交谈甚为投机，在很多问题上想法一致，雅科夫列夫的很多超前和新颖的观点，对戈尔巴乔夫极有启发。他对苏联需要改革更加深信不疑，而且认为是需要彻底的改革。他们共同认为，改革最好是从上面发动，这样最迅速最直接，也最容易见效。那时执政的安德罗波夫也在进行改革，但是他身患重病，这注定了他的改革不可能走得很远。戈尔巴乔夫冥冥中希望会有那么一天，可以按照他的意愿，开始他认为的改革。雅科夫列夫大概也有同样的期盼。戈尔巴乔夫回国后很快就建议政治局将雅科夫列夫调回莫斯科，任苏联科学院世界经济与国际关系研究所所长，该所所长刚好不久前去世了。

回国后雅科夫列夫在研究所工作了两年，他搞出的研究报告指出，苏联在经济上落后于西方先进国家，政府应当吸引外资建立合资企业，以此打破经济上与整个世界隔绝的局面。

戈尔巴乔夫冥冥中的期望不久就变为现实。他顺利当选为苏共中央总书记。上任不久，他即任命雅科夫列夫为苏共中央宣传部部长。雅科夫列夫由此成为戈氏改革思想与理论的一员主将。戈尔巴乔夫闻名于世的“改革新思维”和“公开化”等理论，均受到雅科夫列夫的某种启发和影响，很多这方面的文件讲话，也都出自雅科夫列夫之手。总之，这个人在戈尔巴乔夫发动的改革中，起了至关重要的作用，被视为戈氏智囊团的首席顾问，一些人称他为隐身在戈尔巴乔夫身后的改革设计师。但是也正是这个人在担任宣传部部长后，拱手把舆论阵地完全交给了激进的民主派，成为他们夺取政权的最有力的武器，最终使戈尔巴乔夫的改革半途而废，并致使联盟解体。

谢瓦尔德纳泽和戈尔巴乔夫。

戈尔巴乔夫的另一员得力助手是被任命为外交部部长的爱德华·谢瓦尔德纳泽。此人比戈尔巴乔夫年长三岁，于1928年 1 月25日生于格鲁吉亚黑海沿岸一个村庄，父亲是教师，格鲁吉亚人。1946年，年仅18岁的谢瓦尔德纳泽就步入政坛，担任库塔伊西共青团区委部长，此后连续升迁，历任区委第二书记、共产党库塔伊西市委巡视员、市委第二书记。谢瓦尔德纳泽于1959年毕业于国立库塔伊西师范学院。1954年苏联召开了共青团第十二次代表大会。还在莫大读书、担任团干部的戈尔巴乔夫出席了会议，会上他和谢瓦尔德纳泽认识。同属“团派”的两个人，后来几乎在同一时期担任了各自地区的共青团领导人，一个在斯塔夫罗波尔边疆区，一个在格鲁吉亚加盟共和国。他们几年后又先后担任了州委第一书记：谢瓦尔德纳泽1972年当选为格鲁吉亚共产党第比利斯市委第一书记，同年当选为格鲁吉亚共产党中央第一书记。1976年当选为苏共中央委员。戈尔巴乔夫在1970年升任为斯塔夫罗波尔边疆区委第一书记，并很快成为苏共中央委员。相同的经历和工作，使两人经常联系，关系密切，无话不谈。最重要的是他们在很多问题上观点一致。

戈尔巴乔夫有意将他多年的朋友调来担任外交部部长，接替任苏联外长达28年之久的葛罗米柯。很多人感觉突然，一个加盟共和国的第一书记，没有任何外事工作经历和经验，他能胜任吗？其实连谢瓦尔德纳泽本人也深感意外，并一再推辞。他说他连国门都没出过几次，怕自己难以担当此任。但戈尔巴乔夫却执意要他出任。他认准了他行。面对谢瓦尔德纳泽的拒绝，戈尔巴乔夫不再劝说，而是直接打电话要谢瓦尔德纳泽来莫斯科参加政治局会议。在会上，他先斩后奏，出其不意当众宣布谢瓦尔德纳泽出任外交部部长。与会者没有人表示异议，谢瓦尔德纳泽只得服从组织决定。后来证明，戈尔巴乔夫的眼力不错，谢瓦尔德纳泽与他配合默契，在一系列令人眼花缭乱的外事活动中，应对自如，很多重大举措，如从阿富汗撤军，将苏联的外交政策由对抗西方的传统路线，改变为寻求合作与和解，减少对国外反政府武装的援助，提倡美苏两个超级大国共同削减核武器等方面，他都不负重望，发挥了重大作用。他还竭力赞同戈尔巴乔夫对东欧国家经济政治改革的鼓励，赞同两德统一。在戈尔巴乔夫和美国总统里根1985年和1986年分别在瑞士和冰岛举行的历史性会谈中，他同样起到了重要的前期斡旋作用。这两次会晤使美苏关系实现了意义重大的突破。

雅科夫列夫和谢瓦尔德纳泽可以说是戈尔巴乔夫的左膀右臂。戈尔巴乔夫将他们安置在了最关键最需要的位置上，一个负责意识形态和舆论宣传，一个负责外交。他们是戈尔巴乔夫的改革的主要策划者和推行者。改革的中枢神经三套马车就此形成，各就各位。戈尔巴乔夫可以放开手脚，大干一场了。

切尔尼亚耶夫。

在戈尔巴乔夫起用的一批新人当中，还有一个人也很引人注目，此人就是已经在莫斯科声名鹊起的叶利钦。叶利钦在1985年10月接替了原莫斯科市长格里申，当上了首都市长。尽管他有时过于偏激，讲话经常过头，理论修养略显不足，但是他积极支持改革，这一点戈尔巴乔夫早就注意到了。在提议他出任莫斯科市长时，虽然有人反对，政治局大多数人还是同意了总书记的提议。此人后来迅速崛起，成为激进派的一面旗帜，甚至最终取代了起用他的戈尔巴乔夫，当时绝对没有人能够料到。其实，归根结底，叶利钦也是改革的产物。改革造就了他，而他改变了改革的进程，甚至改写了这个国家的历史。

新年过后不久，2月，戈尔巴乔夫还调来了苏共国际部副部长切尔尼亚耶夫做总书记国际事务助理，协助总书记处理各种国际事务。这是一个相当精明能干的人，一向善于独立思考，工作积极，知识渊博，具有献身精神。他同戈尔巴乔夫早在1972年就认识了，戈尔巴乔夫那时是斯塔夫罗波尔年轻的第一书记。他们曾一起访问过比利时——那是戈尔巴乔夫第一次去西方访问。切尔尼亚耶夫与戈尔巴乔夫同行出访，使他有机会了解这个地方官员。接触中他很欣赏戈尔巴乔夫，认为年轻的第一书记有非凡的精力和热情。切尔尼亚耶夫在高层已经工作了25年，一直在苏共国际部服务，也经过了几代领导。他熟悉官场的一切，也深谙其中的各种弊端。戈尔巴乔夫亲自打电话邀他做自己的国际问题助理，他对此认真考虑后同意了。他觉得新的总书记与前任不同，他不是只想拥有权力，他想干一番事业，想变革，想把国家搞得更好。他有宏图伟业，这令人动心。切尔尼亚耶夫是抱着为伟大的事业献身的想法，来到了戈尔巴乔夫的身边，并以巨大的热情投入了工作。“这不是他个人的事业，而是一个庞大的关系帝国生死存亡，能否继续发展和适应世界潮流的事业。”几年后，直到戈尔巴乔夫辞去总统职务，走出克里姆林宫，切尔尼亚耶夫始终没有改变对戈尔巴乔夫的看法，也没有离开戈尔巴乔夫。

富有成效的二十七大

1986年。2月下旬即将召开党的二十七大。戈尔巴乔夫早在一年前刚刚上任时就在为这届党代会做准备了。这是戈尔巴乔夫担任总书记后的第一次党代表大会。全党全国以至全世界都很期待和关注。

新年前后，总书记更是全力以赴投入到大会的最后筹备之中。他将在会上作报告，报告很关键，要有很多新的提法和内容，应该是真正的改革宣言和开始。这次的报告不像以往叫做“工作报告”，而称之为“政治报告”，名称上的不同就已看出与历届党代会的区别。总书记对这份报告颇费思量。材料在去年12月底就已经全部准备好了，需要立即着手写作。

年前，戈尔巴乔夫全家去了皮聪达休假。这是全家第二次来到这里。窗外是浩瀚的大海，远望水天相接，浑然一体，摄人心魄；踱步海边，空气格外清新，海浪拍打着沙滩，景色异常美丽。戈尔巴乔夫每晚必和赖莎走到海边散步。周围很安静，除了他们，没有其他人。偶尔有海鸟掠过海面，发出几声尖叫。但无论是站在窗前面对大海的时候，还是与赖莎一起散步，呼吸着新鲜空气，他没有一刻不在思考二十七大报告。他们谈论的主要话题也是关于二十七大的筹备事宜，还有过去的这一年和即将来临的新一年。

戈尔巴乔夫担任总书记9个多月了。回想即将过去的1985年，他做了很多工作：深入基层了解民情，直接向百姓传达改革的信息；召开了一系列中央会议，开展经济改革，声势浩大地展开了反酗酒运动，并且初见成效；召开了关于科技进步的中央会议；组建了年轻得力的干部队伍和领导班子，在关键岗位上都换上了积极改革、锐意创新的人。还有，最重要的是一直在积极筹备二十七大。二十七大的召开就在眼前，这是新的一年里第一件重要大事。展望即将来临的一年，他和赖莎踌躇满志。如果说过去的一年只是改革的准备阶段，那么新的一年改革就要大刀阔斧地真正开始了。

新年刚过，戈尔巴乔夫就将亚历山大·雅科夫列夫和瓦利里·博尔金请到别墅。雅科夫列夫，此人已经做过介绍，他是戈尔巴乔夫智囊团的首席顾问和笔杆子；在真理报做过多年记者的博尔金也相当能干，现任苏共中央总书记助理。他们带来了科学院几个研究所提供的有关报告主要问题的分析资料，作为报告的参考和补充。在海边的一栋小楼里，伴随着海涛声，总书记和他的助手们反复阅读、字斟句酌，对报告中涉及的所有论点全面思考，尝试着作出新的评价和结论。报告中首次明确提到了“公开性”：“没有公开性就不会有民主”，“必须使公开性成为不停顿地发挥效力的一种制度。公开性中央需要，人们生活和各级工作也同样需要，甚至可能还更加需要”。⑨对公开性的这些论述前所未有，大胆新颖，因为戈尔巴乔夫和他的精英们确实认识到，在激发社会舆论和人们的积极性方面，在对党和各级干部的监督中，公开性都有着巨大的不可替代的作用。它是一把利器。改革后来的发展确实证明了这一点。当然随着改革的深入也证明了另一点，任其泛滥的公开性、民主化，也必然会走向事物的反面。但在当时公开性不是太多了，而是极其不足。

报告讨论稿很快出炉了，提交政治局讨论。但在讨论会上每个委员都显得小心翼翼，生怕越轨。总书记究竟要走多远，他们心中没数。而改革前景在他们的眼里也相当模糊。

初稿讨论完毕后，戈尔巴乔夫和赖莎前往扎维多沃的别墅。第二天梅德韦杰夫、雅科夫列夫、博尔金也来到那里，开始对报告做最后的定稿工作。

瓦·安·梅德韦杰夫，苏共中央政治局秘书。经济学博士，戈尔巴乔夫的同龄人。曾任列宁格勒市委书记，1971年调入莫斯科工作，历任苏共中央宣传部部长助理，社会科学院院长，科教部部长，苏共中央社会主义国家联络部部长；博学多才，对很多问题有自己的见地，不落俗套，大胆敢言。

在报告的结构、材料和说明等方面，作了重大删改补充，但保留了所有提出的问题。赖莎也参与了报告的定稿工作，和他们一起讨论。戈尔巴乔夫再一次发现，赖莎对他（现在对他就是对党）的作用多么重要；他的高级助手们也第一次看到，总书记的妻子有着多么丰富的社会学研究经验，与社会有着多么密切的联系，对普通百姓的生活如此了解。赖莎的分析建议很有分量。她以女性的直觉和源自丰富的生活经历提出的意见，特别是在妇女问题上的建议，弥补了在场其他人的不足。

2月25日，苏共第二十七次代表大会召开了。历史往往出现惊人的巧合。30年前正是这一天，党的第二十次代表大会闭幕。也就是那一天的上午，赫鲁晓夫作了全世界震惊的“秘密报告”。二十大是一次改革的大会，赫鲁晓夫冲破了斯大林的个人崇拜；而今天的大会也将是新时期下的又一次开始改革的大会。戈尔巴乔夫坚信这一点。

庄严的主席台正中，立着高大的列宁半身塑像，会场正面写有 “二十七大党代表大会”几个大字，旁边悬挂着苏联镰刀斧头国旗。主席台上三排座位全部坐满，戈尔巴乔夫端坐在主席台中心位置；台下座无虚席。人们期盼的二十七大开幕了。

戈尔巴乔夫宣布大会开幕。他举手投足自信而从容，目光坚定，精力充沛，头上那片胎记一点也没有破坏他的整体形象，相反，似乎为他增添了独特的魅力。接下来代表们一个接一个走上讲台发言。他们刚刚从昨天迈入今天，过去的一切不可避免地保存在脑子里，发言中依旧充斥着老话、空话、套话，特别是每个发言者必对新当选的总书记大加赞扬，这似乎已是不成文的规定，连谢瓦尔德纳泽也不例外。戈尔巴乔夫坐在那里，听着那些没有任何意义的赞扬，心里很不舒服。在谢瓦尔德纳泽对总书记大唱赞歌时，他忍不住打断了他的话说：“讲话中能不能少提点儿总书记的名字？”话音刚落，台下响起一片热烈的掌声，连戈尔巴乔夫自己也没有料到，足见人们早就厌倦了这种浮夸风。谢瓦尔德纳泽略显尴尬，但很快恢复了常态。他何尝不想去掉这些废话，但人人都这样做，他不想标新立异，况且他不知道总书记会如何看。其实他是一个讲究实际，反对个人崇拜的人。

大多数发言者对前几代领导人都持肯定态度，强调保持政策上的连续性。其中葛罗米柯最强烈地表达了这种意见。只有少数人的看法与此截然相反，他们尖锐地批评国内现状，指出这是党的前任领导人的责任。但大会并未发生争辩，只是各抒己见而已。在尖锐批评前领导人的发言者中，戈尔巴乔夫再次注意到，其中就有不久前被任命为莫斯科市长的叶利钦。

叶利钦在去年年底被任命为莫斯科市长后，第二天的施政演说引起轰动，此后他的一系列举止也极其引人注目。他经常微服私访，搭乘公交车，出其不意地出现在某个机关或是企业，引起那里负责人一片惊慌，因为他们毫无准备，这不符合领导人视察的惯有方式。在这种突访中，存在的问题会暴露无遗，叶利钦毫不客气，当场对那些官员进行严厉责问和批评，命令他们尽快解决问题。他排队购物，像一个普通百姓那样，深入社会了解民情；他还常常在半夜十一二点突然召开市委会议，不知道那是否必须还是为了显示出与众不同的工作作风。他的做法引起了一些官员的不满，但群众觉得很痛快。报刊上也经常刊登他突然查访的新闻，人们津津乐道，到处都在谈论他们的新市长。新市长大出风头，成为公众关注的焦点人物。仅仅两个月时间，他已经“制造”了很多令人耳目一新的耸人新闻。

戈尔巴乔夫对叶利钦很了解。他们有不少相同之处：两个人同在1931年出生，叶利钦在2月，戈尔巴乔夫是3月。两人的家庭背景一样，都是普通农家子弟。叶利钦的父母是斯维尔德洛夫斯克州达里茨基区布特卡村的庄稼人。他们同样在1955年大学毕业，叶利钦毕业于乌拉尔工学院建筑系，而戈尔巴乔夫则是莫斯科大学法律系。叶利钦毕业后即从事建筑业，从最基层开始；而戈尔巴乔夫回到家乡后即开始了团的工作。他们都是从基层一步步靠自己的能力奋斗上来的，但经历和升迁的速度却很不同。戈尔巴乔夫的这位同龄人在仕途上远不如他那般顺畅。戈尔巴乔夫在读大学前就已经是预备党员了，那时他还不到20岁，就读莫大期间一直做党团工作，担任过系里和学院的党团干部，积累了丰富的从政经验；叶利钦入党则是在1961年30岁时，那时他已经毕业正在斯维尔德洛夫斯克基层建筑单位工作。戈尔巴乔夫在1970年就担任了斯塔夫罗波尔州委第一书记，那时叶利钦刚刚在前一年被任命为斯维尔德洛夫斯克州建设部部长，1976年才任斯维尔德洛夫斯克州委第一书记。当然叶利钦在自己的岗位上干得也不错，政绩出众，被称为充满活力的改革家。1985年7月，戈尔巴乔夫担任苏共总书记后，任命叶利钦为苏共中央建设部部长；直至去年年底，他又被任命为莫斯科市委第一书记。

戈尔巴乔夫并没有特别关注这个人，但是叶利钦总会做出一些令他（不仅令他）惊讶的事情来。他虽然觉得这个人做事经常过头，但总的来说，他是积极改革的，这很重要。在这个身材高大体魄健壮的男人身上有一股热情和刚毅，办事果断，少有顾虑。这是戈尔巴乔夫所欣赏的。但他身上还有某些东西，令戈尔巴乔夫隐隐感到不安，虽然他一时说不清那种感觉。戈尔巴乔夫的直觉没有错。几年后，这个人成了他最大的隐患，最大的政敌。他极端激进的言论和行动，形成一股强大的社会势力，后面有一大群追随者，使得任何人都不得不有所顾忌。也正是这股势力最终使戈尔巴乔夫倡导和进行的改革半途而废，并致使联盟解体。

二十七大在3月6日结束了，历时10天。对戈尔巴乔夫来说，这是一次重要的和成功的大会。“一次充满勇敢精神的代表大会。”会议自始至终充满了批评和自我批评精神，体现出求实和变革的迫切愿望，其生动活泼是苏共自二战结束以来未曾有过的，当然，还不可能一下子突破老一套和旧框框。但是批评了苏共过去超越历史阶段的“发达社会主义”的理论，提出目前的任务是“有计划地完善社会主义”。⑩

二十七大提出的改革构想包括了今后15年苏联经济发展的总的战略方针，即苏联如何进入下一个世纪的问题。目标很宏伟：在改革现行经济体制，狠抓科技进步中加速发展经济，使国民收入年增长率达到5%以上，国民收入总额达到约12亿卢布；降低手工劳动比重，提高生产率1.3—1.5倍，达到世界上最高的劳动生产率水平；保证每个家庭有一套住房。总之，是使苏联经济走上一条“崭新的发展道路”。

二十七大进一步对高层领导干部做了调整，增强了戈尔巴乔夫的地位和威信，实现了权力机关向新一代领导人的过渡。据此，应该说，二十七大是戈尔巴乔夫时代和苏联改革的真正开始。

二十七大虽然取得了伟大成果，但戈尔巴乔夫也看到了改革的重重阻力。是的，很多人确实看到了日益临近的危机，看到了现行社会制度的诸多缺陷，认为有改革的必要性，但是“他们始终是自己所处时代的产儿，不敢越意识形态的雷池一步”。⑪改革是一项艰难的工作，不会一帆风顺，特别是切实去实行的时候。

二十七大结束后，戈尔巴乔夫立即召集了中央委员会书记和政府成员会议，商讨眼下的工作。“当务之急是实行经济分权，这项任务与官僚机关的冲突已经到了短兵相接的地步。”⑫人们的看法并非完全与总书记一致，甚至在最高层。有人困惑，也有人不满。很多人从自身利益考虑出发，担心精简机构会涉及个人利益。但是经济机构和企业领导人是积极的，戈尔巴乔夫看到了这一点，这使他受到鼓舞。

4月，春风吹拂，阳光明媚，万物复苏。戈尔巴乔夫决定此时巡视，了解二十七大决议的落实执行情况。他选择了古比雪夫市（现为萨马拉市）。这个城市集中了很多大型企业，有航空、化学、冶金等工业，还有大规模的农业和食品工业。那里必定会反映出全国的情况。

此行费时三天，却令戈尔巴乔夫极其失望。他的感觉是：一切仿佛还是在一年之前。所到之处死气沉沉，没有一丝改革的迹象。这架庞大的机器在总书记发动的改革面前纹丝不动，依然沿着旧轨道不紧不慢地运行。其实群众是渴望改革的，戈尔巴乔夫看到了，只是领导干部按兵不动。面对此情此景，戈尔巴乔夫苦苦思索：问题究竟出在哪里？是他们不想改革还是没有能力改革？二十七大刚刚开过，精神及时传达了，可是各级干部却依然故我。如何改变这种状况？当他回到克里姆林宫自己宽大的办公室思考如何改变这种局面时，国家发生了一件大事，总书记和高层领导的注意力被全部牵引了过去，如何推动改革暂时搁置一边。

4月底，切尔诺贝利核电站发生了严重爆炸事故。

切尔诺贝利核事故和关于冷战的思考

1986年4月26日，周六。

凌晨1时23分，离乌克兰首都基辅130公里的切尔诺贝利核电站发出了巨大的爆炸声，随后火光冲天，熊熊大火映红了天空。在猛烈的爆炸中，核电站反应堆机房的建筑遭到毁坏，反应堆内的放射物质大量外泄，周围环境受到严重污染。

切尔诺贝利核电站爆炸。

几个小时后，克里姆林宫高层已经知道了核电站出事的消息。雷日科夫最早知道，即刻通知了戈尔巴乔夫。戈尔巴乔夫当天就召集了政治局会议，听取了负责该项工作的多尔吉赫的通报。中央书记处书记多尔吉赫对这次爆炸反应平淡，一副不在意的神情。他在会上对大家说，这样的事故“司空见惯”，不值得大惊小怪。他是这方面的专家和功勋。因此他的轻松神情和语气，使大家——包括戈尔巴乔夫在内——都误认为事故并非那么严重。但政治局还是决定组成政府工作小组，立即奔赴出事地点。工作组由部长会议副主席鲍里斯·叶卡多基莫维奇·谢尔比纳负责，成员有核电站专家、医生和监控事故环境的放射学家。当日傍晚工作小组已抵达现场。苏联科学院和乌拉尔科学院的科学家们也匆匆赶到了出事地点。对外嘛，暂时没有任何见诸媒体的信息发出。这是一个失误，或者反映了政府的麻木，或者反映了一贯的旧式做法：封闭自己的重大事故和不幸。

与此同时，西方一些国家在爆炸发生几个小时后即发出了警报。北方的斯堪的纳维亚各国、南方的意大利等国政府都采取了一系列紧急措施。

克里姆林宫对外界保持了两天沉默后，在工作组已经开赴出事地点后，即4月28日，才在电视上发布了核电站事故的公告。第二天报刊上也登载了该消息。

戈尔巴乔夫的改革虽然已经拉开序幕，公开性也已经提了出来，但是由于官僚体制的迟钝和僵化的惯性，以及戈尔巴乔夫本人也未能及时获得准确信息，在应对这场灾难时，仍显出了以往的缺陷和很大的不足。首先是信息滞后，没有及时报道事故的发生，没有及时让民众和全世界知道究竟发生了什么，程度有多严重。这当然不能完全责怪总书记，因为他自己在最初都不是很清楚面对的是一场多么巨大的灾难。“最初数日内未清楚地意识到所发生的事情不仅是一起全国性的惨祸，也是一起世界性的灾难。”⑬当他一步步知道了事情的严重性时，他和他的领导班子还是全力以赴，做了力所能及的一切。

第四发电机组爆炸后的情景。

4月29日中央又责成雷日科夫成立了专门行动小组，该小组昼夜值班，记录事故及其应对措施的一切情况。事故记录和相应材料全部公开。五一节过后，2日，雷日科夫、利加乔夫和谢尔比茨基等人就飞往出事地点。核电站事故的严重性使他们触目惊心。而首要任务是如何最大限度地减少群众受到核辐射的伤害。启动了紧急医疗救护系统救治受到放射性物质伤害的人，仅当时发现的就有上百万人之多；决定先疏散距离事故现场最近的普里皮亚季市的居民。随后根据专家的意见开始大规模疏散，距出事地点30公里以内的居民全部搬迁。仅5月上旬就有13.5万人迁往他地。困难很多，一些人不愿搬家，只好执行强制措施。随后对整个地区实行监控。而最复杂最困难和最危险的还是那个被毁坏了的反应堆机组。它还处于活跃期，还在不断地释放。官员和专家们一时甚至不知道该如何处置。为了防止放射性物质经土壤进入第聂伯河，动用了防化部队，调集了必要的技术装备，开展了消除放射性污染的各项工作。政府工作人员夜以继日地工作，解决了很多难以想象的困难和难题。

援救工作虽然开始稍有耽搁，但在知道了事故真相后，戈尔巴乔夫和他的领导班子尽了最大努力，采取了一切措施，并在国际援助下，终于阻止了事故的蔓延，并有效使受灾人数不继续扩大。7月份专家对处置受损的反应堆提出了修筑“石棺”的构想，随后很快开始行动，在很短的时间内便将其罩了起来。苏联政府所作的上述种种努力得到了国际原子能机构专家们的认可。他们说，一切力所能及和必不可少的措施，均已付诸实施。

切尔诺贝利核电站事故，对刚刚开始改革的戈尔巴乔夫是一个考验，一方面考验他领导下的政府是否有应对和处理危机的能力，另一方面对改革提倡的公开性是一个检验，即在整个事故处理中，信息对国内外公众的公开度和透明度究竟如何。政治局里当时有两种意见，一些人沿袭老路，认为应当控制信息，只部分披露，这样可以防止国外反对势力借机恶意攻击，也可以避免国内民众恐慌，对党的威信造成不必要的损害。戈尔巴乔夫坚决批驳了这种意见，他在7月3日的政治局会议上严词陈述道："无论在解决实际问题时，还是向社会舆论说明情况时，我们都绝不同意隐瞒真相。我们有责任对所发生的事情进行评估并得出正确的结论。我们现在是在全国和全世界的众目睽睽之下进行工作。谁要以为可以敷衍塞责、玩弄花招，绝不容许，必须提供与事件有关的全面信息。……我们没有任何迫使自己掩盖真相的需要。我们应做出充分的结论——这是我们对全人类的责任。"⑭戈尔巴乔夫这番话不是老调重弹所谓的"帝国主义"、"反动势力"的破坏，党的威信等等，而是从实际出发，真正实践所提倡的公开性，提出了"全人类"的利益这样的理念。雷日科夫、利加乔夫、雅科夫列夫、梅德韦杰夫、谢瓦尔德纳泽等全都支持他的意见。关于"全人类"的利益的理念，他在随后出版的《改革与新思维》一书中做了更为深刻的论述。

5月中旬，人们在电视里看到了总书记。总书记神情严肃，坦言切尔诺贝利核电站事故带来的巨大危害，对受害同胞表示慰问，说明政府采取的各种措施，并表扬了在事故中表现机智勇敢的有关人员。对西方的援助戈尔巴乔夫没有拒绝，在电视讲话中他对美国医学家盖拉和塔拉萨基、国际原子能机构主席布利克斯，以及许多国家的政府和民间组织、公司、个人提供灭火器材、相关技术、医药制剂等及时无私的援助表示感谢，并感谢国际所有关心灾情并伸出援助之手的人。

在处理事故中，总书记也注意及时通报信息，将了解到的核电站受损及采取措施的情况，通报给各邻国和其他国家的领导人。5月6日和9日，他还责成有关人员和工作组在莫斯科举行记者招待会，并允许外国记者在内的新闻界代表访问了基辅，使他们有机会亲眼看到那里的情况。西方传媒正在大量流传基辅已经是一座"空城"，遇难的人有"成千上万"的说法。最好的方式是让记者们自己看到真相。5月中旬，戈尔巴乔夫还派遣了以科学院院士列加索夫为首的代表团前往日内瓦陈述事件，专家们的直言不讳、专业水平和精准的报告给国际社会留下了深刻的印象。

核电站属军工系统。这个体系历来是国家的保密单位，是真正的"独立王国"，针插不进，水泼不进。那里的官僚主义腐败之风得不到任何控制。戈尔巴乔夫第一次打破了一直以来形成的这样的状况。对造成事故的责任人，毫不留情，进行了撤换。这些做法在苏联历史上都是前所未有的。

整体来看，在处理切尔诺贝利事故中，戈尔巴乔夫和他的班子反应及时，行动迅速，卓有成效。西方媒体一度大肆批评、渲染苏联政府处理不力，但后来在事实面前也不得不承认戈尔巴乔夫及其领导集团做事果断，有魄力，有同情心。苏联党和政府做了一切能够做到的。戈尔巴乔夫在处理这次事故中的表现，给苏联人民和国际社会留下了深刻的印象。

在及时有效的处理事故中，戈尔巴乔夫对事故发生原因以及权力机构最初的被动麻木，也进行了深入的思考。他深切地意识到："不讲道德，知识就可能成为致命危险的起源。"他在政治局会议上说："整个系统中笼罩着奴颜婢膝、溜须拍马、拉帮结派、排斥异己的风气，专做表面文章，围绕着领导，结成了人身依附和亲缘关系。""切尔诺贝利清楚地反映了我们整个制度的诸多痼疾。这出悲剧汇集了多年来积累起来的一切弊端：掩盖（闭口不谈）各种非常事故和阴暗面，不负责和漠不关心，工作粗枝大叶，酗酒成风。这又是一个说明需要大刀阔斧进行改革的令人信服的论据。"⑮

戈尔巴乔夫知道，问题的核心并非仅仅是由于干部道德的堕落，而在于制度。切尔诺贝利悲剧是制度的产物，也与超级大国之间的冷战有关。两个超级大国旷日持久的冷战，军事集团相互封锁消息，包括在核动力工程方面的封锁，所有这些也起了某种作用。这也从一个方面说明消除冷战的必要性。

为了消除这次核事故带来的后果，耗资140亿卢布，后来又投入了数十个亿。27万人因切尔诺贝利核泄漏事故患上癌症，其中致死9.3万人。这造成了核电史上迄今为止最严重的事故。

后果极其严重，教训极其深刻。这一切对正在进行的改革以及戈尔巴乔夫本人产生了极大的影响。正如他所说："切尔诺贝利核电站事故是一个最直观可怕的例证，不仅证明了我国技术的陈旧，而且证明了原有的那个体制已经奄奄一息。与此同时（历史就是这般嘲弄人）这次事故也极其严重地影响了我们业已开始的改革，直接打乱了全国的生活。"⑯

切尔尼亚耶夫对此也有评论，他后来在自己的书中这样写道："如果说反酗酒运动是改革时代第一个大错误的话，那么，切尔诺贝利事故是第一颗爆炸了的'地雷'，而像这样的在改革前就埋藏在社会基础中的'地雷'还有，切尔诺贝利事故不过是其中最大的……这是改革道路上发生的第一个悲剧。"⑰

戈尔巴乔夫对这场悲剧其实没有任何责任，但他承受了埋藏在僵化体制下的那枚地雷爆炸所带来的灾难性苦果。在这场悲剧事故中，他更加看清了旧体制的危害，更坚定了改革的决心，同时他也对美苏两国的冷战有了更深入的思考。他决心消除劳民伤财没有任何益处的冷战。这次事故使他更深刻地认识到："失控的原子，即使是用于和平目的的原子，会造成一些什么样的后果。""切尔诺贝利无情地提醒了我们，如果爆发一场核风暴，等待我们大家的将是什么。"⑱

民主化和公开性：改革的灵魂和动力

1986年二十七大后，改革不只在经济领域进行，还涉及到了政治思想和社会改革及其他更广泛的领域。在政治思想领域一个突出的表现就是，戈尔巴乔夫大力提倡民主化和公开性。对此他有列宁的论述为依据。1983—1984年，戈尔巴乔夫在为列宁诞辰114周年纪念日准备讲话时，翻阅了列宁的很多著作。他清楚地记得列宁在这个问题上的观点。列宁将公开性比喻为“火光”，提出要“多一点光亮”。列宁关于公开和民主的论述使他深受启发，也令他惊异：在列宁开创的社会主义国家，在一直把列宁视为伟大导师和列宁塑像最多的地方，在张口闭口都是列宁教导我们如何如何，在大小场合都信誓旦旦以列宁思想为指导原则的人们中，很久以来却完全没有按照列宁的有关公开性和民主化的教导办事。相反，实行的是封闭，是极权，是个人迷信，是一个人说了算。人们似乎早就忘记了伟大导师的教导。“多一点公开性就是多一点亮光。”列宁的这句话他反复咀嚼，感觉到了其深刻性和分量。公开性与民主化是一对孪生姐妹，没有民主化，谈不上公开性；而没有公开性，民主只会在一片黑暗中沉默。列宁的观点很明确，而且言行一致，在具体工作中也做到了民主和公开。戈尔巴乔夫决心按照列宁的教导去做，一定要改变长期以来缺乏民主和公开性的状况。实行民主化和公开性既是改革要达到的一个目的，使其成为一种常态，又是深入改革必不可少的手段。简言之，民主化和公开性是改革的灵魂和动力。

1985年4月全会后，5月总书记即走上街头，在列宁格勒和普通民众交谈，直接传达中央全会精神。那是一次公开性和民主化的身体力行的尝试。但这还远远不够，离真正的公开性和民主化还相距甚远。

戈尔巴乔夫认为，国家有太多的毫无道理的禁区，很多事情不仅对民众，对上层也属机密，甚至政治局委员对一些问题也不甚了解，无权过问。需要打破这些禁区，让公众知道他们有权知道的信息。

首先是军工领域，军费开支情况，军队整体建制状况，军工综合体科研情况，国防资金和物资有效利用的资料等等，一切都笼罩在神秘的面罩里。

其次对外贸易情况也同样严密封锁，有关武器销售的各种信息均属于国家机密；而粮食、石油、天然气、金属等贸易活动也一样，对公众严加保密和防范。而国外一向公开发布有关这方面的详细资料。

至于克格勃，更是一级保密单位，完全置于公众视线之外，对它不得有任何报道和批评。

国家统计资料也属于机密，全部严加封锁，不得透露。有关经济、社会问题、文化、人口的资料，只有在党中央作出特殊决定时才能部分发表，发表时还要进行删改，只讲好的，掩饰问题。居民生活水平、社会犯罪率和医疗卫生指数等信息也同样严加封锁。

在预算方面，军事预算当然是不可泄露的，而国家普通预算也要保密。

此外，在文学领域、电影界和新闻媒体中，条条框框也相当多，没有言论创作自由，很多文学作品和电影被封锁，原因是和党的声音不一致。

突破这些“禁区”异常艰难。但是必须突破，这是民主化、公开性的重要一步，也是改革深入进行的前提。

1986年9月25日，苏共中央政治局通过了不再干扰外国广播的决定，美国之音、BBC和自由之声、德国播音等从此可以在苏联清晰地收听到了。

8月和10月，戈尔巴乔夫相继接受了美国《时代》周刊和法国三名记者采访。在这两次采访中，他继续实践大力倡导的公开性和民主化原则，展示他的新风格。访谈中总书记完全不像前领导人那样照稿回答记者提问，干巴，枯燥，官腔。他不用讲稿，随机发挥，应对自如，面对西方记者的各种问题——有的问题咄咄逼人，他坦率、雄辩，不失说服力地加以回应。整个采访生动活泼，访谈中高潮迭起。《真理报》后来全文发表了总书记与《时代》周刊记者的谈话，在国内外均引起了极大的兴趣和好评。这是总书记带头实行公开性的又一次突破。

春季，戈尔巴乔夫收到了作家阿·雷巴科夫寄来的长篇小说《阿尔巴特街的儿女们》的书稿。这部小说一直被禁止出版。在改革的新形势下，作者受到公开性、民主化的鼓舞，将自己的作品寄给总书记，希望这部作品能和读者见面。戈尔巴乔夫读了这本书，同意出版。他觉得出版该书的主要意义在于打破文坛上的禁区，体现民主化和公开性的重要方面——创作自由。

《阿尔巴特街的儿女们》的出版，是文学解禁的先声，也是公开性的另一个突破口。该书出版后，人们争相阅读，很多人感到振奋，他们真的感受到了久违的自由，这是改革带来的。文坛上的自由之风带给了人们希望。当然这还仅是个开始。随后一大批被禁的书籍和电影都陆续面世。其中有田吉兹·阿布拉洋的影片《忏悔》，艾特马托夫、阿斯塔菲耶夫、拉斯普金、莫扎耶夫以及其他一些作家的著作，卡拉姆津、C.索洛维约夫、克柳切夫斯基、科斯托马罗夫和其他历史学家的著作，还有俄罗斯侨民经典作家布宁、梅列日科夫斯基、纳博科夫、扎米亚京、阿尔达诺夫等人的书。同时，革命后遭到迫害的那一代伟大思想家也应运“回归祖国”，其中有B.索洛维约夫、费奥多罗夫、别尔嘉耶夫、弗洛连斯基、伊林。年底，素有苏联“氢弹之父”之称的世界著名原子能核专家萨哈罗夫，也从流放地回到了莫斯科。

当戈尔巴乔夫看到五花八门名目繁多的各种书籍纷纷出版时，感慨良多，他首先想到的是：这么多的好书，真可惜，在大学期间竟然没能读到！继而想到："我们这一代人缺少精神营养，只准许吃一份单纯意识形态的可怜口粮，却被剥夺了亲自去比较、对照不同流派的哲学思想并作出自己选择的机会。"⑲

新闻方面的限制和禁令尤其多。一直实行的新闻检查制，是实行民主化、公开性首先要破除的。媒体完全依附于政党，宣传执政党的政策，按照党的指示进行报道，充当的是党的喉舌、工具，而不是大众获得信息的传播载体，没有独立自主的新闻报道；广大民众没有知情权，只能得到被当局施舍的有限的信息；国家对内严密干扰和封锁国外的广播和新闻，害怕自己的人民知道真相，受到影响……所有这一切都是与公开性和民主化背道而驰的，都需要改革。新任宣传部部长雅科夫列夫对此与戈尔巴乔夫看法完全一致，甚至更为彻底，也因此对媒体改革的动作及时大胆。上任后他对几家报刊都做了大手术，首先是撤换主编，让有改革意识的新人担当；其次在报道中增加新闻透明度，放开言论，刊载人们感兴趣的和揭露一切阴暗面的文章，很多以前的禁区见诸报端，所谓的"机密"公之于众。这些做法极大地提高了人们的政治积极性，活跃了人们的思想，揭露了长期以来党内和社会深处的问题，引发了人们的思考。新闻媒体的改革增加了人们的阅读兴趣，报纸成了真正反映人民各种声音的工具，而不是图解官方意图的出版物。1986年秋季，报纸杂志的征订大幅上升，突出反映出新闻改革的成果。《共青团真理报》增加了300余万份，《苏维埃俄罗斯报》增加了100万份，《消息报》增加4万份，《共产党人》杂志增加7万份，党中央报刊《真理报》的订户增加得不多。在改革的大潮中，苏共官方报纸《真理报》落后了。它的文章仍然枯燥乏味，充满官腔说教，自然不会受到群众的欢迎。

在特别馆藏制度和档案管理上同样存在封闭性。很多书只对某些人开放，有一些书则完全禁止借阅，还有一些书借阅受到限制，是有条件的。很多有价值的书籍就这样静静地躺在落满灰尘的书架上。而档案也不对外，属于保密资料。戈尔巴乔夫认为这同样需要解除。在其民主化、公开性原则下，图书借阅开始逐步解禁。很多读者发现，首批开禁的书单中便有亚·伊·索尔仁尼琴的作品。废除档案和历史资料的管理禁令，是在后来逐步实行的。

公开性不仅极大地调动了民众的政治积极性，推动了改革，使人民感到了前所未有的自由，敢于说出心里话，而且揭示出历史上隐藏多年的秘密，使人们对斯大林以及那个时期有了更加清醒的认识。人们开始认真重新审视历史，审视他们信仰的东西，甚至对十月革命，对列宁、马克思主义思想、社会主义原则也在进行重新评价。

在民族问题上也同样，各民族之间的关系一向被披上了美好的外衣，问题长期被掩饰。在民主公开的口号下，媒体大胆公开历史真相，披露过去被曲解的民族悲剧性事件的原委。专家学者不再回避矛盾，而是以客观公正的态度重新审视历史上的民族问题。

民主化和公开性的实行，正如列宁所说，像光亮照亮了一切，使掩藏在阴暗角落里的东西统统暴露在光天化日之下，各种丑陋现象被揭发批判，受到舆论和民众的监督。苏联多少年来缺乏的就是这一点，戈尔巴乔夫的大力提倡，推动了改革，解放了民众。但是，在实行民主化、公开性中，始终有另一种倾向和苗头，即走向另一个极端，否定一切，打倒一切；也有人利用这一口号，造谣惑众，诬陷谩骂，无限上纲，肆意攻击……这一倾向后来不断蔓延和加剧，达到了顶点。民主化、公开性泛滥、肆虐，已经越出了改革的本意和界限，成为一股妨害改革的势力。戈尔巴乔夫和他的精英们在当时很可能忽略了这一点，以致最后发展到无法管束的地步。民主化、公开性是一把双刃剑，它能促进改革，也能毁灭改革。但是暂时，在1986年和1987年，民主化和公开性还在如火如荼地展开，还在为改革开路和助阵。

萨哈罗夫平反

这一年结束时，萨哈罗夫在高尔基市的流放生活也结束了。当局让他回到莫斯科工作。这件事在国际国内影响巨大。这意味着在改革中将要重新审理苏联历史上诸多冤假错案，为受害者平反昭雪。萨哈罗夫是其中的代表人物。

解决萨哈罗夫问题，戈尔巴乔夫已经考虑过一段时间了。他对苏联最著名的核科学家的情况很了解。

安德烈·德米特里耶维奇·萨哈罗夫，1921年生于莫斯科一个知识分子家庭，生活舒适优裕。他可以说是戈尔巴乔夫的校友，大学的头两年是在莫大读的，后因战争而撤退离开莫大，毕业于阿什哈巴德。毕业后分派在乌里扬诺夫斯克的实验室工作，1945年返回莫斯科，在列别杰夫物理学院理论部继续学业，1947年取得哲学博士学位。

萨哈罗夫的生活、学业以及工作一直相当顺畅，似乎没有理由使他成为持不同政见者。他在最初几年也没有看到社会深处存在的问题。但是，当现实在他眼前逐步展示其真相后，他作为一个有良知和正义的科学家，不得不思考，并为此而痛苦。一位同事悄悄告诉他，他们研制的核武器秘密试验场，是由政治犯修建的，那些政治犯曾经暴动，斯大林的干将贝利亚带领军队将其镇压，参与暴动者全部被处决。萨哈罗夫在核试验基地也亲眼看到一队队做苦役的

萨哈罗夫。

犯人。这引起他内心的不安。更重要的是，他看到他所从事的科研并没有造福人民，相反，核试验导致很多平民死亡和伤残。据说，在一次试验前，他判断此次试验会伤及一万普通人，于是给当时苏联最高领导人赫鲁晓夫打电话，说："这种试验毫无意义，它只会毫无理由地杀人。"⑳赫鲁晓夫答应下令推迟试验，但第二天核试验照样进行了。萨哈罗夫为此落泪。他在自传中说："这件事之后，我变成了另外一个人。我决定和周围决裂。"㉑

萨哈罗夫从此走上了另一条道路，成为国内最有影响和最大胆的持不同政见者。1964年，萨哈罗夫和另外24名苏联知名艺术家和知识分子一起，联名写信给当时的苏共领导人勃列日涅夫，"警告"他不要恢复斯大林的名誉。1972年，萨哈罗夫与叶连娜•邦纳结婚，她也是一名人权行动者。萨哈罗夫的第一个夫人在1969年去世。1973年，萨哈罗夫获得了诺贝尔和平奖的提名；第二年他获得了奇诺•德尔杜卡世界奖。1975年，诺贝尔和平奖项颁给了他，但苏联政府禁止他离境领奖，他的妻子叶连娜代替他参加颁奖典礼，并宣读了他的演讲词。1979年苏军开进阿富汗，此举在当时得到苏联知识界和民众的一片支持，但萨哈罗夫却大胆站出来，公开谴责这是侵略行为。他的举动表明他不站在任何狭隘的民族主义立场上判断事物的是非，而是基于人的利益高于一切这一出发点。这个观点，戈尔巴乔夫在心灵深处很是赞同。

萨哈罗夫这个享有"苏联氢弹之父"称号的科学家，全力以赴从事着他心中的公平正义事业，与一切违背人性的不合理的权力机制大胆抗争。他的生活和工作也变得艰难。赫鲁晓夫曾指责他"把鼻子伸向不该去的地方"；安德罗波夫则把他定性为"头号公开的敌人"。但在国际上他的名声越来越大，一举一动都受到关注。当局决定把他们夫妇赶出莫斯科，省得他们招惹是非。1980年新年刚过不久，萨哈罗夫和他的妻子就被流放到高尔基市（现在的下诺夫哥罗德市），规定他们夫妇不得离开那里。该市距莫斯科250英里，不对外国人开放。从此他们从国际公众视线中消失。萨哈罗夫夫妇在这个城市过了六年与世隔绝的生活，一切行动以及与外界的联系都受到监视。在此期间萨哈罗夫曾几次绝食抗议……

在政治局会议上再次提出这个问题时，戈尔巴乔夫要看一看关于当年决定流放他的档案，却被告知从来没有立过案，只有一张克格勃的纸条，凭纸条对他做出的决定。而且没有任何关于萨哈罗夫与外国人非法接触的事实，只因为萨哈罗夫说：需要民主，应当消除分裂为两个世界阵营的局面，在存在核武器的条件下这是极其危险的。仅仅根据他的这些言论，就将他推理定为了叛国者。

学法律的戈尔巴乔夫觉得这事极其荒唐。不合乎任何法律程序！况且氢弹之父、科学院院士所说的那些话有什么错？那正是一个从事核研究的科学家的责任心和良知的体现。萨哈罗夫的冤案早该平反了。戈尔巴乔夫已经有六次想为这件事画上句号，但都没有实现。

12月1日戈尔巴乔夫在政治局会议上对科学院院长马尔丘克说，让萨哈罗夫回来吧，给他两套住房和别墅，让他来工作。这是中央的决定。先给他在流放地的住处安上电话。随后在12月10日的中央各部委负责人会议上，总书记首次宣布了有关萨哈罗夫的决议，“希望他带着自己的潜力回到爱国主义的改革中”。㉒很多人依然没有消除对萨哈罗夫的看法，脸上现出冷笑。

很快，在高尔基市被封闭了六年的萨哈罗夫家里突然来了一批人，在他的居所里安装了电话。第二天，有电话打来，这是第一个打给他们的电话，萨哈罗夫拿起话筒，惊讶万分，对方原来是现今的总书记戈尔巴乔夫，他邀请他们夫妇回莫斯科工作。萨哈罗夫马上说：“米哈伊尔·谢尔盖耶维奇，请释放所有有良知的囚犯……”㉓

萨哈罗夫就这样回到了莫斯科。他后来被选为苏联人民代表大会代表，并成为民主派跨地区议会团的领军人物之一。在1989年年底全苏人代会期间，萨哈罗夫心脏病突发去世。戈尔巴乔夫和不少人都认为，若萨哈罗夫不是那么早就去世的话，跨地区议会团不会如此混乱不堪……萨哈罗夫的去世客观上为叶利钦顺利坐上改革激进派的头把交椅让了路，大大增强了叶利钦的力量，为其后的一系列举动创造了条件。

雷克雅未克与里根第二次会晤

夏季又到了。8月，戈尔巴乔夫全家来到克里米亚度假。这是他担任总书记后第二次来这里休假。

虽然离开了那个繁忙的世界，但他的脑子依然在思考工作。这一段时间发生了太多的事情。本该进一步考虑如何推动改革走向深入，但是切尔诺贝利核电站的事故将一切都打乱了。处理这件事故及其后果花费了很多时间、精力、人力、财力，而且消除这些后果还需要很多年和很多投入。究竟还需要多少时间和资金，他不知道。

家里也发生了两件大事：6月，赖莎的父亲去世了。这个一辈子为苏联铁路建设四处奔波的老人，离开了人世；8月，悲痛接踵而至，戈尔巴乔夫的亲家、伊琳娜的丈夫阿纳托利的父亲去世了。接连袭来的不幸使戈尔巴乔夫全家笼罩在深深的悲痛中。

上午9时，戈尔巴乔夫穿着短裤坐在阳台的藤椅上，眺望远处的大海，脑海中却回想着近来发生的这些事情。而眼下他首先要考虑的是，如何在核裁军方面打开一个真正的缺口。上一次，1985年年底在日内瓦与美国总统里根的会谈，情景依然历历在目。那次颇费周折才举行的会谈备受世界瞩目，3500名各国记者云集在日内瓦，全世界对两个超级大国领导人时隔六年多后的会晤抱有极大的兴趣和希望。他和里根举行了五次会谈，每一次会谈都进行得很艰难，都会有长时间的激烈争论。最后并没有取得任何实质性成果，当然这完全在戈尔巴乔夫的意料之中。他本来就没有打算会谈一次就取得成果，只想初步接触，了解对方，看看是否可以谈下去。而里根也怀抱同样的目的，想亲眼见识一下备受撒切尔夫人赞赏的苏联新领导人究竟是什么样的人，是否可以打交道。那是他们的第一次会面，双方都在试探。会谈中在很多问题上戈尔巴乔夫与里根看法相去甚远，几次陷入死胡同，似乎无法继续下去。但最后双方还是签署了一份声明，其中有这样的句子表明了他们的共识：两个超级大国的领导人认为，“核战争是不能允许的，在这种战争中不会有胜利者”。既然是这样，那就意味着长期进行的核军备竞赛毫无意义。还有这样的话：“双方将不寻求超越对方的军事优势。”这也在暗示双方都有意放弃军备竞赛，尽管说得不很明确。

第一次会晤原则上达成的一点点共识，很像春天的第一场毛毛雨，只湿润了表层，没有深入到土壤深处。戈尔巴乔夫知道，这是一件很复杂的事情，需要一个很长的过程。里根对他的坦诚还抱有怀疑。但是坚冰已经突破。联合声明中关于核战争的话令人鼓舞。

1986年1月1日，里根在广播中向苏联表达新年问候；戈尔巴乔夫也不失时机地对美国听众表达了问候。美苏两国最高领导人互致问候，这是自1973年以来的第一次。这件事透露出这样的信息：双方都有意继续接触和会谈。人们期待着。

新年过后不久，元月15日，电视和新闻媒体公布了苏联关于2000年前的裁军纲要。纲要具体而明确，并非只是泛泛而论，明确提出要在2000年前实现无核世界。戈尔巴乔夫责成谢瓦尔德纳泽和切尔尼亚耶夫搞的这个纲要，本来是作为二十七大报告的国际问题部分，但后来总书记考虑，放在二十七大报告中尽管也会传达出苏联方面的意向，但是单独发布更好，可以加重分量，增强效果，给世界的印象也会更深刻。于是经过政治局讨论通过后，在二十七大前夕，1986年1月15日以声明的形式公之于世。声明发表后引起世界广泛关注，戈尔巴乔夫相信，里根总统也一定很好地研读过这份声明。接下来，需要与美国总统商讨第二次会晤的时间和地点。时光飞逝，要抓紧。戈尔巴乔夫觉得在这方面自己不妨表现更主动些。

削减核武器，放弃军备竞赛，这是戈尔巴乔夫的对外新政策中的重要一步，也是他整个改革中举足轻重的一环。他急切地希望结束同美国的军备竞赛，以便集中精力加速苏联的经济建设。他深知，国内的改革不可能与对外政策的改革相分离，二者互相联系，密不可分。原因之一是因为苏联的国际军费开支早已超出国家所能承担的极限，裁减军费，是国内改革的迫切需要；此外他还坚信，任何人都不需要战争，特别是人民；禁止军备竞赛不仅于苏联有利，而且也是美国的需要。因此他决心，哪怕作出一定的让步，也要达此目的。现在他在考虑，如何向里根提出第二次会面，以及时间和地点。这个问题他在休假前已经委托切尔尼亚耶夫起草一封给里根的建议会面信，他在等待这封信。这时他听到了脚步声，回转身，恰好，切尔尼亚耶夫来了，递给他一个文件夹。

戈尔巴乔夫在窗边打开文件夹，开始读信。片刻，他抬起头，十分不满地说："写的是什么东西？臭狗屎！你现在马上重新起草一封。会面地点……"他沉吟片刻，"建议在雷克雅未克吧。时间在9月或10月。"

"为什么定在雷克雅未克？"切尔尼亚耶夫不解地问。

"雷克雅未克恰好位于华盛顿和莫斯科的中间，谁也不会觉得对方被怠慢了。"㉔

9月下旬，美国有了回应。22日，外长谢瓦尔德纳泽在政治局扩大会议上通报说，里根同意在雷克雅未克见面，但他相应地提出了条件，其中之一是要苏联放25个人出国，都是一些持不同政见者。戈尔巴乔夫明白这一套做法，他胸有成竹，知道该如何回应。当时在华盛顿正在修建新的苏联大使馆，在修建好的某个墙角里发现了150个窃听器，戈尔巴乔夫打算以此做文章，制造一定的国际舆论压力，迫使里根会晤。他建议让一些评论家个人出面批评美国，揭露美国的民主问题，国际舆论会怀疑美国在核裁军方面是否真有诚意，同时自然认为苏联是真正想减少世界战争发生的可能性。戈尔巴乔夫觉得这样做不仅不会使里根放弃会晤，相反只能促进此事。切尔尼亚耶夫对此提出了建议：大胆提出销毁战略武器，会产生最令人深刻的印象，从销毁核武器的必要性和论点开始。

10月，双方经过紧张的筹备，决定两国首脑11—12日在雷克雅未克会晤。

正式会晤之前，戈尔巴乔夫派出了阵容强大的先遣团先行到达，包括很多专家学者和媒体记者。先遣团的任务是为正式会晤作准备，与各国有关人员和记者等见面，解释新思维，互通有关情况，通报戈尔巴乔夫的史无前例的建议等。简言之，为会谈做先期准备工作。这种方式已经是戈尔巴乔夫担当总书记后的惯例做法，效果不错。

赫夫迪白楼。

代表团随后抵达，戈尔巴乔夫带队，正式成员有外长谢瓦尔德纳泽，苏联驻美大使多勃雷宁，主管意识形态工作的中央书记雅科夫列夫，戈尔巴乔夫的国际问题助理切尔尼亚耶夫，还有时任世界经济与国际关系研究所所长的普里马科夫。普里马科夫当时并非政府官员，因而出席苏联外交官同美国国务院官员举行的工作小组会议时，一度引起美方的惊讶。普里马科夫后来在苏联解体后，在叶利钦和普京时代成为俄罗斯政坛的风云人物。

1986年10月11日。周六。冰岛首都雷克雅未克。10月将这座位于世界最北部的首都装扮得色彩斑斓，娴雅美丽。

全世界的目光此刻都聚焦在这个只有十几万人口和两条主要街道的海滨城市。美苏第二次首脑峰会今天将在这里举行。会晤地点选在沿海一座名为赫夫迪的简朴的两层白色小楼里举行。

上午10时，戈尔巴乔夫身着深色短风衣，头戴黑色礼帽，提前一分钟来到小楼前。里根没有按约定在这里迎候。戈尔巴乔夫迟疑了一下，看了看腕上的手表，迈步跨上台阶。而恰在这时，里根匆匆从里面出来，两位大国首脑就这样迎面碰上了。他们脱去外衣，里根着深色西装，白衬衫配一条红色领带，戈尔巴乔夫穿一身灰色西服，浅蓝色衬衫，深蓝浅蓝条形领带，两人面向等候在那里的摄影记者，灯光一片闪烁，来自世界各地的记者们忙不迭照下了这一历史性时刻。

随后两人一起步入小楼，走进会谈厅。

里根与戈尔巴乔夫会谈。

里根比戈尔巴乔夫大20岁，头发灰白，但身板挺直，精神奕奕。比他矮半头的戈尔巴乔夫年富力强，面露微笑，目光炯炯。他们坐在窗前稍事寒暄，立即进入会谈主题。

美国总统先谈，他泛泛表示希望双

方此次会晤能就缓和世界紧张局势达成广泛共识。戈尔巴乔夫则直接切入会谈主题，他接受了切尔尼亚耶夫的建议，说过几句开场白，即拿出经苏共中央政治局讨论通过的详细方案宣读，方案中建议大幅度核裁军，具体目标是双方在5年内把进攻性武器减少一半，下一个5年完全减除；把部署在欧洲国家领土上的中程核导弹全部撤走，在亚洲销毁80%的中程导弹；不再要求停止全面核试验；同意核查措施，并且建议加强这一措施，把《反弹道导弹条约》的有效期再延长10年，全面禁止一切核实验，停止实施太空防御计划等。为达此目的，他在谈话中表现灵活，尽量向美国的主张靠拢，并第一次同意将苏联拥有的洲际弹道导弹数量减少一半。

戈尔巴乔夫还表达了大幅度削减苏联占优势的常规武器的愿望，对于里根在会晤中提出的“地区性问题”，也就是阿富汗问题和苏联在第三世界其他地方进行活动的问题，以及苏联的人权等问题，他更多的是听，基本不加辩解和评论。

不欢而散。

第二天上午，两国首脑再次碰头，双方谈兴颇浓，已经开始商谈撤出和销毁部署在各地的导弹的细节。上午会谈将结束时，戈尔巴乔夫说，他保证在10年内销毁苏联的全部战略核导弹。此话一出，使里根震惊和兴奋。他完全没有料到戈尔巴乔夫会这么彻底，于是在没有和其他人商量的情况下擅作主张，表示美国也将如数销毁自己的核武器。美国总统随后又兴致勃勃地提议，两个核大国应各自把本国的所有核武器通通埋葬掉，送进历史的垃圾堆，为世界人民做出表率，使人类赖以生存的地球永远免受核战争的威胁。戈尔巴乔夫立即附和道：“很不错，这是我们乐意接受的一个好主意。”㉕

双方在如下问题上一度达成了重要共识：5年内各自减少核武器一半，把部署在欧洲的战术导弹削减为零，10年内双方均不退出《反弹道导弹条约》。如果在这些问题上签署了协议，那么这将是两国在核裁军谈判史上第一次取得的突破性的成果，具有史无前例的意义。但在会晤的最后一刻，戈尔巴乔夫提出对美国“战略防御计划”的设限问题，表示上述一切都要与此挂钩，这时里根仿佛恍然大悟：原来这一切“只是为了一个目的，即扼杀我们的‘战略防御计划’”。他愤然后退了。谈判不欢而散。12日晚最后的会面结束时，里根和戈尔巴乔夫面色严肃地走出了那栋白色小楼。

尽管戈尔巴乔夫期待的结果最终没有出现，但他高度评价这次会晤，他在与里根的接触中看到了希望，他称这是“一次真正的突破”；同样，美国总统对这位苏联领导人也多了几分了解，认为这次会谈是“一个转折点”。他们还会继续谈下去。

这次没有结果的会谈对世界依然产生了巨大的影响，也成为后来谈判成功的基础。一年多后，即1987年年底，在戈尔巴乔夫和里根的第三次会晤中，核裁军终于取得了一些实质性的具体成果，签署了第一个核裁军条约《中导条约》，表明两国向结束冷战迈出了第一步。而雷克雅未克举行的两国首脑会谈是结束这场持续了几十年的冷战的开端；赫夫迪楼也因举行过意义重大的美苏双边峰会，而成为冰岛和雷克雅未克观光旅游的景点之一。

作者按：1985年苏联戈尔巴乔夫上任并发起改革时，我正在中国社会科学院研究生院新闻系读书。1986年毕业后分配在人民日报社工作。戈尔巴乔夫的改革备受世界瞩目，中国也在其列，媒体也时有报道。透过这些报道和文章，我对苏联的改革和戈尔巴乔夫都有所了解，而对于自小学俄语的我来说，对那里开始的一切更多了一份关切和注意。印象最深的是苏联连续送走了三位身患重病的高龄最高领导人之后，终于有了一位年富力强的总书记；总书记胆略魄力过人，发起了改革，展开了声势浩大的反酗酒运动，但不幸的是，1986年10月切尔诺贝利核电站发生了爆炸事故。这消息使我震惊和担忧，这起严重的核事故对那里刚刚开始不久的改革一定会产生重大的影响。戈尔巴乔夫的改革在这一严重事件的干扰下，还能否顺利地进行？我抱着这样的心情，从远处继续观察和注视着。

注释

①③⑨⑰阿·切尔尼亚耶夫：《在戈尔巴乔夫身边6年》。
②数字援引自《俄罗斯证人》一书附文：《苏联解体纪实报告》。
⑤叶·库·利加乔夫：《戈尔巴乔夫之谜》。
⑥⑦⑧利加乔夫语，俄罗斯网站相关资料。
④⑩⑪⑫⑬⑭⑮⑯⑱⑲㉒㉔㉕《真相与自白：戈尔巴乔夫回忆录》。
⑳㉑网站资料。
㉓戈尔巴乔夫：《改革不能一笔勾销》，《美国新时代》2011年3月2日，俄罗斯网站。

2. 改革在深入

（1987年初至1988年中十九次党代会）

两次全会和经济改革的初步尝试

1987年在飞扬的雪花中姗姗走来。1986年过去了。戈尔巴乔夫在辞旧迎新之际反复强调：这是关键性的一年，如果这一年没有实际成果，人民将会抛弃我们。

回顾过去的一年，形势不容乐观。尤其是经济，没有任何起色。25%的企业完不成计划，13%亏损。国家囊中羞涩。12月初的政治局会议上，就是否提高物价展开了激烈的争论。利加乔夫等坚决反对：2500万人月平均收入低于50卢布，5000万人低于80卢布，提高物价老百姓怎么活？但很多商品长期由国家倒贴，国家无钱，现在已经贴不起了。不涨价没有出路。争论未能统一，于是戈尔巴乔夫把这一问题提交部长会议研究。戈尔巴乔夫认为，这种状况的根本原因还在于干部，干部不得力。12月他一直在考虑干部问题，并决定年后立即召开干部问题大会。

而改革前景也使人忧虑。美国一位著名人士近期会见阿尔巴托夫时提出了警告：未来两年将是你们最困难的时期，因为改革开始涉及所有人和社会各阶层的利益，形成更强的反对和抵抗改革的情绪。国家领导将接受严峻考验。正是在这种时期会发生退却。你们将看到，你们做错了某些事情，你们将重做。这就会引起真正的抵抗。戈尔巴乔夫觉得美国人的分析不无道理，他在一次会议上引述了这番话，接着说：“这是一次多好的无偿咨询啊。”“但我们不会发抖。如果我们做错了，切莫惊慌失措。而主要的是要使人民参与进来。如果哪些人不接受这一点，只关心自己的事，那么没有他们，我们也能应付。”①

新年过后，元月召开了党的中央全会。“1月全会的主要意图是发扬民主。这是改革不可逆转的基本保证。”

确实，这次全会突出了政治体制改革的重要性，强调民主化是改革的“灵魂”，公开性是民主化的重要保证。戈尔巴乔夫在会议报告中讲道：“改革的需要已在经济和其他领域中客观形成，但却未能在国家的政治实践中得到体现。”并一再强调：“社会民主化是改革的灵魂，民主化的程度如何将决定改革的成败，也可以毫不夸大地说，将决定整个社会主义的未来。”“民主不只是一个口号，而是改革的实质。”要实行“最大限度的公开性”，“苏联社会不应有不受批评的禁区”②等等。还提出要改革现行选举制度，制定公开性法规。

1月全会尽管争论激烈，但最后还是达到了总书记预期的目的，即统一思想、深化认识、增强信心。但全会后却几乎看不到什么效果.戈尔巴乔夫感到，国家机器仍然在空转，没有人切实为改革做事。更糟糕的是，经济状况在持续恶化。反酗酒减少了巨额收入，国际石油价格偏偏走低。4月底财政部部长提交的一份报告称，全国经济已频临危机边缘，通货膨胀显现，物价上涨严重，收支差额3000亿卢布，居民已有5年没长工资；15年来，除大众食品外所有的商品都涨了价。黄油、牛肉等不少食品成本价格大大高于零售价格。如果不改变这种状况，到1990年对食品的补贴将增加到1000亿卢布，货币将无法周转。③

经济形势确实不容乐观。4—6月，戈尔巴乔夫多次谈到要突破以往的经济政策，以求根本改变计划体制和它的经营管理模式。总书记决定6月全会将专门研究这一问题。

6月全会就如何实现经济机制的根本变革展开了讨论。为使讨论更加充分深入，会前作了精心准备，由苏联经济学协会和中央理事会以及苏联科学院经济学分部专门组织了座谈会，就“管理经济的科学组织问题”为主题听取专家学者的意见。苏联著名经济学家和经济工作者在内的1300名代表就一系列有关问题进行了多方面的深入探讨和研究，提出了不少积极的建议。

6月全会通过了《关于根本改革经济管理的任务》和《苏联国营企业（联合公司）法》两个重要文件。“这是自1921年列宁颁布新经济政策以后我国经济体制的最重大和最根本的改造纲领。”要对“计划工作、价格形成、财政信贷机制、生产的物资技术供应体制、科技发展、劳动和社会问题管理体制进行重大的和根本的改革”。目的是“保证在今后两三年内从过分集中的指令性管理体制，过渡到以集中和自治的民主结合原则为基础的民主管理体制”。④

6月全会后不久，又相继通过了有关计划、价格、财政、银行、物资技术供应体制等11个决议。《个体劳动法》和有关工资的决议在1986年已经通过。至此，这一系列文件和决议相互配套，形成了改革苏联经济体制的一整套综合实施方案。

1985年标志改革开始的4月全会，实际上只是初步表达了改革的愿望；二十七大深入了一步，提出了加速发展经济的总方针，确定了今后15年的经济战略总构想；1月全会进行了改革的再动员，并突出了政治领域内改革的重要性；6月全会则提出了经济改革的总方案。

戈尔巴乔夫说：“在经济和管理的改革中，最重要的关头即将到来。建设性工作的阶段已经开始。现在需要的是把一切付诸实施。”④现在是过渡时期。“过渡时期是很复杂的”，旧机制和新机制将“共存”，“但是我们将不拖延地采用完全经济核算制”。⑤

回顾戈尔巴乔夫执政后头三年的改革，可以看出，改革在一步步深入，对改革的认识也在逐步深化，改革的方针和实施方案也越来越具体和明确。与此同时，改革的阻力也必将加大，特别是在经济改革没有成效而且还在恶化的时候。

与撒切尔夫人精彩对话

3月26日，应戈尔巴乔夫邀请，撒切尔夫人率英国政府代表团抵达莫斯科，开始为期五天的访问。这是12年来英国首相第一次访问苏联，也是戈尔巴乔夫当政后邀请的第一位西方国家领导人。世界格外关注这次访问。

戈尔巴乔夫夫妇前往机场迎接英国贵客。当“铁娘子”以惯有的风采从舷梯上从容走下来时，戈尔巴乔夫与赖莎热情迎上前去，像老朋友那样与撒切尔夫人握手问候。

他们确实已经建立了友谊，可以说是老朋友了。戈尔巴乔夫在1984年12月中旬，曾率领由30人组成的国家代表团赴英国，进行了为期八天的正式访问。赖莎作为代表团成员与他一同前往伦敦。他那时是苏共政治局最年轻的成员。撒切尔夫人执政后一直想打破已经冻结了几年的英苏关系。在安德罗波夫逝世后，“铁娘子”就亲自率团去莫斯科参加了安德罗波夫的葬礼，一方面是表示英国想与苏联改善关系的愿望，另一方面她想看看苏联新的接班人的状况。撒切尔夫人与契尔年科举行了一次简短的会晤，总书记疲惫苍老的面容使撒切尔夫人一眼便知，这个新领导人只是一个短暂的过渡，他于人世不会长久，要把目光放在他的接班人身上。而戈尔巴乔夫便是“铁娘子”看好的下一任接班人。也正因此，“铁娘子”对戈尔巴乔夫那次率团访英给予了极大的重视和高规格的礼遇。

1984年底，戈尔巴乔夫率苏联代表团抵达伦敦当天，撒切尔夫人在都铎王宫为贵宾举行了盛大而豪华的国宴，出席宴请的有英国几百名上流人士。代表团成员还应邀参观拜访了撒切尔首相位于伦敦郊区的别墅契克斯，在那里举行了会谈。访问期间戈尔巴乔夫与撒切尔夫人多次会谈，涉及军备控制、东西方关系和太空问题，还有西方一直关注的苏联的“人权问题”。

那次访问日程安排丰富多彩。除上述活动，戈尔巴乔夫和夫人赖莎还参观了英国的“国庙”威斯敏斯特教堂，在教堂内达尔文和丘吉尔的墓地前凭吊；参观了大英图书馆内当年马克思创作《资本论》的图书室；还去了伦敦的约翰·布朗公司总部，该公司曾为西伯利亚的天然气管道提供涡轮机，并参与承建一家苏联塑料工厂的投标竞争。赖莎等一行还光顾了伦敦的大商场和首饰店，在那里购买了首饰、衣物等资本主义世界的高档商品，一时成为媒体争相报道的热点。

苏联高级官方代表团为期八天的访问，戈尔巴乔夫与撒切尔夫人的多次谈话，都使“铁娘子”对苏联政坛少壮派戈尔巴乔夫有了进一步的了解。这是她预测的下一个苏共接班人（当然不仅仅是她，不少其他国家领导人也这样猜测）。在撒切尔夫人眼里，戈尔巴乔夫精明干练，充满活力，既自信，又灵活，温文尔雅，待人亲切，讲话很有逻辑性，又不乏幽默感，全然没有枯燥乏味的官腔。他坚持己见，在需要的时候也会做出某种妥协。在他身上撒切尔夫人看到了一些新的东西，与他的前任完全不同的办事风格和思维方式。这使“铁娘子”很受鼓舞。她期待在未来或许可以和他共同做些什么。而戈尔巴乔夫夫人赖莎也给撒切尔夫人留下了深刻印象：她衣着入时，举止优雅，知识渊博。

“铁娘子”当时的目的很清楚，她正在寻找开启英苏关系松动的“通道”。经过她的努力，两国关系已经有所好转，但契尔年科执政不会太久，她需要知道接下来的接班人如何，怎么与之打交道。戈尔巴乔夫，她预测中的接班人，有可能在将来两国关系和其他国际事务方面起到勃列日涅夫、安德罗波夫和契尔年科等老一辈苏联领导人起不到的作用，她在为未来进一步改善两国关系创造条件。而戈尔巴乔夫当年访英的目的也很明确，英国等西欧各国领导人和美国领导人在缓和世界紧张局势中想法不很一样，戈尔巴乔夫想进一步搞清楚英国的想法，以便在和美国的裁军谈判中使苏联处于更有利的地位。双方各有目的，并都有收获。两国改善了关系，开始了英苏关系的新时期。不仅如此，戈尔巴乔夫和撒切尔夫人还建立起了个人友谊，这种友谊一直保持至今，而且更重要的是，撒切尔夫人成了美苏两个超级大国谈判和紧张关系的调解人，戈尔巴乔夫手中也多了一个和美国进一步谈判的筹码。

戈尔巴乔夫访问英国回到莫斯科后仅一个月的时间，契尔年科就去世了。正如撒切尔夫人所预料和期望的那样，戈尔巴乔夫出任了苏共中央总书记。美国《华尔街日报》驻英国记者当时采访了撒切尔夫人，请她谈谈对苏共新领导人的印象，戈尔巴乔夫毕竟刚刚率团访问过英国，他们有过密切的交谈和接触。撒切尔夫人对记者说：戈尔巴乔夫是苏联的新一代领导人，“他不仅年富力强，而且作风与其前任大不相同。他对一切情况了如指掌，讲起话来头头是道，非常善于讨论，能言善辩”。她还强调：“现在，我可以同这样的人认真地打交道了，因为你可以讨论实质性的问题。你不必在外交上跳小步舞，也不必在谈话结束时说，我们进行了‘有益的讨论’这样的官话。”⑥

撒切尔首相这次访问苏联，国内国际形势与两年多前戈尔巴乔夫访问英国时已大不相同。在国内，她和她的保守党打算利用经济形势的有利时机，提前举行大选。她已在1987年5月11日决定，将1988年的应届大选提前到1987年6月11日举行。在国际上，戈尔巴乔夫领导下的苏联正在进行世界瞩目的改革，超级大国苏联的对外政策有了巨大变化，特别是戈尔巴乔夫已经率先对美国提出了裁军“双零点方案”，这给了英国及其他西方盟国一个措手不及，他们对此有自己的担忧。英国首相正面对着这样一个微妙的时刻。而精明强干的撒切尔夫人自有打算，她的想法是要在美、苏、欧三方之间斡旋，发挥英国的独特作用，同意裁军，但又要考虑到欧洲盟国的利益；这样做也会使她手中握有一张王牌，在即将举行的大选中击败主张单方面裁军的劲敌工党。

撒切尔夫人是戈尔巴乔夫提出“双零点方案”后访问苏联的第一位西方领导人。戈尔巴乔夫对“铁娘子”的用心自然看得很清楚。同时他也注意到了，“铁娘子”在来访前一周在英国西南部城市托基的讲话——保守党在那里召开了中央理事会。那个讲话是她访问苏联的基调。“铁娘子”在讲话中强调要以对话求缓和，但又猛烈抨击共产主义制度。她说：“我们在戈尔巴乔夫的讲话中已经看到，他明确无误地承认共产主义制度已经失去效力。这一制度不但未能使苏联赶上西方，相反更为落后了。我们听到苏联领导人在用新的语言讲话，像我们发现的‘公开性’和‘民主化’等。但这些语言对他们的含义和对我们的含义是同样的吗？某些由于他们的宗教和政治信仰而被投入监狱的人已被释放了。对此我们表示欢迎。但更多的良心犯仍囚禁在囹圄之中，或被拒绝移居国外。我们想看到他们获得自由，看到他们与海外的家庭团聚，如果他们这样选择的话。”接着她口风一转，很具体地谈到了即将对莫斯科的访问：“当我下周到莫斯科会见戈尔巴乔夫先生时，我的目标是寻求和平，这种和平不是基于幻想和让步之上，而是基于现实主义和实力的基础之上。和平需要信心，需要国家和人民之间的信任。和平指的是结束在柬埔寨的屠杀，结束在阿富汗的杀戮。它指的是苏联承担起它在1975年赫尔辛基最后文件中所承担的义务，允许人民和思想的自由移动，以及其他基本人权。我们将基于行动和结果，而不是基于语言，不是基于意向，不是基于允诺来作出我们的判断。”“铁娘子”的讲话体现了她一贯的率直和强硬，但留有余地，口气温和。她在飞往莫斯科的飞机上，对随同采访的路透社记者说，她认为戈尔巴乔夫是一位“现实主义者”，“我们会晤时不使用外交辞令，我们将谈实质性问题”。

是的，“铁娘子”自戈尔巴乔夫上台后，一直注视着苏联新领导人的举动和苏联的变化，正如她在讲话中所说的。她也很清楚地看到，戈尔巴乔夫的改革暂时还没有触及体制，只是框架内的改良。这样的改革肯定是不彻底的。她的价值观和信仰与戈尔巴乔夫截然不同。他们在莫斯科的会见将会有一番争论、辩论和唇枪舌剑。她对此早有准备。

而戈尔巴乔夫的改革已经进入了第三年，国内无论在经济还是政治方面都成效不大。国际上戈尔巴乔夫最期望和觉得最有必要的核裁军方面，暂时也没有实质性成果。但戈尔巴乔夫确认已经看到了一线曙光。撒切尔夫人虽然对他的核裁军建议存有戒心，但她的介入只会对整个事情的进展有益。戈尔巴乔夫确信这一点。

撒切尔首相抵达莫斯科后，戈尔巴乔夫夫妇在克里姆林宫金碧辉煌的圣乔治厅接待了她。当晚，总书记夫妇陪同撒切尔夫人及代表团随行人员，在著名

与撒切尔夫人会谈。

的莫斯科大剧院观看了著名的芭蕾舞剧《天鹅湖》。

接下来五天的访问活动安排得很充实：英国首相一行参加了莫斯科市郊50公里处的俄罗斯东正教圣地三圣谢尔盖修道院的宗教仪式；会晤了苏联各界知名人士；同萨哈罗夫等一批持不同政见者共进午餐；与苏联总理和几位部长举行了会谈；接受了苏联三家电视台记者的采访；还飞往斯大林的家乡格鲁吉亚首都第比利斯参观。在第比利斯参观时，撒切尔夫人对斯大林的故乡感慨良多。其间戈尔巴乔夫举行了盛大的国宴欢迎英国贵宾。而电视台对她的采访全部播出，没有做任何删减。这不仅令撒切尔夫人惊讶，而且苏联广大民众也是第一次直接得到如此多的“秘闻”。她在采访中谈及的多数问题都与核武器有关。她直言西方有理由保持一定的核威慑，还声称苏联的核武器比其他任何一个国家都要多；苏联率先部署了短程和中程核武器；苏联在常规武器和化学武器方面也占有巨大优势；苏联在反弹道导弹方面已经走在美国之前等。这一切都让撒切尔夫人感到，公开性确实在实行，而不只是在口头上。

当然最重要的是戈尔巴乔夫与撒切尔夫人举行的会谈。会谈在克里姆林宫叶卡捷琳娜大厅举行。两位首脑在一张圆桌对面坐着。撒切尔夫人雍容端庄，目光坚定，语气严厉；戈尔巴乔夫自信从容，挥洒自如，目光敏锐。参加会谈的除了译员，只有切尔尼亚耶夫和约翰·鲍威尔在座。他们谈了整整一天。这是一次真正的针锋相对的论战，彼此据理深入阐述各自对当今世界很多问题的观点立场，各不相让。整个会谈气氛高涨，极其生动。戈尔巴乔夫在“铁娘子”咄咄逼人的气势和一连串的问题中，极大地发挥出了他的演讲才能和雄辩口才。那些问题令他兴奋，令他激动。他的思维在这场高层次的交锋中异常活跃，妙语连珠，似乎不用思考就蹦了出来。而“铁娘子”也不示弱，对很多问题阐述得头头是道，并将一个接一个的问题抛向面前的苏共领导人。两个人的交锋其实是两个世界、两种体制的交锋。

戈尔巴乔夫的开场白直指撒切尔夫人临行前在托基的讲话。他说：又是老一套，魔化苏联。我甚至闪过这样的想法：您可能会取消这次来访。撒切尔夫人即刻作了否认。她开始称赞戈尔巴乔夫在1月全会上的发言。她说：“这是一次令人震惊的演说。它涉及重大而根本的问题……我希望，如果你们能够成功地走这条道路，那么这将改变你们对待共产主义世界统治这个主要论题的态度。”她把话题引入了对两个制度利弊的辩论。戈尔巴乔夫知道这样的辩论不会有结果，不可能达成共识，他自有很好的理由在适当的时候离开这个话题。但眼下还要说上几句。他讲了马克思主义的观点：革命是自然发生的，因为人们不能忍受剥削等等。然后话锋一转，说道：“资本主义是现实，社会主义也是现实，不应该以这样的观点作为出发点：十月革命是一场‘误会’，而社会主义、苏维埃则是‘历史的错误’。应当摆脱意识形态的束缚，生活在现实世界之中，应当思考的是怎样使东西方之间的关系健康化，而不是徒劳的相互揭露。让我们放弃幻想，还因为现在已不是50年代，而是80年代。”

戈尔巴乔夫的话起了作用，确实如此，谁都知道争论下去是徒劳的。但“铁娘子”并不甘心，她说：我引用的例子都发生在七八十年代。接下来她阐述道：“我们从来不从政治上区分资本主义与社会主义。更确切地说，应当将中央集中的总体控制与对经济和经济体制的总体管理加以区分。在后一种制度下，社会在中央政府制定的法律范围内享有自由。这就规定要设置议会、各种自治机构、独立的法院。顺便说一句，您在您的1月全会的讲话中也强调了这种制度的意义。”

撒切尔夫人接着说：“你们放弃共产主义控制的理论，对我们来说十分重要。”

戈尔巴乔夫说：“我们根本没有宣布过这种理论。我们有哲学、有政策、有现实。做出自己的选择并加以坚持，这是每个国家人民的事情。你们拥护你们的制度，而我们则是我们的制度的坚定不移的信徒。您不可能使我变成保守党党员，正如我不打算使您变成共产党员一样。”

撒切尔夫人说：“我不想改变您的信念，我只是在解释我们关心什么。”

戈尔巴乔夫说：“一些国家的人民在摆脱了殖民地后，选择了资本主义制度，另一些试图建立两种成分相结合的民主制度；第三种在建设类似社会主义的社会。保佑他们按照他们需要的方式生活。同情谁？当然是接近自己的。”

撒切尔夫人说：“你们同情的那些国家的制度，不给人民选择另一种制度的权利。在那里，共产主义被写入了宪法，不允许另一种制度，没有在各种制度间作选择的自由。我并不要求所有国家都选择类似于或接近于我们的制度。我希望，到处都能有更多的个人自由……那些选择极端的、社会主义模式的国家，不可能达到繁荣。”⑥

…………

会谈除了在制度问题上的激烈辩论，还有一个重要主题，即世界军控问题。

撒切尔夫人的观点是，战略防御是需要的，没有防御就没有和平；世界上永远不会有彻底的裁军。但原则上她同意裁军。可是她要考虑欧洲的利益。如果全部裁军，将使欧洲包括英国处于危险境地，因为他们没有任何防御能力。戈尔巴乔夫正等待这一时机，立即以她的这一论点为由，进行反驳，再次阐述苏联对军控问题的观点和建议。戈尔巴乔夫的这番话是说给世界听的，特别是西方。他让他们再次看到，苏联领导人在这个问题上确有诚意，并非另有图谋。

戈尔巴乔夫单刀直入地说：“撒切尔夫人，您对核武器的立场妨碍谈判，妨碍开始真正的裁军过程。当您信誓旦旦地保证说，核武器是有益的，这时马上就清楚了：在我们面前的是一个准备进行战争冒险的核武器的热烈拥护者。”戈尔巴乔夫的指责使撒切尔夫人异常激动。她不是这个意思。这是戈尔巴乔夫对她的极大的误解。于是她激烈地为自己辩解，连珠炮似的语言，一刻也不停顿，戈尔巴乔夫没有插话的机会。

其实正因为有了这样的误解，才使她看到戈尔巴乔夫真的是想裁军，看到裁军是戈尔巴乔夫的改革所需要的。

毋庸否认，裁军过程最后是“按照撒切尔夫人的方式启动的”，但若没有戈尔巴乔夫坚持不懈的努力和坚决，裁军过程根本不会启动。由于争论和戈尔巴乔夫的陈述，西方开始相信戈尔巴乔夫的诚意。而他和撒切尔夫人在争论中不但没有疏远，反而增进了了解，加深了友谊。

撒切尔夫人对苏联的这次访问意义重大。她的访问其实不仅代表英国，还代表西方。访问期间戈尔巴乔夫给了她充分的“看”和“说”的机会，因而她确信自己看到的是真实的，苏联正在改革和发生巨大变化。进而通过她，世界也进一步看到了苏联的变化，看到了戈尔巴乔夫在裁军问题上的坚决和真诚。戈尔巴乔夫后来说：“我们邀请她做得很对。……提高英国的作用符合我国的利益。”“具体的东西我们似乎什么也没有得到。但对话有了进展。撒切尔赞成改革。这个事实十分重要。美国人认为这是她最大的错误。”

同时，戈尔巴乔夫在与她的辩论中受到启发。他不得不承认，撒切尔夫人为资本主义辩护的讲话并非全无道理。这使他继续深入思考两种制度的优劣。在私下有时他会这样说：社会主义究竟把我们引向哪里呢？当然，这离他公开承认萨哈罗夫等民运人士的看法还很远，在公开场合他依然是一个坚定的社会主义的拥护者。但他倡导的改革已经在一步一步将他和苏联引向另一个方向。改革越是深入，这一点就表现得越是明显。他一直想继续坚持的那些原则，那些信念，在改革的道路上都不得不一个一个无奈地放弃了。原则与信仰最终只剩下一个空壳而已。

关于戈尔巴乔夫与撒切尔夫人的谈话，参加这次谈话的总书记国际事务助理切尔尼亚耶夫在自己的书中有详细记述。他认为那是一次极为出色的充满智慧和富有启示意义的对话。他说：“我希望，他们谈话的70页的速记稿能出版，我认为，这篇谈话在80年代舞台上激动人心的作品中将占有显著的地位。”⑦

而这次苏联之行也给“铁娘子”留下了深刻印象。她在自己的回忆录中写道：“它是我所进行的一次非常简单，但最令人着迷和最重要的外事访问。”还说：“在苏联度过的四天里，我可以感到共产主义制度下面的大地已经移动起来。我受到的欢迎，无论是俄罗斯人的热情问候，还是苏联当局在长时间谈判中对我表示的尊重，都表明在其背后某些带有根本性质的事情正在发生。罗纳德·里根和我在东方集团中人格化了的西方自由制度正在蒸蒸日上；苏维埃制度正在崩裂。我意识到即将发生一场伟大的变化——但我从未猜测变化将以何种速度到来。”

几年后，聪明的撒切尔夫人的预感就变成了现实。

鲁斯特事件和对总书记的“心理诊断”

5月28日，戈尔巴乔夫在柏林出席华沙条约政治协商委员会会议的最后一天。国内却发生了一件不大不小的事：德国青年鲁斯特驾驶一架小型运动机，在28日下午5时，居然降落在莫斯科红场上。世界为之轰动。苏联，如此庞大的超级帝国，竟然让这架飞机长驱直入，飞进了国家的心脏，这说明了什么？

戈尔巴乔夫在柏林看到了这条新闻。背景和其他原因暂时还不清楚，但无论如何，一个德国毛头小子居然毫无阻碍地驾机飞入国家首都的心脏红场，落在克里姆林宫的墙外，这已经让苏联人在全世界面前丢尽了脸。超级大国一时成为世界取笑的对象。看着那架小型飞机和鲁斯特年轻的面孔出现在电视上时，世界为之哗然，而戈尔巴乔夫心中十分不快。

29日，戈尔巴乔夫从柏林飞回莫斯科。飞机降落在莫斯科城西的伏努科沃2号政府专用机场。迎接他的官员看到，总书记脸色阴沉，走下飞机。第二天戈尔巴乔夫即召开了中央政治局会议。戈尔巴乔夫就此事件认为，这件事使“国家蒙受了耻辱，人民的自尊心受到伤害……”。⑦这从一个方面反映了苏联军队的状况，也是军队需要改革的契机。

其实，苏联的高射炮手多次瞄准了这架小型飞机，但由于目标太小，多次让它从视线中消失了。除了因为飞机很小，而且驾驶员又多是沿着公路线飞行，雷达很难跟踪。另外一个重要原因是，当高射炮手瞄准它的时候，他们没有接到击落这架飞机的命令。而且他们没有忘记，几年前击落闯入苏联领空的那架韩国飞机给国家带来多少国际舆论的负面影响。毕竟现在正在进行改革，正在消除冷战，国家的对外政策也不同于以前。他们不想重蹈覆辙，再次给国家带来不良的国际舆论。

后来经查，年轻人驾机飞入苏联完全是个人冒险行为，没有任何其他背景。在押的鲁斯特提出想见戈尔巴乔夫；他的父母也写信来表示歉意，请求原谅年轻人的鲁莽。戈尔巴乔夫的态度很明确：依法办事。鲁斯特触犯了三条法律，应判刑1—10年，让有关部门去开庭审判。

鲁斯特事件牵扯到了苏联包括将军在内的150名军官，他们全部被起诉，交由司法部门依法处置；国防部长索科洛夫元帅和此次事件的直接责任者被解除职务。戈尔巴乔夫以此证明权力在政治局手里。

鲁斯特被判刑坐牢，在条件很好的监狱里服刑。一年多以后，就放他回国了。

鲁斯特事件从一个侧面突出地反映出改革中的苏联，它的国际政策的转变和社会的巨大变化。

6月2日，戈尔巴乔夫接见了国际防止核战争医生组织(IPPNW)的代表。该组织正在莫斯科举行会议。国际防止核战争医生组织是由美国的劳恩教授和苏联的恰佐夫院士1980年发起成立的，主旨是呼吁世界防止核战争，提倡销毁所有核武器。该组织由60多个国家的医疗机构组成，成立后在很短时间内就对世界公众的意识产生了巨大的影响。各大洲很多国家数以万计的医生加入了这个组织，而且其成员还在逐年增加。1985年诺贝尔和平奖授予了国际防止核战争医生组织。该组织争取全人类和平的强烈愿望与戈尔巴乔夫的想法完全一致。戈尔巴乔夫在接见代表团成员时，与他们进行了无拘无束的谈话，犀利，尖锐，幽默，还不时有讽刺和嘲笑。他需要向全世界更多的组织和有关人士讲述他的观点，以求得到最大限度的理解和支持。

戈尔巴乔夫挥洒自如的谈话吸引了在座所有的人。此次会见后，代表团成员澳大利亚医生默多克向多勃雷宁讲述了他对戈尔巴乔夫的观察和印象，多勃雷宁告诉了戈尔巴乔夫。那印象出自一个职业医生用检查他的病人的敏锐眼光，从一个人的言谈举止中，透视出其人的身心健康状况，特别是精神层面的状态，很有意思。不妨在此转述一下：

“我坐着，瞧着戈尔巴乔夫，并试图像医生对待病人那样去分析他的个性。首先使我惊讶的是他在交谈中完全是无拘无束的。他讲话十分坦白。通常，这并非是政治活动家的特性，尤其是这样级别的政治活动家，他们经常是有分寸的，很谨慎，因为怕说出多余的话和不适宜的话。这表明，此人极其善于运用思想和构成深思熟虑的政策的材料。这还证明，他坚信自己是正确的：他无须隐瞒什么，他完全坚信自己的哲学观点和政治观点的正确。所以他就感到自己是完全自由的人，也不怕出现意外的问题。他也不羞于暴露出他可能会有不知之事。

“令人瞩目的第二个特点，就是他所固有的、同对话者的平等感。他不喜欢教训、斥责、非难他人。尊重的态度提高对话者的地位，使之感到是谈话中的平等伙伴。而在这种交往中，从心理角度来看这是非常重要的。由于尊重别人，戈尔巴乔夫还善于倾听他人的意见，不单单是出于礼貌，而是因为他真正希望从会晤者那里了解一些事情，相信他们的知识，相信他们判断的合理性。

引人注意的是：当某人讲话时，戈尔巴乔夫做些摘记，这不是为了显示其专注，而是因为工作需要。然后他对所说的、对向他提出的问题做出反应。

默多克说：有一个十分明显的特点，突出表现出戈尔巴乔夫的心理类型：即当他转向在座者中的某一位交谈时，那个人感到这只是同他一个人交谈，但在场的所有的人都同时感到自己参与了谈话与交流。“这是罕见的才能，对一个有魅力的政治活动家来说这十分重要，戈尔巴乔夫具有这种魅力。”

最后默多克开玩笑说：“诊断结果如下：此人身心绝对健康，具有很高的智商，适合从政。”⑧

戈尔巴乔夫津津有味地听着一个医生对他的印象和“诊断”，感觉极有趣，也很兴奋，但大半不是因为夸奖了他个人，而是医生眼中的那个他，与他本人到底在多大程度上是一致的。自从他执政以来，世界各国各种人物及媒体对他的评论、介绍、访谈等如潮水般涌来。他经常浏览那些文章，那些文字是类似镜子的东西。谈到的他，有的接近真实，有的很模糊，有的歪曲了他的形象，像哈哈镜变了形，有的甚至是胡说八道。而他对此反应各异，或付之一笑，或讽刺几句，或当作笑料，念给政治局会议上的人听。一个医生对他的印象，这还是第一次听到。每个人眼中的他，都是一面镜子，他乐于在镜子里看到自己。况且大多数情况下，镜子里的他形象还不错。而他的形象关乎他的事业、他的改革和国家形象。

1987年是戈尔巴乔夫接见来访者最多的一年，几乎每周都会见一批来宾，其中包括国家领导人、代表团、学者和社会活动家等。3月底在会见了撒切尔夫人后，至7月休假前，他出访了捷克斯洛伐克，去柏林出席了会议，在莫斯科会见了舒尔茨，美国众议院议长赖特、美国国会议员代表团，埃塞俄比亚领袖门格斯图，波兰领导人雅鲁泽尔斯基，叙利亚总统阿萨德，卢森堡共产党主席欧班尼，保加利亚总理，南非“前线”国家代表，墨西哥外长，齐奥塞斯库，昂纳克；接见了“国际防止核战争医生组织”的代表劳恩等，印度外长和总理甘地，蒙古和柬埔寨等国领导人。在柏林会议期间会见了所有欧洲盟国的领导人。

“每一次会见都会与客人有坦率尖锐的谈话，充满辩论气氛。戈尔巴乔夫在争论中捍卫了实行社会主义的权利，捍卫了改革的社会主义本质。他同各位外国活动家的谈话记录，异常生动地展示出一个历史赋予重任的改革家的不平凡，以及艰难地推动世界走上和谐发展的历程的努力，那是些非常出色的对话。”⑨而在这样的对话中，他也在不断受到启发并形成一些新的观点。

戈尔巴乔夫在超负荷地工作。他极其疲劳。切尔尼亚耶夫记录下了这样的细节：一次，是在会见完甘地之后，他走到切尔尼亚耶夫那里对他说：“知道吗？我累极了。每天至深夜，已经麻木了。而事情却越堆越多，一点办法也没有。阿纳托利，这是需要，开创了这样的事业！无路可退。而中央全会开得多好啊！我要走得很远很远。不后退，……不动摇。主要的是不要动摇。不要让人看到你在动摇，你累了，你没有信心……知道吗，什么使我难过：人们不愿相信我将全身心都给了事业。有人嫉妒……懂吗？嫉妒是件可怕的东西。"⑩

10月下旬，戈尔巴乔夫会见了美国国务卿舒尔茨。这是一次重要会晤，实际裁军由此而启动。戈尔巴乔夫与舒尔茨终于就裁军的某些方面达成一致，戈尔巴乔夫说：这是"后雷克雅未克的成果"。

12月戈尔巴乔夫偕夫人访问了华盛顿，与里根进行第三次会晤。这一次签署了关于中程导弹的条约（即"中导协定"），这是第一个不仅限制军备竞赛，而且有裁军内容的条约。戈尔巴乔夫访美回来感触颇深，在政治局会议上作了访美报告，其中讲道，领袖也是人，与里根的几次会谈和交往，直至最后签署协议，让我看到了决策者层次上的交流很重要。虽然领袖是不同国家的代表人，有着不同的社会价值取向和背景，但若他是一个"有责任感的人，也会体现单纯的人的品质、利益和希望"，"他们也有可能遵循最正常的人的动机和感情"。⑪这就是"人的因素"，要把"人的因素带进国际大政治中去，这也是新思维的重要的细节"。⑫

这一年外交成果确实不凡。新思维不仅在不断扩大影响，而且在实践中有了成果。新思维在改变世界。"中导协定"的签署为这一年画上了亮丽的一笔。但在其他方面，特别是国内的经济政治局势，远非如此亮丽。

改革宣言：《改革与新思维》

1987年8月，戈尔巴乔夫全家照例来到黑海边度假。还是那座旧别墅。

像每次度假那样，他其实并没有休息，只是换了一个环境——从克里姆林宫的办公室到了黑海边的别墅办公。在这里虽然依旧工作，但与在莫斯科还是大不一样。和家人在一起，可以和赖莎充分交流想法，和女儿女婿闲谈，一起在海里游泳，站在窗前放眼眺望广阔无边的大海，还可以和两个可爱的外孙女多呆一会儿——女儿伊琳娜在3月间又生了一个女孩，小家伙天使般的笑容给他带来了无穷的乐趣。当然工作一刻也不能放松。要做的事情太多了。而这一次，他带来了正在写作的一本书：《改革与新思维》。他要在这里完成它。

这本书是1987年初美国"哈泼—罗'和'雷蒙和舒斯特"两家出版社提出的建议，他们希望戈尔巴乔夫写一本有关改革方面的书。戈尔巴乔夫当时未作回答。政治局有人同意，有人反对；同意者中有人建议他将改革以来的讲话和谈话汇编成文集就可以了，没有必要再专门写书。戈尔巴乔夫一时没有想好是否需要出版这样一本书，此外他还有顾虑：书的内容都是他个人的讲话，并非集体决定，他问切尔尼亚耶夫：同事们会怎么看？

但他后来觉得似乎有必要出版这样一本书。发起改革后，特别是在二十七大和今年举行的1月全会之后，他不断回顾历史，反思过去，不断在与各种人的对话中受到启发，不断进行再思考，也在大量的讲话中讲述了自己的思考和观点。这些思考和想法不仅陆续反映在各种场合的讲话中，还反映在党的有关文件和与国内外不同的人们的会谈中。将之整理出版似乎是有必要的，当然一定要充实，要详细阐述改革和新思维。

他开始考虑如何写作这本书，很多问题在他脑海中越来越清晰，在笔记本上他做了大量摘记和思考，列出了写作大纲和详细内容，以及他对该书的构想和素材，同时让切尔尼亚耶夫搜集他的讲话等资料。切尔尼亚耶夫说：不少讲话和会谈纪要是一笔财富，还没有在任何地方发表过，应该收集到这本书里。戈尔巴乔夫同意他的意见。但是不同意简单地将这些资料汇编成文集，那些讲话等固然很精彩，却代替不了自己想要说的一切。这本书将会更加系统，更加深刻，将回答“何为改革？为什么需要改革？改革的实质和目的何在？改革将摈弃什么和创造什么？改革进行得如何？它会给苏联和国际社会带来哪些结果？”等一系列问题。

切尔尼亚耶夫等人在7月初将所有材料收集齐后，戈尔巴乔夫召集大家在一起商谈了此书。而目前他在进行最后的补充修改和整理工作。

“我要将它写成一本什么样的书呢？”戈尔巴乔夫面对厚厚一叠书稿考虑着。苏联正在兴起举世瞩目的改革，而他是这场改革的发起人。这本书当然一定是改革者的改革宣言。但是它绝对不是说教，不是宣传，而是对话。他将以一个平等对话者的身份，在书中与读者对话，和他们探讨问题。这应当是这本书的宗旨。他在《致读者》里写下：“这是一本邀请人们参加对话的书”，“我写这本书，是想同各国人民直接对话，同苏联人民、美国人民和任何国家的人民直接对话”，“不通过任何中间人，直接向全世界的公民谈谈我对一些问题的看法。这些问题毫无例外地涉及到所有的人”。开场白很大气，有魄力，而且一下子拉近了读者和作者的距离。他们是平等的，可以深入探讨人类面临的迫切而重要的各种问题。

全书的核心观点是他经过“深刻甚至痛苦的思考”得出的新的价值观，即“全人类的价值高于阶级价值”。新的价值观并非戈尔巴乔夫的创新，他在列宁的教导中找到了理论依据：列宁曾不止一次地阐述过全人类利益高于阶级利益的思想。他不过是将列宁的教导和新形势结合起来而已。他在书中写道：

“新思维的核心是承认全人类的价值高于一切，更确切地说，是承认人类的生存高于一切”，“需要把全人类利益置于时代的至高无上的地位”。而全人类的价值观是基于时代发展变化而形成的新的世界格局。戈尔巴乔夫在书中分析了世界局势的新特点，即人们生活和面对的是一个充满核武器威胁、一浪接一浪的新技术革命和全球问题不断激化的时代，这个新时代完全不同于19世纪。在这样的情况下，人类的共同利益已经超出了制度和意识形态体现的阶级利益。而世界两个超级大国苏联和美国都拥有大量核武器，一直在搞军备竞赛，一旦发生全球性的核战争，“既没有胜利者，也没有失败者”，其结果必将是“一切生灵都将从地球上消失”，“我们大家都在为我们星球的命运感到担心，而这是最主要的”。和平与安全是全世界和人类的需要。出路只有一条：核裁军，停止军备竞赛。这正是基于全人类价值观考虑的结果。因此应当抛弃把阶级利益放在首位的旧的思维方式和行为方式，确立“把社会道德伦理标准作为国际政治的基础，使国际关系人性化、人道主义化”。要承认各国人民和各个国家的利益，承认它们在国际生活中的平等地位。对手要变成伙伴，要共同寻找通往普遍安全的道路，即彼此妥协与合作的道路，使意识形态分歧服从于生存和防止战争的利益。这是达到安全的唯一的坚实基础。

新思维的产生是戈尔巴乔夫在各级会议的争论中、来信中、探讨中深入思考的结果，也是他深入研究列宁理论的成果。列宁依然是戈尔巴乔夫心中的导师；列宁思想也是他改革的精神支柱和理论基础。他的很多思想都有列宁的论述为依据。今年4月刚刚召开了纪念列宁诞辰113周年大会，戈尔巴乔夫在写纪念报告时大量翻阅了列宁的著作，受到启发和鼓舞。在这本书中，同样处处可以看到列宁的影子，几乎每个小节都会援引列宁的话作为论据……戈尔巴乔夫阅读着书稿，重读着列宁的那些教导和有关列宁身体力行的实例，感到真的很有必要经常温习这些话，这些珍贵的论述，多年来似乎已经被人们遗忘了。列宁是正确的。“列宁继续活在亿万人民的心灵中。”他的理论和思想依然是我们今天改革的精神力量和源泉。

而对于自己一生追求的理想和信仰——社会主义，戈尔巴乔夫依然坚定地相信这是正确的选择。在书中他对自己理解的社会主义用了大量篇幅阐述，指出社会主义是苏联人民正确的历史性选择，出现的问题和教训是因为社会主义还很年轻，错误和曲折在所难免；而改革并非要给历史抹黑，更不是全盘否定历史；改革是要将社会主义的潜力最大限度地发挥出来，是要更多一点社会主义。

“有人竟要求我们改变社会制度和采用另一种社会制度所特有的方法和方式，甚至是真诚地要求，这简直是不可能的事情。”

我们“之所以要改革，在更大程度上是由于认识到，社会主义的潜力没有得到充分利用”。

“我是毫不动摇地坚信社会主义民主和社会主义人道主义的。”

“社会主义作为一种年轻的社会制度，作为一种生活行为方式，在自我发展、自我完善，解决当代科技进步、社会经济、文化和精神发展的根本问题以及发展人的个性等方面，拥有巨大的和远未挖掘出来的潜力。”

公开性和民主化，这个问题尤其重要。戈尔巴乔夫再次阐述了这两个原则对改革的重要意义。实行公开性、民主化，并非背离社会主义、放弃社会主义选择，相反，是要“更多的社会主义”。他说，我们的改革纲领，完全是建立在多一些社会主义和多一些民主这个原则基础之上的，绝不是背离社会主义或破坏社会主义的基础。“社会主义的民主越多，社会主义就越多”。列宁认为，社会主义和民主是不可分割的。“改革的实质恰恰在于：它把社会主义和民主结合起来，从理论上和实践上完全恢复列宁的社会主义建设构想”。戈尔巴乔夫说：“公开性是社会主义的特征。”“没有公开性，就不可能有民主。而没有民主，就不可能有现代社会主义。”

“我们需要公开性就像需要空气一样。”

“需要整个社会生活的广泛民主化。它也是业已开始的进程不可逆转的主要保证。”

“改革的实质恰恰在于：它把社会主义和民主结合起来，从理论上和实践上完全恢复列宁的社会主义建设构想。”

“列宁说：光明、再光明，让党知道一切！”

“人的因素，从最广的意义上来说，是我们的主要潜力，而把这种潜力变成现实的途径则是民主化。”

列宁认为，社会主义和民主是不可分割的。还认为：工作的规模越大，改造越深入，就越需要提高千百万人对它的兴趣，使他们坚信改造是必要的。由此可见：既然我们进行根本而全面的改革，我们也就应当发挥民主的全部潜力。

“没有公开性，就没有也不可能有民主。而没有民主，就没有也不可能有现代社会主义。”

戈尔巴乔夫仔细阅读书稿，时而增添一些内容，时而删掉几句话。改革已经进行了两年半，他在书中对这两年半的改革也作了总结。戈尔巴乔夫坦言改革的艰难：“我们在政治、经济、社会和精神领域开始的是一项伟大而艰难的事业。改革触及所有的社会阶层。这不是一件容易的事。我们已经走过了改革的某些阶段，也许是改革开始的一些最重要阶段。我们提出了改革的政策并且看到，社会是赞成这一政策的。这一政策正在实施中。当然，也产生了许多问题。”（1987年夏同詹·卡特的谈话）“这项事业是非常艰巨的。但是为了达到目标，值得不惜力量去干。”“毋庸置疑，修修补补是不行的，需要彻底改革。”“改革是一场革命，而且是最和平、最民主的革命。我们将在民主化进程的范围内，去克服那些在社会革新过程中遇到的和将会遇到的错误立场乃至直接的对抗。”⑬请记住这句话，1987年戈尔巴乔夫是这样说的，此后也是这样做的，直至最后，在“8·19”暴乱后和最终不得不辞职下台时。

由于修改书稿，他的度假延后了十天。他将自己的书稿阅读了三遍。按照美国出版社的要求，他还将改革以来大量的群众来信选了几封收入书里。自从改革以来，戈尔巴乔夫一直收到大量的群众来信，来自全国各地四面八方的信都是写给总书记本人的。赖莎做过统计：1985年总书记平均每月收到的来信4万封，全年共收到40.25万封信；1986年6万封。㉕以后每年都会收到几万封来自普通人的信。那些来信对他是极大的鼓舞和鞭策，也是他直接了解群众的呼声、愿望，对改革的反应和各种问题的渠道。戈尔巴乔夫经常定期选择一部分来信在政治局会议上读给委员们听。群众来信已经成为最高领导层和百姓沟通的必不可少的途径。他在书中引用了来自立陶宛的布里科夫斯基写的信：

1987年苏共1月全会后，“心中感触万分，简直不能再沉默了。多少年来，我们在党和国家的领导人中第一次看到了正气凛然的人们。仅这一点就已经是个伟大的成就了。

…………

“我想讲的是无产阶级和人民，是这场改革所考虑到的那些人。很遗憾，很多人还没有真正深刻理解和相信您的政策。但是，不应当感到意外。在这样可怕而漫长的‘冬天’解冻之后，很难期待头脑里能立即解冻。这将是一个长期的令人痛苦的过程。但是一切都会好起来。

“我是一个虔诚的天主教徒……我每个星期天在教堂从9点到13点为您和您的家庭向上帝祈祷。”

基什尼奥夫市一个年轻教师写道：“我们是今天的青年人。我们应继承列宁的事业，苏联人民的伟大事业。您的工作是宏伟的。让我们努力使这项事业不致徒劳无益！对我这封信的语调请勿见怪，它只是由于对某些人不理解党最近做出的决定和您本人与人民的交往而感到十分痛心。我要声明，我‘赞成’！赞成您与劳动人民会面，赞成坦诚而公开地谈论迫切的问题和困难等，但希望这些谈论最后能成为实际行动。然而，并不是所有的人都能理解和接受您那列宁式的工作作风：在人民中开展工作，为人民工作，代表人民工作！正因为此常常吵得声嘶力竭。

…………

“我同您在进行一次非常诚实而又十分原则性的谈话。我表达了苏联受过高等教育的整整一代青年人的想法和期望。”

通过写作这本书，戈尔巴乔夫对自己改革以来的很多想法和认识进行了梳理，进一步从理论上搞清楚了一些问题，更加坚定了改革的决心。回到莫斯科后，他将最后的定稿交给其他人传阅，没有人提出意见，于是交给了美国出版社。

美国出版社收到书稿后，还在疑惑，这真的是出自戈尔巴乔夫的手笔吗？他们仔细询问了该书的写作经过，拿回去全文阅读，次日兴致勃勃跑来说，已经确信这是戈尔巴乔夫的文笔，文字间显示出他的风格。11月该书用英俄两种文字出版，立刻风靡世界，成为最畅销的书之一……中国新华出版社当月就翻译出版了该书。

这本书在世界上产生了很大影响。看法和评价不尽相同。戈尔巴乔夫自己认为："我的第一本书非常成功。它赢得了广泛的反响，许多国家竞相出版。我把稿酬用于慈善目的，包括捐献给为援助亚美尼亚和塔吉克斯坦遭地震的难民而设立的基金会。""对某些题材的论述言犹未尽，但总的来说，它还是被认可了。当然，对待这本书的态度不会等同于一般的出版物：它毕竟是改革首创人的宣言嘛。"⑭

《改革与新思维》一书分为上下篇：改革篇，新思维与世界篇。全书共7章。

从这本书来看，戈尔巴乔夫当时还是一个坚定的社会主义者。他的改革意在更好地发挥社会主义的潜力，挽救这个多年来已经僵化，没有活力的社会制度。社会主义制度之所以停滞不前，是因为没有很好地发挥出它应有的潜力。

叶利钦辞职前后

1987年9月。莫斯科金秋。天高气爽，市内大片森林层林尽染，依然温暖的阳光洒向首都街头，洒在人们身上，感觉很是舒适。而克里姆林宫在秋阳的沐浴下，更显得巍峨迤逦。

再有一个多月就是十月革命70周年纪念日了。70周年，这可是个隆重的纪念日，不同于往年，一定要好好庆祝，况且这是在进行改革当中，改革是十月革命的继续和发展，改革是又一场革命。在这样的时刻纪念十月革命70周年，意义重大。

戈尔巴乔夫这段时间一直在积极准备纪念大会的报告，即使在休假中。

9月12日他在休假中收到了叶利钦的一封来信，信中提出，他要求辞去莫斯科市委第一书记和政治局候补委员的职务。叶利钦担任莫斯科市委第一书记近两年了。两年来他的最大收获是名声大振，身后聚集了一批追随者，受到一些媒体的追捧。他在首都的工作方式招摇，言语激进，标新立异。他经常向莫斯科人许愿，但落到实处的几乎是零。中央大力支持他，希望他把莫斯科搞好，从总书记，到政治局、政府、党的中央委员会都作出决定，从财政、粮食、干部等方面给莫斯科以支援，可是首都的状况根本未见多少改观。

叶利钦的做法很得一些人的支持，也引起不少人非议，特别是在党内上层。他大反特权，要求加速改革，此举得到不少普通百姓的好感和支持，他也因此成为莫斯科家喻户晓的改革先锋，赢得了一定的威望。但是，实际考察一下他的具体工作，莫斯科市的很多方面，特别是经济和商品供应不仅没有丝毫改善，相反更加糟糕。这种情况中央看到了，戈尔巴乔夫也很清楚，而作为党内第二号人物的利加乔夫对叶利钦的种种作秀和工作更是不满。利加乔夫在政治局会议上严厉批评叶利钦把莫斯科引向了崩溃边缘。两年多了，究竟做了些什么？取得了哪些成果以及还存在什么问题？作为莫斯科市委第一书记应当汇报工作结果。眼看离交报告的日子越来越近，但他却拿不出报告。这大概也是他提出辞职的一个原因吧。

1987年，叶利钦在莫斯科街头。

戈尔巴乔夫看出来了，这封信有那么点要挟的味道。叶利钦是在给中央施压，也是给总书记出了一道难题。改革仍然有很大的阻力，很多问题亟须解决，眼下工作如此繁忙，怎么能在这样的时候提出辞职！而且要辞去的是莫斯科市委第一书记一职！

面对叶利钦的辞职信，戈尔巴乔夫很为难。两难之处在于：若同意他辞职，必然引起拥护他的人的不满，也会引起舆论的关注，有一些人不想让他离去；若不同意他辞职，似乎有默认和袒护之嫌。撤换莫斯科市委第一书记也是一件大事，眼下工作繁忙，没有时间更多地考虑这个问题，而且不管怎么说，叶利钦对改革还是相当积极的，在目前的情况下，他的积极作用还占主要地位。戈尔巴乔夫思前想后，最后认为，最好还是请叶利钦本人收回辞职信，暂时一切照旧为好。

戈尔巴乔夫给叶利钦打了电话，夸奖他工作干得不错，劝说他留下来继续工作。“十月革命节即将来临，莫斯科是主角，必须发表重要讲话和做一些重要事情……工作吧，让我们好好地举办这次活动，问题以后再去搞清。这个问题你就不要再提了。”叶利钦答应了，但他出尔反尔，没有信守自己的承诺。

10月21日召开苏共中央全会，讨论十月革命70周年庆祝大会报告最后稿及有关事宜。会议由利加乔夫主持。叶利钦要求发言。在洋洋洒洒谈论过报告和改革等一些问题后，才转向他真正想说的话。他的声明耸人听闻：由于各种原因，他在政治局里没有得到工作。这说明他经验不足，还有其他的情况，但主要原因是得不到支持，工作处处受到掣肘，尤其是得不到利加乔夫的支持。由于这些原因，他请求解除他的政治局候补委员和莫斯科市委第一书记的职务。

叶利钦的辞职要求出乎所有人的意料，当即遭到一片反对声。与会者开始就他的声明发言，指出他此举是由于“自尊心受到了伤害”，“虚荣心太强”。工人扎通斯基登上讲台，直言不讳地说：“干吗要故弄玄虚呢？叶利钦这样提出问题是没有道理的。他太自负了，受委屈啦，以为人家瞧不起他，我说句工人爱说的实在话，无非自己想进政治局当官。”⑮

切尔尼亚耶夫在自己的书中也写道：“我已完全看清楚，他在中央全会上提出辞呈时，指望人们不敢接受他的辞呈。他在全国各地都已十分知名，而在莫斯科甚至备受欢迎。他估计到，西方也会把他的去职说成是改革的‘后退’或是‘紧急刹车’。”

会议期间戈尔巴乔夫坐在主席台上一直在观察这个人。他从叶利钦的脸上看出他内心的变化。他的面部表情是“一种奇异的混合体：顽强固执、犹豫动摇、懊悔沮丧。这便是所有喜怒无常者独具的性格特征”，⑯戈尔巴乔夫在改革初期对他很有好感，他办事干脆利落，从不拖泥带水，处事果断坚决，大力支持改革，虽然有时显得情绪不稳定，好走极端，但在大多数人仍然墨守成规时，叶利钦显得很突出。这是戈尔巴乔夫起用他的主要原因。但现在，总书记不得不重新审视这个人。

与会者纷纷发言批评他后，戈尔巴乔夫请叶利钦再次发言，讲讲他对中央委员们发言的想法。会场上响起一片反对声，说没有必要了。但戈尔巴乔夫坚持要叶利钦讲话。这也是民主化在中央的体现。于是叶利钦走上主席台再次发言，他有些紧张，说话很不连贯，承认了自己的发言“是一个错误”，但重申要求辞职。戈尔巴乔夫还想挽回局面，建议他再考虑一下是否撤回辞职声明。但他毫不犹豫地拒绝了，非常神经质地说：“不，我仍然请求解除我的职务。”⑰于是全会通过了一项决议，两点内容：对叶利钦的发言作出评价；责成政治局同莫斯科市委一起解决莫斯科市委第一书记的人选问题。

事隔两周，11月3日，戈尔巴乔夫又意外地收到叶利钦一封短信，信中说莫斯科市委批评了他的错误，但没有抛弃他，建议他撤回辞职声明，继续工作。他也请求给他继续担任莫斯科市委第一书记的工作机会。这封信令戈尔巴乔夫感到非常奇怪：这个人居然这么变化无常，一再出尔反尔，行为毫无逻辑可循，使人完全无法理解。他甚至不明白最基本的规则：对于全会通过的决议谁也无权撤销。再让他担任莫斯科市委第一书记已经没有可能。但戈尔巴乔夫没有自己决定，他把事情的前后经过全部转告了莫斯科市委，建议由他们做最后决定。

11月9日，十月革命节刚过，上午戈尔巴乔夫接到电话，又是关于叶利钦的事，这次事关人命。在莫斯科市委休息室中发现叶利钦满身是血。医生正在急救。真是莫名其妙！叶利钦试图自杀？后来搞清楚了，他是用办公室的剪刀假装自杀，戈尔巴乔夫认为不可能有别的解释。剪刀顺肋骨划了一下，留下一道血痕，对生命不构成任何危险。而叶利钦则被送往医院观察。后来流传着另一种说法：叶利钦坐在休息室一张桌子旁，手中拿着一把剪刀，他突然失去了知觉，倒在桌上，偶然被剪子划伤了肋骨。叶利钦本人对这种说法不满意。大约两年以后，这个事件被添油加醋，流传开来。假自杀一事被编成了一个勇敢动人的故事：一天夜里他在马路上遇到两个手握芬兰刀的流氓试图谋害他。他用力推开他们，就像扔掉两只小猫一般，但还是被刺伤了。

11月12日，莫斯科市委举行全体会议，戈尔巴乔夫、利加乔夫和扎伊科夫一起出席了会议。会上批评了叶利钦的错误，并决定解除他第一书记的职务。叶利钦被解除了职务，仅此而已，没有继续“整他”，体现出了一种正常的气氛。而且他还是政治局候补委员，后来还参加过几次政治局会议。戈尔巴乔夫在会议上特别强调不要完全否定一个人，对叶利钦要实事求是。1988年初，叶利钦被任命为苏联国家建委第一副主席（按部长级待遇）；2月全会，解除了他的政治局候补委员职务。

可是事情并没有结束。媒体继续大力吹捧叶利钦，将他变成了“英雄”，媒体的吹捧加剧了叶利钦原本的不满，情况变得复杂。后来谣言四起，居然把这件事描绘成当局对改革英雄的迫害。“应该认为这些谣言与叶利钦本人有关，也与已经将他吹捧为民主派领袖的那些人有关。”⑱但叶利钦暂时保持了沉默。他的羽翼还不够丰满，难以高飞。他需要聚集力量。但他内心深处是绝不会甘心的。他迟早会返回政坛，会达到他心中的目标。他的权力欲望会让他竭尽全力这样去做，只可惜当时很多人都小看了他。

果然，在不到一年后，1988年11月，他就带着一股强悍的力量重返政坛了。

为布哈林平反，重新看待苏共历史

时光飞逝，转眼已经迈入了1988年。这是戈尔巴乔夫发起改革的第四个年头。在1987年即将结束的时候，戈尔巴乔夫宣布："苏联即将进入改革的第二阶段。"

新年过后不久，2月5日，苏联宣布为布哈林等20人平反，外交部发言人还说，正在研究恢复布哈林的党籍问题。人们没有感到意外。改革以来，特别是随着公开性的深入，全社会都在开始反思历史，报刊上有大量文章，其中包括有关布哈林的文章。这些文章使人们清楚地了解到，历史上，特别是在三四十年代斯大林时期，一个个反党集团究竟是怎么回事，那些人是怎么被强加罪名迫害致死的。在对那一段历史的不断深入了解和思考中，自然也包括总书记和所有苏共高层领导人。

布哈林（1888—1938年）。

戈尔巴乔夫在1987年收到了美国著名苏联问题专家、史学家史蒂芬寄来的他的著作：《尼·伊·布哈林》。那一年8月休假时他带上了这本书。他读得很仔细，有时会出声念上书中的一段。这本书再次引起他的思考，并使他更加深入地了解了半个世纪前苏共内部的真实情况，看到曾被列宁称为"全党所喜欢的人物"和在遗嘱中誉为"党的最宝贵的和最大的理论家"是如何惨死在斯大林的冤狱中的。布哈林，这个名字很多年来一直是和"国际间谍"、"人民的敌人"、"杀人犯"、"恐怖分子"等联系在一起的。

布哈林1888年9月出生于莫斯科一个小学教师家庭，毕业于莫斯科大学。1906年18岁时即加入俄国社会民主工党，从此开始革命生涯。后来因受到沙皇追捕逃往国外，旅居在德国和维也纳，其间继续进行马克思主义宣传，为《真理报》和《启蒙》杂志撰稿。1917年二月革命后回国，被选为党中央委员，任《社会民主党人》报和《斯巴达克》杂志主编。十月革命后长期任《真理报》主编。因在签订《布列斯特和约》和国家工业化与农业集体化问题上与斯大林的主张不同，受到党内批判，并被开除出政治局。1934年起斯大林重新让他担任了《消息报》主编，并兼任莫斯科大学教授。基洛夫被暗杀后，开始了新一轮"大清洗"。布哈林也因此再次受到全党全国的无情批判。1937年他被开除出党并被捕入狱。1938年3月15日，与李可夫等16人一起被处死。布哈林那一年还不满50周岁。自此布哈林的所有著作和文集都遭到禁止，布哈林在历史教科书中一直以“反党”、“反列宁主义”的面目出现。

布哈林被处死那年，戈尔巴乔夫才7岁，刚刚上了村里的小学。他对布哈林的了解和同时代的人一样，全部来自教科书：布哈林反对列宁和斯大林，参与了反党集团的活动，是卖身投靠希特勒的叛徒，是人民的敌人。这是很多年来人们所知道的一切。现在，戈尔巴乔夫在这本书里（此前已经在报刊上）看到的完全是另一种情况。布哈林含冤而死。他的罪行全部是有预谋的捏造。临被捕前他写了举世闻名的《致未来一代党的领导人》的绝笔信，让他年轻的妻子熟记于心。他相信自己没有罪，他一直积极参加革命，他从来没有反党反列宁和斯大林，更没有参与谋害他们。他抱着这样的坚定信念：自己完全是被诬陷迫害的，清白和真相总会有一天昭之天下。

布哈林的妻子拉林娜和儿子尤里在赫鲁晓夫时期和后来，多次请求重新审理布哈林的案件，但都如同石沉大海，没有回音。赫鲁晓夫时期很多受害者都得以平反，恢复名誉，唯独布哈林的反党案件没有人敢触动。拉林娜和尤里还给意大利共产党领导人写过信，请求他们帮助为布哈林平反，意大利共产党人很同情他们，却爱莫能助。而在此期间，国际上一直持续着一股布哈林热……看着那些文字，戈尔巴乔夫心中很不平静。“不要留下一个历史空白”，这是他提出来的，也是彻底改革所必需的。该是恢复“布哈林反党集团”的历史真实面目的时候了。他已决心要为其平反。

1987年，在庆祝十月革命70周年的讲话中，戈尔巴乔夫有一段话谈到布哈林，他特别称赞了布哈林在粉碎托洛茨基的斗争中所起的重要作用。1988年2月，在布哈林被处死将近50年的前夕，终于正式为布哈林、季诺维也夫、加米涅夫等人作了平反。半个世纪过去了，布哈林的罪名终于被洗刷。

布哈林的夫人拉林娜，当年年仅二十余岁，如今已经是一个白发苍苍的老太。她和儿子后来的遭遇尤其让戈尔巴乔夫感叹：布哈林被捕后，年轻的妻子带着不足两岁的儿子被赶出克里姆林宫的住所，后来斯大林搬进了那套住房；在布哈林被处死后，拉林娜被流放到乌拉尔，在集中营和监狱中度过了18年。她侥幸活了下来。她的儿子尤里先在姨妈家后在孤儿院中长大成人。苏共二十大后，1956年，被释放的拉林娜才在西伯利亚一个偏远的小村子里找到儿子，母子得以相见。也就在那个时候，年轻人才知道，他的父亲就是赫赫有名的“人民的敌人”布哈林。1961年拉林娜和儿子回到莫斯科定居。从此母子俩开始将全部精力花费在为布哈林洗清冤屈的奔波中……50年，半个世纪过去了，现在布哈林终于可以在九泉之下安心了。他的妻子和儿子等待了半个世纪，也终于看到了这个结果。戈尔巴乔夫恰是布哈林绝笔信中的“未来一代党的领导人”。

为布哈林等人平反后不久，莫斯科的中央列宁博物馆展出了布哈林、季诺维也夫、加米涅夫和托洛茨基的照片。苏共历史上最棘手和最大的冤案之一，一直未能得到平反昭雪的所谓“布哈林反党集团”案件，终于得到解决，画上句号。

布哈林等人最终平反昭雪，这是提倡公开性和反思历史的成果之一。而在之前的1987年7月5日，苏联最高法院宣布为1937年被错误处理的革命家穆拉洛夫平反；此后又陆续为许多知名的和不知名的受害者平反，其中包括红军将军图哈切夫斯基和李可夫、社会主义经济理论创始人孔德拉季耶夫、合作化问题理论家恰亚诺夫等。这些人都是在斯大林的“大清洗”中作为“人民的敌人”被枪毙的。那一时期被枪毙的计有成千上万人，他们也陆续得到了平反。后来，据1990年2月13日塔斯社透露，1930年至1953年间，因所谓“反革命国家罪”而遭到迫害的人共计3378234名，其中786098人被处决。在1988年至1989年间，苏联重新审查了其中的856582人，为其中844740人恢复了名誉，审理了受害者和其家属的6.8万多封申述信。对积极参加斯大林时期的镇压行动的国家安全委员会的1342名前工作人员，给予了严厉处罚，严重者甚至执行了枪决。⑲

报刊上的大量文章，以前所未有的大胆和直言，评说历史，探寻苏联现行体制的弊端，追根溯源。卡廷事件也是在这一时期被披露的。一万多名波兰军人在二战中被枪杀的恐怖事件，其决定者就是斯大林。世界上第一个社会主义国家的最高领导人，竟然下令枪杀这么多无辜官兵，令人震惊和恐惧。

卡廷事件的真相戈尔巴乔夫在一年前就已经得知了。那时国内外呼吁搞清楚卡廷事件真相的呼声很高。戈尔巴乔夫委托国际事务助理切尔尼亚耶夫从落满尘土的档案馆里找出了最原始的材料，他看了那些发黄的文件上的签名，心中大惊，默想道：天哪，果真是我们的错！但他知道这件事过于重大，因而暂时没有公布其真相。媒体后来在日益高涨的公开性的推动下自行公布了所有的秘密，确凿的事实令世界哗然。多少年来一直有人猜测这是出自红色帝国最高领导人之手进行的大屠杀，现在终于有了铁一般的证据。

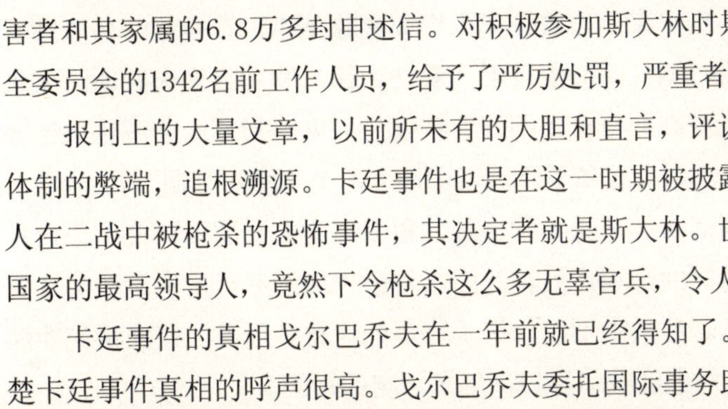

1990年4月，戈尔巴乔夫将卡廷惨案文件转交给来访的雅鲁泽尔斯基。

在苏联学者和知识分子反思历史

中，大量文章揭露和控诉了斯大林在30—50年代残酷迫害和无情镇压的“大清洗”运动，几百万无辜者被枪杀、监禁和流放，罪行令人发指。不少文章还指出斯大林在社会主义建设和卫国战争中也犯有诸多错误。当然也有不同的声音，他们不同意全盘否定斯大林。持这种观点的主要是一些老年人。

另一个评论热点是赫鲁晓夫。他是苏共历史上第一个发起改革的人，但结局不是很妙。现在戈尔巴乔夫正在进行新的改革，回顾赫鲁晓夫改革的经验教训很有现实意义。对赫鲁晓夫的改革，很多文章持肯定态度，认为他敢于揭露和反对斯大林的个人崇拜，是一个伟大的历史功绩。同时也指出他最大的不足和错误是将所有的问题归结为“个人品质”，而没有认识到其根源在于体制。因此他无法从根本上摆脱模式的局限。在他身上同样存在听不进不同意见、瞎指挥的主观武断作风。这也是他的改革最终未能成功的原因之一。

对于执政长达18年之久的勃列日涅夫，大多数文章的评价基本是否定的。他们认为，勃列日涅夫执政期间社会缺乏活力，经济发展缓慢，很多问题都掩盖在“平稳”之下。晚年的勃列日涅夫思想僵化，大搞个人迷信，不断为自己授勋，鼓励歌功颂德，重用亲信，致使党内腐败现象丛生。正是这一切造成了苏联危机前期的“停滞时期”。但也有不同看法，认为勃列日涅夫时期国家政局平稳，人民生活不无提高，有什么不好？特别是后来，当苏联经济越来越恶化、社会越来越动荡时，不少人私下开始表示怀念那个“停滞时期”。

这一时期报刊极其活跃，言论异常大胆，很多鲜为人知的资料公之于众，不少秘密揭开了神秘的面纱，观点五花八门，看法大相径庭。所有这些文章戈尔巴乔夫都会仔细阅读。他从中不仅获得了更多的信息，而且一些文章使他深受启发，其中不少观点对他的改革思想产生了一定的影响。

公开性已经深入社会，深入人们的思想，深入到一切领域，并推动了改革。这正是戈尔巴乔夫所希望的。但不受任何限制的民主与公开，它的另一面作用也在显现。一些别有用心的人接过这个口号，制造事端，出版非法刊物，散布极端言论，成立各种组织和团体。在公开性的大旗下，正确的，错误的，捕风捉影的，甚至造谣和无中生有的言论，都出现在各种媒体上，搞得社会一片混乱。一些长期被掩盖的问题借助民主与公开被揭示，但矛盾却没有得到解决，反而更加激化。最突出的就是民族问题。民族主义抬头，分离倾向出现，并引发了多起民族纠纷和流血事件。民主与公开犹如打开了闸门的洪流，势不可当，没有约束，弥漫了一切角落，领域，开始泛滥，甚至倒流，溢出了需要的轨道。

公开性的另一种作用在显现！也许这是矫枉中必须经过的过程和必须付出的代价？但是，公开与民主确实已经如一匹脱缰的野马，很难驾驭了。

面对否定一切，打倒一切的极端做法，本来就对几年来的改革持保留态度的传统派，对改革产生了越来越大的怀疑。他们同样是出自真心和对国家和百姓的负责，唯恐事物走向极端，走向反面。这是构成3月出现尼娜·安德烈耶娃的对改革表示怀疑的文章的社会基础。

社会在激烈的变动中已经开始分化。知识精英层和上层权力机构，从左的方面和右的方面，都越来越出现了明显的分歧以及对总书记的不满。而党内也在分化：3月间公开宣布成立了保守的反对派，也有激进的反对派，所有这一切，都令戈尔巴乔夫担忧和不安。而这种分歧和不满，终于在4月表面化了。

一封信引起的大辩论

1988年3月，戈尔巴乔夫即将出访南斯拉夫。他看到13日党的机关报《苏维埃俄罗斯报》整版刊出了一篇文章，标题是《我不能放弃原则》，署名尼娜·安德烈耶娃。这是列宁格勒工艺学院的一位女教师写给报社编辑部的一封信。戈尔巴乔夫顺手把那份报纸放到一个抽屉里。那个抽屉里的文章是他以后抽空要阅读的资料。

从南斯拉夫回来后，戈尔巴乔夫仔细阅读了这篇长文。文章对目前改革的许多做法和日益明显的全盘否定苏联历史和斯大林的倾向表示反对，对不少青年人的虚无主义情绪和思想混乱状况表示担忧，认为当前涉及到的主要问题是："承认还是不承认党、工人阶级在社会主义建设中也就是在改革中的领导作用。"戈尔巴乔夫读过全文，虽然还不太清楚这篇文章的背景，但他敏锐地感觉到这封信决不会出自一个教师之手。文章发出的是与改革不同的声音。

当时正在召开集体农庄庄员代表大会，休息喝茶时，大家随便谈到了这篇文章，一些人交口称赞，认为是一篇好文章。利加乔夫对此文也大加赞扬，葛罗米柯和索洛缅采夫同样持欣赏态度，雅科夫列夫则表示了不同意见，认为这是反改革的宣言。戈尔巴乔夫当即明确表态，文章是反改革和反2月全会精神的，他提议在政治局进行讨论。

政治局连续召开了两天会议，对此展开了深入讨论。雅科夫列夫做了20分钟的发言，将文章定性为反改革的宣言书，这成为后来官方评价的基调。雷日科夫也逐句逐字对此文进行批驳。谢瓦尔德纳泽、梅德韦杰夫、斯柳尼科夫和马斯柳科夫也相继发言批驳文章的观点。戈尔巴乔夫很尖锐地指出：文章是反对改革，反对2月全会的。这篇文章是受人指使写的。2月全会刚刚开过，"我在全会上宣读的不是个人的报告，是政治局集体通过的。大家一起讨论并批准了这个报告。现在好像要奉行另一条路线了。我不想抓住自己的交椅不放，但只要我还在这里，我就要捍卫改革”。⑳面对一片反对声，利加乔夫脸色苍白。他承认《苏维埃俄罗斯报》主编来找过他，他自己也赞同这篇文章的观点。但除此之外，没有更多的其他关系。“你们可以调查。”会上有人提出将利加乔夫调离主管意识形态的工作，但戈尔巴乔夫暂时没有采纳。

政治局会议的意见并非一边倒。索洛缅采夫、尼科诺夫和卢基扬诺夫为利加乔夫辩护。莫斯科市委书记扎伊科夫说自己没有及时搞清情况。和整个社会一样，党的最高层对改革以及如何看待历史问题也有分歧，这已经是不可掩饰的事实。但是改革派占据优势。会议通过了一项决议：责成《真理报》发表批评文章。

现在来看看利加乔夫的说法。他说他是在报纸发表这篇文章后才第一次读到的，但是文章的观点确实是他欣赏的。而且这样的文章是他委托编辑部在大量的来信中挑选出来并刊登的。他对社会上一些人借助民主，大肆歪曲和诬蔑国家历史的做法已经非常不安和不能容忍。这篇文章登出后，编辑部和中央收到一大堆信件和自发出版物的文章，有的反对，有的支持。与此同时，利加乔夫本人也收到来自各区委州委的表示赞同和支持的大量来信和电报。他们在信中说：“终于等到党出来说话了。”尼娜·安德烈耶娃的信，在苏联全国引发了一场关于改革和历史问题的大辩论。

尼娜接受HTB电视台采访，手中是她写的长篇文章。

4月5日，《真理报》以整版篇幅发表编辑部文章，对尼娜·安德烈耶娃的文章进行了严厉的批评，认为信中反映的思想观点背离了苏共二十七大制定的方针路线，是“反改革势力的思想纲领和宣言”。批评文章出自雅科夫列夫等人之手。自此各媒体相继纷纷发表文章，批驳来信，批评利加乔夫，支持《真理报》。舆论一面倒。利加乔夫很沮丧，对戈尔巴乔夫说，希望中央调查，他没有下过指示，将尼娜的文章作为中央的意图……戈尔巴乔夫很清楚，即使利加乔夫没有下过什么指示，但文章反映了他的观点。这样的观点就是反对改革。但是总书记对利加乔夫怀有恻隐之心，安抚他说：“你放心好了，用不着调查，她（指尼娜·安德烈耶娃）还不足以伸手到政治局里搞分裂……”㉑

一封信引起的大辩论，是来自社会的两种不同意见的激烈交锋，反映了人们对改革的不同看法，也暴露出上层的矛盾和分歧。来自保守方面的声音，代表人物就是党的二把手利加乔夫。戈尔巴乔夫并非没有注意到，早在1987年就有端倪。1987年秋，利加乔夫在莫斯科某地方教师积极分子会议上的讲话中，对社会上一些人在“公开性”旗号下大肆诬蔑歪曲社会主义、苏联历史和苏联共产党，公开给予了痛斥。他说，不少媒体不去认真进行科学考证，也不仔细核对事实，不负责任地刊载了很多文章，哗众取宠，耸人听闻。这种“向历史泼脏水的行径引起千百万人的愤怒，这不足为奇。一些报刊和苏共中央收到了几十万封信，信中愤怒地谴责了改革的‘工程主任’们的沽名钓誉的勾当”，“国内外的某些人企图破坏苏联社会主义建设道路，把社会主义建设说成是一连串的错误，拿无端镇压的各种事例来抹杀人民建设社会主义的功绩。……应当从这一点出发，负责地和充分地向青年讲党和国家的英雄历史”。[22]

这大概是利加乔夫第一次公开表明自己的看法，他的声音和中央不很一致。这次讲话引起了国外媒体的注意。戈尔巴乔夫稍后看到了《泰晤士报》有关评论，里面有这样的话：“利加乔夫讲话的调子和内容与现在出现的对社会和历史问题的大多数评论不同，看来，这个讲话证明利加乔夫对苏联领导人的改革规模和结果表示极大的怀疑。……这表明，苏联现在进行的某些改革遇到很大阻力。”[23]

戈尔巴乔夫将摘自《泰晤士报》的评论寄给了利加乔夫。不久媒体开始攻击利加乔夫，说他不满改革，想回到斯大林时代。后来这种说法进一步升级，说利加乔夫在策划阴谋，想将戈尔巴乔夫赶下台去。

据利加乔夫后来自己说，他自那个时候起确实开始怀疑改革。他与戈尔巴乔夫“在改革的很多问题上看法相左。历史问题只是其中之一”。[24]他认为，正是从1987年年底开始，1985年4月通过的改革方针被改变了。“公开宣布的并为苏联人民支持的改革目标，已被部分最高政治领导人取代，他们实际上执行的是更换现存制度根基的方针。这种根本的更换使社会严重混乱，使人民深受灾难和痛苦贫穷。”[25]他是一个“有原则和责任心的人。他不想迎合戈尔巴乔夫的看法，也不想保持沉默”。[26]1988年苏共召开2月全会，会上利加乔夫在报告中又一次十分明确地阐述了他“反对歪曲和污蔑历史”的立场。

利加乔夫。

高层领导集团的矛盾最尖锐地表现在利加乔夫和雅科夫列夫之间。自改革以来这两个人一直是戈尔巴乔夫改革的中坚力量，雅科夫列夫更是戈尔巴乔夫三套马车中的一员。而利加乔夫不仅对戈尔巴乔夫入主克里姆林宫起了相当主要的作用，而且对此后的改革也一直鼎力相助，积极支持。利加乔夫和雅科夫列夫两个人在改革头两年同时是意识形态工作的负责人。但是随着改革的深入，随着公开性、民主化的大力推行，在民主与公开成为一股汹涌的无法控制的力量时，利加乔夫开始产生怀疑：这样搞下去究竟会向何处发展？否定一切就是改革吗？把我们的党说得一无是处符合实际吗？他赞同改革，不改革国家和党没有出路，但不应当这样搞改革。因此他非常赞同尼娜·安德烈耶娃的文章。在这个问题上，他和雅科夫列夫的看法截然相反。其实他们两人的分歧早已存在，只是在这时更加表面化。

“两报之争”最后以《苏维埃俄罗斯报》公开认错而告结束。但斗争其实才刚刚开始，并且始终没有停止。在选举苏共第十九次代表会议的代表中，在会议召开前一个月对政治改革提纲进行的讨论中，以及在代表大会上，都表现出两种观点的激烈交锋。一些代表在会上点名批评葛罗米柯和索洛缅采夫等人，认为他们已不适应改革的要求。会议结束时，叶利钦与利加乔夫针锋相对，唇枪舌剑。斗争在会后继续。8月，戈尔巴乔夫去休假了。在这期间，利加乔夫和雅科夫列夫在外交和市场经济问题上公开发表完全不同的意见，再次显示出中央领导之间的尖锐矛盾。

4月中旬，戈尔巴乔夫分三批召开了全国州委书记和加盟共和国共产党中央委员会书记会议，共计150人。目的是为第十九次党代表会议下毛毛雨，并且说明对尼娜·安德烈耶娃信的立场。会议的主题仍旧是那封公开信。由于当时各级领导接到了“上面”的指示，各州报都作了转载，流传很广，影响很大。

戈尔巴乔夫在会上强调国家要法治，他说：“我们必须明确建设法治国家的任务。我们已经提出了社会主义法治国家的思想。这个思想的核心是大家以法为依据，包括政治局。坦率地讲，党不是通过民主的途径取得它现今的地位的。这一点不仅在西方有人，而且我们的法学家早就‘批评’过了。情况说明，我们是首先破坏法律的。谁应该首先遵守法律呢？以及遵守‘自己的’党的原则呢？难道不是党吗？任何地方，任何人都没有像我们的党有的那种权力，而制约只有一个——良心和党性。但是，正如历史表明的那样，仅此一点是不够的。”“一切权力归苏维埃，这一口号的意思就是指法制国家。”㉗

戈尔巴乔夫这番话实际上已经包含着承认多党制的意思。党的执政地位并非通过选举取得，这不符合法制；而对党的至高无上的权力的约束只靠良心，历史证明这远远不够。这段话极其深刻，抓住了迄今为止一切集权统治的特性和实质。它表明戈尔巴乔夫在改革中也在不断深化和改变自己的思想。

十九次党代会

6月底，召开了第十九次党代表会议（注意：不是大会）。这是间隔了47年之后的代表会议。苏共党代表会议是当届党代表大会召集代表的不定期会议，一般在要解决党内重大事件时召开，或在本届中央领导机构任期内需要就全党决策的事情进行全党表决时临时召开，一般不涉及党内人事变动。

从4月底就开始为这次会议做准备。戈尔巴乔夫经常召集小圈子会议，商讨十九次党代会的报告思想。他说这将是一次"里程碑式的会议"，但不能取代1985年4月会议。革命那时就开始了。

5月底，莫斯科艳阳高照，微风和煦。苏联人民在电视里看到，风度翩翩的里根总统偕夫人南希，在戈尔巴乔夫夫妇和其他苏联领导人陪同下，在洒满阳光的红场上踱步。他们面带微笑，亲切交谈，时而与碰到的群众问好并交谈几句。时代真的是变了。昔日两个敌对的超级大国不遗余力地搞军备竞赛，相互大肆攻击，今天两国最高领导人握手言欢，促膝商谈关系世界和人类的重大问题，实在是向世界和平的目标迈出了巨大的一步。

这是14年来第一个访问苏联的美国总统，也是里根首次踏上世界上最大的

戈尔巴乔夫和里根在红场漫步。

社会主义国家的土地。他和苏共中央总书记之间的会晤，是三年来的第四次。

里根夫妇和戈尔巴乔夫夫妇还一起在著名的步行街阿尔巴特街头漫步观光。他们的关系进一步密切了。此后两国首脑相互往来的信函有时会签上两个人的小名：罗恩和米沙。

里根此次对苏联进行了为期五天的访问，其间与戈尔巴乔夫进行了四次会谈。其中最精彩的一幕是在苏联作家协会主席卡尔波夫为里根夫妇访苏所举行的晚宴上，里根流利而富有表情地背诵了苏联著名女诗人安娜·阿赫马托娃的一首诗，他抑扬顿挫，时而缓缓如溪流，时而急速如暴雨，赢得在场者一片欢呼。他这一招很得苏联文学艺术界好感。5月31日，里根来到高等学府莫斯科国立大学，对学生发表演讲。在该校一幅列宁画像前，里根生动地描述了全球民主革命的扩展以及在当今的通讯时代中自由思想的力量：

"……站在这儿，一幅描绘你们的革命的壁画前，我想谈谈目前正发生的一场完全不同的革命，它悄悄地席卷全球，没有流血和冲突。它的作用是和平的，但将从根本上改变我们的世界，砸碎陈旧的想法，重塑我们的生活。"

"自由是这样一种认识，即没有任何一个人，没有任何一个权威或政府能垄断真理，而每一个人的生命都是无比珍贵的，我们每一个降临到这个世界上的人都是为某种原因而来，要作出某种贡献……"

"进步不是预先注定的。关键是自由——思想的自由，信息的自由，交流的自由。"

美国总统的精彩讲演使苏联最高学府的学子大开眼界。

接下来，在十九次党代会召开之前，戈尔巴乔夫又接见了红衣主教卡萨罗利，举行了会谈。在此之前的4月，戈尔巴乔夫在克里姆林宫接见了莫斯科和俄罗斯大牧首。他说将在近期内通过信仰自由的法律，并宣布将把一些文化建筑物归还给教会。

6月底，筹备了几个月的十九次党代表会议如期召开。会议主要议题是：总结苏共二十七大以来的改革形势；提出进行政治体制改革的方案。

十九次党代表会议在政治体制改革方面迈出了一大步。会议通过了若干重大决定，其中主要有：废除领导人职务终身制，实行任期制，任期不得超过两届，每届5年；党政各级领导干部实行差额选举制；每隔2～3年召开一次各级党代表会议，部分更换党委成员；党政职能分开，扩大苏维埃的权力；建立新的国家最高权力机关——苏联人民代表大会；改革法制，加强监督，建立宪法监督委员会和党的监察委员会；反对官僚主义，实行"民主化"和"公开性"等。

十九次党代会再一次充分体现了公开性，具体表现在每个代表的发言上。代表们的发言没有任何禁区和条条框框，发言者不随大流，更不看领导的脸色，讲的完全是自己想说的话。做到这一点并不容易，多少年来形成的习惯是，歌颂，赞扬，吹捧，说领导爱听的话，一句话，即对领导歌功颂德，阿谀逢迎。在党的代表大会上能有这样生动活泼直抒己见的场面，实属不易，而这正是改革和公开性的一个成果。

在畅所欲言中，自然会有不同的声音，这很正常。但这声音又是来自上层，来自利加乔夫，总让人感到有点不安。利加乔夫在大会的报告中巧妙地告诉大家，情况并不是像戈尔巴乔夫所说的，改革是国家出现总危机时的必然选择，而是由政治局秘密决定的。1985年春天，当国家再次面临选择接班人时，他处在事件的中心，是他和切布里科夫、葛罗米柯、索洛缅采夫一起推举戈尔巴乔夫入主克里姆林宫，坐上了头把交椅，此后才有了现在的改革。他们当时也可以推举其他人，那样历史将会朝着另一个方向发展。他在托木斯克当州委书记时，使这个州很快发展繁荣，如果没有自由民主和公开性的废话妨碍他，他也会使全国繁荣发达。他将戈尔巴乔夫的改革比喻为：飞机起飞了，但不知往何处降落。他还引用了普希金的诗句：在野蛮的痛恨声中听到了赞许的声音。意思是指西方对他一片骂声，但在骂声中听到的是对戈尔巴乔夫的赞扬。

利加乔夫利用这次党代会，再一次充分地阐释了自己的看法。戈尔巴乔夫对此看得清清楚楚，但他又一次姑息了利加乔夫，没有对他的发言做出任何反应。相反，在最后的总结报告中，用了1/3的篇幅大谈叶利钦的不是。

代表会议中另一个引人注目的发言者就是销声匿迹了一年半的叶利钦。

十九次党代会的代表中原本没有叶利钦，但是他提出来："为什么其他部级干部都是党代表，唯独我不是呢？"他被贬为副部长，但是待遇却是部长级，提出这样的问题也在情理之中。于是他为自己争取到了党代表的资格。他很重视这一难得的机会，他会好好利用。他没有忘记1987年2月戈尔巴乔夫亲自打电话通知他新的工作岗位和职务时说过的一句话："我决不会再让你搞政治了。"他对此一直耿耿于怀，不服输的倔强性格使他一定要返回政坛。这是一次很好的机会。在这次代表会议上他要发言，要亮相。

当身材高大的叶利钦走向主席台请求发言时，很多人惊讶不已。叶利钦在发言时也略显紧张，他已经很久没有在公众场合讲话了。更让代表们惊讶的是他的大胆要求。叶利钦在发言中认为他过去的一些建议已经被事实证明没有任何错误，错误的是对他的处理。他要求会议恢复他的政治名誉。

一直看不惯叶利钦的利加乔夫当即发言，指责他进入政治局后就走上了一条"错误的道路"，认为此人不具有"建设性的能力"，而是带着一股"破坏性的力量"。会场内外对叶利钦此举也颇为关注。这个一向喜欢标新立异，显得与众不同的人，这次亮相表明了什么？他返回政治舞台的目的是什么？他又将扮演一个什么角色？会有什么新奇的举动？人们拭目以待。但无论如何，叶利钦的目的达到了。他成功的利用了这个讲坛，再次成为人们关注的焦点。

十九次党代会结束后，叶利钦收到了来自全国各地的无数封支持信。他们视叶利钦为彻底的改革派。西方媒体也对他格外关注，经常报道和采访他，邀请他出访。利加乔夫等人对叶利钦的批评，以及总书记在最后的总结性报告中对他的批评，反而增加了人们对叶利钦的同情和支持。这次重新亮相后，11月，叶利钦完全以胜利者的姿态返回了政坛——虽然很侥幸，但他还是得到了人民代表的资格。下文会谈及叶利钦如何侥幸得到人民代表资格的经过。

十九次党代会于7月初结束。外电普遍认为，这次会议是戈尔巴乔夫激进的政治改革的开始。后来研究苏联改革的历史学家认为，这次党代会是一个分界线，改革的实施阶段结束，进入了第三阶段，改革开始走下坡路。

切尔尼亚耶夫对这次党代会有这样的印象：十九次党代会展示了戈尔巴乔夫的另一面，西方只知道戈尔巴乔夫是一个不寻常的有趣的真诚的多情的有能力采取突然行动的聪明机智的人，在十九次党代会上他们还看到，这个人还是一个非常有自制力的掌握吸引人和带领人民群众前进艺术的政治家。十九次党代会提高了他的威望，通过的决议是独一无二的。㉜

作者按：1987年年底，我从人民日报社调到了中国社会科学院苏联东欧研究所（苏联解体后改为俄罗斯东欧中亚研究所）工作，在《苏联东欧问题》杂志做编辑。自此，对苏联改革的关注就不仅仅是我的一般的兴趣，而且是我的工作。这里是研究苏联及其改革的最高机构，资料信息都是最好的。我自然也把主要兴趣放在了原本就很关注的苏联改革上。苏联的改革究竟如何？它会走向哪里？戈尔巴乔夫能完成他的历史使命吗？

1988年年初，所里给每个人发了一本戈尔巴乔夫刚刚出版的著作：《改革与新思维》。我认真地读完了这本书，对戈尔巴乔夫颇有好感，对他的改革设想极感振奋。上半年我搜集了一些资料，写了一篇关于他的文章：《戈尔巴乔夫其人与苏联的改革》，刊登在《苏联东欧问题》1988年第五期上。文章对苏联改革和苏联新一代领袖戈尔巴乔夫作了分析，对他倡导的改革作了预测，后来看，当初对苏联改革的预测似乎有些乐观。1989年初秋我有幸赴苏留学，来到了改革的中心。留学一年多的时间，苏联社会变化剧烈，我看到的真实的改革也与之前在远处看到的图景大不相同，我看到的是红色帝国最后的黄昏，是崩溃前夕的种种预兆。

注释

①⑧⑨⑩⑪⑫㉑㉓阿·切尔尼亚耶夫：《在戈尔巴乔夫身边6年》。

②④⑤米·谢·戈尔巴乔夫：《改革与新思维》。

③数字援引自阿·切尔尼亚耶夫：《在戈尔巴乔夫身边6年》。

⑦⑭⑮⑯⑰⑱⑳㉗《真相与自白：戈尔巴乔夫回忆录》。

⑥本小节引语均出自阿·切尔尼亚耶夫：《在戈尔巴乔夫身边6年》，不再一一注明。

⑬本小节以上引文均来自《改革与新思维》，不再一一注明。

⑲数字援引自《俄罗斯证人》一书附文：《苏联解体纪实报告》。

㉒㉔㉕㉖叶·库·利加乔夫：《戈尔巴乔夫之谜》。

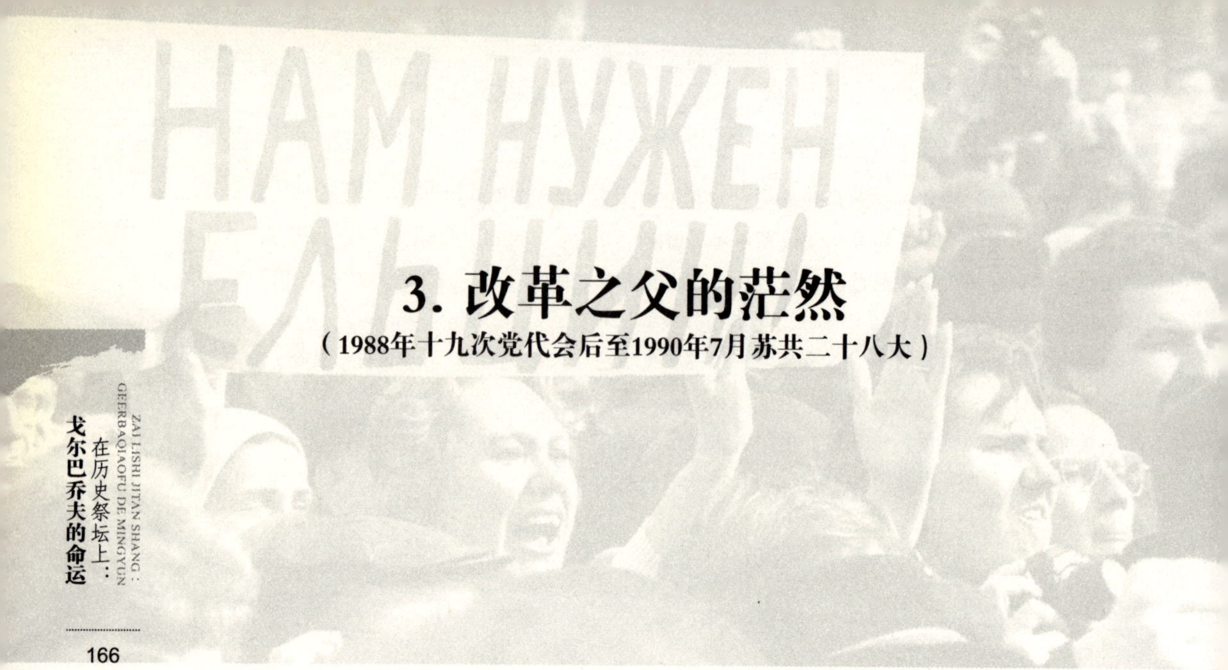

3. 改革之父的茫然

（1988年十九次党代会后至1990年7月苏共二十八大）

那一天

总书记的那一天很有意思。1988年7月9日。十九次党代会刚刚结束。

像每天一样，戈尔巴乔夫在前一天工作到夜里一两点，躺下睡觉时已经是凌晨4点钟了。早上7时左右起了床。

总书记一般都会在早上七八点起床，如厕，游泳，早餐。9点15分从家里出发，乘上那辆“吉尔”轿车，去克里姆林宫上班。他总是坐在车后座的右首。

戈尔巴乔夫一天的工作在汽车上就开始了。他在车上会拿出笔，在纸上写着什么，或者读着什么，做一些标记；经常也会在车上给某个人打电话，交谈几句，或是询问一些情况。车里有两部连线电话，戈尔巴乔夫会请司机用前面的电话接通某个人，然后他拿起后面的话筒讲话。中间有玻璃隔板挡着，因此不会影响司机驾车，司机听不到讲话的内容。在大约15分钟的路途上，他来得及和三四个人通电话。

汽车驶入克里姆林宫后，一些人在他走出汽车时就拦住了他，或者在走廊里。他们早在那里等候，有急事找他。有时候拦住他的那些人只是想和总书记说上一两句问候的话。在他走进办公室的路上——在走廊里，戈尔巴乔夫会不断地停下来，交代某个人办事，给另一个人提建议，通知第三个人去做什么——总之没有片刻喘息的时间。总书记日理万机，但他精力充沛，身体健康，几年来每一天几乎一直是这样“拼命”地工作。周日是他的休息日，有急事时也要工作，而周六则是他的“法定”工作日。

这一天的情形和往日差不多。吃过早餐，9点15分坐上了他的汽车。在汽车上打了几个电话，询问了接见印度总统的安排，又就出访波兰的事情和某个人通了话——他近期要去华沙出访。汽车此刻已经驶进克里姆林宫的斯帕斯基大门，直接驶向他的办公楼。还好，今天没有那么多人拦住他。

十九大结束了。最重要的关于政治体制改革的一系列文件已经通过，改革在一步一步向前推进。十九大出现的一些情况，利加乔夫发出的不同声音和叶利钦东山再起的企图，使改革变得艰难曲折。一方是来自保守的右倾势力，另一方则来自激进的左派。戈尔巴乔夫清楚地认识到，右派和左派都是改革的阻力，都会葬送改革。他在1987年就说过：不管是左派还是右派，都是改革的掘墓人。他必须同时与这两方面作斗争。保守派在党内和社会上势力很大，特别是在党内，尼娜·安德烈耶娃的公开信很说明了问题；而左派形成的势力也不可小觑，叶利钦身后虽然是一支杂牌军，暂时形不成大气候，但他激进的言辞和特异怪行的做法很能蛊惑人心。形势挺复杂，但戈尔巴乔夫还得继续走下去。

这栋楼就是当年的苏共大厦。

戈尔巴乔夫的担忧不无道理，他发起的改革最终还是被这两股势力形成的合力葬送了，同时引发了海啸：苏联解体。

目前的事情还很多。要改革选举制。这是切实实施十九大政治体制改革决议的一步。还要处理很多问题，会见络绎不绝的来宾……要做的事情太多了，还是把目光放在今天吧。眼下要会见印度总统。接下来要作出访波兰的准备，然后可以稍事休息一下，去黑海边休假……又到8月了，到了每年夏季的休假时间，时光过得可真快……

会见完印度总统后，已近中午。总书记突发奇想，兴致勃勃地对切尔尼亚耶夫提议步行穿过克里姆林宫和红场，经过俄罗斯宾馆，直接走到老广场的苏共大厦。

两个人饶有兴致地走出办公楼，穿过克里姆林宫的庭院。

阳光明媚，游人如织。切尔尼亚耶夫跟着戈尔巴乔夫向斯帕斯基大门（出入克里姆林宫的大门）走去。戈尔巴乔夫让保安人员离他们远一点，省得总是在眼前晃。他们从熙攘的人群中走过。游人看见戈尔巴乔夫从他们身边走过时，惊讶不已，离他们近的女人却已大胆地走上前去搂住了戈尔巴乔夫的脖子亲吻，一些人对他使劲鼓掌。戈尔巴乔夫走到一群人前，握手问好，问他们从哪里来，然后继续往前走。经过亚历山德罗夫教堂时，跑来一大群人，每个人都想与戈尔巴乔夫握手。出了斯帕斯基大门就是红场，那里游人同样很多，人们看见总书记竟然步行走出克里姆林宫，不敢相信自己的眼睛，然后慢慢向他涌来。一个瑞典人对戈尔巴乔夫说：你要保重自己，少工作点儿。经过圣瓦西里大教堂时，切尔尼亚耶夫指着教堂前面的空地对戈尔巴乔夫说：鲁斯特的飞机就降落在这里。并提醒他：您不是说在党代会前就结束这桩事儿吗？戈尔巴乔夫回答说：记得，我们现在就去办理这件事。圣瓦西里大教堂过去是拉辛大街，这条街通向俄罗斯宾馆。他们从那里走过去。戈尔巴乔夫多年前每次从斯塔夫罗波尔来莫斯科开会都住在那里。他对那里很熟悉很有感情。在拉辛大街上，戈尔巴乔夫又被一群意大利人围住了……在路人惊奇的眼光中，他们走过这条街，来到了苏共大厦。上到五楼戈尔巴乔夫的办公室，他办理的第一件事就是给谢瓦尔德纳泽打电话，要他结束鲁斯特事件，放年轻人回国。

一个细节，一段插曲，很浪漫，浪漫得有点令人不可思议：泱泱大国的第一把手，居然步行走过那么远的路，走到位于老广场的苏共大厦。当今世界上任何一个国家的最高领导人怕是不会有这样的念头和举动。戈尔巴乔夫很高兴能这样做，他走在红场上，自由呼吸，随意和人们打招呼，像一个普通的游客。这种感觉久违了。他看到人们对他仍然是欢迎和支持的。他一直对此坚信不疑，人民是支持改革的。但是不久，这种感觉似乎消失了。8月，当他休假期间顺道去巡访黑海边上的塞瓦斯托波尔市时，看到的完全是一幅令人沮丧的场景。

福罗斯度假中的思考

8月，戈尔巴乔夫全家照例去黑海边度假。这一次住进了在福罗斯新建成的别墅“朝霞”。就是这里，三年后他和全家人被软禁了三天……福罗斯也因此闻名天下……

新别墅建在黑海的捷谢利—萨雷奇角的开阔地段，一处单独的海湾边上。沙滩金光闪烁，沙子无比细腻，踩在上面的感觉像是触到了光滑无比的绸缎；岸边

福罗斯“朝霞”别墅。

有几个小屋，那是更衣室和休息间；一条小路从海边直接通向别墅。别墅旁边有停车场和电影放映室。三层的别墅外观豪华典雅，一层有高大的圆柱，二、三层落地玻璃窗用的是漂亮名贵的彩色花纹玻璃，很引人注目。走进正门，厅堂极其宽敞；宽大的楼梯直通楼上，楼梯扶手精雕细刻，华丽无比。二楼是儿童起居室和游乐室，三楼是戈尔巴乔夫和赖莎的卧室；南北阳台都很舒适，向南可以望到无边无际微波粼粼的大海，向北则是满目郁郁葱葱的树林，坐在那里饮茶喝咖啡聊天非常惬意……原来的旧别墅就在旁边，现在看上去是那么简陋。

头三天戈尔巴乔夫什么都不做，只在海边长时间静静坐着，享受着阳光和闲适。眼前仍然是熟悉的景色：浩瀚无边的大海，海天相接的远景，阳光下翻飞的海鸥。海浪冲上沙滩，又退回去，哗哗的波涛声永远这样单调，多少年来都是如此。他坐在那里，脑海中一片空白，像哗哗的海涛声那般单纯。坐在这里，真是舒服得奢侈，他已经很少能享受到这样的奢侈。如果有可能，他真想就这样一直坐在这里。

有时思绪会飘向从前。斯塔夫罗波尔的原野，父母家的那栋老屋，屋前的花园，那是多么漂亮的一座花园啊，夏天开满了芳香的鲜花，蜂飞蝶舞；秋季色彩斑斓，硕果累累；冬季虽然荒芜了，可仍然有着说不出的魅力；而春天，万物复苏，简直是一座绿色的伊甸园。他在那里永远乐此不疲，流连忘返。还有他驾驶康拜因收割机的情景，康拜因在无边的田野上奔跑，庄稼在它“脚下”不断倒下，那感觉真好！

赖莎有时会坐在他身边，和他一起看海听涛，他们就这样静静地坐着，轻声交谈，感受着大自然的静谧，像他们从前经常一起走进斯塔夫罗波尔的森林里散步一样。远途散步的日子现在没有了，有的只是每天在莫斯科别墅的院子里散步。

早晨戈尔巴乔夫踩着细沙，走到海里畅游，直游到筋疲力尽。该让身体劳累一下，而让脑子好好休息了，不去想任何工作和烦人的事；有时和小外孙女对话，小家伙充满稚气的语言常常引得他发自内心地大笑，那是他最好的彻底的休息。

三天以后，他恢复了精力，也恢复了原状，开始工作了。他的休假事实上已结束，尽管他人还在别墅。

这次休假他用了很多时间思考关于社会主义的问题。他读列宁的原著，试图从中受到新的启发；他思索，再思索：如何理解社会主义？“当今如何理解社会主义是一个很有现实意义的题目。由于这个题目的争辩在代表会议之后具有广泛性，我起初想写一本小册子，但这本书一直没有问世。”①但他写下了关于社会主义小册子的提纲：

> 社会主义性质问题；
> 改造经济关系；
> 民主和社会主义；
> 社会精神领域：以社会主义的价值观实施改革。

在“民主和社会主义”的题目下，他详细地列出：1. 政治体制改革。三权分立、权力下放、新的选举制度、司法独立。2. 在一党制条件下保障居民多种利益得以兑现的机制（公开性、自由选举、监督系统、批评和自我批评、社会组织的新的作用等等）。3. 法治国家。4. 多民族国家的民主主义。

他继续写道：“改革的核心是让人作为主角回到政治进程中去，回到经济中去，回到社会精神领域的发展中去。把业已开始的为克服使人失去生产资料、失去权力、失去文化的变革工作继续下去并进行到底。”②

从戈尔巴乔夫列出的提纲可以看出，他在那时还没有明确的多党制的想法。

休假中有一天他对切尔尼亚耶夫说，他想在莫大就对社会主义的新认识作三次报告；他想打开一切闸门。

但是关于社会主义的小册子也好，演讲也好，都不了了之了。“也许有朝一日我会有‘精力’再回到这个尚未实现的计划上来。如果真有这一天，那我将把这个题目拓展到‘二十一世纪的发展方向’上去。我此生得出的结论之一是，未来是由各种不同的伟大思想和相应于这些思想的制度（社会主义制度、民主、自由主义制度等）与共同的分母——人道主义相结合而形成的。”③

休假期间，他和切尔尼亚耶夫坐船过海去了著名的黑海舰队所在地塞瓦斯托波尔。这座城市位于乌克兰。当地居民听说总书记来了，早早就聚集在街头、广场和屋顶上，马路两边绵延数里也都站满了人。戈尔巴乔夫走过挤满人群的街道，整整花了三个半小时。这一次与民众的接触，已经完全不同于三年前他在列宁格勒街头与群众的谈话那样令他鼓舞和激动。他第一次从人们的脸上看到了沉重不安和不满的表情。沿街的男女老少直率地向总书记抱怨，妇女说商店里买不到儿童服装和鞋，缺少食品，不少人提出诸如住房、养老金、食品供应及订报纸等问题，戈尔巴乔夫这样回答他们：怎么，我是沙皇吗？你们想让我沿城走一圈就答应解决这些问题吗？“如果你们什么都向我要求并指望莫斯科准许和拨给，这就说明你们根本不理解改革的实质”，④“赶走那些不合适的领导人，按照你们认为最正确的办法组织起来吧。这就是改革的实质所在”。⑤这些话并没有使百姓加深对改革的理解，他们惊讶地看着总书记，无话可说，心里则更加茫然和失望。

塞瓦斯托波尔市。

后来这样的回答延伸到对各级干部。总书记对他们说：“别问我如何进行改革，这事我该问你们。我给了你们充分的自由，去按你们认为应该做的那样去做。这样行动吧！”要“自己养活自己和自己人……”。⑥戈尔巴乔夫这些话在很大程度上表明，他自己对如何继续改革以及解决这些问题同样很茫然。

人们的不满确实开始了，缘由是经济不仅没有任何改善，而且比以前还糟糕。对平民百姓来说，衣食住行是最大的问题。他们宁愿选择民主不那么充分但能过得舒适富裕些的日子，而不想过精神上享有民主公开，但生活中缺衣少食的生活。媒体已经有文章说现在的商品供应甚至不如1950年和1968年。这让戈尔巴乔夫非常恼火。改革必然带来困难，重要的是坚持下去，回头路是行不通的。人们为什么不理解呢？

党代会后，戈尔巴乔夫对整个局势，特别是对领导核心的状况非常担忧。他的担忧有道理。他离开莫斯科后，利加乔夫和雅科夫列夫的矛盾继续升温和激化，达到了不可调和的地步。

利加乔夫在高尔基市发表了讲话。讲话与中央的不协调声音更加明显。他谈到全人类的利益与无产阶级的利益的相互关系时说，社会主义应该夺取世界，要保证各国人民有这种选举的自由。我们所以要为人类的生存作斗争，这仅仅因为我们主张社会主义，而不是因为我们像其他人一样是人。这也就是你们所需要的新思维。还说："如果不从国际关系的深刻的阶级性出发，那只会使苏联人和我们的外国朋友的思想产生混乱。"⑦他的讲话通篇与戈尔巴乔夫的"全人类优先价值地位"唱反调。

利加乔夫的讲话一经播出，再次造成了人们思想的混乱。很多人疑惑地想：是否一切又要回到原先的阶级立场上去？

对利加乔夫的讲话，雅科夫列夫在里加和维尔纽斯讲话给予了直接回击。这是他们之间的"决斗"。

戈尔巴乔夫很不愿意看到中央的"分裂"，但这已经是不争的事实。在对待利加乔夫的问题上，戈尔巴乔夫很矛盾，他直至现在都认为利加乔夫是个正派的真诚的人，但这个真诚的人在"骨子里"是不同意改革的，至少不同意彻底的改革，或者说他理解不了现在的改革。

休假中戈尔巴乔夫和他的助手多次商讨和交换了机构改革的问题。戈尔巴乔夫决意要再次进行彻底的机构改革。这样仅地方机构就要裁减80万～90万人，阻力之大可以想见；中央机关改革和机关职能的转变也要同步进行，国家权力要找到自己真正的位置。要以法治国，任何人都应遵守这一原则；党不要代政，政府和最高苏维埃应负起一直由党代替它做的那些工作。中央机关也要减缩一半以上工作人员。戈尔巴乔夫说：要"取消这个机构的一切管理权力和职能"。⑧三个国际部合为一个，两个意识形态部合为一个。在机构改革中将同时解除负责意识形态工作的利加乔夫和雅科夫列夫的职务，让梅德韦杰夫来分管；雅科夫列夫去管理国际部，利加乔夫去主管农业部。

政治局改组9月底开始。葛罗米柯、索洛缅采夫、杰米契夫、多尔吉赫离职退休，10月1日戈尔巴乔夫在最高苏维埃会议上被选为主席。其他重要人事安排，如戈尔巴乔夫在休假期间考虑的那样。这是一次最彻底的人事变动，以至外电戏称为"小政变"。州和区委书记一级的干部在这一时期也作了很大调整，撤换了60%。

这样的改革使党组织一时不知所措，党的各级领导威望急剧下降。转型非常艰难，各级党干部一生都在包揽一切，苏维埃的工作人员也习惯了一切听党的指挥。戈尔巴乔夫此举是希望挽救党，使党有新的面目，起新的作用。然而一个早就被斯大林搞得声名狼藉的党早就不可挽救了，这是切尔尼亚耶夫的看法。戈尔巴乔夫后来认识到了这一点，但他依然留在总书记的位置上，他说那是为了"不让这个庞然大物毁了改革"。在将国家—党向法治国家过渡中，他想尽量避免大乱，保持对国家的控制，以求平稳过渡。因此他建议地方选举时将书记和苏维埃主席合二为一，由同一人担任，正像他既是苏共总书记，又兼任苏维埃主席一样。切尔尼亚耶夫认为这样实际上拖延了改革的时间。

9月，戈尔巴乔夫去视察了远东，在克拉斯诺亚尔斯克与群众交谈，情况和在塞瓦斯托波尔市相似，人们抱怨、不满。潜在的经济危机已经开始显现。这种情况令戈尔巴乔夫很不安。而更加使他不安的，还有日益严重的民族问题。

民族问题给改革蒙上阴影

民族问题在1988年更加突出地表现出来。矛盾和冲突在一些民族地区不断加剧，甚至发生了多起流血事件；而民族分离现象也日益明显。西方媒体认为这是戈尔巴乔夫改革以来遇到的最为严重的问题之一，如果解决不好，有可能整个葬送苏联的改革。戈尔巴乔夫知道，这话不是危言耸听。

最大的民族冲突是亚美尼亚和阿塞拜疆之间。他们的冲突发生在1987年10月，但其根源还要追溯到30年代。1933年，当时苏联决定把有着75%的亚美尼亚人的纳戈尔诺—卡拉巴赫（简称纳—卡）地区划入阿塞拜疆境内后，不满的种子就种入了亚美尼亚人的心中。亚美尼亚人信基督教，而阿塞拜疆人信伊斯兰教。宗教信仰的不同使得两个民族在各方面有很大差异。纳—卡地区的亚美尼亚人一直觉得阿塞拜疆人歧视他们，对他们不公平。他们一直不承认这个决议，几十年来不断对此提出抗议。他们始终认为自己的民族权利受到压制，自己的文化和经济自由在纳戈尔诺—卡拉巴赫被剥夺了。因此他们始终想回到亚美尼亚，与自己的同胞合并。

几十年过去了。就在戈尔巴乔夫大力提倡民主化和公开性的改革中，亚美尼亚人重新提出了他们不断提出但一直得不到解决的问题。卡拉巴赫地方苏维埃领导人于1988年2月20日投票决议将自治区并入亚美尼亚，1988年3月，苏共纳—卡地区委员会通过决议，要求把这一地区划归亚美尼亚，请苏共政治局改正1933年做出的历史性的错误决定。此举导致阿塞拜疆人在巴库进行反示威。6月，亚美尼亚最高苏维埃不顾阿塞拜疆人的反对，决定将这一地区划归己有，建议国家最高苏维埃讨论这一问题。7月，纳—卡人民代表大会宣布自己为亚美尼亚的一个州。面对这一系列举动，阿塞拜疆则寸步不让，否定和撤销了纳—卡执委会的自行决定。其间，两个共和国首都的市委书记和纳—卡地区领导都几易其人，但情况不仅没有缓和，反而变得更加严峻。

在此期间，2月22日，阿塞拜疆人和亚美尼亚人在纳—卡地区的阿斯克兰市附近发生直接冲突，演变为一场巷战。在暴乱中数十名亚美尼亚人受伤。人们的民族情绪失控，变得不可遏制。接着在巴库以北25公里处的苏姆盖特市发生了更大的流血事件。暴乱持续三天。苏姆盖特市的亚美尼亚人在街头和自己的住宅内被无辜殴打、强奸和杀害。苏姆盖特惨案造成32人死亡（很多亚美尼亚人觉得数字被低估了）。惨案之后，在这里居住的几乎全部亚美尼亚人都离开了苏姆盖特市。苏联军队3月1日进城驱散了示威之后，局势才得以恢复平静。

在事态越来越严重的情况下，戈尔巴乔夫声明，按照苏联宪法第78条，两个共和国之间的边界不可更改。戈尔巴乔夫说，苏联境内的其他几个地区也在要求领土变更，重新划定卡拉巴赫边界将会创下危险的先例。最高苏维埃主席团7月18日一致通过纳—卡地区仍属于阿塞拜疆的决定。这一决定犹如火上浇油，加剧了亚美尼亚人的不满，使事态更加复杂。7月底，50万亚美尼亚人走上街头，抗议中央的决定。民族矛盾再次激化。而截至1989年10月，在这场冲突中丧生的人估计超过100人。

面对此种情况，戈尔巴乔夫对亚美尼亚人作出不少承诺，包括拨款4亿卢布用于卡拉巴赫亚美尼亚语教科书和电视节目等，但依然无济于事。1988年9月，戈尔巴乔夫最终决定派苏联内务部队进驻亚美尼亚。亚美尼亚大地震发生后，莫斯科当局逮捕了新成立的11名卡拉巴赫委员，此举使亚美尼亚人对莫斯科和戈尔巴乔夫彻底失去信任，对中央政府的地震救援工作也相当不满。1989年1月莫斯科的中央政府做出暂时接管这一地区的决定。

亚美尼亚和阿塞拜疆之间的民族纠纷，是苏联历史上最为严重的民族动乱之一。冲突的性质是历史矛盾的延续，而不是民族分离，但影响和后果却是极为严重的。

在亚美尼亚流血事件后，戈尔巴乔夫发表了长篇讲话谈到民族问题，他说："摆在我们面前的是国家整个生命和命运中的复杂问题之一。"⑨解决这样的问题绝对不允许粗暴和动武，要对话、理解、说服和劝导。他通篇讲话充满善意和合情合理的分析。切尔尼亚耶夫说：戈尔巴乔夫在处理民族问题上是坦率真诚和道德高尚的人。但很多人听信谣言，无端指责他，直到现在还有人指责。

苏联是一个民族大国，大小民族100多个。自斯大林始，历届领导人在处理民族问题上多有失误，对一些少数民族造成了伤害。历史上还曾多次重新划分和调整各共和国的疆界，遗留问题颇多。戈尔巴乔夫上任后，大力倡导民主化和公开性，致使过去被掩盖的民族不满情绪和民族矛盾日益明显地暴露出来。亚美尼亚和阿塞拜疆之间的民族矛盾还只是民族问题之一，而最令人担忧的则是充满强烈民族分立情绪的波罗的海三国。

地处北欧的爱沙尼亚、拉脱维亚和立陶宛三个加盟共和国，加入苏联是在1940年，大大晚于其他各共和国。这之前约20年它们均属于资本主义国家。加入苏联多少年后，三个加盟共和国似乎还没有融入"大家庭"，依然充满异国情调。

1987年8月，三个加盟共和国首都都发生了街头集会，集会者高呼民族主义口号。1988年5月，立陶宛再次发生示威抗议活动，纪念大批立陶宛人被驱逐40周年。10月，事态更为严重，三个共和国先后成立了群众性的政治组织——爱沙尼亚人民阵线、拉脱维亚人民阵线和立陶宛的某个群众组织。这些组织民族情绪强烈，并受到本族人的广泛支持。虽然他们宣称支持改革，但其一系列极端的民族主义做法，已孕育着要求脱离苏联的危险。一个月后，政治局委员梅德韦杰夫、斯柳尼科夫和切布里科夫来到波罗的海三国，他们被当地人包围，示威者高举标语牌，上面写着“俄罗斯人滚蛋”、“打倒莫斯科专政”、“立即退出苏联”等口号。11月，爱沙尼亚拒绝了苏共中央的宪法改革计划和选举法，却通过了自己的一项宪法条款的修正案，即该国最高权力机关在一定情况下，可以停止使用苏联立法文件和其他文件，或有限度地使用。此举迅速波及另外两国，它们也采取了类似做法。三国的民族主义情绪和分离倾向呈愈演愈烈之势。

民族分立主义虽然暂时还局限在波罗的海三国，但发展趋势和表现出的严重性堪忧。

戈尔巴乔夫已经看到了问题的严重性。他说：“这个问题已经十分重要，正如我们大家所看到的，它已具有尖锐的现实性。”[10]他建议第二年6月召开专门会议研究和讨论民族问题。他在10月的一次讲话中说：亚美尼亚、纳戈尔诺—卡拉巴赫自治州、吉尔吉斯、哈萨克斯坦、摩尔达维亚，以及波罗的海三国等，到处都在发生大问题。

对波罗的海三国，戈尔巴乔夫一直认为，他们如果脱离苏联就会完蛋。难道他们真的想独立？在讨论这些问题的政治局会议上，又发生了激烈冲突，这一次是戈尔巴乔夫和利加乔夫，利加乔夫大声疾呼，早就该好好管一下这些人了，看看他们干了些什么！戈尔巴乔夫则气愤地说：你为什么动辄就吓唬我？总是抱怨说改革带来了这个问题，那个事件？改革是大家都同意的，如果觉得这是一个错误，那么我可以辞职，你们可以罢免我，我没有任何怨言，但我若还在这个位置上，我就会将改革进行到底，“决不后退一步”。

戈尔巴乔夫决意继续向前走。一个接一个地区爆发出来的民族问题给已经很艰难的改革带来了更大的不确定性。但是他像一支离了弦的箭，不可能回头。

切尔尼亚耶夫说：他预见到了他不希望看到的崩溃，但没能阻止；他不后退，这是他的历史功劳。

在后来的几年里，纳—卡动乱一直持续；而波罗的海三国也终于摆脱了苏联，成为独立的三个国家。这一切都给风雨飘摇中的红色帝国增添了更加悲凉的气氛，成为帝国分崩离析的前奏和帝国最后解体的重要原因。

12月，亚美尼亚和阿塞拜疆之间的冲突暂时停止了，因为在亚美尼亚发生了更令人意想不到的可怕悲剧：大地震。

辉煌与灾难在同一天发生

1988年12月7日，这个日子像其他一些极不寻常的日子一样，会永远留在戈尔巴乔夫的记忆里。那一天戈尔巴乔夫个人取得的辉煌与国家突然遭遇的灾难同时发生。

戈尔巴乔夫的辉煌发生在华盛顿。联合国大会会场。在万众瞩目中，苏联共产党总书记走上讲台，做了世纪性的发言。穿灰色西服，系红色领带的戈尔巴乔夫，站在麦克风前，环视大厅，从容不迫开始演讲。台下座无虚席，人们屏声静气，仔细倾听苏联最高领导人的讲话。苏联的改革世人皆知，世界瞩目；戈尔巴乔夫倡导的新思维也传遍世界，引起越来越多的国家认同。这次在联合国大会上的演讲，所有的人都在关注，他将讲些什么？

戈尔巴乔夫在解释了苏联当前的改革和公开性的概念后，宣布苏联将从东德、捷克斯洛伐克、匈牙利等国撤出坦克部队，苏联军队将单方面裁军50万人。他说："今天我们将进入一个新的时代，这一决定基于全人类的利益。军队的威胁将不再也不应该成为外交政策的工具。"⑪此言一出，引起会场震动。

戈尔巴乔夫的演讲持续了一个小时左右。演讲语气坚决诚恳，面部表情丰富，目光灼灼有神。演说中时而会用左手扶一下眼镜，或者在某个时刻用右手有力地在空中一挥，以加重分量。人们看到的不仅是一个充满魅力的卓越的演说家，更是一个对世界负起责任的大国领袖。全场被他的演讲深深吸引，极为佩服他的魄力和勇气。在他一个小时的演讲中会场十分安静，演讲结束后，响起了长时间的暴风雨般的掌声。那一刻戈尔巴乔夫内心也十分激动。他的新思维被人们认可，大家和他产生了共鸣。多么激动人心的时刻！

各国媒体对戈尔巴乔夫的演讲给予了极高的评价和报道，说这是一次划时代的演讲，一次全新的演讲，一次有着十分重大意义的演讲。这是世界走向一个新时期的标志。

其实当时没有人知道，戈尔巴乔夫在他精彩的演讲获得巨大成功之前，在清晨，接到了国内的一个坏消息：亚美尼亚发生了大地震。国内发来的电报不长，根据电文暂时还无法搞清楚地震究竟有多么严重。但是电报已经使他不安。他是带着这个坏消息走上联合国大会的讲坛的。

此刻他在雷鸣般的掌声中走下讲坛，然后驱车去长岛与里根会晤。在途中他和雷日科夫通了电话，雷日科夫向他讲述了地震的严重情况，戈尔巴乔夫的面色立时沉重而严肃。联大演讲的辉煌一幕已经完全抛至脑后，突然降临的新灾难占据了他的全部思考。此后他一直和车上的人谈论这件事，以至在与里根和布什会见时，这个题目也成为谈话的主题。

下午戈尔巴乔夫游览了华盛顿市。这个城市似乎对任何人都很冷漠，没有热情，就连罗马教皇到访这里时，人们也无动于衷。但完全没有想到的是，当戈尔巴乔夫一行车队行驶在街道上时，竟受到美国人极其热烈的自发欢迎。“我们的车队勉强才从拥挤的人群中穿行，人们喊声鼎沸，拼命挥动双手和标语，把帽子抛向空中；有的甚至打出自作的图画，差点从楼房的窗口掉下来……戈尔巴乔夫被人们请到摩天大楼的观望台上……他长时间地若有所思地观望着城市。人类智慧和双手的伟大创造。他对身边的人说。”⑫

12月10日，戈尔巴乔夫和赖莎在亚美尼亚地震现场。

接近震中的斯皮塔克市。

那一天戈尔巴乔夫一直情绪低落。赖莎得知这个消息后，提议马上回国，直接飞往亚美尼亚地震灾区，在这最困难的时候，国家领导人应该和受灾老百姓在一起。戈尔巴乔夫同意她的建议。晚餐时他问大家：我们怎么办？随即决定，取消原计划对古巴和英国的访问，直接回国。

亚美尼亚大地震是苏联1986年切尔诺贝利核电站泄漏事故以来的第二个大灾难。6.9级的地震把列宁纳坎（今久姆里）和斯皮塔克城夷为平地，10万人死亡，50万人无家可归。这是高加索80年来最大的一次地震。

12月8日，戈尔巴乔夫夫妇和随行人员乘飞机飞往亚美尼亚。

灾情很严重，受灾区一片瓦砾，流离失所的百姓度日艰难，很多人失去了自己的亲人，悲痛欲绝。戈尔巴乔夫和赖莎走进受灾百姓当中，问长问短；人们看到总书记也十分感动，但是身着昂贵时髦的裘皮大衣，一身珠光宝气的赖莎，在刚刚遭受了巨大的物质和精神灾害的人群中，显得很扎眼。这一幕也成为后来一些人和媒体攻击戈尔巴乔夫和赖莎的话柄。

新年将至，突然降临的大灾难给即将到来的新年蒙上了一层浓重的忧伤。

面对这一切，戈尔巴乔夫说：我终归还是一个乐观主义者。当1989年新的一年来临时，我在向苏联人民发表的贺词中特别说道："即将来临的一年不会许诺将是没有问题的一年。严重的事情和需要关注的问题不少。我们要看到，今天应当更加坚定地行动起来，千万不可耍花招，玩小聪明，逃避困难，苟且偷安。我们并不指望，也不许诺会有'天赐食物'降临；我们知道，亟待解决的问题成堆，前进的道路上荆棘丛生。但选择已经作出，改革的航程已经绘定。苏联人民是支持改革的，这正是我们国家这艘航船将愈加信心百倍地加速前进的最可靠的保证。"⑬

这一年以戈尔巴乔夫在联合国大会的辉煌的演讲和国内发生的巨大灾难画上句号。

亚美尼亚地震使本就举步维艰的改革更加艰难，使苏联一直不景气的经济雪上加霜，也使得亚美尼亚人对中央和戈尔巴乔夫的不信任感增加，因为戈尔巴乔夫对地震后续工作的处置不是十分有力。这一切都增加了戈尔巴乔夫面临的困境。但国际上援助苏联救灾的热烈情景却是前所未有的，所有的国家对这场大灾难都表示了真正的同情，他们争先恐后地向苏联伸出救援之手，苏联在新的国际关系中第一次感到了温暖，而不仅仅是对抗、冷战、敌视与怀疑。戈尔巴乔夫为这样一种新型的国家关系付出了巨大的心血和精力。他看到这一切时由衷地感到宽慰。他说：这何啻是人类同情心理的表现，也是一种反映政治意志的行动。

这一年结束时还有一件事值得一提，戈尔巴乔夫当选为美国《时代》周刊年度人物。他的照片刊登在《时代》周刊的封面。两年后，在1990年他又被该杂志评为"十年人物"。

苏联人不喜欢第一夫人

从戈尔巴乔夫走上政治舞台，成为苏共总书记起，夫人赖莎就与他一起，走到了政治舞台的中心。他们夫妇如影随形，在哪里都是一起出现：全国各地的视察，街头与百姓的交谈，慰问灾民，眼花缭乱地出访各国……总之，哪里有总书记，哪里就有赖莎的身影。电视里报刊上自然也是如此，有总书记的照片，就有夫人赖莎，甚至夫人赖莎有时候会抢了总书记的风头，在电视里的镜头比戈尔巴乔夫还抢眼，位置还显著。出国访问中，国外媒体以惯有的传统，对来自社会主义超级大国的第一夫人更是大肆报道，很多细节大加渲染，引起了国外公众对苏联第一夫人的极大好奇和兴趣。赖莎优雅的举止，渊博的知识，不俗的谈吐和入时的装扮，在西方世界引起普遍惊讶和好感。共产党国家的第一夫人，居然也这样有魅力和个性！

公众场合中的赖莎。

总书记完全是苏联的新一代领袖人物，他的夫人也与以前苏联历届领导人的夫人形象大不一样。苏联历届高层领导人的妻子大都不像这样抛头露面，很少和丈夫一起出现在公众场合，更不参与国事，人们对她们知之甚少，国外媒体更不可能像现在这样对她们大加报道。而赖莎则与她们完全不同。国家的任何大事，戈尔巴乔夫都会与她谈论和商讨，她也会说出自己的意见和看法；她认为戈尔巴乔夫的事就是她的事，戈尔巴乔夫的生活就是她的生活。她有责任帮助丈夫，在任何时候任何情况下。

赖莎在戈尔巴乔夫的一切国际和国内活动中都与之在一起。其实戈尔巴乔夫的很多改革思想和决心来自他们两个人，而不仅仅只是戈尔巴乔夫一人。在戈尔巴乔夫当选为总书记后，关于他们今后的行为处事以及怎样出现在公众面前，夫妇俩有过一次交谈。尽管他们平时经常谈心，交换对一切问题的看法，但这一次谈话与以往不同。戈尔巴乔夫已经成为苏共中央总书记，党和国家最高领导人，他将把自己的全部精力和时间都交付党和国家的事业。他会比以往更加繁忙。他在家里的时间会大大减少。他还会经常出访，或者到全国各地视察巡访。多少年来他和赖莎什么时候都在一起，不分离，在他当选为分管农业的苏共中央书记后，出国访问时赖莎也与他同行。但是现在他成了这个帝国的第一主人，而这个国家多少年来的传统是，第一书记的夫人最好是默默地呆在家里，管好家务，不参与国事，只从远处看着丈夫繁忙的身影。他们也会这样吗？探讨的结果是："什么都不改变，我们依然如故……""赖莎·马克西莫夫娜对于选举我为总书记的看法很明确，她认为尽她所能地给我以支持是她的责任。我们觉得这样做不仅是极自然的，而且也是很有必要的。在这一对我们说来是转折的关头，应当遵循我们的生活准则——我们必须在一起。"⑭

赖莎是一个知识型开放性的现代女性，她不会像以前的第一夫人离开丈夫，她将继续在任何时候都和丈夫在一起，关照丈夫，帮助丈夫，甚至为丈夫的事业出谋划策。丈夫的事业就是她的事业，丈夫的命运就是她的命运，丈夫的荣辱悲欢他们将一起承担。在这方面，正如戈尔巴乔夫后来所说：这也是一场革命。他在进行两个改革：国家的全面改革和对妇女观念上的陈规陋习的改革。

赖莎和丈夫及国家其他领导人在克里姆林宫庭院里。

戈尔巴乔夫遵守了他与妻子达成的协议。于是在轰轰烈烈的改革中，在戈尔巴乔夫繁忙的国内外访问中，在他频繁出现在电视上的身影中，无处不见第一夫人陪同左右。出访英国、德国、意大利、美国等，第一夫人的微笑和仪表甚至掀起了一股赖莎热。媒体争相报道，大幅照片出现在很多报纸和刊物上。那些国家的首脑对她大加褒奖，民众也很欣赏她。第一夫人在国外很风光，大出风头。国外媒体认为，苏共第一夫人随戈尔巴乔夫一起出访，在政治上有着极大的意义。她展示的微笑和魅力，在一定程度上消除了西方世界一直对苏联抱有的敌意和恶感。她以一个女人特有的品质，在戈尔巴乔夫推行国际新思维中起着男人或许起不到的独特作用。但是苏联人不这样看，特别是苏联妇女，她们坦率地表示，她们不喜欢第一夫人。

电视中频频出现第一夫人，时而是在某个国家游览美丽风光名胜古迹，时而是在与某个国家政要谈笑风生，时而在盛大宴会上与那些国家的领导人平起平坐，不断变换时髦的装束，佩戴着昂贵的首饰……普通苏联妇女看着春风得意的第一夫人，心里很不以为然。这不符合她们一直习以为常的传统。一个女人为什么这么张扬和出风头？她是政治局委员和国家领导人吗？她凭什么插足国家大事？这不是一个女人应有的举止和作派！

在伦敦，在米兰，在波恩，在华盛顿，还有在远东，在切尔诺贝利，在总书记视察的很多城市和地方，随同前往的赖莎衣着千变万化，时髦，讲究，合体，衣料上乘，还佩戴着漂亮的项链耳环。这一切使苏联女人极为不满。普通百姓的生活远远达不到这样的水平，每天都换一套时髦的时装！改革在某种程度上意味着领袖更亲民，与百姓更接近，这是戈尔巴乔夫一直倡导的。而第一夫人的穿戴显然拉大了民众与国家领导人的距离。而且国外媒体对第一夫人很细小的一些事情都大加报道，例如在出访期间到了什么高级商店购物，买了什么首饰等，这些也都成为国内民众对第一夫人不满的依据。

令苏联人不喜欢甚至反感的，还有赖莎的言谈举止。赖莎长期做教员，在课堂上讲学自有长期形成的习惯和语气。但是她和丈夫都没有注意到，在公众场合这样说话是否合适，人们是否喜欢。在电视里人们看到她讲话时语速很慢，口气像是在对大学生讲课，给人的感觉不无卖弄和教训人的意味，有时候在公众面前她对丈夫说话居然也是这样，甚至是命令的口吻。这不仅使人反感，甚至让戈尔巴乔夫周围的人感到难堪。还有，因长期授课，她的嗓音变得沙哑，说话的声音一点也不悦耳动听，人们不爱听她说话。

不仅是苏联普通百姓和女人对第一夫人没有任何好感，就是戈尔巴乔夫身边的一些人对赖莎也颇多看法。博尔金对她的很多做法颇不以为然，觉得她可以说是没有头衔的政治局委员，插手国家一切大事。有一次在飞机上闲谈时，她竟然要求大家发誓永远效忠戈尔巴乔夫，并提议为此干杯，使在场的人很尴尬。戈尔巴乔夫的保镖对第一夫人也没有好感，觉得她事事挑剔，很难伺候。她爱出风头，总是嫌随行记者对她的报道不够；她对自己的形象太在意，报纸上刊登了她的照片，如果她觉得不满意，就会立刻直接打电话要求编辑按照她的意愿修改，甚至是修改发型等。

人们对第一夫人的不满戈尔巴乔夫早有耳闻，中央委员会也收到很多这样的信件，有的信表示不理解，有的则很愤慨。但是总书记不想改变他和赖莎早就商定好的行事方式。有人对他说：人们对赖莎总是跟着他到处出访很不满意。他说：有人满意，有人不满意，西方国家领导人走到哪里都带着夫人，这其实没有什么。她这次跟我来了，以后还会跟着我出行。在这个问题上总书记也和对待改革一样，不会退让，况且他离开了赖莎，会觉得很不方便，就像赖莎离开他很不放心那样。“我需要看着他每天怎样工作，碰到了哪些问题，怎么穿戴，这都是我需要关心的，这是我的责任。我们要共同承担一切，每时每刻永远不分开。”⑮赖莎这样说。而戈尔巴乔夫也认为：“她并不是简单的配角，也不是总统的影子。相反，只要哪里有机会，她就会十分机巧地去做那些我根本没有时间而且也无法做得像她那样完美的善事。”⑯

1989年5月，戈氏夫妇访问中国，在长城上。

赖莎后来听到了人们对她的不满。她很吃惊，她从来没有想到会是这样。此后很长一段时间她心情都很沉重。她想不清楚这是为什么。她担心这会影响丈夫的威望和声誉。其实她的担心没有错。人们对第一夫人的不满多少影响了戈尔巴乔夫的形象。从1989年起戈尔巴乔夫的声望逐年下降，“8·19”事件后更是一落千丈，当然主要原因是改革的失败和经济危机造成的，但人们对第一夫人的不满多少也是其中一个原因。人们将这种不满迁延到了戈尔巴乔夫身上。

戈尔巴乔夫走到哪里都带着夫人，他认为这是他的另一个改革。很遗憾，他的这个改革也和他对苏联发起的改革一样，不很成功。赖莎一直背负着这个沉重的十字架，直至生命的最后一刻。但是在国际上她依然光彩照人，充满魅力。1987年英国《妇女》杂志将她作为年度人物，照片刊登在杂志封面。

随着改革陷入危机，戈尔巴乔夫夫妇确实经历了无比艰难的时刻。在1991年“8·19”事件中，在福罗斯度过的三天是他们一生中最艰难的时光。极度的紧张和恐惧使赖莎患了中风，一度失语。回到莫斯科后，她的健康始终没有得到恢复。也就在那个时候，苏联人，尤其是苏联妇女开始同情和理解她，第一次把她当作一个女人来看。像她那样一个娇小玲珑的女人，始终与丈夫同患难，支持丈夫的事业，甚至被软禁，那需要多大的毅力和勇气。当然，完全原谅了她，对她稍许有了一些好感，那是后来赖莎和丈夫完全从公众视线中消失和她患上了白血病之后。

改革选举制和苏联第一届人民代表大会

将近一年前举行的第十九次党代表会议（1988年6月）通过了政治体制改革的构想，按照其构想，要彻底打破原有的国家体制，而关键之点就是要将国家权力中心转向苏维埃体系。为此戈尔巴乔夫的设想是组建国家最高权力机关——最高苏维埃，最高苏维埃成员（相当于国家议员）要由人民代表大会选出。这项工作在1989年新年过后不久，就紧锣密鼓地展开了。全新的一届人代会将在5月底举行。

戈尔巴乔夫将这次选举视为“实行政治改革和社会进一步民主化的重要步骤”。政治局为此开会讨论了一整天。戈尔巴乔夫强调，政治改革的意思，“就是把权力从独家操纵的共产党手中交到按宪法本应属于通过自由选举产生的人民代表的苏维埃手里”。⑰

第一步是人民代表的选举。在选出的代表中产生最高苏维埃，选举方式要改革，即实行差额选举，从基层开始。

差额选举方式和权力转让给苏维埃的举措，牵扯很多人的利益，引起一些人的恐慌和不满，特别是身居高位的官员，他们不知道自己的命运交给大众选举结果究竟会如何。因此在人代会召开前夕，社会显得很混乱，一度还流传戈尔巴乔夫将被撤职的谣言。

2—3月，俄罗斯大地依然冰封雪舞，寒风料峭，但从基层开始的热闹非凡的选举似乎驱赶走了这个冬天的严寒。人民代表的选举在全国由基层向上全面展开，这需要很多时间以及巨大的精力和财力。按照新选举法的规定，先由基层提出候选人名单，参加竞选，胜出者参加区一级人民代表候选人的竞选，区一级选出来的人民代表才有资格参加人民代表大会，再在人民代表大会上从中最后选出最高苏维埃成员，当然，最后还要选出最高苏维埃主席。每一级都是差额竞选。

得到代表资格很不容易，参选者都要发表演讲，回答选民的问题，有时候还要同其他参选者进行激烈的辩论，最后由选民投票表决。每一个人都有落选的可能。

第一次全民直接差额选举，从一开始就吸引了社会各个群体，他们以空前的热情积极参与，同时充分调动了大众的积极性，民众的热情也很高涨。苏联各城市都出现了热烈的选举场面。各媒体也给予了详尽大量的报道。

各级领导岗位上的共产党人依然是竞选的主力军，但是已经出现了与之竞争的对手，这些人是各界名流、民主斗士和社会上持各种观点和主张的人士。其中最引人注目的是主张激进改革的“民主派”。而选举事实上也主要是在共产党人和民主派人士之间展开。

民主派满怀信心地登场了。在选举前他们仔细分析民众心理，准备竞选演讲，听取自己幕僚的建议；在演讲中他们将百姓最为关心的话题作为主题，大肆抨击苏共的特权问题，强调社会公正，承诺进行经济改革和提高人民生活水平，勾画出一幅美妙的蓝图。民主派有备而来，因此在竞选中不少人轻而易举就击败了对手，获得了选民的选票。一些著名的民主人士甚得人心，人们对他们的支持和追捧近乎达到狂热的程度。

而共产党在这方面显然准备不足，因此在竞选中显得很被动。不少人包括党的高级领导都意想不到地落选。在选举前苏共中央多次向下级机关下达指示，不要干预选举，要保持一定距离。这也影响了参选的各级共产党人，使他们忽视了积极参与和竞选准备。

经过基层和区一级代表候选人的资格选举，人民代表的候选人正式产生。代表的最后选举在1989年3月26日举行。经过无记名投票差额选举，最终产生了2250名人民代表。在当选代表中，首次走进国家最高权力机关的新人占88.1%；落选的各级党员干部约有20%，其中包括全国30个重要地区的一批高中级党和国家领导干部；民主派人士少数当选，但他们却是一股与苏共对立的政治力量，而且很快，他们的巨大能量和潜力就展示了出来。

选举结束后，3月底戈尔巴乔夫召开了一次政治局会议。出席会议的政治局委员们大多数情绪不高——选举结果令他们极其沮丧。一些人认为，结果表明党在选举中实际上失败了。但是戈尔巴乔夫认为："这次选举在实施政治改革中迈出了极其重大的一步。进行政治改革是我们自己作出的决议。通过选举，社会将步上一个新的层次，会消除宪法规范和政治实践之间的脱节。政权将获得充分的合法性，这本身便是巨大的成就。"⑱他还说："某些领导成员对这一切感到气愤、不安，张皇失措。我倒觉得高兴，这说明我们确实已经唤醒社会，已达到我们前几年搞改革所要达到的目标：让人民参与政治。"

确实，从基层开始的五光十色的竞选，对竞选者和广大民众都是一次全新的体验，在这样的体验中，民众的政治意识和心态也在继续发生深刻的变化。

人代会召开前一个月，4月底召开了四中全会。这次全会已经显现出政治危机的端倪。总书记威望大不如前，与会代表不少人发言公开指责他，抱怨改革没有成果，而是搞乱了社会。这是自改革以来第一次出现的情况。从他们的发言里似乎再次看到了尼娜·安德烈耶娃的影子，保守派整齐地唱着与改革相反的同一个曲调。当然，坚定的改革派谢瓦尔德纳泽、梅德韦杰夫、雅科夫列夫还是捍卫了总书记的改革路线，而雷日科夫的发言主要是作了自我批评。

无可争议的是，在苏共政治局内，保守势力已经占据了多数。总书记和他的人马显得有点势单力薄。但是保守派暂时在大的方面还能顺着总书记，勉强随着他的指挥棒行动。这是苏共多少年来形成的规则在起作用：最高领导人说了算。戈尔巴乔夫很清楚这一点。为了改革不致中途夭折，他打算利用这一点。但是他是否看到了4月全会反映出来的潜在危机？不少人已经感觉到了。他的助理切尔尼亚耶夫在当时记下的日记中写道：4月全会的情形和讨论人代会会议日程的情况，使他深感不安。是危机的感觉。改革的危机和戈尔巴乔夫的危机。国家在崩溃，乱成一团。戈尔巴乔夫自己也相互矛盾，不知道该往哪里去……其实哪里也没有去成——无论是社会主义还是资本主义。神话正在破灭。计划经济正在瓦解，社会主义面孔正在消失，意识形态那套东西正在失效，帝国联盟正在土崩瓦解，丧失了统治、管理以及总体来说是镇压惩罚功能的党政在分崩离析，政权摇摇欲坠，朝不保夕。在任何地方都还没有形成能够取而代之的任何机制。天下大乱的日珥火焰已向四周迸射。那些用来维持纪律的严厉法

第一届人代会会场。

律，现在谁也无力强制人们实施……⑲

一个月后即5月25日，几上几下过关斩将胜出的人民代表终于齐聚克里姆林宫。上午10时，克里姆林宫会议厅座无虚席。中央选举人民代表委员会主席弗·帕·奥尔洛夫宣布苏联第一届人民代表大会开幕。这是自由选举之后的第一次人民代表大会。戈尔巴乔夫将其称为国家生活中一件“非凡的大事”。

戈尔巴乔夫没有坐在主席台上，而是坐在代表席位第一排。而政治局委员们都坐在人民代表中间，落选的代表坐在客人席位。这种安排表明，人民代表和苏维埃的权位是第一的。

第一个发言者来自里加，是一位医生。他要求追查刚刚在第比利斯发生的流血事件的责任，并提议为死难者志哀。接下来对这个问题展开了激烈的舌战。会议对此缺乏思想准备，会场一度失控。

萨哈罗夫在会上发言。

人代会召开前夕，第比利斯发生了流血事件，军队已经开进格鲁吉亚。缘由是4月初民族分裂主义者在第比利斯示威集会。9日凌晨军队对参加示威集会的人群进行清场，出现了死伤。人们将消息告诉戈尔巴乔夫时，他刚从伦敦出访回来。

会议总算将主题拉回来，开始讨论规定的议题。然而又出现了另一个插曲。著名人权斗士萨哈罗夫发言提议改变大会议事程序，要求戈尔巴乔夫先作报告，再根据他的报告来选举最高苏维埃主席。改变大会日程不可能这么简单，戈尔巴乔夫拒绝了萨哈罗夫的请求。萨哈罗夫1986年年底从流放地高尔基市回到莫斯科后，更积极地投入人权活动中。在苏联第一届人代会代表选举中，他当选为人民代表。此前他是民间组织“纪念碑”的公认领袖，这个组织是议会党团的雏形，后来扩展了队伍，将各城市的民主派联合起来，叫做“跨地区议员团”，再后来发展成了“民主俄罗斯”。戈尔巴乔夫的拒绝在民主派看来是没有给他们面子，自此也埋下了对总书记不满的种子。

第一届人民代表大会会场相当混乱，争辩激烈。一些代表发言放肆，出言不逊；另一些人则对总书记无端指责，哗众取宠；还有的代表水平很低，发言平庸。

戈尔巴乔夫休息时在走廊里踱步，没有人上前和他打招呼，也没有人围着他问长问短。总书记显得有点形单影只，但是他毕竟再次取得了胜利。在选举最高苏维埃主席时，没有人和他竞选。戈尔巴乔夫以参加投票人数的95.6%的高票当选。现在他已经集苏共中央总书记和最高苏维埃主席于一身，权力无限。这成为日后民主派攻击他的一个主要把柄。在此之前有人建议他辞去总书记，考虑再三他没有采纳。他怕离开党，主要是怕失去党的支持，虽然很多人退了党，但现有党员仍然是一个庞大的数字；他也怕党脱离他的控制，庞然大物会把国家搞乱。他在尽力将其置于自己的掌控之下，以减少发生不测的可能。

这次人民代表大会是苏共第十九次代表会议后的一次重要会议。大会对苏联国家最高政权机构——苏维埃代表大会体制作了重大变革。今后国家的政治中心是人民代表的代表大会，而不是苏联共产党的代表大会了。这是一次真正的重大转折。代表大会选举产生了由联盟院和民族院共542名代表组成的最高苏维埃，戈尔巴乔夫成为最高苏维埃主席，卢基扬诺夫为第一副主席；批准了部长会议主席、人民监督委员会主席、最高法院院长、总仲裁长、总检察长等人选；组建了几个临时性委员会。戈尔巴乔夫就国内经济、政治、社会、民族、政治体制、改革、建立法制国家、对外政策等问题作了主题报告，大会最后通过了《关于苏联对内和对外政策基本方针的决议》。

大会还标志着苏联已经从一党治国转为苏维埃决定一切，一切权力归苏维埃。就表象来看，确实是这样，一切都在按照戈尔巴乔夫的设想，一步一步向前迈进。戈尔巴乔夫成功地当选为最高苏维埃主席，党政集于一身，对于进一步深入改革，达到他预定的目标很有益处。但是苏维埃和党的关系，特别是在中下层机构，矛盾和分歧却越来越大。切尔尼亚耶夫认为，人代会后改革开始滑坡，而且是不可逆转的，具有破坏性的。集权怪物崩溃时，却没有建立起新的机制。⑳

电视台对大会作了实况转播，亿万民众从电视里看到的是激烈的争辩，混乱的场面，五花八门的观点，对苏共和总书记的尖刻批评……这就是第一届人民代表大会。很多人相当失望。实况转播在全国进一步降低了国家领导人和总书记的声望，产生了不小的负面影响，改革本身，也像总书记的形象一样，在人们心里逐渐失去光彩。

代表大会之后各种团体派系如雨后春笋般冒出来，不可计数。这些组织不断举行集会，提出形形色色的主张，印刷出版各种小册子，喊出种种耸人听闻的口号，搅得人心浮动，社会不安。暂时没有人注意到经济，经济在悄悄加速恶化。一个多月后，7月，西伯利亚又爆发了煤矿工人大罢工。

人代会后，人们到处在谈论需要一个铁腕人物，渴望秩序和纪律，总书记富有感染力的讲话，演说再也唤不起民众的热情和兴趣，相反已经引起了很多人的反感。不少人看到电视中出现总书记的镜头，会马上关掉电视。而两三年前，人们多么爱听他的讲话……列宁格勒等城市的工人委员会已经高喊：改革之前要好得多。打倒戈尔巴乔夫！社会影响力极大的萨哈罗夫也说："我不想美化戈尔巴乔夫，他为人不果断，成效也不大，他最终必须做出选择，是改革的领袖呢，还是特权者的头头？”㉑这些话在知识分子中广为流传并得到认同。

叶利钦重返政坛

1988年6月十九次党代会后，叶利钦积极返回了政坛。他到处发表演讲，经常接受媒体采访，活跃异常。1988年11月他在接受采访时声言，宪法和选举法都应当批判，很引人注目。新年过后，1月底在举行人民代表选举之前，他又有出人意料的举动，声言如果能当选人民代表，他将辞去现任部长的职务。此举很有破釜沉舟的意味，产生了他预期的效果。3月16日，他以89.44%的票数当选为人民代表。

5月底，第一届苏联人民代表大会如期在莫斯科举行。叶利钦只是2250名代表中的普通一员。最高苏维埃的542名成员要从这些代表中选举产生。在最高苏维埃的选举中他落选了。但是叶利钦运气很不错，被选上的鄂木斯克代表阿列克谢·卡赞尼克律师主动提出将自己的苏维埃代表资格让给叶利钦，请大会表决。戈尔巴乔夫原本就认为把叶利钦选进最高苏维埃于改革有利。因为当时戈尔巴乔夫的许多想法与叶利钦不谋而合，在刚刚举行的5月全会上，叶利钦提出的很多意见，都是戈尔巴乔夫准备要付诸实施的。而且戈尔巴乔夫刚刚以绝对优势当选为首届最高苏维埃主席，他没有什么顾虑，于是宽宏大量地允许大会表决。“让位”要求得到通过。

第一届人代会上的叶利钦。

戈尔巴乔夫当时绝不会想到，这位靠让位当上的最高苏维埃委员，最终会给自己和改革带来致命的威胁。但历史常常就是这样具有戏剧性。进入最高苏维埃的叶利钦如虎添翼，迅速崛起，成为民主派的领军人物，在随后动荡不安、跌宕起伏的风浪中，在强烈的权势欲望和部分责任感以及良知的驱使下，他的果断、坚韧和计谋得到突出的展示，使他成为与戈尔巴乔夫平起平坐的反对派领袖，并最终取而代之。

叶利钦成为国会议员后更加活跃，多次接受西方媒体采访，并于1989年6月以反对派领袖身份应邀访美。

在访美期间，他看到多年来一直被苏联也包括他自己反对的美帝国主义，人民生活竟如此富裕，经济竟如此繁荣，商店里商品琳琅满目，城市建设得如此美好，高楼大厦林立，市容美观，交通发达。这一切对他影响极大。两种体制的优劣，在极大的对比和反差中使他发生了根本性的改变。在访美结束时他直言不讳地宣称，他认为共产主义是一种幻想，现在需要的是将社会主义与民主结合起来；他支持多党制；反对苏共对波罗的海三国的强硬立场，主张让他们自己决定是否退出苏联。美国之行对他后来采取更为激进的改革行动和最终退出苏联共产党产生了极大的影响。

叶利钦在访美期间依然豪饮如故，经常喝得酩酊大醉，以致在一些正式场合语无伦次，步履踉跄，丑态百出。美国公众对他颇有微词，一些人甚至认为他心理不健全，根本不具备一个政治家的素质和才干。他还有更为令人瞠目结舌的举止：飞往美国下飞机后，可能是急于小溲，竟然就在飞机后轮旁边当着他的随从解裤撒尿……但这一切都没有阻挡住他继续崛起的态势。

7月底，主张激进改革的300名人民代表正式成立了跨地区代表团。第一次跨地区组合代表会议在莫斯科的电影之家召开，选出阿法纳西耶夫、叶利钦、帕尔姆、波波夫、萨哈罗夫为组合的联合主席。叶利钦说跨地区代表团的任务是，在多元化范围内促进改革进程，开展议院活动。跨地区代表团得到了媒体，特别是电视的广泛介绍，在全国影响很大。跨地区代表团的成立表明，在最高权力机关已经产生了反对派，他们将以此为阵地，为达到自己的目的而奋斗。

跨地区代表团可以说是国家合法的反对派组织，类似议会党团，基本成员是持有反对派思想的人民代表。但是跨地区代表团并不愿意规规矩矩的在议会范围内活动，而是另有企望。该组织不久就发生了分裂，内部开始争权夺利。萨哈罗夫在第二届人民代表大会期间——1989年12月15日——突然去世。民主派的大旗顺利转交到了叶利钦手上。

尽管叶利钦的国际形象远比不上戈尔巴乔夫那么有魅力，但是在国内，却不可思议的得到越来越多的人的支持。上层越有人反对他，就越激起民众对他的支持，一些人对他的支持甚至发展为一种盲目的崇拜。这是一种不正常的逆反心理。

叶利钦在国内的威望和影响力直线上升，他身后聚集了一大群支持者。有媒体仔细分析过，那是一群奇怪的混合力量：最激进的改革派，最反动的社会势力，大批怀才不遇的知识分子，好走极端的年轻人，以及对戈尔巴乔夫没有成效的改革越来越不满的群众。这些人将叶利钦作为他们的旗帜，将希望寄托在这个敢做敢为的人身上。而他们则是叶利钦所依靠的力量。叶利钦和他的支持者已形成一股越来越强大的社会势力，对苏联政局起着不可小觑的影响和作用。10月15日，叶利钦在一次万人群众集会上发言，公然要求解除利加乔夫等人的政治局委员职务，并预言苏联改革如果在一年内没有实质性的转变，就有可能发生一场自下而上的革命。这些都表明，叶利钦已经有力量并且开始向他认为的保守势力进攻了。㉒

修改宪法第六条：政治体制变更的大结局

人民代表的差额选举和人民代表大会的召开，引发了戈尔巴乔夫的很多思考，特别是有关党的改革和宪法第六条关于党的地位的法规。

苏联1977年宪法第六条是这样规定的："苏联共产党是苏维埃社会的领导和指导力量，是其政治制度、国家和社会组织的核心。苏联共产党之存在是为了人民，是为人民服务的。以马克思列宁主义武装起来的共产党决定着社会发展的总的前景，决定着苏联的对外、对内政策，领导着苏联人民的伟大的创造性活动，使她为争取共产主义胜利的斗争具有按计划的有科学根据的特点。党的一切组织都在苏联宪法的范围内行动。"

要求取消宪法中的这一条款，即放弃一党制，实行多党制，一直是民主派最响亮的口号。人民代表大会召开之后，更成为他们采取的第一个重大政治举动。他们要求立即撤销苏联宪法中这一条款。

对这一重大原则问题，戈尔巴乔夫的观点随着改革的深入也在不断变化。他曾经说过，多党制在苏联是垃圾。不久前还认为，在一个党的领导下，发扬民主不但能得到保障，而且还会顺利些。即使在第一次人民代表的选举中，他仍然相信苏联共产党有可能获得新生。

但是随着形势的变化，他的看法发生了重要转变。其中一个原因是，他深入思考了关于什么是法制国家、如何依法治国等问题，由此得出了新的结论。他说："苏共本应自动舍弃原来的独裁专制。这是一场极其复杂、痛苦而又特别严重的政治战役，可以说对于党内的高官阶层来说，那是'致命的结局'。'退位'，意味着这批人将逐步失去他们原先所享有的特权，意味着他们将从当今世界强者地位下降为平民百姓。""不采取策略手段应对，已经形成总体体系的强大的官僚阶层是永远不会拱手让出权力的。”[23]

而在第一次选举人民代表后，当他看到了苏共在选举中的状况，给他的印象是这个党已经落后于形势了，他对这一问题的看法又有了变化。他虽然说“依然相信苏联共产党有可能获得新生”，但后面的话才具有实质性的意义：“但眼看着它在失去一块又一块阵地。党的机构内部有点失魂落魄，已经公开地表现出对改革核心力量的不满。我们一直在谈论遏制机制，但从未提到过党。当我独自一个人的时候，我开始意识到，这个机制就在党内，党不仅落后了，而且还在抵制将会触及体制的变革。因为党正是这个体制的支柱。遏制基本上是通过机关去实施的，通过党的机构、国家机关、经济部门。机关又是什么呢？机关里非党人士就那么几员，屈指可数。要想毁坏迄今为止尚相当牢固的这一大堆人数达到1800万官员的根基，开始实施精简，我意识到，这是捅了怎样的一个马蜂窝呀。我也知道，这些人是无论如何不会善罢甘休的。”[24]“选举反映出新的现实，苏联共产党跟不上生活的节奏，而党内的达官贵人成了改革的阻力，这种看法已经在越来越多地显露出来。”[25]

总之，在他的头脑里共产党不仅跟不上形势，而且很多党的官员已经成了改革的阻力。他对共产党获得新生的信心有所动摇。在此之前他还说过，党的执政权力并非是通过人民的选举得来的，而且一党执政不会有有效的监督。这里他似乎已经在否认苏共执政党的合法地位和一党制的合理性，那么必然的逻辑便是应当实行多党制。他后来在公开场合说过，多党制不仅没有什么可怕，而且应当是政治改革的目的和必然结果。他的思想发生了根本性的变化。对于他来说，实行多党制已经是迟早的定论，问题是如何平稳地过渡到多党制，怎样把握住最好的时机。他后来在回忆录中承认，在这个问题的处理上他没能很好地把握住最佳时机，以至最终没有能够实现平稳的过渡。

戈尔巴乔夫认为，没能成功实现平稳过渡，除了没能很好地把握时机外，另一个重要原因是激进的民主派过于心急，以致打乱了他的整个设想和计划。他的设想是，过渡时间大约需要2—3年。

民主派确实是急不可耐。进入“议会”的一小部分人民代表和他们掌握的相当多的出版工具和部分电台广播等舆论工具，已经在大声疾呼，要求戈尔巴乔夫立即取消党的垄断地位和相关法律依据，即撤销宪法第六条。而且很快，这种呼声就成为一股强大的社会舆论，得到大众的认同，不同意见和观点甚至得不到表述的机会。这样一来，就“完全失去了平稳地由一种政治体制向另一种政治体制转轨的机会”。[26]

其实戈尔巴乔夫和政治局已经在考虑和讨论这个问题了。他已经认识到，政治改革的一个主要目的或者说最终目标就是使自己的党主动放弃垄断，让人民选择谁来执政。1989年人民代表大会后六中全会前，举行了政治局会议讨论这一问题，进行了长时间的热烈讨论，其中涉及到最敏感的宪法第六条，是撤销还是修改？大家讨论了很久，定不下来。没有人敢于贸然“取消”，于是最后选择了“修改”。政治局内已经分化为阵营鲜明的三派。权且称他们为保守派：利加乔夫、尼科诺夫、谢尔皮茨基；改革派：梅德韦杰夫、谢瓦尔德纳泽、雅科夫列夫；中间派：雷日科夫、沃罗特尼科夫、斯柳尼科夫、切布里科夫。三方争论激烈，意见不一。戈尔巴乔夫将三方建议综合思考后，认为：“所有这些都不过是不能解决问题的治标之方。对第六条的任何修正都不能为实施多党制提供宪法保障，也不会改变原先的政治制度。在这些修正的基础上，我国就只会出现像在民主德国、捷克斯洛伐克、波兰、中国的那种非独立的‘二等’政党，那些国家的这些政党起着工会和共青团那样的‘传动带’的作用，并成为由共产党人领导的人民阵线或民族阵线的成员。”㉗

最终，中央全会决定将关于宪法第六条（还有第七条）的命运问题，即苏联共产党的法定地位及命运，在1990年3月作为立法倡议提交代表大会审议。撤销或是修改宪法这一条款，弗罗洛夫在发言中极为准确地说：这并非只是简单的修正宪法的某个条款，“同志们，这是真正意义上的转折，是收尾，是政治体制变更的大结局”。㉘

在对宪法第六条修改还是取缔的表决中，仍有人主张删除该条款，但是没有通过。通过的宪法第六条修改为如下的表述：“苏联共产党、其他政党，以及工会、青年团、社会团体和公众运动，通过他们的当选为人民代表苏维埃的代表以及其他方式参与制定苏维埃国家的政策并管理国家事务和社会事务。”这样的表述事实上取消了苏共作为法定执政党的特殊地位，它和其他社会团体平等，党员们只有通过竞选当选为苏维埃人民代表，才能参与和管理国是。

戈尔巴乔夫同意对宪法第六条做这样的修改，但这并非表明他已经抛弃了对社会主义的信仰，至少在那时，他还坚信社会主义制度本身没有错，错的是领导者将真正的社会主义变了形。他在一次接见来宾时说：“我们仍然忠于自己的选择。改革是革命的政策，其宗旨是给予社会主义以新的品质，揭示它的潜力。我们赞成社会主义，我们要发展并完善社会主义。”㉙在答复意大利共产党领导人奥基托提出的“苏联社会处于何种阶段？苏联革新进程走的是什么道路？”等问题时，戈尔巴乔夫回答如下：“我们今日所处的时期——这是对列宁的方法论辩证法、列宁在苏维埃政权在最初年代的政治措施加以开拓实施的时期。”㉚“将要到来的正是社会主义，而不是别的什么社会。对此我比以前任何时候都更确信无疑。犯错误的完全不是社会主义，它之所以不成功，是变性和悲剧性时期的结果。如果要问改革的主要涵义，那就是要克服人对经济和政治进程的疏远，通过彻底发扬社会主义民主达到人的精神解放。”㉛

7月，西伯利亚爆发了大规模的矿工罢工。罢工从库兹巴斯煤田一个矿井开始，工人提出要求改善劳动条件和生活待遇，稳定物价，改善市场供应，并提出要提高煤炭价格，在经济上拥有自主权，增加夜班补贴和养老金等。罢工风潮迅速蔓延，仅仅几天就已扩展到这个矿区的9个城市，人数达11万。到了16日，120个矿区已有70个停工，50万人加入了罢工行列。后来波及到乌克兰的顿巴斯煤田和切尔沃诺格勒市的12个矿井、哈萨克的卡拉干达煤矿、科米自治共和国的沃尔库塔等地。全苏有26个煤田的工人参加了罢工，参加总人数达70多万。工人们成立了罢工委员会，要求直接与政府谈判。不久，据说莫斯科一些人来到矿区，在他们的指点下，罢工工人在经济要求之外又加上了政治要求，第一项就是撤销宪法第六条，实行多党制。

戈尔巴乔夫和政府多次呼吁工人复工，最高苏维埃也发布了告全国人民书，表示支持矿工的合理要求，同时呼吁工人要理智，要理解和支持政府，尽快复工。但这些呼吁和要求均遭到矿工的拒绝。11月5日，在罢工持续近四个月后，总理雷日科夫再次呼吁工人复工，并在17日亲自在克里姆林宫接见了矿工代表，答应了矿工的大部分合理要求，至此罢工风潮总算平息。

长达近四个月的罢工，造成的损失是巨大的。据媒体称，全年共损失700多万个工作日，直接经济损失达10亿卢布。罢工事件还在全国不少地方引起连锁反应，各地工潮四起，人心惶惶。

西伯利亚矿工大罢工是自改革以来规模和影响最大的一次，罢工的领导人不少都是苏共党员和煤矿领导人。大罢工给改革带来了更大的困难。

外交硕果

国内问题层出不穷，改革的道路越来越艰难。唯一的安慰是在外交上。“这一年新思维指导下的外交依然取得了不少成果。”㉜

首先是完成了从阿富汗撤军的计划。2月15日（1989年）最后一名苏联士兵入境时，在边界线上专门组织人员热烈欢迎。媒体报道说：苏联最后一名在别国领土上打仗的士兵回来了。这是艰难的一步，在戈尔巴乔夫的努力下，历时近四年，苏联终于走出了这个烂泥潭。

戈尔巴乔夫上台执政时，阿富汗战争已经打了5年，苏联先后派往那里的官兵约150万，5年来耗资巨大——据说共计约450亿卢布，而且每天平均有10名士兵战死异国。这种状况还在继续。大部分苏联人反战情绪强烈，每天有大量来信质问当局：我们的年轻人为什么要在那里无辜送死？每当戈尔巴乔夫读这些

最后一名苏联军人从阿富汗撤出。

信的时候都情绪激动。尽快结束这场愚蠢的战争没有疑问，但是战争并非简单的一句话就可以结束，撤军也非一日就可以完成。牵扯的问题很多，方方面面都要考虑到。他在1987年2月的政治局会议上曾这样说："当然可以很快撤离阿富汗，什么也不加考虑：我们可以说，对前领导的行动不负责任。但我们必须考虑我国的威望，必须考虑有那么多人经历了这场战争。须知，如果我们一走了之，而那里将开始屠杀并将建立起一个敌视苏联的基地，那我们将无法向本国人民交代。人们会说我们忘记了我们所作的牺牲，忘记了国家的威望。更使我们痛苦的是，我们损失了那么多人，而自己的义务却没有彻底履行。"㉝

撤军的第一步是在1988年春天迈出的，4月14日签署了日内瓦协议。同年5月15日开始实施，直至今天（1989年2月15日），11.5万苏联官兵分两个阶段全部撤出了。至此，苏联入侵阿富汗战争结束。但就在此时又出现了小小的波折。

纳吉布拉在苏军全部撤出后，向正在那里访问的苏联外长谢瓦尔德纳泽提出一个计划，要苏联从土耳其斯坦军区派一个旅到坎大哈突围，以保证他的军火运输线畅通。谢瓦尔德纳泽被说服了，他同意这个建议。回到莫斯科后，他即提交给中央一份特别建议。这份报告使很多人不解，因为特别建议完全与新思维的对外政策背道而驰，更是对日内瓦协议的倒退，是出尔反尔。雅科夫列夫、切尔尼亚耶夫等人都坚决反对，军方也表示不能支持这一建议，苏联全部撤军实属不易，为什么又要再陷进去，作无谓的牺牲呢？

政治局为此开会专门讨论。谢瓦尔德纳泽说，你们没有去过那里，不了解那里的情况。纳吉布拉说再坚持一年他们就可以完全站住脚了。

戈尔巴乔夫最终没有采纳谢瓦尔德纳泽的建议。

3月，由于苏军全部撤出，贾拉拉巴德很快被围困，纳吉布拉向戈尔巴乔夫大呼救援，请苏联从境内帮助轰炸。而谢瓦尔德纳泽也再次大力呼吁支持他，说这是“别无选择”，我们不要再次“抛弃朋友”，“第三世界会怎么看”等等，还说再有两个月纳吉布拉政权就会站稳，而且这次还说服军方人物克留奇科夫和亚佐夫支持他。

戈尔巴乔夫听过大家的意见，结论性地说：“我坚决反对任何轰炸和类似做法。只要我是总书记，我就不允许自食其言，践踏向全世界许诺过的东西。当我们决定撤军的时候，难道不知道我们的路走向何方？我们难道相信纳吉布拉有本事坚持下来，或者我们以此至少是为自己押宝，才在日内瓦的协议上签了字？”㉞最后说：请转告纳吉布拉，我们绝对拒绝进行轰炸。

苏联终于履行了自己的承诺，干干净净从阿富汗战场退出，并不再插手和染指。

5月中旬戈尔巴乔夫访问了中国，这是自1956年以来苏联最高领导人对中国的第一次访问，也是戈尔巴乔夫唯一的一次中国之行。

在此之前，1988年12月，中国外交部部长钱其琛应邀访苏。

钱外长访苏期间释放了中方改善两国关系的意愿。他向苏方清楚地传达了这样的信息：中方主张两国关系应该着眼未来，不纠缠历史旧账，向前看，探讨建立新的关系。

第二年2月，苏联外长谢瓦尔德纳泽回访中国，为5月将要来访的戈尔巴乔夫做准备。

1989年5月16日，邓小平在人民大会堂东大厅与戈尔巴乔夫会晤。戈尔巴乔夫举止言谈非常得体。他在飞机上就说：他将以晚辈对待长辈那样与邓小平会谈。

已经85岁高龄的邓小平头脑清晰，思路敏捷。他在与戈尔巴乔夫会谈中言简意赅地将改善两国关系归结为：结束过去，开辟未来。邓小平简明扼要地回顾了中苏关系的过去，指出：60—70年代那场著名的大辩论双方都是在讲空话。两国关系的恶化关键是很久以来苏联把中国摆错了位置，不平等待人，当然我们也不相信自己是全对的。

戈尔巴乔夫说，过去的事情苏联有一定过错和责任。他同意问题到此为止。

两国领导人在建立新时期的两国关系上达成共识，从而打破了苏中两国30多年的僵冷局面。这一成果是历史性的，对世界和平和亚太地区安全有着重大意义，对苏中（后来是俄中）两国关系正常化和战略伙伴关系的建立，也奠定了基础。

早已不复存在的柏林墙。

戈尔巴乔夫在会谈后的记者招待会上表示：他和中国领导人共同认为，“苏中高级会晤标志着两国关系进入了一个新阶段，两国关系将建立在国与国之间交往的普遍原则以及和平共处的原则基础之上。我们的出发点是，苏中关系正常化不针对第三国，不损害第三国利益，它同当今世界的发展趋势有机地结为一体。”㉟中苏两国（后来是中俄）由此建立起一种新型的关系。两国关系既不同于50年代，也不同于60—70年代。这种新型国家关系不仅完全符合两国人民利益，而且有利于维护世界和亚洲的和平稳定。

与西德的关系也在继续发展。戈尔巴乔夫第一次访问西德是在1989年6月12日，他刚刚当选为苏联最高苏维埃主席后。那次访问令他感动。总统魏茨泽克的优雅风度和渊博知识，波恩市政厅广场大众友善热情的欢迎洪流，登上市政厅的阳台时人们海潮般热烈的掌声，献上鲜花的德国小男孩……每一幕都给他留下了难忘的印象。赖莎抱起那个小男孩的镜头，出现在无数个电视屏幕和报刊上。还有普通人对他的那些热情的鼓励，他们喊着他的昵称：“戈尔比！要创造爱，不要修筑大墙”，“请这样坚持下去，戈尔巴乔夫！”

他和德国总理科尔再次会谈。他们之间建立和保持了良好的信任关系。

10月7日戈尔巴乔夫再次访问了德国，与科尔会晤后，发表了联合公告。德国方面更加感觉到，戈尔巴乔夫视西德为建设新欧洲的主要伙伴。东西德也都从中嗅出了这样的信息：苏联不再是他们统一的障碍。他尊重两国人民的意愿，但重要的是不要有任何强加的举动。

戈尔巴乔夫已经预见到德国会统一，他希望的只是不要流血。在11月11日与科尔总理谈话中他谈到了这样的意思。科尔说：两国关系达到这样高的发展水平我很满意，尤其是我们两人之间的个人接触，个人关系虽然不能改变问题的实质，但可以使问题易于解决。

10天后科尔突然在联邦议院提出了解决德国问题的十点方案。这引起戈尔巴乔夫的强烈反对，他认为这是在人为地加速进程，似乎有强加之嫌。戈尔巴乔夫认为统一的进程应当是缓进的。但对此的分歧显然没有破坏他和科尔的关系，而是加深了相互理解。一年后，矗立在东西德之间历经几十年风雨的柏林墙被拆毁；1990年10月3日，东西德终于统一。这一过程虽然出乎意料的迅速，但正如戈尔巴乔夫希望的，没有出现任何流血和武力。

1989年秋天，东欧各社会主义国家相继发生了急剧的变化，共产党人在波兰和匈牙利丢掉了政权。昂纳克下野。这些都对东西德统一提供了条件。但是不容否认，戈尔巴乔夫在东西德统一这一重大历史事件中所起的作用是最为关键的。这也是德国一直对戈尔巴乔夫另眼相看，视为上宾的理由。

与英国和撒切尔夫人的友谊一如既往。1989年戈尔巴乔夫又一次访问了英国，和撒切尔夫人举行了友好和开诚布公的谈话。戈尔巴乔夫吐露自己对美国的怀疑和担心，新总统布什是否会像里根那样理解苏联并与他个人保持坦率友好的关系？他也倾吐对国内局势的焦虑和不安；撒切尔夫人则认真听取，谈自己的看法，并为其出谋划策。

英国首相是取得戈尔巴乔夫信任的第一位西方国家首脑，“铁娘子”为戈尔巴乔夫后来成为西方最受欢迎的政治家，以及在苏联和美国之间建立起相互信任的关系中，都发挥了重要的影响和作用。而戈尔巴乔夫和撒切尔夫人建立起的苏英关系，也为世界和欧洲认可戈尔巴乔夫的改革和新思维起到了重要作用。

这一年最令戈尔巴乔夫激动的，莫过于对意大利的访问了。那是一次真正的凯旋之旅。

11月29日—12月1日戈尔巴乔夫偕夫人出访了罗马和米兰，意大利人对戈尔巴乔夫夫妇表现出空前的热情和友谊，那种热烈场面在意大利多少年没有出现过，当地媒体和世界各大新闻对此都有过详细生动的报道。戈尔巴乔夫和赖莎所到之处都是一片欢迎的热浪，在那里受到的礼遇令他们终身难忘和感动不已。而时下在国内他们面对的则完全是另一番境况，苏联人对他们的热情早已冷却，何止是冷却，已经是极大的不满。

戈尔巴乔夫夫妇后来（包括他不再是苏联总统和苏联解体后）多次访问这个国家，每一次都受到官方和民间最热烈的欢迎。意大利人对他的热情经久不衰。对这个热情、浪漫和历史悠久的国家的每一次访问，戈尔巴乔夫都会心潮澎湃，回想起很多往事。

1989年外交活动的最后一项是12月2日和新任美国总统布什在“高尔基”号舰艇上会晤。这是布什当选为美国总统后与戈尔巴乔夫的第一次会晤。这次会面很关键，关系到美苏两国今后的关系，也关系到戈尔巴乔夫结束冷战的新思维外交政策和实践是否可以继续下去。正像他对撒切尔夫人所说，他对美国新总统抱有一定的怀疑。

会见证明戈尔巴乔夫的担心是多余的。布什与戈尔巴乔夫的会谈气氛极具善意，双方都坦率、真诚地谈论了苏联的改革，尤其是经济改革，美国新总统和他的助手贝克甚至为戈尔巴乔夫出谋划策，以至参加会见的切尔尼亚耶夫似乎觉得，这不是外事活动，而是在与自己的最精通经济问题的专家讨论国是。贝克以经济学家的身份提出了很多内行的意见。而布什所谈表明他完全支持戈尔巴乔夫在联大的讲话，"如果改革成功，世界将变得更美好。"美国总统甚至第一次承诺在经济上给苏联以支援。

怎么办？改革之父的茫然

1989年又即将过去。

在1989年刚刚来临之际，戈尔巴乔夫在会见科学文化工作者时，仍充满信心地说"新的一年是有望深化政治改革并取得丰硕成果的一年"，然而事实与他的愿望正相反。这一年苏联政局开始全面恶化。

第一届人民代表大会之后，苏联政治形势变得更为复杂。被从精神樊笼中解放出来的各种人，摇着民主化和公开性的大旗，纷纷走上政治舞台，不受任何约束地向给与他们自由的人反攻。受到第一届人民代表大会的启发和影响，人人跃跃欲试，纷纷组织起各种小团体，名目繁多，无以计数。党的威望急剧下降，退党人数不断增加，各级共青团组织事实上处于瘫痪状况。社会处于严重的无政府状态，集会游行接连不断，仅上半年在莫斯科就有300余次，得到有关部门批准的只有63次，其余均属不合法。一些集会者高举沙俄时代的三色条形国旗，高呼"打倒苏共的专制制度"等口号，搅得人心惶惶。社会一片混乱，毫无秩序可言，国家处于风雨飘摇之中。

最高领导层开始分化，左与右两方面同时对戈尔巴乔夫发起攻击。他的铁杆支持者也在发生动摇，对他产生了不满。雅科夫列夫已经在抱怨说，戈尔巴乔夫不仅不敢承认他们的思想是完全一致的，很多改革的想法是出于他们相互启发的结果，而且对外还处处与他保持距离，担心人们将他和自己看成是一个营垒里的"战士"。切尔尼亚耶夫也对自己选择担当戈尔巴乔夫的国际问题助理开始怀疑，值得吗？戈尔巴乔夫的这项伟大的改革事业能取得成果吗？他看到了戈尔巴乔夫性格上的另一面：优柔寡断，犹豫不决，时间和时机都被错过了；他也看到一些人怎样以毫无礼貌的口气谈论戈尔巴乔夫；在一些重大会议上，人们窃窃私语，希望戈尔巴乔夫下台，而那已经不是几个人，而是一片呼声。这样的情景使他难过。他已经预感到前景非常不妙。而戈尔巴乔夫对自己的助理们不十分体谅和尊重，也使他心里委屈和不满。他一时出现了这样的念头：是否应该辞去这个工作？

然而，戈尔巴乔夫本人似乎对形势估计错误，或是不足。在与来访的撒切尔夫人会见时，戈尔巴乔夫说：目前我们正处于过渡时期，“毋庸讳言，将导致特别复杂的局面。看来还应快马加鞭。因为改革的必要性已被人们理解，几乎是人人支持”。但改革必然要“触及一大批人的利益。一些人提出了是否有必要进行改革的疑问，我们的态度是坚定不移的”，㊱“这里需要的是坚定和勇气。不能惊慌失措，而是要一步一个脚印地以实践来校正政策，向既定目标前进。需要的是彻底精神和深思熟虑，对所获得的经验进行消化；需要科学论证和新的思维，在苏联社会各阶层和各族人民中取得共识”。㊲

戈尔巴乔夫的形象在民众中也开始失去光彩。街头巷尾人们都在公开议论他们的总书记，他们对他感到不满和失望。不少人认为，他只会说漂亮话，夸夸其谈，实际上办不成事，国家被他搞得一团糟。电视中一出现戈尔巴乔夫的镜头，一有他讲话的声音，很多人就“啪”地关掉了电视。无论是他慷慨激昂的论述，或是恳切的请求，还是谆谆劝导，以及许诺和保证，人们都不再相信。他们说，苏联需要一个“沙皇”式的铁腕人物领导国家……而四年前正是他们对戈尔巴乔夫执政欢欣鼓舞，满怀期望。

经济状况更加令人不安，人人都感觉得到，已经离崩溃不远了。但是改革以来的花费却是巨大的。1986年的切尔诺贝利核电站泄漏事故，1988年年底的亚美尼亚大地震，这两个灾难的援救和善后处理工作耗资巨大，而且后续工作还将需要投入巨大的资金；从阿富汗撤军也需要相当大的资金来安置回国的苏联官兵，十万大军的吃饭和居住需要一笔不小的开支；今年从下至上的全国性选举也投入了相当大的财力物力；下半年发生的煤矿工人大规模长时间的罢工，更给不景气的经济以致命的打击。此外，老天也不作美，国际市场油价一直下滑，大大减少了国家财政收入。不要忘记改革初始的反酗酒运动，虽然十分必要，但是在经济上也使国家减少了大笔收入……统计数字显示：内债已达4000亿卢布，货币发行量达180多亿卢布，比1988年增加了56%，消费领域内通货膨胀幅度已达7.5%。莫斯科和全国各地商店里空空如也。经济的恶化足以使任何美妙的理想夭折。

此外，烽火四起的民族问题和矛盾，造成多起流血事件，民族分离的呼声越来越大，致使人心惶惶。与此同时，社会犯罪活动日益猖獗。杀人、抢劫、偷窃案件急剧上升，大大超过以往。社会动荡不安给犯罪分子提供了可乘之机，而犯罪活动的泛滥又使社会更加动荡。苏联陷入了一种恶性循环。

外交方面虽然不乏成果，但外交成果替代不了国内严峻的现实，也无助于解决国内危机。在1990年初，戈尔巴乔夫流露出辞职退休的想法，他说：是不是抛开一切，退到一边，让那些已经获得了我给予他们自由的人来干？8月在黑海度假时，这个想法再次萦绕在他的脑海。有一次赖莎当着切尔尼亚耶夫的面对戈尔巴乔夫说：“米哈伊尔·谢尔盖耶维奇，是退下来写写回忆录、隐居的时候了。你已经做了你该做的事。”㊳显然，这话是认真的，他们商量过了。其实赖莎不比她的总书记丈夫轻松。改革以来所发生的一切问题、事件，她都在和丈夫共同承担。第一夫人并非像人们看到的那样，只是风光地陪同总书记出访和游览各国。

国家前途渺茫，改革前景黯淡。面对此情此景，戈尔巴乔夫曾几次问身边的助手：情况一团糟，怎么办？改革之父也很茫然。

那一年《文学报》上曾出现了一篇文章，是两个名不见经传的年轻社会学家伊戈尔·克利亚姆金和安德拉尼克·米格拉尼扬所写。文章极其敏锐准确地指出：彻底的经济改革只有在强大的有权威的政权的可靠庇护下才可能成功。可惜，整个苏联社会似乎都患上了民主狂热症，任何权威都在打倒之列，这样理智的呼喊被认为不可理解，并终究被甚嚣尘上的越来越左的时髦口号所淹没。

一年后，苏联经济走向了全面崩溃。究其原因，正如这篇文章所说，在于缺乏一个强有力的权力机构的庇护，使得经济改革无法展开，更谈不上获得成果。而经济上的全面崩溃，使社会总矛盾全面爆发，致使联盟最终解体。

又一个新年即将到来，1990年，改革的第六年。

新年之夜，克里姆林宫上空的钟声显得格外悠远深沉，清冷悠长。总书记照例在电视上发表新年贺词。人们看到，他们曾经寄予巨大希望的总书记，此刻表情严肃，语气沉重，当年的自信与风采全然不见。

国家前途渺茫，命运莫测。新的一年将给苏联人带来什么？

当选苏联第一位总统

1990年戈尔巴乔夫是在焦虑不安和茫然无措中度过的。

新年刚过，1月2日戈尔巴乔夫即召开了政治局会议，他在会上说：“1990

年是决定性的一年。如果我们不改变供应状况，我们就应该下台！”[39]1月底的政治局会议上，戈尔巴乔夫再次谈到经济问题，他承认，1989年实现经济转折的承诺没有实现。继续下去注定要失败，人民要把我们赶下台。时间，我们没有时间了……

确实，想尽快把商店里的货架填满民生需要的商品，根本就没有希望。很多人惊呼，经济由于各种原因已经走到了临界点。这正如戈尔巴乔夫所说，会激起民怨，会被赶下台。而由于不断的政治危机迫在眉睫，暂时无暇也没有办法去改变经济状况，戈尔巴乔夫的担心很快就应验了。

1月中旬戈尔巴乔夫去了立陶宛。波罗的海三国力图脱离联邦始终令戈尔巴乔夫不安。他真心认为，脱离联邦首先会给这三国带来灾难。他此行即是想劝说和阻止波罗的海三国不要退出联盟，联盟将是一个崭新的结束了集权统治的民主自由的联邦。戈尔巴乔夫回来后说：“我们多民族的国家正在经历一个极其重要而又最困难的时期。其实质就是放弃斯大林的联邦模式，这种模式宣布的是联邦制，而培植的却是一元集权制。”[40]但是民族情绪一旦被激发，想靠说服解决问题几乎是不可能的。戈尔巴乔夫的立陶宛之行并未达到他此行的目的。

这时又爆发了巴库事件。民族矛盾迅速蔓延，此起彼伏。

面对越来越错综复杂的局面，戈尔巴乔夫忧心忡忡，茫然无措。一月底的一天，他几次去了雅科夫列夫的办公室，对他说：怎么办？一边是阿塞拜疆，立陶宛，激进分子，另一边是社会民主派，全都斗得很厉害，而经济在滑坡，人民到了忍耐的极限……总书记看上去既疲惫，又孤独。雅科夫列夫的建议是立即实行总统制。

社会孕育的不满情绪在2月有两次大爆发，都由激进民主派发起：一次是2月20日在首都举行的声势浩大的群众集会，名为纪念1917年二月革命；另一次是五天后25日再次举行的大规模示威，人们称此次集会为1990年的“二月革命”。

俄罗斯历史上的二月革命1917年3月8日（俄历二月二十三日）发生在首都彼得格勒。时值第一次世界大战期间，俄国军队接连溃败，各地军队哗变成风，由此引发全国不满。加之经济萧条，民不聊生，商店里甚至买不到面包，最终引发民众走上街头抗议示

1990年2月，莫斯科马涅什广场群众集会。

威。抗议活动受到当局镇压后，很快就演变为武装起义，得到数万名士兵的支持，并占领了冬宫。混乱中俄议会杜马夺取了国家统治权，并成立了俄国临时政府。迫于形势的压力，末代沙皇尼古拉二世3月15日宣布让位给他的弟弟米哈伊尔，后者第二天也宣布退位，将权力正式交给临时政府。二月革命后实际上形成了双权对峙的局面：代表资产阶级的临时政府，和代表工人和士兵的苏维埃。二月革命是一次民众广泛参加的自发性的资产阶级民主革命。

1990年版的“二月革命”，在某种程度上确实与当年的二月革命有些相似：群众是自发的，缘由也是经济危机，后来也形成了两个政权的并立时期。纪念二月革命还有一层意思，即指当年的二月革命原本可以使俄罗斯沿着一条向民主化渐进的道路走下去，其前景要比后来布尔什维克夺权后实行的集权制社会主义光明得多；但是随后进行的十月革命将历史赐予俄罗斯的这一时机葬送了。纪念二月革命本身的意思很清楚，集会者不仅表达了他们对目前的不满，而且要彻底否定十月革命和社会主义。

新年伊始的2月大示威令人震撼，游行者呼喊着否定列宁、否定十月革命的口号，响彻天空。这些口号在大众心理上产生了极大的影响，既然列宁和十月革命都是错误的，那么这个有着近70年历史的社会主义国家和列宁创建的苏联共产党，也都是这场历史误会的产物，也应当彻底推倒。当然很多人对此疑惑和反对，但是不少人在心里已经认同了激进派的看法。而戈尔巴乔夫进行了一次又一次慷慨激昂的动员和实行改革的演讲，他的初衷绝不是推翻社会主义，而是完善，是充分发挥其优势，是人道的民主的社会主义，而且他一直坚信自己选择社会主义理想是正确的，坚信苏共可以改造。但在现实中，大众离他的这些理论或说是改革的主要目标已经渐行渐远。他们越来越靠近和相信激进派了。这预示着民众在某一天会完全抛弃他。

戈尔巴乔夫倡导的民主化、公开性，以及不留一个历史空白等举措，结出了他想象不到的果实。被戈尔巴乔夫视为改革灵魂的民主化和公开性，像神秘的飞去来器，飞向了他要击中的目标，然后转而向他飞来，击中了他自己。

“二月革命”进一步动摇了现政权和戈尔巴乔夫的威信，人们似乎都感觉到了，毫无改革成果的现政权垮台之日已经屈指可数了。

面对越来越动荡和复杂的局势，经过深思熟虑，戈尔巴乔夫决定提前召开人民代表大会，实行总统选举。他想以此改变现状。因为共产党的法定统治地位的废除已经是早晚的事（宪法第六条的修改在一个月后），多党制呼声日高，在这种情况下，共产党总书记的身份对他领导改革和处理各种重大问题有着种种不便和约束。实行总统制而超脱于党派之上，有利于扭转危机局面，继续推行改革，甚至保存联盟。

1990年3月2日，戈尔巴乔夫度过了他的59周岁生日。之后连续召开会议，讨论宪法第六条的修改意见。作出的修改大家都比较满意，人代会通过了。此外一个重要问题是设立国家总统条款。人代会研究了改造国家最高权力机构的建议，第一次将国家设立总统职位写入宪法。

戈尔巴乔夫认为，修正宪法第六条和补充基本法第127条相互之间是有机地联系在一起的。前者表明，国家将不再是一党制的国家，将奉行民主制的一项主要原则——思想多元化和政治多元化。后者表明，应承认民主制的另一项也是相当重要的原则：权力分立。

接着召开了非常代表大会，就提交的宪法第六条和第七条等提案进行讨论。阿法纳西耶夫（时任历史档案学院院长）反对设立总统，指责戈尔巴乔夫是为了得到更多的个人权力。但不少人有力地反驳了他。戈利丹斯基院士说："我根本不同意所谓设立总统职位是由戈尔巴乔夫对个人绝对权力的追求所决定的说法。实际上，他在五年前成为党中央总书记时所得到的正是这样的绝对权力。认为这五年间把自己的活动都用来摧毁行政官僚体制的戈尔巴乔夫现在决定要以新的身份把权力抓到自己手里，这岂不是太荒唐了吗？"㊶

哈萨克斯坦的纳扎尔巴耶夫支持设置总统职位，同意戈尔巴乔夫为总统候选人，但同时主张各加盟共和国也应采用这一模式，这样可以"消除已经暴露出来的总统制思想和各加盟共和国扩大本身自主性之间的矛盾"。㊷还有发言者提出，设立总统制必须附带一个条件：在总统委员会里要有在委员会中轮流坐庄的15位副总统，他们来自15个加盟共和国。这便是独联体的雏形。

1990年3月15日，苏联第一位总统产生。

绝大多数代表都赞成设总统职位，并赞成就在这次代表大会上选举第一任总统。大会还对总统是否继续留任党的最高领导进行了讨论，跨地区集团的发言表明，他们担心总统将会以政治局的名义执政，并执行政治局的决定。但最后表决时关于总统领导政党的条款没有被否决。

苏联第一任总统人选非戈尔巴乔夫莫属，因为没有其他人参加竞选。对此戈尔巴乔夫也感到奇怪，反对派为何没有推举自己的候选人？其实这并不表明他们不想要这个权力，他们似乎更想造成这样的印象：戈尔巴乔夫是在没有人与之竞争的情况下当选的，由此贬低其当选的意义；而在下面他们却在积极进行夺权活动，甚至不择手段。

1990年3月15日，在苏联第三次（非常）人民代表大会上，戈尔巴乔夫以1329票赞成、495票反对当选为总统。苏联历史上第一位总统产生了。

戈尔巴乔夫当选总统后，向代表大会发表了简短的演说，主要回答了会议反映出来的各种担心和问题。站在讲坛上，他恢复了往日的自信和从容，演说富于激情，很有感染力和说服力。他说：履行总统的职责就是要坚定地继续贯彻改革政策。我对那些担心总统制会产生篡权现象的代表说，这样的担心没有根据：“宪法本身便是保证，而宪法现在由强大的、握有实权的最高国家权力机关，即人民代表大会和苏联最高苏维埃捍卫……作为这方面的保证的，还有在我国已成为现实的公开性、政治多元化。”他强调，总统“不是某种独立阶层和政治派别的代表，而是全体人民的代理人”。㊸

1989年的一次集会上，人们举着“我们需要叶利钦”的横幅标语。

当他走下讲台时，很多人拥向他，表示祝贺、问候、忠告，气氛热烈。还有外国记者不失时机地向他提问。此刻他心中又升起了希望。也许一切难关都会渡过，改革可以继续进行。如今他已被选为苏联第一任总统，手中握有足够的权力，足以抵抗无论是来自左派还是右派的干扰，使改革继续沿着健康的道路向前发展。这是他唯一的目的。

大厅里熄了灯，一片漆黑。人们都走了。戈尔巴乔夫走进他的办公室，赖莎和他的两位助手一直在那里等他。服务人员为每个人端上咖啡，他们每人饮了一杯表示庆贺。戈尔巴乔夫饮着咖啡心中自问：总统，有助于改变目前的状况吗？他心头又产生了疑问。他的疑问很快就有了答案。他后来的感觉是，总统，没有基础和支柱。“第三次代表大会之后，我们在某种程度上就是处于这样一种状态。我们有总统，有司令部（联邦委员会和总统委员会），但下面没有支撑。好像没有人来公开否认中央最高权力机关享有特别的权力，可是从上面发出的脉冲却得不到有力的回应支持。”“总统制的优点尽管很多，但也只有在建立了相应的机制时才能发挥出来。”㊹

实行了总统制，选出了总统，但是局面没有改观，一切依然在向不好的方面变化。

戈尔巴乔夫得出结论说：显而易见，我们不能仅仅局限于对宪法的修修补补，应当签署新的联盟条约，并相应地改变整个国家体制。可见，我们刚刚完成一次相当彻底的改组，又面临必须着手进行另一次改组的问题。

俄联邦最高苏维埃主席

在政治漩涡中几上几下的叶利钦，历练得羽翼丰满，信心十足。重返政坛以来，他的影响和威望迅速增长。一方面得益于他的豪爽坚决的性格，他可以破釜沉舟，不顾一切，与犹豫不决的戈尔巴乔夫形成鲜明对照；另一方面看上去粗俗和不很精明的他，在处理实际事务中却表现得既敏感灵活，又善于捕捉时机。叶利钦尤其擅长观察民意，顺其潮流来达到自己的目的。他抓住苏共特权问题大做文章，常常言辞激烈地批评当局延误改革，使他深得民心，加上舆论造势，如今，他已经是民主派的真正的领军人物，他的言论和举动对整个苏联的局势起着举足轻重的作用。他是媒体的宠儿，或者说媒体掌控在他的人手里，自从他被任命为莫斯科市委第一书记开始，他的一举一动媒体都会大肆渲染，就在不久前，叶利钦的车不知和谁的车轻微撞了一下，嗬，媒体大肆炒作，叶利钦又成了大英雄……戈尔巴乔夫的威望在迅速下降，而叶利钦的威望却急速上升。其中媒体起了很大的作用。

叶利钦当选为俄罗斯联邦最高苏维埃主席。

1990年1月中旬，媒体广为刊发叶利钦的一系列讲话。他在讲话中说：保守势力的反抗在日益加强，党没有勇气开展“根本性的改革”，断言戈尔巴乔夫只是“改革的倡导者，而不是这台戏的主角，”声称应当“采取更为激进、更为坚决果断的策略来推进改革”。还说“我们最大的不幸就是党的垄断，”“我们对戈尔巴乔夫已经受够了”，他不久可能就会下台。叶利钦同时宣布将竞选俄联邦最高苏维埃主席，并愿意成为俄罗斯总统。

2月和五一节的大游行，叶利钦健壮的身影都出现在主席台上。他发表了激昂的讲话，其中一个主要目的是为俄罗斯联邦最高苏维埃大选积极做准备。果然，1990年5月29日的选举中，叶利钦当选为俄罗斯联邦最高苏维埃主席。虽然是以微弱多数当选，但是他毕竟当选了。

戈尔巴乔夫注视着这一切。叶利钦的东山再起和强势崛起，他没有料到。对这个人他是了解的，一方面他有积极改革的强烈意愿，另一方面他怀有某种虚荣的个人企图。他的激进的高调，不稳定的情绪，朝令夕改的作风，对权势的渴望，都有可能对国家的改革带来极其不利的作用和影响。但恰恰就是这个人，形成了气候，成为一面旗帜，身后有大批追随者，成为了最大的联邦共和国俄罗斯的第一把手。他是改革中尚不很成熟的苏联民众的民主化和公开性的产物。

叶利钦的崛起对整个改革局势有着微妙的影响，令人担忧。这并非杞人忧天。就在叶利钦发表的就职演说中，他更加放开，大谈俄罗斯的利益高于联盟的利益，俄罗斯的法律不受联盟法律的约束。叶利钦的演说引起其他加盟共和国的警觉、仿效，对整个联盟不断出现的独立分离的要求和最后解体，起到了极大的推波助澜的作用。就在不久前人大代表瓦连京·拉斯普京在会议上说：第一个需要脱离联邦的是俄罗斯。代表们当时觉得好笑。现在看来，这话没有讲错。

虽然对此人非常担忧，但是戈尔巴乔夫信守自己的原则，既然他是被大部分选民选举出的俄罗斯联邦最高苏维埃主席，个人的好恶就应当排除，承认大众的选择，这不正是改革的原则和目的吗？

叶利钦当选为俄联邦最高苏维埃主席后，以他为首的激进派活动更加积极，他们有了合法的领导人和基地。叶利钦也有了更多的与戈尔巴乔夫讨价还价的余地。他的迅速崛起，恐怕连他自己都没有料到，而这也刺激了他更大的欲望，他想坐进克里姆林宫的宝座，苏联总统早晚会被人民抛弃。

叶利钦在苏联政坛的迅速崛起，不仅使苏联政局变得更为复杂，而且也使党内和社会矛盾更加尖锐。

党内斗争日趋激化

社会矛盾和苏共党内斗争的激化，在1989年年底就相当激烈地表现出来。而到了1990年上半年，即苏共二十八大召开之前，党内保守派和民主派之间的斗争达到了从未有过的激烈程度。[45]

以《我不能放弃原则》一文而名声大振的保守派、列宁格勒女教师尼娜·安德烈耶娃又出来了。1989年11月11日，她接受了中央电视台采访，在被采访时她说，1988年《真理报》对她的批评，恰恰反映了改革中两条道路的斗争，一条是继续走社会主义道路，一条是复辟资本主义。她对叶利钦进行了批评，指出叶利钦在美国的言论似乎表明他自己从来都不是一名共产党员。尼娜·安德烈耶娃在1989年5月成立了“列宁主义和共产主义理想组织”，她再次表示要领导这一组织坚持列宁主义和共产主义理想原则。

11月22日，列宁格勒两万名共产党员集会，要求采取紧急措施稳定局势，提出赞成“改革的社会主义目标，不允许用改革来打击共产主义”等口号，并要求戈尔巴乔夫、雅科夫列夫和谢瓦尔德纳泽下台。

四天后，莫斯科市委第一书记在接受电视台采访时说，他不赞成列宁格勒党员集会上提出的那些口号，认为那次集会是一个倒退。

紧接着列宁格勒市委第一书记在《真理报》上发表谈话对此反击，提出苏共如放弃社会主义价值观就会变质，共产党员应当明确反对私有制的合法性。

12月8日，列宁格勒人民阵线针对11月22日的集会组织了自己的集会，支持戈尔巴乔夫，反对市委第一书记，要求实行多党制，取消规定共产党地位的宪法第六条。同日，女教师尼娜·安德烈耶娃在接受某媒体记者采访时说，戈尔巴乔夫的改革“带来了经济危机、政治危机、意识形态危机和文化危机”。

12月10日，“跨地区代表团”呼吁第二天进行全国两小时警告性罢工，并扬言同共产党和政府领导人分道扬镳的时候已经到了，重申“赞成多党民主制”。

12月30日，在斯大林家乡召开了“捍卫斯大林协会”成立大会，来自苏联许多城市的代表出席了会议。

在传统派与激进派的左右夹击下，以戈尔巴乔夫为代表的中派始终谨慎地保持中间立场。1989年11月3日，梅德韦杰夫说，对改革有两种极端的看法，一种认为目前的困难是改革本身造成的，另一种则认为改革还不够彻底，应该彻底否定过去的一切。这两种看法都是错误的。

尽管戈尔巴乔夫小心地走钢丝，但在一些关键问题上，常常倒向激进派。例如在多党制问题上，戈尔巴乔夫在过去的多次讲话中对此并不赞成，但1990年1月在这个问题上表示出松动。他说：“我认为实行多党制并不是悲剧，如果多党制是一种正常的历史进程结果，并且符合社会需要的话。”㊻虽然他后面又加了一句“不过，多党制并不是万应灵药”，但其态度的转变是显而易见的。戈尔巴乔夫的松动并没有使激进派满意，他们的目的是要戈尔巴乔夫完全站在他们一边，既然现在还没有人能够取代戈尔巴乔夫，他对他们暂时是有用的。

党内斗争仍在升级，在二十八大筹备和召开前夕，其激烈程度前所未有。

1990年1月20—21日，来自苏联各地的175名代表在莫斯科开会，决定成立苏共党内“民主纲领派”组织，会议选出叶利钦、莫斯科历史档案学院院长兼历史学家阿法纳西耶夫和经济学家波波夫等56人组成协调委员会。阿法纳西耶夫说，如果苏共中央不接受改革，他们将脱离苏共，另建新党。他们自称拥有党员5.5万人，代表了1/3的苏共党员。2月初，《莫斯科新闻》报刊文点名批评利加乔夫。2月4日，在苏共中央全会召开前夕，激进派组织20万人在莫斯科集会示威给中央全会施加压力，要求把多党制写进宪法，并要求利加乔夫辞职。叶利钦和阿法纳西耶夫在集会上慷慨发言，呼吁左派力量联合起来。反对派已经在苏共内部建起了自己的阵地，或许这也可以称为一党制下多党派的一种特殊的裂变。

紧接着2月5—7日戈尔巴乔夫召开了党的中央全会。这次全会是苏共二十八大的预备性会议。会上三方的斗争更为激烈。戈尔巴乔夫在会上就提交二十八大的行动纲领草案作了报告，主要内容有关于扩大党内民主问题、共产党地位问题和设立总统制等问题。关于共产党的地位，报告指出，不能用宪法强加于人，共产党人要为执政党的地位而斗争。叶利钦代表“民主纲领派”对草案提出十点修改意见，其中主要有要求放弃民主集中制原则，放弃一党专制，自动放弃执政党地位并逐步过渡到多党制等等。利加乔夫也在会上发言，他表示坚决反对这个草案，认为该草案“在某种程度上为社会主义社会实行私有制打开了缝隙”。

“民主纲领派”的“纲领”与戈尔巴乔夫的中央纲领在许多方面是一致的，如都提出了民主社会主义思想，都主张放弃对权力的垄断，承认多党制不可避免，赞成取消宪法第六条等，他们的主要不同之处在于，苏共中央主张党要保持先锋队的作用，而“民主纲领派”则主张搞议会式党。

这次中央全会充分表现出党内斗争的激烈程度。党内“纲领派”的成立，以及在会上抛出的“民主纲领”已显示出苏共内部分化在加剧。尽管戈尔巴乔夫在会后说“我看不出有什么深刻的原因会促使党分裂”，但苏联共产党确实面临着最为严重的危机，这一点已是有目共睹。

此时，全社会的反苏、反共、反社会主义倾向越来越严重。面对这种局面，利加乔夫多次大声疾呼，他说：“改革的主要危险来自民族主义、分裂主义和反社会主义势力”，“社会已接近危险极限，超过这个限度就可能出现政治和经济混乱”，“社会上有一些势力和人物，他们利用改革的口号作掩护，企图瓦解社会和党，阉割党的建设和活动的列宁主义原则”。他们“要把党改造成社会民主党，在我国实行私有制和复辟资本主义”。而造成这些不幸和失败的最主要原因，就是“党本身在组织上以及思想上被削弱了”，“共产党是我们的历史”，“我们不应当诋毁历史”，“最危险的事情是我们容忍削弱和对党的松手。这是我们犯的错误，政治领导犯的一个根本性错误”。[47]

与此同时，苏共中央在4月发表了致全党公开信，呼吁广大党员同走上反党道路、企图分裂的人划清界限。公开信指出，所谓的“民主纲领派”企图使党变成由各个派别和集团自由组成的协会组织，实际上是要搞垮党，是在实行一条“从内部分裂苏共，将它从政治舞台上排挤出去”的方针。

“民主纲领派”协调委员会第二天即反击说，公开信是利加乔夫及其盟友采取的一个突然行动，也是一场政治迫害的开始。协调委员会号召所有的共产党员离开共产党，参加新的民主纲领党，随后，起草了“不允许在苏共内部迫害持不同意见者”的呼吁书。

传统派也在顽强地斗争。4月15日，苏共马克思主义党俱乐部联合会在莫斯科召开会议，决定成立“马克思主义纲领派”，与“民主纲领派”针锋相对，54个城市的308名代表参加了会议。“马克思主义纲领派”重申“赞成恢复经典的马克思主义”，提出“政治体制改革不是取消党本身”，而是改革“现行模式”，“社会主义政治体制并不一定导致多党制、议会民主甚至苏维埃体制”，而是要求“真正的人民政权”；主要经济部门“完全属于全民所有制”。

一切都令人焦躁不安，社会像一锅沸腾的水……

5月1日，像往年一样在红场举行了群众游行活动。戈尔巴乔夫和其他领导人站在列宁墓上观看。正常的游行队伍走过后，反对派组织的3万人走进红场，他们手中高举末代沙皇尼古拉二世和叶利钦的大幅照片，高呼最时髦激进的口号“列宁的党滚开”、“打倒戈尔巴乔夫”、“打倒苏共——人民的剥削者和掠夺者”、“打倒社会主义和法西斯赤色帝国”等招摇而过。当戈尔巴乔夫等领导人走下列宁墓时，游行人群中发出一片嘘声和唾骂，尖叫声和口哨声不堪入耳……戈尔巴乔夫后来将此举称为“政治流氓”。

这是5月的不祥雷声。它预示着崩溃已经临近。

传统派要求戈尔巴乔夫辞职，激进派高呼“打倒戈尔巴乔夫”，总统的中立政策越来越难以奏效。

面对日益嚣张的反共反社会主义势力，戈尔巴乔夫一度靠近了传统派。4月在斯维尔德洛夫斯克讲话说“叶利钦是最没出息的政治家”，重申不准波罗的海三国脱离联盟；5月中旬在伏龙芝说：社会主义是一种富有成果的思想，应坚持党的先锋队性质，反对将党变成议会式的政党和“争论俱乐部”。5月底，他严厉批评叶利钦“否定列宁主义原则”、“企图使俄罗斯离开社会主义”等。但这没有起到任何作用，叶利钦很快就当选为俄罗斯联邦最高苏维埃主席。

二十八大就在这样一个矛盾不断激化的复杂情况下召开。

二十八大：苏共最后一届党代会

二十八大于1990年7月2—13日召开。党代会前夕，有人预言这将是苏联共产党最后一届代表大会。很多人不以为然，认为不过是危言耸听罢了。但是不幸，此话确实言中了苏共的历史命运。

戈尔巴乔夫年初就在筹备这一届党代会了。在2月初举行的全会上，已经通过了苏共中央提交的二十八次党代会的纲领《走向人道的民主的社会主义》。此外，他和同事们思考和议论最多的一个问题是，他是否还继续担任苏共中央总书记。

苏联总统在二十八次党代会上，再次当选为总书记。

戈尔巴乔夫已经是苏联总统，一些人主张他辞去总书记这一职务。主张这一意见的人不仅有民主派，还有他身边的战友。沙赫纳扎罗夫、切尔尼亚耶夫和彼得拉克夫等人专门写信上书，恳请他辞去总书记职务，他们说，不久前他们还和戈尔巴乔夫的意见一致，觉得他身兼二职更有益于事业，“对于防止产生两个权力中心至关重要”，但是现在情况有了根本性的变化，现在需要的恰恰是“一个凌驾于对立的政治和国家结构之上的力量”，“这个举措将使总统跳出党派从属关系的圈子”，㊽更加超脱地应对各方面的问题。但戈尔巴乔夫没有采纳他们的意见。他仍然固执地认为，身兼二职是最好的渡过困难时期的方案，他不打算辞去总书记职务。他对党负有责任，而且他始终认为党是改革的支柱和依靠力量。“因为我意识到面对苏联共产党、面对几百万共产党员，对改革的命运应该负起责任，而我还认为，竭尽所能，使党能经历内部民主化的道路，并在新的政治结构里具有应有的地位，也是我的责任。”㊾

二十八次党代会的气氛完全不像上一届党代会。几年前召开的二十七大，气氛活跃，充满朝气，对新当选的总书记满怀希望。而二十八大已经成为各派政治力量激烈斗争的舞台，斗争达到白热化程度；而他们的总书记在某种程度上已经成为众矢之的，严肃的、夸大的、别有用心的各种批评指责不绝于耳，似乎这已经成为一种时髦。

大会第二天，叶利钦的支持者数千人在会场外冒雨集会，为“民主纲领派”助威。分组讨论时，争论激烈异常。有代表提出共产主义是“虚无缥缈的目标”，建议苏联共产党改名为“民主社会主义党”。还有代表主张军队、克格勃和内务部实行“非政治化”。会议第五天，“民主纲领派”代表、“马克思主义纲领领派”代表、列宁格勒“俄罗斯共产党倡议代表大会”代表轮番上台发言，各抒己见，针锋相对，争论不休。

叶利钦则建议召开一次新的代表大会，通过一个革新的苏共宣言。他强调共产党必须进行革新才能在急剧变革的社会中成为主导党，主张苏共应允许“各种纲领派别在组织上并存”，表示同意苏共改名为“民主社会主义党”，他的激进观点很引人注目，但其意见没有被大会采纳。

7月9日，二十八次党代会政治报告辩论告一段落。10日凌晨戈尔巴乔夫作了总结性发言。他在发言中突出谈到了经济改革问题，指出下一步要把经济改革战略摆到首位，也谈到了对外新思维，“新思维已经在全世界作为我国新的国际主义被接受下来，这种国际主义是要把世界团结起来，而不是把它分裂成为互相对抗的阵营。”㊿他批驳了一些人在对外政策上对他的指责：有人“指责领导‘丢失了’东欧（就好像那是我们的殖民地一样！），在西方国家面前‘屈膝投降’，还‘出卖了’阿富汗。其实，‘维护’这个词用得未必合适。我是竭力想证实，只有顽固不化的‘鹰派人物’才会咒骂能够结束国家的超军国主义化，使世界摆脱掉核毁灭，为我国进入世界经济结构和世界政治结构的一体化创造前提的方针。

戈尔巴乔夫最后讲到了党和政权的问题。此刻会场安静了。这是所有与会者最关心的问题。戈尔巴乔夫再次发挥出他雄辩的演说才能，慷慨激昂地说：“许多代表都对苏共丧失威信，党受到其他政治力量排挤，在某些地方共产党员被迫转入反对派，深表忧虑。这确实是实际情况。如果党的干部仍然打算回复到过去那种可以从中央得到管理一个区、一个市、一个州、一个共和国的委任状，不管你工作得如何、人们对你有何想法，你都可以在这个岗位呆上一辈子的时代，那就不会有任何向好的转折。昨天是无论如何不可能拉回来的，而且无论怎样的专制（如果有谁脑子里还有这种梦想的话）也都是解决不了任何问题的。只要我们大家还不懂得苏共对政权和管理的垄断已经结束，党就不可能得到改造。即使我们能够在选举中赢得多数（我们可以而且应该为赢得执政党地位而工作），即使在这种情况下也应该同非党代表合作，同其他真正关心国家命运的、法律上承认的政治流派的代表合作。要同宗派主义情绪、同这一垄断彻底决裂，并从党的工作人员和全体共产党员的思想上根除这些东西。”[51]

戈尔巴乔夫发言完毕，宣布休息。他感觉自己的发言是成功的。果然，他从容走下讲台时，立刻被代表们团团围住，他们急切地想对他说些什么；数十名记者也一拥而上，争先恐后想对他作短暂的采访……应付完这些人，戈尔巴乔夫走进休息室，政治局全体人员都在那里等他。此刻大家都从大桌旁边站起来，纷纷向他表示祝贺。利加乔夫说：“米哈伊尔·谢尔盖耶维奇，你今天情绪极好。一篇提纲挈领的演说，一个准备充分的纲领……”[52]

戈尔巴乔夫在二十八大上再次当选为苏共中央总书记。这是苏共历史上第一次由党代表大会而不是由中央全会来选举总书记。戈尔巴乔夫留任总书记的愿望实现了。他仍然身兼二职。在选举中央副总书记时，利加乔夫落选了。戈尔巴乔夫提名的伊瓦什科当选为副总书记。大会休息时利加乔夫对戈尔巴乔夫说：我投了你的票。戈尔巴乔夫也坦率地对他说：我没投你的票。戈尔巴乔夫之所以不希望利加乔夫当选，一是担心这样会再次引起退党潮，二是利加乔夫与他在一些问题上的分歧由来已久，随着改革的深入，他们已经很难一起共事了。

利加乔夫的落选说明，戈尔巴乔夫的基本取向仍是改革，党内大部分人也会跟着他继续向前走。大会通过了苏共二十八大的“纲领性声明”，“声明”规定，苏联共产党将致力于“人道的、民主的社会主义”。苏联共产党也在按照戈尔巴乔夫的设想，一步一步改变着自身。但是即使这样，也没有阻挡住叶利钦等激进派退出共产党的脚步。这是二十八大最富于戏剧性的一幕。

7月12日，会议结束的前一天，叶利钦突然宣布退党。他的理由是，他已当选为俄罗斯联邦最高苏维埃主席，考虑到社会正向多党制过渡，他不可能“只执行苏共的决定”。此言一出，会场哗然。叶利钦在一片嘘声和低声唾骂中扬长而去。另有“民主纲领派”20余人也声明离开苏共，准备成立“独立的民主的议会党”。

叶利钦宣布退党并走出会场。

7月13日晚，历时12天的二十八大闭幕了。戈尔巴乔夫作了简短的闭幕词。他说：苏共二十八大将对苏联社会产生“重大和深远的”影响。那些想在这次代表大会上葬送党的人的打算落空了，苏共依然具有生命力并将继续生存下去……

总书记确实真诚地继续抱有这样的希望，他的讲话也依旧引起阵阵掌声。但是不少人都感到，苏联共产党的力量、威望和影响力，正在一天比一天减少。退党热潮会在社会上再次掀起，这已经与利加乔夫无关，而是叶利钦退党所引起。苏联共产党的前途和出路究竟在哪里，党代表们真的感到很迷茫。

很多人对最后一届党代会的印象是：斗争激烈、争吵不休，像一场闹剧。切尔尼亚耶夫对大会作了这样的记录：发言者是一大帮发疯的外省人和首都的煽风点火者，水平低下，以至除了中央高级党校的马列主义词句外，简直一窍不通。他们对政治局委员的讲话喝倒彩，发出嘘声……但戈尔巴乔夫等人依然留在这里，只有一个人，即叶利钦再次以非凡的敏感嗅出了什么，并且义无反顾地宣布退出共产党。休息时戈尔巴乔夫看上去那么孤立，好几百人围着他“讯问”、争辩，在瓦洛佳的护送下他才得以摆脱那些人……[53]

叶利钦退党在社会上影响极大。他的大胆举动又为自己加了分。他甩掉了党的包袱，可以进退自如地履行俄罗斯联邦最高苏维埃主席的职责。他此举表达出这样的信息：他是真正的彻底的改革派，他有勇气与旧体制决裂。退党决定其实是他早就考虑好的，只是时机问题。他后来回忆说：“我不再信仰共产主义，这意味着我不能再待在苏共队伍中了，但我需要将退党做成一场政治秀，即在党代会上当着5000名代表的面退党。”[54]他抓住了最合适的时机，在党代表大会闭幕前夕上演了这场政治秀。当他脚步坚定走出会场时，身后的唾骂算什么？他早就看出，来自“党内”的谩骂声越大，来自社会的支持就越多，他已经熟知这一规律，并运用得娴熟自如。离开党只对他有益，他已经有了自己坚实的阵地和支持他的大军。他没有什么好怕的。

而戈尔巴乔夫在这方面顾虑重重，优柔寡断，在处事的决断和魄力方面确实不如叶利钦。他也许真的错过了一个好时机，即他的战友所说的那样，辞去总书记，不要再被“党”所捆绑，可以更超脱地处理面临的各种问题。但是他拒绝了。因为他始终认为与党决裂就会断送改革，“党”、“机关”这些庞然大物会反过来不顾一切反对他，并对改革进程造成损害。他没有想到他可以直接依靠民众。他始终想让改革在他的掌控下向着健康的道路发展。但是事与愿违。一些人认为，辞去总书记职务，这应该是戈尔巴乔夫迈出的一步，这样或许后面发生的一切完全会是另一种情况……

二十八次党代表大会进一步降低了苏共和戈尔巴乔夫的威望。保守势力也受到打击，利加乔夫落选了；唯一的赢家是叶利钦。而叶利钦身后的人抱有各种目的，叶利钦是他们的旗帜，他们需要这面大旗作掩护以达到自己的目的；而叶利钦则需要他们壮大自己的声势，这就是形成势力强大的民主派。苦心孤诣还在继续艰难地跋涉在自己发起的改革道路上的戈尔巴乔夫，此时已经开始失去民心。大众对他厌倦了，失望了。很多人转而将目光投向了叶利钦。在掌控大众情绪和心理方面，或者说敏感地意识到民众的情绪这方面，戈尔巴乔夫也远不如叶利钦敏锐，尽管他在很多方面比那位蹩脚的政治明星强很多倍。

又一次8月休假。

戈尔巴乔夫这次像每一次那样，又带着几个重要问题来到黑海边。他要认真研究社会主义问题、市场经济改革方案以及联盟条约等。

8月17日他飞往敖德萨在部队大演习结束后对军区讲话，他做了自认为很重要的讲话，透露了市场改革的决心。但是他的讲话几乎没有引起媒体和社会的任何反响。社会对总书记的讲话已经采取无所谓的态度。

戈尔巴乔夫自党代会后一直在抓经济，制定走向市场经济的方案。他决定

10月1日开始实施，“无论代价多大，都要这样做。”与此同时，他向每一位来访的国家领导人呼吁贷款。但是西方一直只是口头许诺，而没有付诸行动。

这一年的秋天格外萧瑟。党内斗争由于“传统派”利加乔夫落选，“民主纲领派”叶利钦等人退出苏共而暂时告一段落。但是整个国家已如风雨飘摇中的危楼，陷入了政治危机、经济危机和民族矛盾等多种矛盾总爆发的泥沼之中。

作者按： 1989年8月底我有幸来到莫斯科历史档案学院留学。坐火车经过广漠的西伯利亚时，我想起国内有媒体报道，这里的煤矿工人正在罢工。几天后，火车抵达莫斯科。苏联首都的政局已经相当混乱，公开性和民主化走向极端，导致了完全的无政府状态，苏共和戈尔巴乔夫的威望已大大降低。记得那年的11月，我在莫斯科友谊大学的学生宿舍和几个苏联大学生聊天，她们对戈尔巴乔夫和改革的看法令我惊讶不已。改革一塌糊涂，毫无成果，而戈尔巴乔夫不具备领导这场改革的能力。国家需要强有力的人物，需要秩序和纪律。社会的无序和混乱引起民众的极大不满和担忧，大学生们说，她们不知道国家将向何处发展。

留学一年多给我印象最深的是，1990年2月叶利钦发起的集会，集会群众如汪洋大海般，举着各种横幅标语牌，情绪激昂，高呼口号，喊声震天动地；商品匮乏，随处可见购物长队——有几天居然买不到面包；货币贬值，犯罪猖獗，社会动荡……我感到这个国家就像置于火山之上，帝国大厦的基础在动摇。改革如何继续？戈尔巴乔夫怎么解决这样的乱局？苏联将向哪里发展？这是所有人的疑问。

注释

①②③⑩⑬⑭⑯⑰⑱㉓㉔㉕㉖㉗㉘㉜㊵㊶㊷㊸㊹《真相与自白：戈尔巴乔夫回忆录》。

④⑤⑥⑦⑧⑨⑪⑫⑲⑳㉑㉙㉚㉛㉝㉞㊱㊲㊳㊴㊻㊾㊿51 52 53阿·切尔尼亚耶夫：《在戈尔巴乔夫身边6年》。

⑮赖莎·戈尔巴乔娃：《我希望……》，俄文版。

㉒㉜《俄罗斯证人》一书附文：《苏联解体纪实报告》。

㉟来自网站相关报道。

㊺本小节主要援引了作者在1992年写的《苏联解体纪实报告》（《俄罗斯证人》一书附文）相关部分，苏联解体不久完成的这篇文章，详尽，真实。引文来自当时相关媒体文章。

㊼此段引语均出自叶·库·利加乔夫：《戈尔巴乔夫之谜》。

54《参考消息》2011年2月1日。

4. 联盟解体

（1990年7月二十八大后至1991年年底）

两德统一和访问新德国

1990年7月下旬，戈尔巴乔夫和赖莎乘飞机回到了家乡，和他们一起坐在专机上的有德国总理科尔。同机前往的还有谢瓦尔德纳泽和根舍等人。戈尔巴乔夫打算在家乡继续和科尔商谈德国统一的最后一些问题。此前在莫斯科他们已经有过会晤。

离开喧嚣的政治中心，尽管是暂时地飞往自己的家乡，但戈尔巴乔夫感觉很好。

总统座机降落在斯塔夫罗波尔机场。周围的一切都使戈尔巴乔夫夫妇感到异常亲切。这是他们的故乡。

他们偕客人一起观光了18世纪末修建在山上的一座军事防线要塞，这是当年遵照叶卡捷琳娜二世的旨意修筑的。登上要塞，极目远眺，四野风光一览无余：卧在山脚下的斯塔夫罗波尔市清晰可见；远处是一望无际的草原。天空湛蓝，白云飘浮，7月的斯塔夫罗波尔草原景色如画。

山下有一座历代战争阵亡将士纪念馆。戈尔巴乔夫夫妇和科尔下山来到这里。早有乡亲们手持鲜花等候在那里，一些人胸前佩戴着勋章，一眼便知他们是参加过卫国战争的老战士。戈尔巴乔夫夫妇和科尔为阵亡将士默哀并献上花圈。之后戈尔巴乔夫与乡亲们交谈起来。家乡人很淳朴，很热情，苏联总统可是他们家乡飞出去的金凤凰，他们有很多话想对他说。戈尔巴乔夫和科尔都记住了一位老乡说的这样一句话：你们在一起，这很好。你们为建立两国人民、两国之间的良好关系作出了努力，我们支持这样。

接着他们乘直升机飞向位于大高加索山上的古村落阿尔黑兹。途中直升机降落在集体农庄的田野上，农民正在收割庄稼，康拜因在田野上奔驰。好熟悉的场面，久违了。戈尔巴乔夫夫妇与乡亲们进行了简短的交谈，相互问候，拍照，祝愿，气氛亲切友好。然后直升机继续飞行。下午抵达阿尔黑兹。

阿尔黑兹位于海拔3000—3500米的高加索山脉上，是山区旅游观光的中心。这里有大片的针叶林，高大挺拔，郁郁葱葱。一片10—12世纪的残垣古迹坐落在古村落四周。用过主人特意准备的晚餐——卡拉恰耶夫菜和切尔克斯莱菜，客人走出户外，沿古村落散步。天上繁星闪烁，月光清朗，空气里充满山野的清爽。四周一片静谧，高耸的群山像默默无语的巨人……这样的环境很适合交谈。戈尔巴乔夫和科尔就在这里举行了德国统一问题的最后阶段会谈。

双方都极其坦率和专注。基本问题无需再谈，大家都已清楚，现在要谈的是一些重要的细节。对戈尔巴乔夫来说如下问题要特别搞清楚：两德统一后，北约机构不向民主德国境内扩展；苏军按照协议确定留驻期限；留驻军队在统一后的德国领土上的法律依据和经费问题，要保证苏军撤出后前民主德国的领土不会被利用来构成对苏联安全的威胁等。戈尔巴乔夫还坚持德国应大大削减统一后的武装力量，总数不得超过37万人，并提出德国永远不得拥有核武器、化学武器和细菌武器。双方对所有问题都达成了协议，一致认为：“应当使全欧进程和德国统一进程实现更多的一体化，例如通过在欧洲安全框架内建立新的安全机构的途径。”“德国统一不是一个孤立的问题，而是共同走向新欧洲运动的组成部分。”①戈尔巴乔夫再一次重复了他已经多次对科尔说过的话：“我们的舆论会逐渐地、一步步地向着理解德国人民走统一道路的选择转变。我们不可能忘记过去。我们的每个家庭当年都遭到过不幸。但是我们必须面对欧洲，踏上与伟大的德意志民族合作的道路。这就是我们对加强欧洲以及全世界稳定的贡献。”

窗外夜色愈浓，清凉的山风掠过树林，穿过群山。望着窗外黑黝黝的森林和山脉，戈尔巴乔夫有很多感慨：“在高加索的群山中，我们攀登上了一座政治上的高峰，站在这座高峰上，我们两国人民关系的广阔前景尽收眼底。”

戈尔巴乔夫和科尔达成的协议，在他们第二天抵达热列兹诺沃茨克市后，在“橡树林”疗养院举行的记者招待会上作了通报。

东西德在分离了45年后，在戈尔巴乔夫的不懈努力推动下，协议签署两个多月后终于统一了。具有历史意义的日子是：1990年10月3日。

两德统一一个多月后，11月9—10日，戈尔巴乔夫访问了统一后的德国。这一次对德国的访问虽然很短暂，但很重要，签署了一系列文件，“这些文件为正常的、现代的、真正友好的德苏关系奠定了国际基础和道义政治基础”。

访德日程安排丰富多彩，苏联客人访问了科尔总理的家乡莱茵兰—普法尔茨州；参观了罗曼艺术杰作之一，一座12世纪的大教堂；欣赏了巴赫的管风琴音乐；观瞻了一所安葬着四位德国皇帝和四位国王的教堂。科尔在酿酒业中心戴德斯海姆市的“浪漫蒂克”餐厅为戈尔巴乔夫一行举行了午宴，宴席上全部是当地的传统菜肴，其中一道菜是“猪肚”，很可口。走到广场时，两架体育用飞机盘旋在他们上空巡逻，飞机上垂下宽大的条幅，上面写着：“戈尔比（戈尔巴乔夫昵称），不要吃科尔的‘猪肚’！”该市还为戈尔巴乔夫在这个酿酒中心栽种了5棵葡萄，他每年将会收到五瓶地道的德国葡萄酒。在奥格尔斯海姆，戈尔巴乔夫还应邀到科尔家做客，探望了他的邻居们。所到之处都洋溢着热情友好的气氛。此行使“戈尔比”和科尔总理的关系更加密切了。

戈尔巴乔夫在访问德国期间感触良多。建立两国的伙伴关系，是全欧建设方案的关键内容之一。“我们共同的古代史、近代史和现代史终结了，现在开创了——我相信是永远地开创了——苏德关系的这样一个新时期，在这个时期，若干世纪以来苏德关系中积累下来的全部宝贵财富将发挥作用。给两国人民带来这么多灾难和不幸的东西被一笔勾销了。”

“苏联和它的反希特勒同盟盟友之所以给德国的统一开了‘绿灯’，除了其他原因外，还出于这样的考虑：一个民主的、政治稳定和经济健全的德国，一个确定了国境、满意于社会政治制度、满意于自己在欧洲和世界上所扮演的角色的德国，将是欧洲进程和国际进程的重大因素。”

经济濒临崩溃

初秋，民怨沸腾到了极点。社会混乱，没有秩序，各派打得不亦乐乎，首都几乎天天都有抗议集会，搅得百姓不得安宁。犯罪抢劫事件频发，民族问题引发多次流血事件……国家局面失控，社会陷入多种矛盾总爆发中。而关乎民生的经济危机日益深重，苏联不少经济学家都惊呼已到了一个“临界线”。

《苏联解体纪实报告》中，对此有详尽真实的描述：

商品匮乏，物价飞涨，许多食品店空空如也，如同刚刚被抢劫过。还有食品可售的店中，永远有长长的购物大队。据苏联报刊统计，1200种基本消费品，有1150种经常断档缺货。许多必需的食品，如蛋、糖、茶叶、肉类等也开始短缺。8月有几天，甚至买不到最基本的食品——面包。这种情况是几十年来所未有过的。有关价格改革的消息不断传来，人们更加惶惶不安。他们不再存钱，而是大把抛向市场，抢购能买到的一切东西。人们手中有的是已经不值钱的纸币，因为几年来虽然生产停滞，人们的工资却未停止过增长，因此通货膨胀率连年递增，1986年为6.2%，1987年为7.3%，1988年上升为8.4%，1989年则达到12%—20%。1990年货币发行量超过了计划的一倍。1个卢布的货币，其实只有12戈比的商品保证。消费市场失控，黑市和投机倒把猖獗。1989年国民收入的年增长率为2.4%，截至1990年9月，竟出现了史无前例的负增长。抢购风加剧了经济危机，接连不断的罢工、游行、集会等，也直接给经济生产造成了巨大损失。财政赤字已突破580亿卢布，外债到年底将达到700亿卢布，内债至9月1日已达500亿卢布。粮食在这一年虽然获得了历史上最好的收成，但收购任务却只完成了计划的76%，其余的都烂在了地里。经过几年改革，旧的体制是被打破了，但新的尚未建立起来，经济既无计划也无市场，有的只是一片混乱。“苏联将面临一个饥饿寒冷的冬天”的预言，引起了人们更大的不安。纵观苏联经济，已是积重难返，陷入了绝境。

在这种情况下，西方掀起了一股“人道主义援助”热潮，把他们几年来积压的余粮、将要淘汰的牲畜，源源不断地运往苏联。此情此景让人不敢相信：泱泱大国苏联，已沦落为一个名副其实的“乞丐国”。

这里还想援引《今日苏联一瞥》一文中的有关部分：

经济危机的严重性已无需多言。不仅在这里生活过一个时期的人，就是任何一个在莫斯科呆上短短几天的过客，都会对此留下深刻的印象：几乎在所有有商品可买的国营商店和食品店里，都挤满了人群和望不到头的购物大队（不少商店空空如也，几乎没什么食品可卖）。马路边上的水果摊和卖烟草的小售货亭前，只要有东西可买，也会立刻出现令人望而却步的长队。苏联报纸自我解嘲地评论这种现象说，人们总是埋怨买什么东西都要排队，但有队可排就很不错了，起码说明商店里还有东西可买，人们还有希望买到东西；没有队可排的地方才是真正可怕，它说明那里已经没有任何东西可买可卖了。总之，没有必要对苏联的经济危机状况做更多的描述，只需简单对比一下我们刚到莫斯科时和离开它时的市场情况，就足以说明问题了。苏联经济的恶化，就在我们眼前一天一天地加深。

1989年秋季我们刚到莫斯科时，商品供应状况相对来说还好些，虽然商品种类远不如我国丰富多样，但一般来说还是能够基本满足居民的日常生活需要。牛奶、黄油、奶酪、鸡蛋、面包、各种肉类、糖及土豆、萝卜、白菜等主要蔬菜和苹果、烟酒等，可以说随时随地都能买到，无须排大队，更无须抢购，而且价格便宜得令人难以相信。此外，像吸尘器、高档相机、彩电、地毯等商品虽然比较缺乏，但偶尔也可以碰到，当然想买的话就要排大队。但到了1990年春季，情况开始变得糟糕。社会上风传物价要上涨，人心惶惶，抢购风严重，商品更加短缺和不足，但基本食品还是有保障的。后来情况越加恶化，以致必需的食品都开始短缺。鸡蛋在我们附近的店里很长时间见不到了，巧克力和其他糖果偶尔碰到也都限量；牛肉、鸡鸭和香肠都很难买到，鱼的种类也很少，经常只有最便宜的鳕鱼。牛奶和面包要上午去买，下午就很难保证能买到。七八月有几天，面包居然脱销……鱼罐头从七八个品种减到只有一种或者干脆没有。吸尘器、地毯、相机、金表等本来就匮乏的商品，几乎从所有商店的柜台上消失了。日用品的供应也相当紧张。虽然不少这类商品已采取了限量供应的措施，但于事无补，鞋、高档服装、布料以及丝袜、牙膏、洗衣粉等，无一不是苏联人抢购的对象。②

经济危机的原因是多方面的。不少苏联学者都认为，既有改革本身的策略问题，也有改革必然会遇到的困难，还有多年遗留下来的问题，以及切尔诺贝利核电站事故、亚美尼亚大地震、国际市场石油价格下跌等原因。此外，还有一个很重要的因素，即激进的超前的政治改革。几年来，社会在这种改革中动荡不安，权力机构瘫痪，民族矛盾加剧，横向经济联合被打破。在这种情况下，任何美好的改革计划也无法实行。雷日科夫在第四届人民代表大会上说："经济危机是由政治、意识形态和管理领域中明显的危机而引起的。"此话不无道理。

经济危机已经严重危及人民的生活和切身利益，也在不断加剧政治危机，并引发出一系列社会新旧矛盾。

政治危机和谢瓦尔德纳泽辞职

多种因素造成的经济危机，使已经大大失去威望的党和政府继续失去人心，并加剧了政治危机。二十八大后，退党人数迅猛增加，仅1990年一年，就有150万名党员退党。由于各级领导机构瘫痪，出现了权力真空，无政府主义愈加严重。在莫斯科和列宁格勒，共产党均在竞选中失利，大权落入激进派手中。这极大地鼓舞了一些人的政治热情，他们随心所欲的组织和参加各种游行、集会，呼喊各种口号，出版各种刊物，散发各种传单，并纷纷组建各种党派。苏联人正在享受着前所未有的绝对自由。在这种自由下，反共气焰也极为嚣张。全盘否定历史，否定十月革命和列宁的喧嚣随处可见，甚为时髦。与此同时，投机倒把、各种犯罪、吸毒卖淫等沉渣也从社会底层泛起，加剧着社会危机。民族冲突造成大量难民无家可归，街头乞讨者已成为莫斯科的一道风景，夜晚地铁过道中栖息着衣衫褴褛者……这一切构成一幅大国将亡的混乱不堪的画面。其原因正如一些苏联人所说，源于极端民主，极端的民主已成为破坏性工具。百姓中则悄然流传着另一种口号：少一点民主，多一点秩序和纪律。③

政治危机的另一个突出表现，是民族独立的呼声越来越高，发生矛盾和冲突的地区不断扩展和蔓延。统一的联邦制国家面临着瓦解的严重威胁，已经是每个人眼前的现实危机。至1990年年底，全国多个民族地区实行了紧急状态管制。在纳-卡地区形势恶化后，亚美尼亚、摩尔多瓦等民族地区矛盾也都出现激化。而最令人不安的波罗的海三国，在争取独立的道路上又有新的动作：3月立陶宛宣布脱离苏联，拉脱维亚和爱沙尼亚紧跟其后，也做了同样的宣言。5月，叶利钦当选为俄联邦总统后，迅速发表了俄罗斯主权宣言，声称要与波罗的海三国平等发展关系，并要拥有自己的军队、货币等。叶利钦此举进一步削弱了中央权力，加剧了整个苏联的离心趋势，并大大增加了各加盟共和国对大俄罗斯主义倾向的戒心。7月，乌克兰和白俄罗斯也相继通过了主权宣言。至此，已有十几个加盟共和国发表了主权宣言，苏联的分崩离析几乎已成定局，无可避免。④

苏联已经是个“稻草人”，一阵大风即可将它吹倒。

1991年，排队购物的莫斯科人。

而总统戈尔巴乔夫的处境已经不是威望高低的问题，呼吁他辞职的声音此起彼伏，一浪接一浪。一家杂志发表了这样一篇文章，标题是《改革需要戈尔巴乔夫吗？》。舆论将所有问题都推到他身上，对他的指责潮水般涌来，反对派更是推波助澜，利用经济和民族问题多次向他发难。一切都朝着不利于戈尔巴乔夫的方向发展……而戈尔巴乔夫继续在双方之间调和。和平过渡，不流血——这是他严守的原则，宁愿付出一切代价，甚至下台。

经济恶化的严重程度他很清楚，一直在想方设法改变。但是经济问题已经是积重难返，任何改革方案都不会很快奏效，必然经过一个艰难的时期，甚至是非常艰难的时期，民众已经没有耐心等待，也无法承受。也可能正是由于这一原因，他始终没有魄力采取坚决彻底的经济改革方案，很多方案都只是停留在纸上。他放弃了研究了多次的500天计划，这使他失去了一大批改革者，很可能也失去了他最后的机会。

一年一度的十月革命节转眼即将来临。这是苏联最后一个十月革命节。

革命节前夕，戈尔巴乔夫在克里姆林宫大会堂讲了话。讲话精心准备过，谈到要尊重历史，客观评价十月革命和列宁，应当基本肯定；对改革也同样，要看到改革带来的变化……戈尔巴乔夫的讲话没有引起什么反响。

节前一些人提议戈尔巴乔夫与叶利钦和解，于是11月7日革命节的游行中，他们俩走在最前面，随后一起登上列宁墓。站在列宁墓上，他不知道身边的叶利钦在想什么，他心中则是万千感慨。眼前走过的游行队伍，使他回想起刚刚当上苏共总书记时的十月革命节阅兵式。那时会场的气氛多么井然有序和热烈，人们对他充满希望和信任，无数双真诚的眼睛流露出期待和支持。当他和其他领导人走上列宁墓的高台上时，远处有人整齐地喊着“乌拉！乌拉！”而今天的阅兵，虽然气势不减当年，钢铁洪流依然雄壮整齐，但是他在人们的脸上已经看不到那时的微笑和信任，人们脸上布满愁云。

1990年11月7日是十月革命73周年纪念日。这是一个值得记忆的日子，它是苏联最后一次纪念十月革命节，最后一次在红场举行阅兵式。

自十月革命节戈尔巴乔夫与叶利钦和解后，他们的关系有所改善。11月中旬戈尔巴乔夫去意大利访问前，两个人进行了谈话，气氛不错，戈尔巴乔夫自认为双方达成了谅解，但是叶利钦回到俄联邦议会汇报时，语气完全变了，他以“粗俗的最后通牒式的口气”谈论与戈尔巴乔夫的会谈，令戈尔巴乔夫非常气愤，也引起媒体一片惊慌，扬言会发生暴动、罢工、政变、内战等，并再次掀起对总统的指责，说戈尔巴乔夫没有能力运用赋予他的权力整顿好国家秩序，要求总统辞职。《莫斯科新闻》还发表了《告人民和总统书》，很多知名人士签名；而在不久前他们都得到过戈尔巴乔夫的信任、录用、提拔和关心，戈尔巴乔夫对这样的背叛很伤心。

11月戈尔巴乔夫去参加欧安会巴黎会晤。在巴黎会晤中，中心人物是戈尔巴乔夫，人人都想与他单独会谈。国际环境温暖如春，他在世界面前是苏联改革的领导者和设计师，是魅力四射充满朝气的大国领袖，是国际新思维的倡导者；而国内状况寒冷如冬，在经济危机和政治危机中，总书记兼总统的戈尔巴乔夫不仅受到各方责难，而且在左右两面的夹击下一筹莫展，苦于应付和寻求出路。两个世界冷暖如此不同，他的感觉也完全相反。

11月30日在克里姆林宫核桃木大厅举行会议，戈尔巴乔夫围着圆桌走来走去6个小时，他和助手们在不断修改两周后即将举行的第四次人代会发言稿。他始终固执地认为，讲话很重要。他一直在靠讲话说服人。他没有看到，人们早已厌倦了他的长篇大论。形势一团糟，生活水平急速下降，那些讲话有什么用？他讲得够多了，滔滔不绝的讲话只能进一步损坏他的形象。

1990年12月4日举行了第四次苏联人民代表大会。第一个发言的是女议员乌马拉托娃，她情绪亢奋，歇斯底里要戈尔巴乔夫辞职。戈尔巴乔夫第二天在最高苏维埃讲话。据在场有关人士说，这是一次失败的发言，他好像变了一个人，无精打采，甚至语无伦次。会场反应冷淡，电视台直播了他的发言，他的同事和助理们看到后极其失望，“像是休克了”……梅德韦杰夫说：他太累了。雅科夫列夫小声对切尔尼亚耶夫说：“我完全相信，他已精力耗尽了。”⑤

四次人代会最轰动的新闻就是谢瓦尔德纳泽辞职。谢瓦尔德纳泽一直是戈尔巴乔夫改革的坚定支持者，国际新思维的大力推行者，改革核心成员。他的辞职给了戈尔巴乔夫沉重的一击。他带走了很多知识分子，延缓了西方对苏联急需的经济援助，再次引起社会动荡和不安。而最令戈尔巴乔夫不愉快和伤心的是，他最忠实的支持者和朋友，辞职前竟然没有和他商量，“这没有道理，他说是过度劳累，我表示理解。”⑥戈尔巴乔夫面对事实，无可奈何，最后谅解了谢瓦尔德纳泽。谢瓦尔德纳泽辞职后，戈尔巴乔夫任命别斯梅尔特内赫为外交部长。

谢瓦尔德纳泽的辞职表明，改革的核心已经开始解体，三套马车剩下了戈尔巴乔夫和雅科夫列夫。时任总统委员会成员和政治局委员的雅科夫列夫，也在1991年年初退出了政治局。

苏联人民在经历最困难的时期。戈尔巴乔夫也同样，在经历他生命中最艰难的时光。

也在这个时期，一则消息传来，1990年度的诺贝尔和平奖授予了苏联总统戈尔巴乔夫。“能获得最具权威性的国际奖之一是值得引以为荣的”，但他的感觉是“喜忧参半”。⑦一些人真诚地发来了贺电，但广大苏联民众反应不仅相当冷漠，而且很多是负面的。一些祝贺电文这样写道：总统先生，祝贺您因使苏联垮台、出卖东欧、毁灭红军、把资源交给美国人、把传媒工具交给犹太复国主义者而得到帝国主义的奖励。诸如此类的“贺电”不是一两封。文明世界对此感到惊讶：在世界上受到赞扬的人，在国内却被谩骂。

戈尔巴乔夫获此荣誉当之无愧，看看在他的新思维带动下，世界发生了怎样的巨变，这里不一一列举；而国内百姓对此的冷漠甚至不满也并非没有道理：改革5年不仅没有使他们的生活好转，反而带来一系列问题，最大的问题依然是食品匮乏。眼下他们唯一关心的是如何吃饱肚子和度过这个寒冷的冬天。

1990年即将过去，新年就要来到。这个新年戈尔巴乔夫过得相当沉重和惨淡。午夜，新年钟声敲响时，苏联总统发表电视讲话。他表情沉重，脸色严肃，自信与激情已成为过去。国家危机四伏，经济千疮百孔，新的一年，这艘巨轮将驶向何方？

维尔纽斯事件和总统信任危机

在簌簌寒风中，苏联人民走进了1991年。这是苏联改革的第六年，也是戈尔巴乔夫发起改革的最后一年。这一年在这片广袤的土地上发生了历史巨变。有着近70年历史的苏维埃社会主义共和国联盟分崩离析。戈尔巴乔夫走下了总统宝座，成为俄罗斯一名养老金领取者；叶利钦走进克里姆林宫，成为这里的新主人。而在辞旧迎新之际，是否有人想到了这些不得而知，但很多人对新的一年更加感到前景渺茫倒是真的。

对于戈尔巴乔夫（包括他的全家，首先是妻子赖莎）来说，1991年是他一生经历中最艰难曲折痛苦的一年。他在希望与失望的交替中度过，在历史的动荡起伏中度过，在一片斥责和反对声中度过，直至最后辞去苏联总统职务，黯然走出克里姆林宫。在他政治生涯的最后一年，他竭尽全力为保存联盟呼吁、奔波、劝说、许诺，似乎看见了一线曙光，但也许那也只是他的错觉，而这一年发生的8月政变将戈尔巴乔夫最后的希望击得粉碎。

对苏联广大民众来说，最后一年瞬息万变的国家局势令他们眼花缭乱，商品以及食品的极度匮乏更使他们惶惶不安。在一系列极具戏剧性的变故后，他们生存了近70年的“大家庭”轰然坍塌。那些居住着自己亲朋好友的诸多城市和乡村，一夜之间变成了另一个国家的地方……而后，在叶利钦时期，俄罗斯人度过了几百年来最艰难灰暗的时期。

对叶利钦来说，他的欲望通过上帝给予的一个接一个的偶然机遇实现了。他走进克里姆林宫，成为新俄罗斯的统治者。然而上帝并非事事对他情有独钟，正是他让俄罗斯人饱经沧桑，受尽磨难，跌落到生活的最底层。在他统治下的整个90年代，俄罗斯坠入深渊，始终挣扎在各种危机之中。他的名字使人联想到的是赤贫、犯罪、抢劫、一小部分人劫掠国家财产暴富等这些社会最丑陋阴暗的事物。

大幕落下之前，舞台上演出了上个世纪最惊心动魄的一幕历史悲剧。戈尔巴乔夫后来回忆道：整个1991年都变成了拼杀搏斗的“战场”。而“拼杀搏斗”的中心和焦点是：苏联要不要存在。

纵观1991年，确实如此，苏联社会所发生的所有的争论、激烈的斗争、跌宕起伏的事件、大起大落的结局，全部都围绕着联盟的存在还是消亡。

1991年苏联帝国已经处于社会矛盾的总爆发中，但面临的最迫切和严重的问题，即联盟的存亡。所有的人都看到了这一点，总统自然更是为此焦虑不安，他在新年贺词中说道：“未来的一年是特殊的。它要决定我们多民族国家的命运问题。对于我们全体苏联人来说，没有比保存和革新各民族美好地生活在其中的联盟更神圣的事业了。几百年来，国家的各个民族生活在一起。苏维埃年代积累下的珍贵记忆将他们联系在一起，对那场破坏极其严重的战争的胜利的记忆将他们联系在一起。我们现在也许比任何时候都痛切地感到我们不能分开生活。而且我们要走出危机，站起身来，沿着革新的道路坚决走下去——只有大家同心协力才能够做到。解决1991年面临的生死攸关的重大任务的关键恰恰就在联盟之中，在对它的保存和革新之中。”贺词以这样的话结束：“愿我们的祖国走向新生！”⑧

但事物的发展并不取决于他的个人愿望。民主激进派恰恰希望联盟解体！

新年过后第一件大事是维尔纽斯流血事件。这一事件的发生，总统处理的欠缺以及激进派掀起的倒戈总统的浪潮，使联邦存亡的问题更加突出。

1月12日维尔纽斯流血事件发生之后，所有的矛头都对准了总统，随后的几个月，戈尔巴乔夫陷入国内外一片炮轰和谴责声中。民主派掌控着90%的媒体，因此电视、广播、报刊发出的反对总统的声浪排山倒海般。戈尔巴乔夫被说成是流血事件的罪魁祸首，最大的骗子。甚至连最了解他的一些人，也昧着良心指责他，以此讨好舆论。电视里不断播放着这样的镜头：行驶在维尔纽斯大街上的坦克，老人被炮火袭击，女孩从坦克履带下逃生……广播里播出记者的电话采访，女人们高喊道：戈尔巴乔夫居然出兵维尔纽斯血腥镇压，我为我是俄罗斯人感到耻辱。另一个女人尖声回答记者说：戈尔巴乔夫比希特勒更坏，应该对他进行审判。阿法纳西耶夫等激进分子也绝不放过这样的机会，他们高呼着“刽子手可耻，戈尔巴乔夫可耻”的口号，带领游行队伍走进红场；很多人叫喊要“取消戈尔巴乔夫的诺贝尔和平奖”。与此同时又一次掀起退党热潮，出现了大批集体退党的情景。《莫斯科新闻》编辑部全部党员声明退党；在他们的新闻刊物上刊登着大标题为“血腥的星期天”的文章，文章下面有很多社会知名人士签名；世界经济与国际政治研究所也集体决定“不再同国家领导人合作”，而这个研究机构一向与苏共关系最密切；很多党员到区委和政治局扔下党章扬长而去，表示他们的愤怒；莫斯科回声电台也喊出了要戈尔巴乔夫和他的班子下台的口号，举行了保卫立陶宛和俄罗斯的游行，游行队伍一直走到苏共中央委员会所在地——老广场，这里如今被称为“乱党乱军的发源地”。与此同时，西方各媒体也出现了暴风雨般强烈的谴责戈尔巴乔夫的声音，更加壮大了反戈的声势。

维尔纽斯流血事件第二天，万人上街哀悼死者。

造成这种局面的原因，一方面是由于叶利钦拥有掌握舆论工具的绝对优势，另一方面，戈尔巴乔夫对这场危机的处理也欠妥当，不仅很慢拍，而且有失误。他没有听取他的助手们的意见，事发后及时亲自飞往出事地点，安抚当地百姓和事件受害者，并公开澄清事实——他绝对没有做出让部队开进维尔纽斯的命令和决定。他本来是有机会这样做的。此外，1月14日召开的苏联最高苏维埃会议，也是中央公开对事件说明和表态的极好时机，但是内务部长和国防部长只是做了拙劣的解释，既愚蠢又无说服力。而戈尔巴乔夫的讲话也没有对全国和世界关注的问题做出令人信服的回答。直到1月22日，即事件发生10天后，戈尔巴乔夫才在电视上讲话谈到维尔纽斯事件，他做了一些解释，并重申他信守一贯的原则。但是已经迟了，社会各界对他的抨击和愤怒已经持续了不短的时间，这足以使他已经黯淡的形象和威望进一步受到损害。相反，叶利钦却不失时机地赶往塔林，赢得了一片赞扬。

维尔纽斯流血事件不仅没有能阻止分离趋势，反而使局面更加难以控制。而叶利钦此间的举动和讲话，更加重了分离倾向。1月中旬叶利钦在塔林之行后举行的记者招待会上声明，说俄罗斯、乌克兰、白俄罗斯和哈萨克斯坦四国领导人已经决定，不等全苏协议签字便达成了四方协议。四个最大的加盟共和国完全无视苏联总统、苏共中央全会和苏联最高苏维埃，抛开中央提出的草案，自己另搞一套，为其他加盟共和国树立了活样板。他在讲话中还透露，在维护俄罗斯的主权中，需要俄罗斯军队的参与；必要时俄罗斯将组建自己的武装力量。这些言辞对保持联盟的存在起到了极大的分离和破坏作用。戈尔巴乔夫对此非常气愤，第二天即在苏联最高苏维埃会议上严厉谴责了叶利钦的这一声明。但像这一时期以来的每一次一样，戈尔巴乔夫的谴责只会激起民主派的又一轮攻击。

戈尔巴乔夫一直在与来自左和右的干扰作斗争，这种斗争在改革初期还不很明显，现在，联盟的生死存亡矛盾越来越尖锐和突出，反对左的和右的干扰的斗争也越来越艰难。年初，他明确表示，他既不倾向右，也不倾向左，他要“采取中间立场，并且尽量使维护全国秩序的国家机关不要受右的和左的极端主义分子的影响，成为他们小团体利益的工具”。⑨戈尔巴乔夫的立场使左右两方都不满意。民主派明目张胆，对他和中央大加鞭笞，并有恃无恐地促使分离；而保守派则在暗中窥测时机，准备将国家拉回过去。

2月底戈尔巴乔夫访问了白俄罗斯，他在那里发表讲话，再次明确阐述自己的中间立场，他解释说，真正的中间立场既不是恢复到斯大林主义和停滞时期，也不是激进派冒险主义——他们试图将国家一下子推向市场。“中间政策的方针是赞同并考虑到社会中客观存在的各种利益。如果一定要说出它的内容，当时我给它的定位是：社会主义的导向。当时我相信对苏共进行深入改革是可能的。”[10]也就是说，在1991年年初，他至少在口头上依然相信社会主义，相信党经过改革可以获得新生。

面对联盟存亡的危机，戈尔巴乔夫提出由全民公决解决。这是苏联历史上第一次采用全民公决的方式解决国家的重大问题。戈尔巴乔夫对全民公决的结果很有信心。最高苏维埃通过了他的建议，于是1月16日颁布了总统令，指定3月17日为全民公决日。

全民公决的总统令颁布后，激进派变得更加疯狂。他们很清楚，公决的结果肯定是要保存联盟，全民的意志“会在法律和道义上为苏联总统继续保留和改造联盟国家的方针提供依据”。[11]而这是他们不想看到的结果。公决前那段时间民主派已不再遮遮掩掩，而是公开号召民众反对全民公决。继而，眼看全民公决已成定局，无法推倒，各共和国的分离主义分子们便大肆活动，明确提出反对苏联作为一个苏维埃社会主义联邦制国家保存下去，动员公民在公决时投反对票。

1月底戈尔巴乔夫还颁布了另外两项总统令：《关于在经济领域和经济怠工与其他犯罪行为进行斗争的保障措施》和《关于维护法制和在与犯罪现象作斗争中警察与苏联武装力量分队的相互配合》，也成为激进派攻击和反戈尔巴乔夫的把柄。两项命令旨在与日益泛滥的经济犯罪作斗争。但在命令发布后第一天，部队指挥官完全曲解了命令，竟然愚蠢地将装甲运输车开上了列宁格勒街头。此举犹如火上浇油，为民主派倒戈总统提供了新的弹药，而且也引起广大百姓的不安和恐慌。民主派借机煽风点火，歪曲事实，蛊惑人心，大造声势，以赢得百姓的同情和支持。而戈尔巴乔夫代表的中派力量只有解释劝说等招架之举，在舆论大战中显得极其软弱和力不从心。

2月19日，叶利钦在电视上发表了长达40分钟的讲话，严厉指责苏联总统，愤然要求戈尔巴乔夫立即辞职，将全部权力移交给联邦苏维埃。他在讲话中激动得两手发抖，难以控制。20天后，叶利钦在《电影之家》的讲话中已经在呼吁自己的支持者“向把我们带进泥沼的国家领导人宣战”。他说戈尔巴乔夫“在欺骗人民和民主”。3月10日莫斯科召开群众大会，表示“支持叶利钦、煤矿工人和俄罗斯的主权地位”。叶利钦很会选择时机，在人民对戈尔巴乔夫和改革最不满意的时候讲这样的话，继续赢得了大批民心。

要求戈尔巴乔夫辞职的呼声已经是一浪高过一浪，在维尔纽斯事件后愈加强烈。戈尔巴乔夫的助手和同事也侧面问过他，是否有意辞职？戈尔巴乔夫的回答是决不会放弃权力，现在辞职就会使国家陷入灾难。他在和布什见面时说得更清楚：下台对我来说是件非常简单的事情，但是我走了之后呢？一切都将会是不幸的。“我要利用一切可能组成一个保持在健康思维框架内的社会。也要通过党组织来这样做。因此我要继续兼任总统和总书记两个职务……”[12]

“我最大的愿望是这个深刻的转变不要发生流血。不管发生什么事，我都决不会改变业已选定的目标。”⑬

就在国际国内铺天盖地的讨伐指责声中，戈尔巴乔夫迎来了自己的60大寿。3月2日，他周围的助手和同事20余人聚在一起为他祝寿。望着一张张熟悉的面孔，戈尔巴乔夫很感动。这里和外面是两个世界。他还有朋友和支持者，并非所有的人都背叛了他。他匆匆回到自己的办公室拿来一封祝贺信，当众念起来：

敬爱的米哈伊尔·谢尔盖耶维奇，这封信表达我们对您的钦佩。我们不想说套话官话，我们想说的是心里话。您冒着极大的个人风险，亲自担起历史重任。您这样做是为了自己的人民，是为了国家的尊严和幸福，您是受良心的驱动，也是受您的前任们使国家落到目前地步的羞辱感所驱动。

“我们——您身边的人将同您一起经受失败，同您一起欢呼大大小小的胜利。我们为在这样的时代在您身边感到自豪。我们相信您。我们会取得胜利。”这些话使戈尔巴乔夫感到温暖。

信中还引用了美国总统林肯的一段话：“如果我要弄清一切对我的攻击，更不要说对它们做出答复，那么，我就不可能再做任何事情。我要竭尽全力去做一切——绝对地去做一切，并打算这样做到底。如果结果良好，那么一切对我的攻击将毫无意义。如果等待我的是失败，那么即使十个天使发誓说我做得对也于事无补。”⑭这段话对处于困境和危机中的戈尔巴乔夫是莫大的鼓励和安慰。

戈尔巴乔夫全家照。

信的署名是切尔尼亚耶夫、沙赫纳扎罗夫及戈尔巴乔夫办公室女秘书奥莉加、塔玛拉等9人。这封信是戈尔巴乔夫最好的生日礼物。

还有很多普通人为戈尔巴乔夫祝寿。一个公民为祝贺他的生日，寄来一吨蜂蜜；还有不少人来信祝贺并表示支持他……在这样一个最艰难的时刻，这一切都使戈尔巴乔夫感动不已。

在这个特殊的日子里，令他感动和由衷感到温馨的还有自己的家人。赖莎照例送给他一束紫罗兰，这是多少年来不变的礼物；女儿女婿和两个小外孙女也都为他准备了礼物。他们会永远和他在一起，和他经历一切，承受一切。对此他毫不怀疑。他接过那束紫罗兰，对赖莎说："谢谢有你在，谢谢你还是那个你，谢谢我们在一起。"⑮

赖莎这段时间一直在写《我希望……》一书，她在书中有这样的话：改革不是无花果，它会有果实。任何改革都会有牺牲、灾难和不幸。我不希望出现这种情况。我"希望丈夫和他的战友们从事的改革事业取得丰硕的成果，这个成果是每一个人都能切身感受到的；希望改革以成功结束，并且我的丈夫能亲眼看到这一成果"。在丈夫生命和事业最困难的时期，妻子赖莎始终与他分担一切，一如既往地关心和帮助他。

全民公决：苏联是否存在

转眼已是3月中旬。全民公决日即将来临。投票前一个星期进行了民意测验，其结果如戈尔巴乔夫所预料，大多数民众支持保存联盟。民主激进派看到反对全民公决已成为泡影，而全民公决的结果也注定于己不利，于是便改变策略，以便将自己"保护起来"。他们提出将俄罗斯设立总统问题同时进行全民公决，即也在3月17日与决定苏联命运的全民表决同一天进行。戈尔巴乔夫对此并不反对。

3月15日戈尔巴乔夫就公决一事发表了电视讲话，讲话很短，但"必须找到能直达人们心智的适当词句"⑯。他颇费了一番心思。而最后的演讲确实情真意切。这里摘录几段：

> 亲爱的同胞们，我吁请你们所有的人都去参加全苏的公民投票，对提出的问题作出"肯定"的回答。
>
> 我们的"肯定"是对一个大国的尊重，它曾经不止一次地证明过它能够捍卫联合在一起的各民族的独立与安全。
>
> 我们的"肯定"将会保存一个千年国家的完整性，它是世世代代由无数人的劳动、智慧和牺牲创造的。各个民族的命运，千百万人的命运，你我等人的命运，都密不可分地交织于这个国家之中。
>
> 我们的"肯定"是一种保证，它永远将不会使战火烧到我们的国家，我们过去已经经历过不少的考验。
>
> 我们的"肯定"，不是要保持旧的秩序——中央大权独揽，各共和国

处于无权状态。公民投票的肯定结论将会打开一条迅速革新联盟国家的出路，将它变成一个拥有主权的各共和国的联盟，该联盟一定会保障各民族公民的权利和自由。

3月17日全民公决如期举行。全国70％以上的居民投票表明自己对联盟的存在持肯定的回答，俄罗斯表明愿意联盟存在的居民有71.34％。这个表明了大多数人民意愿的结果，使激进派和保守派都在重新考虑自己的对策。

激进派虽然尽量贬低全民投票的意义，但他们还是不得不考虑公投结果。也正因为有了全民公决的结果，才有了后来的新奥加廖沃会晤和新联盟条约草案。新奥加廖沃会晤暂缓了联盟解体，为克服危机提供了一线可能。

在这期间，发生了一件意想不到的事情：俄联邦最高苏维埃主席团的6位成员发表了一项声明，谴责叶利钦的一系列行为，要求叶利钦下台。因为他们看到，俄联邦最高苏维埃主席不惜苏联解体，也要将自己和俄罗斯的利益凌驾于联盟之上，客观上是对各加盟共和国的独立倾向推波助澜，这除了表明他急不可待攫取最高权力的欲望外，没有其他更合适的解释。他们发现，他们的领导人最关心的是自己的威望和地位，最热衷的是争权夺利的斗争，而并非是他理应关心和解决的各种实际问题。他的所作所为在俄联邦内部引起了非议和不同看法。

这一声明不仅戈尔巴乔夫没有料到，对叶利钦来说也是迎头一棒。但是历史总是爱捉弄人，6位委员的声明不仅没有动摇叶利钦的地位，反而帮了他的忙。他们的声明被大肆歪曲，混淆视听，不明真相的老百姓生怕他们视为唯一希望的人下台，反而出面力挺，一些中间人士也被拉到叶利钦一方。民主派又拿出了惯用的杀手锏：造谣说这是克里姆林宫蓄意制造的一场阴谋，意在反对俄联邦最高苏维埃主席，并动员了自己的全部力量，在莫斯科组织了几次支持叶利钦的示威游行。

混战中叶利钦不仅没有下台，反而进一步巩固了自己的地位，为日后当选俄总统打下了基础。

戈尔巴乔夫投票。

3月底叶利钦最终胜利地结束了第三次俄联邦非常人民代表大会，得到了“特别权力”，他放心地去休假了。但叶利钦取得这次胜利并不轻松，加上不久前遇到的不大不小的麻烦，都引起了他的警惕。他转而采取了于自己更有利的对策，况且俄罗斯面临总统选举，叶利钦急于在选举中获胜。这是他和他的同伙的当务之急。因此就不奇怪，3月底他还在非常人代会上攻击戈尔巴乔夫和中央背离了改革，倒退回了1985年4月前的方针，但仅在两周后，就向戈尔巴乔夫伸出了橄榄枝。他对《消息报》说：那些认为他和戈尔巴乔夫“绝对势不两立”的人是错误的；在把国家从右派手里拯救出来这一点上，“我们是团结一致的”。叶利钦变化很快，采取了“和解”的方针，当然一切都是为了能顺利坐上俄联邦总统的宝座。他需要减少对立面，增加选票，击败其他候选人。

戈尔巴乔夫深知此人的和解姿态是为了什么，但他有自己的考虑。为了将国家体制改革顺利完成（即把它从集权国家变为联邦国家），“我认为利用这段喘息机会还是非常必要的，以便把拖了很久的联盟协议草案的工作最后搞出个实际结果。我觉得重要的是要用义务把俄罗斯领导约束起来，使他难以轻易进行破坏。这样就产生了后来‘新奥加廖沃进程’”。⑰况且此时此刻保守派也异常活跃，戈尔巴乔夫需要和民主派达成协议，哪怕是暂时的。因此全民公决后的几个月，戈尔巴乔夫与叶利钦经常会面，会见时气氛良好，但会见后叶利钦面对媒体时气势逼人，给人的印象往往是他是胜利者，苏联总统向他做了让步，或者是在他的指挥棒下跳舞。

再来看看保守势力。全民公决后，党内保守势力大受鼓舞，活跃异常，公决的结果使他们产生了错觉，误以为这恰好证明了他们坚持的是正确的，是民众不满戈尔巴乔夫的改革，希望保留不做任何变革的以前的联盟。小有名气的尼娜·安德烈耶娃又站出来，4月初在列宁格勒召开了“团结起来——为了列宁主义和共产主义的理想”全联盟社会代表会议，大会要求戈尔巴乔夫辞去总书记的职务。与此同时，全国各地各级党委的报告也雪片般飞来，纷纷提出必须采取紧急措施来拯救社会主义制度，甚至不惜在全国宣布紧急状态。在4月中央全会上，保守派更是气势逼人，对戈尔巴乔夫提出了最后通牒：在国家陷于如此危机的时刻，要么实行全国紧急状态管制，要么走人。戈尔巴乔夫也毫不相让地说：好吧，既然这样，我走好了。保守派立时又软了下来，撤销了这个提议。而戈尔巴乔夫也认为自己又胜利了。

日益活跃和强硬起来的保守势力使戈尔巴乔夫焦虑不安，于是他接过了叶利钦伸出的橄榄枝，决定加快联盟协议签署的准备工作。4月23日，戈尔巴乔夫和叶利钦在莫斯科市郊政府官邸新奥加廖沃会晤，经过双方会谈，他们终于迈出了新奥加廖沃进程的第一步。双方达成了协议并公之于众。随后经过几个月的努力，终于在7月23日达成了新联盟协议草案。

经济状况在继续恶化。商店空空如也，商品极其匮乏，连面包都要排大长队购买……还有十几个城市的工人在准备罢工。戈尔巴乔夫在4月的一次会议上说，再过两三个月将没有东西来养活国家。

赴奥斯陆发表获诺贝尔奖演说

在奥斯陆发表获诺贝尔和平奖演说。

6月，戈尔巴乔夫在犹豫很长时间后，最终还是决定赴奥斯陆发表获诺贝尔和平奖演说。去年12月10日在奥斯陆举行的授奖典礼他没有去，委托了当时的外交部第一副部长阿纳托利·科瓦廖夫代替他宣读了感谢词并代他接受了奖金。通常诺贝尔奖获奖人应当发表演讲，在授奖之后6个月内。戈尔巴乔夫的演讲在该期限的最后一天进行。

6月11日他来到挪威首都奥斯陆。欢迎仪式极其隆重。面对热情的听众，他做了演讲。他的演讲立刻引起世界媒体的热烈反应和好评。这篇演讲也可以说是戈尔巴乔夫最后一篇杰作。相信很多人已经读过它，但是作者还想把其中的片断放在此处，因为无论这一荣誉，还是获得荣誉后戈尔巴乔夫对这个奖项授予他的诠释，在戈尔巴乔夫的生命中都不是无足轻重的一笔。

当我同意担任苏共中央总书记一职时，我认识到我们再也不能像以前那样生活下去了。完全由中央控制的国家所有制，无处不在的独裁的官僚主义体系，政治上的意识形态控制，社会思想和科学中的垄断，攫取了我们最好的资源、包括具有最好的智力资源的军事化工业，军事化工业负担着难以承受的军事开支，危害着我们社会的进步，我们也曾为此骄傲。后果是，我们的社会在经济和精神两个方面正在衰败下去。然而，对于一个漫不经心的观察者来说，这个国家看起来仍是一幅相对健康、稳定、有秩序的图景。在宣传魔力错误引导之下的社会很难知晓正在发生什么，它所面临的不远的将来是什么。最微弱的抗议表示也被镇压下去，绝大多数人将抗议者视为异类、诽谤者和反革命。这就是1985年春天的形势，仍然有着巨大的诱惑力让人们维持现状，只做一些表面的改变。这就意味着继续欺骗我们自己和人民。我们想成为现代文明的一个有机组成部分，与人类的普遍价值和谐一致，遵守国际标准。当社会被给予了自由后，它就无法认识它自己了，因为它“在镜子背后”生活的时间太长了。我们承认每个民族的合理选择，如果一个民族通过公正的全民公决真的决定退出苏联，我们对此理解。

在一个世世代代人民都相信那些握有权力或武力的人能够把持异议者、不同意志者排除在政治生活甚至是投入监狱的国家里，领导一种和平进程并非易事。世世代代以来，这个国家的问题已经习惯于最终用暴力手段来解决。

果断并不意味着回到压迫、压服对方，或是对权利和自由的压制。我永远也不会同意将我们的社会分离为一部分人宣称“代表人民”说话和行动，而一部分则是“人民的敌人”。

在多党制、思想自由、重提各共和国的民族特征和主权的新的氛围中，社会的利益必须绝对置于各个政党、各个团体的利益之上，置于其他任何局部的、地方的或个人的利益之上。

苏联领导人，无论在中央还是各共和国，以及苏联公众的一大部分，都明白这种需求，尽管在我们社会的一些地方，也不是每个人都接受这种想法的。有一些挥舞旗帜的人，他们宣称唯有自己才是爱国主义，认为这就意味着不与外部世界“纠缠在一起”，这种爱国主义什么也不是，仅仅是为了个人利益的自私追求。

我们在与西方的一般性政治合作中已经走了一段很长的路，在东欧剧烈变化和寻求德国问题的解决这样的时刻，它经受了严峻的考验，在波斯湾危机这样高度紧张的局势中，它也站稳了脚跟。

冷战已经结束，全球性核战争的危险实际上已经消失。铁幕已经撤去，德国重新统一，这是欧洲历史上极为重要的里程碑。

真正和平的世界政治的未来前景依赖于通过共同努力，去创造一个民主空间，在其中，各国的指导方针是人权的优先和它们自己国民的福利。

和平意味着“普遍的商谈”。

一个现代国家，它必须在国内和国际两个方面都追求一种能够将自己人民的利益和整个国际社会的利益结合起来的政治。

演讲以这样几句话结束：

“通过授予我诺贝尔奖，我看出了对我的愿望、我的追求、我国业已开始的深刻变革的目的、新思维的思想的理解和你们对我坚持以和平手段实现改革任务的赞许。为此我对委员会成员心怀感激并想请他们相信：如果我对他们的动机估计得正确的话，那么他们并没有做错事情。”⑱

6月22日是卫国战争50周年纪念日。已经从奥斯陆返回莫斯科的戈尔巴乔夫将在那一天主持隆重的庆典活动。前一天，美国驻苏大使突然要求见戈尔巴乔夫，说应美国总统布什委托带给戈尔巴乔夫一个绝密的紧急信息，他要亲自立刻转告戈尔巴乔夫。布什的信息是，有人想推翻他，要利用庆典仪式搞政变，解除戈尔巴乔夫的总统职务。戈尔巴乔夫听后哈哈大笑。他觉得根本不会有这种事。党内保守派绝不敢冒这样的风险；而和叶利钦的关系现在已有了很大改善，正在形成合作。布什的告诫从一个方面反映了他们之间的友谊。他很珍视这种关系，也很感激布什对他的关心。

这期间叶利钦又取得了意义重大的胜利。6月，他击败了包括戈尔巴乔夫提名的共计五位总统候选人，以57.3%的选票获胜，成为俄罗斯历史上第一位民选总统。叶利钦更加踌躇满志，他的政治地位再次大大加强，他和他周围的人也更加颐指气使，目中无人。显然他很清楚，谁掌控着俄罗斯，谁就占据了天时地利的绝对优势。没有了俄罗斯，联盟和戈尔巴乔夫什么也不是。他和他的同伙已经没有了任何顾忌，可以放心大胆地做他们想做的任何事。

7月10日叶利钦举行了独出心裁的就职典礼：在东正教大牧首主持下宣誓就职。戈尔巴乔夫参加了叶利钦的就职仪式。尽管他对眼前这个人一直有看法，但这毕竟是俄罗斯人民选出来的总统，遵从民意是他的原则。在大牧首的祝福和克里姆林宫悠扬的钟声中，叶利钦宣誓就职。整个仪式极具旧沙俄时代政权与神权合一的色彩。

叶利钦上台后10天，即7月20日，就签发了第一号总统令，宣布俄罗斯境内国家机关和企业非党化，俄境内的党组织系统受到沉重打击。对此俄共和苏共反应强烈，严词批评，并让苏联总统戈尔巴乔夫表态。但叶利钦说：一号总统令既没有违反宪法，也不反对民主，而正是为了结束党僚们的垄断局面。面对这种情况，戈尔巴乔夫实在也不好说什么，况且现在他最关心的是联盟条约的签订，是保存国家不要解体，而这一切没有了叶利钦断难实现。

俄罗斯总统的一号令再次掀起一股强劲的退党潮。苏共自1990年始已经几次出现退党热潮。1990年退党人数约250万。1991年年初和4月全会后退党人数激增；截至1991年7月1日，苏共党员人数共减少了400万，由1900万减至1500万人。一年半的时间，退党和被开除出党的党员占党员总数的22%。而现在这股浪潮以更加迅猛的势头兴起。⑲

此时此刻，苏共总书记戈尔巴乔夫还在顽强地为党的新生努力和奋争。退党浪潮依然没有泯灭他对苏共抱有的最后希望。7月，戈尔巴乔夫起草了苏共新的党章草案。7月中旬新党章草案在党内公布，25日召开了最后一次中央全会即7月全会。

戈尔巴乔夫后来在回忆录中说，他一辈子召开过无数次会议，1991年7月全会给他留下了永远忘不掉的记忆。新的党章纲领草案的通过并非很顺利，党代表们不很情愿地通过了它，但毕竟是通过了。《独立报》关于全会的文章标题是《戈尔巴乔夫战胜了马列主义》。戈尔巴乔夫则认为这是一次意义最为重大的全会。“因为在这次会议上，拥护新思维的人和传统派分子进行了最后的搏斗，通过了苏共新的党章草案，与过去就此一刀两断。”⑳“中央7月全会给我的印象总括起来可以这样说：苏共改革的现实前景打开了。至于能否利用这个可能，这就取决于许多因素和事情总的进程了。”㉑

7月全会结束时，戈尔巴乔夫建议11—12月召开下一届党代会，届时将通过新的党章。但是极其遗憾，此后发生的事情将苏共有可能新生的前景断送了。一个多月后突然发生了军事叛乱。事件后戈尔巴乔夫宣布辞去苏共总书记职务，建议苏共中央委员会自行解散。有着90多年历史的列宁创建的苏联共产党就此画上句号，永远成为了历史。

7月底还有一件事值得指出，这就是西方七国集团会议对苏联的经济援助没有通过。这是戈尔巴乔夫曾经非常期待的，但是西方没有伸出援助之手，而这也成为苏联几个月后迅速解体的重要原因。

但是不管怎么说，最重要的一件事还是有了眉目，7月23日最终达成了新的联盟协议草案，8月20日各加盟共和国将开始陆续签署。这是今年以来戈尔巴乔夫一直最担心并全力以赴去做的工作。戈尔巴乔夫总算稍稍松了一口气。

在这一片忙乱中，8月来临了。戈尔巴乔夫全家照例将去黑海边的福罗斯度假。最后一次。

临行前他对切尔尼亚耶夫说：我累极了，走前还要主持政府会议，讨论收成、交通、债务、通信等问题，国家没有钱，市场正在崩溃，到处只知道往自己腰包捞钱，“真想把一切都抛开！但是抛给谁？我累了。”㉒他还谈到了雅科夫列夫，

1990年，和随行人员夜晚在福罗斯散步。

这是他在改革中曾经最倚重的左膀右臂，不久前他辞去了政治局委员职务，离他而去，现在却跑到了莫斯科杜马去效力，戈尔巴乔夫对此十分不解。三套马车，改革的神经中枢，如今只剩下他一人，很有点曲终人散的感觉。

“8·19”政变

福罗斯总统“朝霞”别墅。一切如故，近在咫尺的辽阔大海伸向天边，永不止息的海浪轻轻拍打着海岸，金色沙滩闪闪发光……灿烂的阳光下雍容华贵的别墅一直在静静地等待它的主人。8月4日戈尔巴乔夫全家来到这里，顿时驱散了这里的寂静，别墅变得热闹起来。

戈尔巴乔夫暂时从乱象丛生的政治漩涡中走出来，身心极其疲惫。此刻他穿着泳裤坐在海边，感觉异常安静。太阳晒在身上很温暖，脑子里什么都不想，很久，然后起身走进大海，奋力向远处游去。多好啊，在水里他自由自在地游啊游，他可是个游泳好手。就这样游到筋疲力尽，上岸，踩着柔滑细润的沙子，赤脚走回别墅。

其实他的脑子一刻也没有休息。“我无时不在关注着协议准备的情况，与各共和国及联盟机构的领导人通电话，与政府领导成员、我的助手和顾问们保持电话联系。”㉓还有十几天就是联盟条约签署的日子，他急切地盼望着，生怕会发生什么变故。正如他的助理切尔尼亚耶夫所说，戈尔巴乔夫对改革产生的洪流不知道要把国家引向何方感到有责任和痛苦，他把签署联盟条约看作是自己理顺民主进程和实施反危机纲领的最后一个机会。

他回想着有关签署联盟条约的前后经过。保存联盟，又不要回到过去，建立一个崭新的联盟体系，这是改革的最终成果，也是关乎国家前途命运的最重要的问题，更是一条十分艰难、荆棘丛生的道路，每一步都需要付出巨大的心血，经过极其艰难的工作，包括斗争、说服、让步、举行全民公决等工作。最终，老天不负有心人，7月23日达成了新的联盟协议草案，这具有决定性的意义。叶利钦的大俄罗斯主义虽然加剧了分离趋势，使各共和国纷纷效仿，宣布独立，但是“各共和国领导人（极少例外）都意识到了必须要拥有一个能够解决共同任务的足够强大的和有权威的中心”。㉔而“最重要的一点是解决了对各主权国家联盟主体的问题。成为联盟独立成员的新的自治地位，将保障各民族的平等权利，保障他们独立处理自己事务的可能。同时不破坏各联盟共和国的领土完整，对于历史形成的国家疆界和民族领土构成，不提出异议”。㉕

苏联的旧联盟条约在1922年由俄罗斯、乌克兰、白俄罗斯和外高加索四个共和国签订，后来扩展到15个加盟共和国。新联盟条约草案与旧联盟条约相比，有很大不同，表现在联盟名称、组成、基本原则、联盟权力、权力机关和管理机构等方面。其中主要的区别是，新联盟条约草案强调“自愿结合”、“自决自治”、“人权优先”等原则，更加突出各共和国的权力和作用，在加入联盟的方法上也更加灵活。

新联盟草案达成协议后，7月25—26日戈尔巴乔夫还将草案最后一稿拿到中央全会上进行过研究，并基本得到认同。就是在那次全会上，通过了新的党章纲领草案，这是“改革苏共自身的前提条件”。

7月29日，签署联盟协议的最后一个障碍消除了，即建立联盟税的问题。这一直是俄罗斯领导人不同意的。但最后终于找到了一个妥协的办法，戈尔巴乔夫作了让步，同意实行单一渠道征税，再由共和国从自己的收入中提取固定的百分比上缴中央财政。叶利钦最终表示认可。8月初，戈尔巴乔夫、叶利钦与中亚最大的共和国哈萨克斯坦共和国领导人纳扎尔巴耶夫就联盟条约达成一致意见。8月13日，苏联报纸公布了新联盟条约——《主权国家联盟条约》。

“最后达成的一致，是长时期探索和努力的结果，它完成了我们从1985年4月所走过的行程。为了让国家摆脱危机，大踏步地将业已开始的民主改造推向前进，现实的前提条件已经建立起来了。”㉖戈尔巴乔夫去度假时，他对两周后在莫斯科将签署联盟协议没有任何怀疑。8月20日俄罗斯和哈萨克斯坦的代表将签署，其余国家随后将举行5次会见，陆续签署，直到10月22日全部签署完毕。届时，一个崭新的联盟国家和新的阶段将呈现在世人面前。

来到福罗斯后，他每一天都在关注着这件事，督促身边的人尽快准备好有关签字的最后事宜，包括在签字仪式上的讲话等。在这里他看到，随着签字日期的临近，联盟协议受到来自左和右的两方面的攻击越来越强烈。这使戈尔巴乔夫心中产生了一丝不安。8月14日他和叶利钦通了电话，叶利钦对他说：“你看到那些人怎么攻击我了吗？”戈尔巴乔夫当然知道，阿法纳西耶夫和“民主俄罗斯”等其他激进派分子，正在猛烈攻击叶利钦，说他在联盟协议问题上对中央作了退让。戈尔巴乔夫回答说：“对我的攻击也不比你少，我们不要动摇……”㉗戈尔巴乔夫感觉到叶利钦似乎不像原来那么坚定。他下意识地觉得，应该尽快返回莫斯科，马上签署条约，但他绝对没有想到来自保守派的危险。

飞回莫斯科的时间已经确定，8月19日，在签署条约的前一天，飞机也已经停在了总统别墅附近。此时已是8月18日，这是一个周日，一切都与往常一样，戈尔巴乔夫在做离开福罗斯的准备，第二天一早他将飞回莫斯科。他的办公桌上放着8月20日签署联盟条约时的讲话稿，已经用文件专用密纹纸打印好了。下午4时多他拿起电话，与住在福罗斯相邻的“南方”疗养院休养的沙赫纳扎罗夫通了话，最后交谈了签署协议时的讲话问题。他一点也没有察觉，一场危机正在悄然向他走来。就在他和沙赫纳扎罗夫通话时，女话务员的背后已经站着叛乱者派来的军官们，他们的任务是务必在4时半切断总统的一切通信联系。与沙赫纳扎罗夫的通话16时32分结束。这是他与外界的最后一个通话。此后别墅和外界的所有通信联系全部中断了。稍后，一群不速之客来到了总统别墅。他们是苏共政治局派出的代表。戈尔巴乔夫直到那时才知道，他已经无法与外界联系，所有的通信已被切断。他感到事态严重。

亚纳耶夫。

戈尔巴乔夫在不速之客到来之前，即18日傍晚之前，不仅不知道叛乱分子已经将他与外界隔绝，他也完全不清楚，此时此刻莫斯科发生了什么。一场军事政变正在悄然准备。领导这场叛乱的人正是他一手提拔起来的副总统亚纳耶夫，苏联国防部长亚佐夫和克格勃主席克留奇科夫也都参与其中。而负责总统安全的苏联克格勃第九局即保卫局局长普列汉诺夫在整个事变中起到了关键作用，切断总统与外界的一切联系正是由他组织实行的。而苏共政治局派来见总统的代表，也是由他带来的。

亚纳耶夫是戈尔巴乔夫一手举荐并在他的坚持下勉强当选为副总统的。这个人比戈尔巴乔夫小几岁，1937年出生于高尔基州彼列沃兹村，毕业于高尔基农学院。后长期从事共青团和党务工作。戈尔巴乔夫当选总统后，在物色副总统期间发现了他。在一些会议上，亚纳耶夫慷慨激昂的发言很得戈尔巴乔夫的好感，而副总统人选一时难以确定，于是戈尔巴乔夫力荐亚纳耶夫，说服大家让他当上了国家副总统。他没有想到，他推荐的副总统，会在他休假期间背着他搞军事政变。亚纳耶夫是这次政变的主要策划者之一，在他后面还有阿列克谢·穆萨科夫和克留奇科夫。

戈尔巴乔夫离开莫斯科后，亚纳耶夫等人就开始积极活动了。最终使他们决定铤而走险的人还是保卫局局长普列汉诺夫。普列汉诺夫利用负责总统安全的便利条件，在戈尔巴乔夫与叶利钦和纳扎尔巴耶夫三人举行的关于联盟条约的最后谈话中搞了窃听，随后他将窃听录音给了亚纳耶夫等人。由此他们了解了条约内容和签署条约的日期。在亚纳耶夫、克留奇科夫、亚佐夫等人看来，这个所谓的新联盟条约，事实上终止了苏联的存在，而且没有任何法律基础。有着近70年历史的社会主义大家庭的解体是他们绝对不能接受的。他们决定不惜用任何办法都要阻止条约的签署。此时戈尔巴乔夫去度假了，两周后戈尔巴乔夫将回到莫斯科签署该协议，这两周时间是亚纳耶夫等人挽救联盟存在的最后时机。他们密谋了这次兵变。为了使兵变万无一失，在筹备期间他们甚至打电话给叶利钦，试探有没有可能一起倒戈，但遭到叶利钦的拒绝。随着签署条约日期的临近，最后他们将兵变的时间定在了8月19日——联盟条约签署日的前一天。

现在让我们来看看震撼世界的苏联8月军事叛乱事件发生的经过和前因后果。

莫斯科。

8月16日，亚纳耶夫在莫斯科市克格勃的一栋楼里会见了苏联国防部长亚佐夫和克格勃主席克留奇科夫，他们讨论了国家形势，共同认为联盟解体危在旦夕，有必要采取极端方式挽救国家。

8月17日，他们邀请苏联政府主席瓦连京在同一地点见面，并在那里做出了决定，派苏共政治局小组成员去福罗斯见戈尔巴乔夫，要求他立即实行国家紧急状态管制，并且劝阻他在没有进行全民公决的情况下，不要签署新的联盟条约。在此之前，为了使军事政变合法，他们需要编造总统戈尔巴乔夫已经重病的证据，强迫医生开出伪证明。医生们要给福罗斯打电话确认，被告知戈尔巴乔夫已经不能说话，无法接听电话等。医生无奈最终出具了证明，说戈尔巴乔夫在8月16日病情加重，健康状况突然恶化。证明在8月19日17时送给了总统安全负责人普列汉诺夫。此后在记者招待会等场合兵变分子都理直气壮地据此声称，戈尔巴乔夫确实重病在身，已经无法履行总统职责。

8月18日。戈尔巴乔夫在福罗斯准备第二天启程回莫斯科，这一天克里姆林宫表面依然平静，但实际上政变正在行动。

早8时，亚佐夫通知自己的副手格拉乔夫和加里宁，要在全国实行紧急状态管制。

中午1点，普列汉诺夫带着巴克拉诺夫、舍宁和博尔金、瓦连尼科夫将军，乘国防部长亚佐夫调遣的图-154军用飞机从契卡洛夫斯基飞机场起飞，飞往克里木去见戈尔巴乔夫。他们想争取戈尔巴乔夫同意实行紧急状态管制。

下午5时左右一行人到达了福罗斯。此前普列汉诺夫已指挥人将总统别墅与外界的一切通信联系切断，包括苏联核武器密码的指挥系统。来人同戈尔巴乔夫见了面，戈尔巴乔夫断然拒绝了他们的要求。这些人即刻又返回了莫斯科。

当晚8时左右，亚纳耶夫和克留奇科夫在克里姆林宫与从福罗斯回来的政治局小组成员见了面。政治局小组成员讲述了与戈尔巴乔夫谈话的情况，大家士气不是很高，有人提出是不是就此罢手，但为时已晚，只有孤注一掷。长时间讨论后副总统亚纳耶夫同意牵头，签署紧急状态管制令。那时已经是8月19日凌晨1点了。

8月18日，福罗斯。

下午4点半左右戈尔巴乔夫与沙赫纳扎罗夫通完电话。片刻，在5点钟左右，负责福罗斯安全的警卫局长梅德韦杰夫告诉戈尔巴乔夫，有人来访。戈尔巴乔夫感到诧异，他并未邀请任何客人来这里。梅德韦杰夫也感到疑惑，但警卫已放人进了别墅。因为这些人中有他们熟悉的博尔金和普列汉诺夫。前者经常来这里和戈尔巴乔夫商谈要事；后者是总统的安全负责人，也是梅德韦杰夫的上级领导。这些人此时已在楼下等候。

梅德韦杰夫走出戈尔巴乔夫的办公室后，戈尔巴乔夫想弄清楚是怎么回事，于是拿起电话和莫斯科联系，这时他才发现，所有的电话，一共5部，都打不出去，包括战略备用电话。戈尔巴乔夫意识到事情非同一般。

赖莎正在阳台上看报纸，戈尔巴乔夫走到她那里，将情况告诉她，说别墅的通信全部中断，要做最坏的准备。赖莎深为震惊，扔下报纸，竭力控制住自己。他们走进旁边的卧室。戈尔巴乔夫努力使自己镇定下来，他对赖莎说：我不会屈服于任何压力、讹诈、威胁，也决不从自己的立场后退。赖莎对他说："决定由你自己作，无论发生什么事，我都和你在一起。"随后，他们叫来了女儿和女婿，将情况告诉他们。伊琳娜和阿纳托利说完全听从父亲的安排。

这时已经将近傍晚6时。警卫再次上楼对戈尔巴乔夫说，那些人等急了，问为什么还不接见他们？戈尔巴乔夫走出卧室，发现来访者已经上到了二楼。戈尔巴乔夫在那些人中看到了巴克拉诺夫、舍宁、博尔金、瓦列尼科夫和普列汉诺夫等人。

一干人进到戈尔巴乔夫的办公室，落座。戈尔巴乔夫问他们有什么事，巴克拉诺夫通报说，国家濒临灾难，其他方法已经无济于事，于是成立了紧急状态委员会。他们此时赶来是想请戈尔巴乔夫在他们准备好的实行紧急状态的命令上签字，并说请戈尔巴乔夫务必签字。还说叶利钦已经被捕，但马上又改口说，将在他从阿拉木图返回莫斯科的途中逮捕他。巴克拉诺夫说了紧急状态委员会的组成人员名单，令戈尔巴乔夫深感惊讶，他实在难以相信亚佐夫和克留奇科夫会是紧急状态委员会成员，还有时任最高苏维埃主席、他的大学同窗好友，他一直颇为信任的卢基扬诺夫。

戈尔巴乔夫既震惊又气愤。他对来客说：我不会签署你们的任何文件。"你们和派你们来的人对局势感到不安？但我对国家局势的了解不比你们差，而我感到不安的程度也不比你们轻。你们认为需要采取相应的措施？我也是这个意见。其主要的一项措施业已准备就绪——它就是签订新的联盟条约。8月21日联邦苏维埃会议上已经决定要讨论经济改革完成的情况。而你们却认为采取紧急措施才是拯救国家的办法。我不同意你们这种看法。那么就请召开苏联最高苏维埃会议和人民代表大会，既然一部分领导人怀疑政治方针的正确性嘛，那么我们就来讨论解决。但只能在宪法和法律的框架内行事。其他方法我不能接受。至于你们想要断送自己——见你们的鬼去吧，但是要知道，事情最终可能会酿成流血事件。人民已经不是过去的样子了，他们不会忍受你们的专政，同意失去自由，失去这些年所得到的一切。”[28]

巴克拉诺夫提议道：如果您不想亲自签署实行紧急状态的命令，那就授权给亚纳耶夫吧，“您好好休息，‘脏活儿’由我们来做，然后您再回来”。

“或者您辞职也行。”瓦列尼科夫在旁补充说。

“授权和辞职都别指望。你们是在犯罪，你们对自己的冒险行为是一定要负责的！”戈尔巴乔夫严词回绝道。

会见到此为止。“客人”走出办公室，戈尔巴乔夫在他们身后甩下了几句脏话。这期间赖莎和女儿女婿始终在他旁边，赖莎担心这些人会把戈尔巴乔夫带走。

不速之客下楼坐车走了。戈尔巴乔夫的警卫局长梅德韦杰夫也和他们一起上了车，后来听说是普列汉诺夫下令把他解职了，派来了格涅拉罗夫将军“保卫”总统。

从这一刻起戈尔巴乔夫全家及在别墅里的所有人员都没有了自由，不许任何人离开别墅。其中有总统助理切尔尼亚耶夫，速记兼机要员奥莉加·瓦西里耶夫娜·拉尼娜，几位医生和当地服务人员包括花匠、清洁工和修理工。除所有电话被切断外，还查封了所有汽车。戈尔巴乔夫明天准备回莫斯科乘坐的直升机也被命令撤离。

赖莎在日记中对这一天发生的事作了详细记述。夜里她辗转反侧，难以入睡，“我为那些和米哈伊尔·谢尔盖耶维奇一起共事的人的背叛行为感到痛心”，“我很为丈夫担心，为孩子和孙女们的命运担心，真是苦不堪言”。

8月19日，周一。莫斯科。

早6时亚纳耶夫发表了声明，称戈尔巴乔夫因“健康”原因不能履行总统职责，根据苏联宪法，全部权力移交给苏联副总统，他本人即日起将承担起履行总统职责的重任。同时宣布从当日起在苏联部分地区实行为期6个月的紧急状态管制，并组成了“苏联国家紧急状态委员会”，由苏联代总统亚纳耶夫，国防委员会第一副主席巴克拉诺夫，国家安全委员会主席克留奇科夫，内阁总理帕夫洛夫，内务部长普戈，国防部长亚佐夫，苏联农民联盟主席斯塔罗杜布采夫，苏联国营企业和工业、建筑、运输、邮电设施联合会会长季贾科夫等8人组成。紧急状态委员会发表了《告苏联人民书》，宣称戈尔巴乔夫倡导的改革已经“走入死胡同”，“苏联国家和人民的命运处于极其危险的严重时刻”，呼吁广大公民支持他们，使国家摆脱危机。

紧急状态委员会还称，将调遣部队进入莫斯科，并将地方政权纳入紧急状态委员会的军事指挥，对媒体实行严格监督检查，禁止一系列报刊出版发行，取消了一系列法律条文和公民自由。他们宣称，此举的目的是不允许苏联解体，亚纳耶夫在接受莫斯科回声电台采访时说，我们不允许在20日签署新的联盟条约，将苏联变为独立国家联盟，这是解体苏联的第一步。

紧急状态委员会的声明在莫斯科和苏联各地引起一片慌乱，也震惊了全世界。国家政变之说虽然早已流传，但一旦真的发生了，人们还是惶惶不安。看着电视中莫斯科街头的战车和荷枪实弹的军人，人们不知道国家即将发生什么。

而福罗斯的情况呢？

苏联克格勃驻塞瓦斯托波尔的军队接到命令，在这一天凌晨4时就封锁了总统在福罗斯的别墅。同时苏联对空防御上校马尔采夫按照上级命令将两辆牵引车覆盖在起降跑道上，那里停放着总统的图-134飞机和米-8直升机。那时别墅中所有的人还在睡觉。

早上，戈尔巴乔夫和家人从唯一的索尼袖珍半导体收音机里听到了消息："由于苏联总统的病情使他无法履行自己的职责，副总统亚纳耶夫接替了他的权力。"他们竟然捏造总统重病！对此戈尔巴乔夫全家感到震惊。

清晨5时左右，几艘军舰驶向别墅海湾，停了大约50分钟后又驶回原处。

福罗斯完全被封锁，没有报纸和信件。负责通信的军官从昨天起已被就地监控。此外，别墅里来了很多新面孔，都佩带着冲锋枪。

戈尔巴乔夫全家和所有留在这里的人尚可以在别墅里走动，于是他们走来走去，一直走到海边。他们想让那些监视他们的人看见，总统没有生病，他一切正常，身体健康。

回到别墅，从阳台望出去，大海一如既往，风平浪静。只是海面上又多了几艘护卫舰，但离海岸很远。打开半导体收音机，BBC正在播出叶利钦的讲话，他谴责阴谋暴乱分子，号召对抗国家紧急状态委员会。纳扎尔巴耶夫在哈萨克斯坦的电视上对共和国人民讲话，号召他们保持镇静和克制，遵纪守法。关于苏联总统去职的事只字未提。

下午5时半，戈尔巴乔夫请切尔尼亚耶夫立即再次转告亚纳耶夫，他要求恢复和政府的联系，要求派飞机来接他回莫斯科。如果拒绝他的要求或是置之不理，那么他要求会见苏联和外国记者。

切尔尼亚耶夫走后，戈尔巴乔夫口授了一份政治声明，由赖莎记录下来：

①副总统借口苏联总统有病，不能履行自己的职务，从而把国家总统的职责揽到自己身上的决定是一个骗局，因为我的健康状况正常，而且休息得很好，因此我打算今天，8月19日，离开这里，去签署联盟协议并召开联邦苏维

埃会议。所以副总统的决定只能被认为是一次政变。

②副总统和国家紧急状态委员会所作出的一切决定都是非法的。

③与非法实行紧急状态相联系的种种措施的升级，会造成全国整个局势的继续紧张和分裂，引起社会争斗和难以预料的后果。

④我要求立即停止执行所作出的一切决定，而卢基扬诺夫同志作为最高苏维埃主席，要紧急召开苏联人民代表大会或苏联最高苏维埃会议，讨论研究国家领导中所产生的极其复杂的情况。

电视里有了图像。晚上全家收看到国家紧急状态委员会召开的记者招待会。“简直是背信弃义，无法无天，一派无耻谎言！”当夜，别墅外围的警卫加强了。

赖莎和戈尔巴乔夫做出了决定：以防万一，必须节约食物，只吃8月17日之前得到的食品，还有药品。他们一夜未曾合眼……

那一天他们还做了一件重要事情：用自己的录像设备将戈尔巴乔夫对人民的讲话、声明录制了下来。他们想把录像带传送出去，如果不行，就先保存起来，这是最真实珍贵的资料。这件事一直干到凌晨4时左右。然后伊琳娜和阿纳托利对录像带进行整理，直到凌晨6时。录像带分成几个部分，分别藏在了别墅的各个地方。

莫斯科。

同一天，叶利钦得知消息后立刻对公众声明：紧急状态委员会的行为是国家政变。绝不能接受使用武力的方式解决问题。政变分子在全世界面前败坏了苏联的名声，损坏了国家在国际社会的威望，使人民回到冷战和苏联的隔绝时期。这一切迫使我们做出声明：紧急状态委员会是在非法夺权；他们的所有决定和规定也都是非法的。叶利钦号召民众起来保卫白宫。站在他身后的支持者有：俄联邦副总统鲁茨科伊，政府主席希拉耶夫，最高苏维埃主席哈斯布拉托夫。

俄联邦动员和召集了社会各界主要团体、社会民主人士、大学生、知识分子和阿富汗战争的退役军人、民主联盟、特鲁耶夫采夫领导的“生命之环”和大批莫斯科市民来到俄联邦白宫前集会，誓言保卫白宫。参加者中还有各种人：姆斯季斯拉夫·罗斯特罗波维奇，安德烈·马卡列维奇，康斯坦丁·金切夫，玛加丽塔·捷列霍娃，后来的恐怖分子巴萨耶夫，尤科斯公司总裁霍多尔科夫斯基等各界名流。

夜里阿尔法特种部队向叶利钦在阿尔汉里斯基的别墅进发，但没有对俄联邦总统进行封锁，他们没接到对叶利钦采取何种方式的命令。也在那时，叶利钦采取紧急措施稳定自己一方。他签署了《紧急状态委员会命令属非法行为》的命令，“莫斯科回声”广播电台作了广播，传出了反叛乱的声音。同时他还

叶利钦在反政变集会上。

委托有关人员写了《告俄罗斯公民书》，用传真的形式散发出去，因为主要媒体都掌控在了军事叛乱者手中。

针对叶利钦的行动，紧急状态委员会将达曼坦克总队开到了俄联邦最高苏维埃白宫附近，作为对他的回答。

上午9时，叶利钦来到白宫，亲自组织反紧急状态委员会的行动。在莫斯科白宫附近的克拉斯诺普列斯宁河边举行了声势浩大的集会，并在莫斯科构筑街垒，散发传单，直接在白宫里面作准备回击的布阵。

中午12时，叶利钦坐坦克来到抗议集会会场，他声称国家发生了政变。在集会上建立了由议员科别茨领导的和平（无武器）志愿护卫队。志愿护卫队主要是阿富汗退役军人和“阿列克斯”保安公司的保安人员。同时，叶利钦做了最坏的准备，万一失利将有一个撤退之地，他派出自己的密使去有权组织流亡政府的巴黎和自己的据点斯维尔德洛夫斯克联系。

紧急状态委员会在晚间举行了媒体发布大会。巴甫洛夫缺席，他高血压病突发；而出现在屏幕上的亚纳耶夫神情紧张，双手颤抖。这个镜头传遍了世界。他内心也许已经预感到，这次政变必败无疑。

电视中没有反叛乱的任何图像和消息。但是突然，苏联中央电视台在新闻节目中偶然播放了该台记者谢尔盖·梅德韦杰夫在白宫前拍摄到的实况，镜头是叶利钦现身集会现场，正在签署《紧急状态委员会命令属非法行为》的文件。只有短短几分钟的转播，之后是记者的说明，他说很怀疑这个新闻是否可以和观众见面。虽然只有短短几分钟，但是全国广大电视观众看到了这个场面。这与其他频道播出的接连不断的支持紧急管制的新闻完全相反，引起大众对紧急状态委员会的怀疑。梅德韦杰夫拍下的场面是当时唯一的告知全国人民在莫斯科究竟正在发生什么的新闻。他后来说：这个新闻能够播放，在很大程度上得力于他的同事的勇气和职业感。但是新闻播出后他立即被开除了公职，所幸时间并不长。后来，1995—1996年他成为叶利钦总统的新闻秘书。

8月20日，星期二。福罗斯。

苏联总统及全家被软禁的第二天。

这是一个艰难的日子，而这一天原本应该是个激动人心的日子：在莫斯科举行签署新的联盟条约仪式，但一切都在瞬间被破坏了。

除了从索尼收音机里得到一些信息，戈尔巴乔夫全家此外没有任何消息来源。

窗外的海湾入口处，总有几艘军舰在巡弋。

戈尔巴乔夫再次向莫斯科提出自己的要求：恢复电话联系，提供报纸，立即派飞机来接他回莫斯科履行总统职责。这次还补充了新的要求：在广播和电视上公开澄清他的健康状况，宣布此前有关这一报道是虚假的。“如果不答应我的要求，将采取极端措施。”但是没有回音。赖莎向负责总统安全的警卫班长询问，试图寻找其他途径和莫斯科联系，回答是他们完全被封锁了，无论是海上还是陆地，插翅难飞……

大家精神状态尚好，团结一致，相互支持。最令人担心的莫过于戈尔巴乔夫的两个小外孙女了。大人尽量避开她们谈论现状，防止她们胡思乱想。夜里爸爸就睡在克谢尼娅和阿纳斯塔西娅卧室的地板上，以防万一。

食品也是个大问题：来源和安全。赖莎一再嘱咐厨师加林娜·阿夫里坎诺夫娜：只吃煮熟了的食物。

戈尔巴乔夫和赖莎一起讨论了局势。他们不知道莫斯科的情况，不知道戈尔巴乔夫的要求广播了没有，最坏的设想是：国家已经被紧急状态委员会接管了。

19日在电视中看到了克拉夫丘克在乌克兰电视台发表的讲话。他号召大家“保持安定，理智，遵纪守法，防止对抗”，关于总统只字未提……

从西方电台中听到的消息是，莫斯科宣布实行紧急状态；调进了军队；莫斯科和列宁格勒不支持阴谋分子，要求说明戈尔巴乔夫的情况：他在哪里？处于什么状态？同时还报道说可能停止对苏联的经济援助。

就在此时，突然对戈尔巴乔夫的请求有了回音：将答应他的要求。情况有了微妙的变化。戈尔巴乔夫立刻感觉到局势正在朝着不利于政变分子的方向发展了。

21日凌晨3时，赖莎将这一切记录了下来……

8月20日，莫斯科。

按照紧急状态委员会的命令，国防部军官在做攻陷白宫的准备，调动了15000名军人。但是负责此次行动的将军开始怀疑这样做是否合适。列别德将军转向了叶利钦，转而和他的官兵加入到保卫白宫的行列。阿尔法和战舰部队的指挥官卡尔普欣和别斯科夫要求克格勃副主席阿盖耶夫取消行动。进攻被取消了。

俄联邦不失时机地建立了临时国防部，任命康斯坦丁·科别茨为部长。

12时在白宫前举行了莫斯科市批准的集会，召集了几万人参加。集会组织者是俄罗斯民主运动、莫斯科市和莫斯科州劳动委员会。集会的正式口号是：

维护宪法和法制。

所有的电视频道依然严格封锁抗议军事管制的消息，但在15时，苏联中央电视台第一频道的新闻节目却意外地插播了抗议紧急状态管制的新闻，其中宣读了通讯社的通告，播出了布什总统和英国外交部长谴责叛乱者的消息，整个和平世界都愤怒了，然后屏幕上出现了叶利钦的画面，他严词声明紧急状态委员会不合法，要追究法律责任。

8月21日，星期三。莫斯科。

夜里，紧急状态委员会控制的坦克部队进入白宫区域，和叶利钦一方的支持者及军队在白宫下方花园环线的隧道里发生了冲突。阿尔法特种部队没有出动，他们没有接到向白宫冲锋的命令。这是政变者失败的一个重要原因。

凌晨3时，空军武装力量总部的叶甫盖尼·沙波什尼科夫向国防部长亚佐夫提出，应将部队撤出莫斯科，并宣布紧急状态委员会是“非法的，应当解散”。两小时后，苏联国防部举行会议，会上空军总部和战略火箭部队支持沙波什尼科夫的建议。亚佐夫遂发布了将部队撤出莫斯科的命令。军队的撤出极其关键。政变此时遂已告失败。

这一天白天，在哈斯布拉托夫主席主持下举行了俄联邦最高委员会会议，会议通过了谴责紧急状态委员会的声明。决定副主席鲁茨科伊和总理西拉耶夫飞往总统戈尔巴乔夫的休养地，将国家合法总统戈尔巴乔夫接回莫斯科。而紧急状态委员会一些成员乘另外一架飞机也飞往克里木，他们想和戈尔巴乔夫再谈一谈，以求得到谅解。

8月21日，福罗斯。

戈尔巴乔夫全家在早间新闻中看到了莫斯科，街头全是装甲车和士兵，发生了冲突和流血，他们心情非常沉重。戈尔巴乔夫要求立即转告亚纳耶夫：停止动用军队，让士兵返回兵营。

离别墅不远的港湾处仍有军舰。海面上也有两组舰只，共5艘，向别墅驶来，稍后又改变了方向，消失在萨雷奇海角。

电视和广播中没有任何关于总统健康状况的消息。

第三天了，被封锁在这里。赖莎神经一直高度紧张，她担心丈夫、孩子和别墅中的其他妇女。高度紧张使她感觉身体不适。晚8时躺到床上才好一些。伊琳娜和阿纳托利不断带来各种新闻：教皇和叶利钦、纳扎尔巴耶夫、杰缅捷伊、克拉夫丘克、卡里莫夫等通了电话。俄罗斯议会代表团的飞机已经起飞！叶利钦和布什进行了电话交谈……三天来海上第一次出现了大型驳船和客轮……好像最艰难的时刻已经过去了。

15时左右，伊琳娜和阿纳托利告诉戈尔巴乔夫和赖莎，他们从英国BBC电台听到广播，说克留奇科夫同意派几个人飞往福罗斯，亲自看看戈尔巴乔夫的健康状况。这个消息将赖莎吓坏了，她认为政变分子即将采取最后的行动，凶多吉少。戈尔巴乔夫立即命令警卫人员处于战备状态，荷枪实弹守卫在大门、别墅入口处和楼梯旁，未经他允许任何人不准进来；必要时可以开火。把两个小女孩克谢尼娅和阿纳斯塔西娅锁在一个房间里，护理小姐亚历山大·格里戈里耶夫娜和她们在一起。

赖莎感到危险正在一分钟一分钟接近，她紧张万分，太阳穴剧烈跳动。突然间她的一只胳膊不能活动，也说不出一句话来，她中风了……医生立即将她扶到床上，让她服了药。

17时左右，两辆小汽车驶进别墅，来人是亚佐夫、克留奇科夫、巴克拉诺夫、伊瓦什科、卢基扬诺夫和普列汉诺夫。他们请求和戈尔巴乔夫会晤。戈尔巴乔夫对通知他的警卫员说："转告他们，只要政府的联系不恢复，我谁都不接见。"

17时45分，中断了73小时的联系恢复了。封锁和软禁就此结束。戈尔巴乔夫立即拨通叶利钦的电话，和他交谈起来。叶利钦转达了乔治·布什等人对他的问候，"三天来他们一直在为我们祈祷"。和纳扎尔巴耶夫、杰缅捷伊和其他各共和国领导人也通了电话，和布什也联系上了。戈尔巴乔夫又将电话打到克里姆林宫，命令立即取消紧急状态委员会的所有指令；免去了政变参加者的国家领导人职务，任命了新的苏联军队领导人。首先撤掉了亚佐夫的职务，国防部长一职由莫伊谢耶夫接任。

他随后走进卧室，问赖莎感觉如何。"俄罗斯代表团即将飞来。"他对赖莎说。对于已经到来的策划了这场政变的那些人，戈尔巴乔夫根本不予接见。他们已经是他的敌人。

俄罗斯代表团终于来到福罗斯。依次走进别墅的是鲁茨科伊、西拉耶夫、巴卡京、普里马科夫、斯托利亚罗夫、费奥多罗夫以及众多代表和媒体。看着大厅里站满来接他的人，只是在这一刻戈尔巴乔夫才真正感到，他确实自由了。大家都相当激动，互相问候，述说三天的经历……

赖莎在卧室听见一楼传来一片兴奋的说话声。沉重的压力终于卸下，难关终于渡过了！她让女儿把别墅中的妇女都请来，她们相互拥抱，激动得流下眼泪。赖莎对她们表示了感谢：谢谢她们这几天所做的一切，感谢她们为总统和总统全家分忧。

当晚11时，戈尔巴乔夫全家和所有人员乘图-134飞回了莫斯科。克留奇科夫也在这架飞机上，他在单独的隔离舱内。

22日凌晨2时，飞机抵达莫斯科伏努科沃机场，欢迎的人们早就等候在那

戈尔巴乔夫全家从福罗斯返回莫斯科。

里。身穿浅色夹克的戈尔巴乔夫走下舷梯，他看上去神色疲惫；后面是赖莎和外孙女，赖莎面色憔悴，非常虚弱，勉强倚靠着小外孙女才走下飞机。她说：我们度过了最艰难的时刻……此后她病了两年，视力急剧下降。也在那一刻，一直对她没有好感的苏联女人，第一次对她投以同情的眼光，把她作为一个女人重新来看。一个女人在那种艰难的时刻支持丈夫是多么不易，要承受多大的压力！

俄罗斯代表团直接用车将戈尔巴乔夫全家送回了他们的住所。没有人告诉他，白宫也聚集着欢迎他的人群，叛乱者软禁总统反倒激起了人们对他的同情和支持。很久没有过这样的情景了。他应该直接去那里，和支持他的民众在一起。这有助于恢复他的威望。但由于完全不知情，他回了住所。在白宫等待他的民众很是失望。一年后《消息报》加波波夫写文章透露，原来叶利钦派代表团去“救”戈尔巴乔夫是另有用意，他的计划是通过救戈尔巴乔夫而除掉戈尔巴乔夫。

有必要再来看一看在8月叛乱中苏联第二大城市列宁格勒的情况。

8月19日，列宁格勒市长阿纳托利·索布恰克在莫斯科得知了全国实行紧急状态管制的消息。他在事变之前来到莫斯科，作为参加签署新的联盟条约的俄罗斯代表团成员。两天后将举行签署仪式。得知军事政变的消息后，他和叶利钦一起谴责叛乱，并于当天下午2时赶回了列宁格勒，回到列宁格勒后立即前往指挥部，说服将军们撤回部队。接着，2时半索布恰克举行了列宁格勒政府非常紧急会议，讲明情况，并在电视上向列宁格勒居民讲话，要求大家反对叛乱。列宁格勒电视台是全苏唯一一个及时播发反叛乱事件的电视台。和他一起出现在电视上的还有列宁格勒苏维埃主席亚历山大·别利亚耶夫、州主席尤里·雅罗夫和副市长维亚切斯拉夫·谢尔巴科夫。在讲话结束时他们号召市民8月20日上午在冬宫广场举行抗议集会。

而政变方在20日凌晨5时派遣苏联克格勃空军武装力量和莫斯科州普斯科夫部队开赴到列宁格勒市周边，离市区70公里处，但部队没有进城。

这一天整个城市都行动起来了。冬宫广场有40万人参加集会，包括多名市领导人、各界知名人士。索布恰克在集会上讲话，谴责叛乱。民主显示了强大的威力。人们激情满怀，坚信最终会战胜叛乱，取得胜利。由于军队没有进城，列宁格勒未发生冲突和流血。

索布恰克——叶利钦之后两位俄罗斯总统的恩师。

19日至21日，只存在了三天的紧急状态委员会被迅速击败了。但就是这短短的三天，不仅使戈尔巴乔夫保存联盟的计划和取得的成果瞬间化为泡影，而且也将苏联的命运，苏共的命运，戈尔巴乔夫本人的命运全部改写。

上帝再一次眷顾叶利钦，使他成为拯救国家和苏联合法总统的英雄。8月22日，在莫斯科的克拉斯诺普列斯宁河岸街，举行了浩大的群众集会，集会者中有人高举着白蓝红三色横条旗帜，叶利钦宣布，已经通过俄联邦新国旗的决定：白蓝红三色条形。俄罗斯新国旗第一次升起在白宫上空。在苏联解体后的1994年，这一天被俄议会定为俄罗斯国家国旗日。每逢国旗日，俄罗斯人还会回想起当年的那场政变。

再来看看那一天的集会。这是一次声势浩大，充满胜利喜悦的集会。叶利钦是万众瞩目的中心，俨然已经是国家的主人。无疑，他的威望再次大大增加。俄联邦总统如今不仅已经真正成为和苏联总统平起平坐的人物，而且他有着坚实的基地；然而苏联总统却坐在摇摇欲坠的联盟之上，联盟的存亡决定着他的命运。而联盟存亡的决定性因素在某种意义上掌握在苏联第一大加盟共和国俄罗斯总统叶利钦手里。

集会还悼念了在政变冲突中不幸遇难的3名牺牲者。他们被授予苏联英雄称号。

晚上，白宫的保卫者打击乐小队“时光列车”、“水上旅游”和“沙赫”

等举办了巷战旋律的音乐晚会。

8月23日，莫斯科市委下令拆除捷尔任斯基纪念塑像。夜里，在卢比扬卡广场中央美术馆附近聚集了大批人群，拆除了克格勃第一任领导人的塑像。当晚的电视里直播了叶利钦签署禁止俄罗斯联邦共和国共产党活动的命令的画面。他的旁边站着神色无奈的戈尔巴乔夫。

亚佐夫和克留奇科夫从福罗斯返回后，和其他的国家紧急状态委员会成员一起被拘留审问。参与叛乱的人中有两人自杀：曾是苏联总统委员会成员的阿赫罗梅耶夫8月24日21时自杀身亡。他留下了字条：当我的祖国毁灭和一切都消亡时，我不能活下去。我永远认为，那是我生命的意义所在。我的年龄和我经历的过去给了我不再活下去的权利。我奋斗到了最后。另一位是苏共中央办公厅主任克鲁奇纳，8月26日凌晨5时他从自己寓所的五楼跳楼自杀。他留下了这样的遗书：我不是阴谋家，但我是胆小鬼。请转告苏联人民。他还在桌子上留下一个文件夹，里面是很详细的有关苏共和克格勃从事非法商业的资料。

不少人认为，亚纳耶夫等人完全有理由对联盟解体担忧，并且这一担忧代表了相当一部分民众和各级党组织领导人的忧虑。支持紧急状态委员会的民众有40%之多，就是一个佐证。支持者并非一个小数字，说明政变者的行动有一定根基。但是由于部队不配合，由于紧急状态委员会中没有一个有威望的人物，由于亚纳耶夫等人的优柔寡断，更由于大多数苏联民众深恐再回到以前的集权统治时代，所以政变不堪一击，短短时间即失败了。亚纳耶夫等人说他们完全不是为了夺权，只是想拯救国家。虽然戈尔巴乔夫不相信这一点，但很多民众相信这是真的。很遗憾的是，他们的行动非但没有能够拯救自己的国家和党，相反，却大大加快了国家解体，并使苏共走向终点。“8·19”事件后不久，戈尔巴乔夫即辞去苏共总书记一职，并宣布苏共自行解散。这一结局是所有的人没有想到的。政变分子为民族分离主义者送上了一份意外的大礼。

8月叛乱也使苏联总统最终走向了自己政治生涯的终点。戈尔巴乔夫回到莫斯科后至年底辞去苏联总统职务的几个月里，虽然一如既往，强打起精神为保存联盟做了最后的顽强的努力，但无论他的威望还是影响，都继续急剧跌落。在政治上他已经是真正的孤家寡人。联盟最终违背他的意愿而走向崩溃。他也走下了最高权位，开始了另一种生活。

亚纳耶夫等策划叛乱的人，除了自杀者，其余人后来均被判刑坐监。但是随着时间的流逝，人们对“8·19”事件的看法也在发生变化。不少人认为他们采取的行动确实是想阻止联邦解体，是想挽救陷于危机深渊的国家。民众中不乏同情他们的人。苏联解体两年多后，1994年2月，俄罗斯最高法院军事委员会决定停止对8月叛乱主谋者的诉讼，同时禁止公众集会纪念事件中的牺牲者。

辞去苏共总书记

戈尔巴乔夫从被软禁的福罗斯别墅回到莫斯科的第二天，就匆匆来到克里姆林宫的办公室。他有太多的事情急需处理。那一天，在离红场不远的俄联邦政府所在地白宫，正在举行盛大的庆功集会。相形之下，克里姆林宫显得冷冷清清。

叶利钦在庆祝胜利的集会上。

周围的一切都很熟悉，但又仿佛非常陌生。他离开这里去度假还不到20天，国家却发生了一场翻天覆地的变故。走在去办公室的走廊上，他对记者们说："我从福罗斯来到了另外一个国家，我自己已经不是原来的我了，成了另外一个人。"[28]

戈尔巴乔夫殚精竭虑耗尽心血为联盟所作的种种努力，被8月政变全部葬送了，而他一直对苏共的改革抱有的希望也被政变所摧毁。最令他震惊的是，反对他的人居然都是他昔日所信赖倚重的战友。这一切在他心中引起极大的震撼。他感到痛心和孤独。他确实"成了另外一个人"，一个戴着总统头衔的孤家寡人。

但是他必须振作，他不能倒下。不管怎么说，他还是苏联的合法总统。只要在位一天，他就要为联盟的存在奋斗一天。他必须重新开始和启动联盟协议的工作。这是他的性格，也是责任感使然。但是他已经常常怀疑是否还有实现这一目标的可能。

把苏维埃联盟改造成为主权国家联盟的办法，是保存联盟的唯一可能；把苏共改造为多党制中的左派力量政党，是保存和改造苏共的唯一出路。戈尔巴乔夫一直这样认为，也一直在艰难地向这两个目标前进。这两个目标他认为都曾经有可能实现，但现在都夭折在这次的政变中。保存联盟一事，他会为之继续奋斗到底。而苏共的改革和新生，他是否还抱有希望？

对苏共的改造，在最后一次中央全会上已经通过了新的党章草案，接下来在11月将要召开党代会，新党章将被通过。戈尔巴乔夫的想法是：苏共在某个阶段解体或分化是不可避免的，因为它包含了各种各样的思想和政治派别。他主张通过民主的道路达到这一点，即在11月举行的党代表大会上"进行分野，好说好散”㉙。他和他的同事们做过调查，支持戈尔巴乔夫所提出的新党纲模式的党员在1/3左右，其他有支持尼娜·安德烈耶娃和安皮洛夫的小团体，有支持布兹加林和科索拉波夫、久加诺夫、梅德韦杰夫以及杰尼索夫、利皮茨基和鲁茨科伊的。一些新的左派和其他派别的政党也正在出现，其中也有共产主义倾向的政党。这种分化是自然而正常的。但是8月叛乱后，这个平稳的适宜的道路被切断了。“国家紧急状态委员会的成员们投掷了一块石头，从而引发了整个泥石流。”㉚泥石流摧毁了一切。而现在必须面对的一个问题是苏联共产党将何去何从。

无需隐瞒，尽管有一些中央委员对政变持反对态度，谴责政变，但中央书记处的大多数成员和许多地方党组织都支持国家紧急状态委员会。党中央作为一个集体领导机构，和政变者站到了一起。纳扎尔巴耶夫和卡里莫夫放弃了自己作为政治局委员的责任，许多加盟共和国共产党的领导人退出了中央委员会。面对现实，戈尔巴乔夫不得不承认，他一直相信能够改造党的希望已经荡然无存。他设想的道路已不存在。

鉴于这种情况，戈尔巴乔夫与他的顾问和助手雅科夫列夫、梅德韦杰夫、普里马科夫、切尔尼亚耶夫、沙赫纳扎罗夫、列文科、库德里亚夫采夫等人讨论了苏共的命运问题，为此他还和党的一些领导人会面，进行商讨。经过反复考虑，苦思冥想，他“最后决定辞去苏共中央总书记的职务，建议中央委员会自行解散，让各个党组织独立自主地决定自己以后活动的问题”，苏共已经“起到了自己的历史作用，该退出历史舞台了”。㉛戈尔巴乔夫认为对此也不必惋惜。

列宁缔造的有着90多年历史的苏联共产党就这样退出了历史舞台。

但是事情并非如此简单。“8·19”政变和戈尔巴乔夫宣布辞去苏共总书记职务及苏共自行解散后，引发了近乎疯狂的反共浪潮，在几天后举行的俄罗斯最高苏维埃会议上表现尤为明显。有人在讲台上大声喊叫，说应该把所有的共产党员从国内“扫地出门”。此情此景没有一丝“民主”的影子，倒是让人感到，自称为民主派的这些人，似乎要开始一场新的“大清洗”。戈尔巴乔夫对叶利钦说：“这种意见甚至斯大林那有病的大脑都想不出来，你们难道打算把1800万共产党员，加上他们的家属5000万—7000万人都赶出国门？既然你们自称为民主派，那就在实际上讲点民主吧。”㉜

叶利钦在此期间连发了三道有关苏联共产党的命令：1991年8月23日，宣布停止苏共在俄罗斯境内的一切活动；两天后签发了第二道命令：没收苏共和俄共的全部不动产和动产；11月6日发布了第三道命令：禁止苏共在俄罗斯活动。第一道命令是在俄罗斯最高苏维埃会议上当着戈尔巴乔夫的面签署的。戈尔巴乔夫试图劝阻叶利钦签署这一命令，并说出了上述那番话，但他的话引来的是一片嘘声和嘲笑。会场上没人听他讲话，而且会后媒体也只字未提他的这些话。改革六年了，激进民主派居然有如此丑陋的表演，这让戈尔巴乔夫感到寒心。人们真正学会运用民主还差得很远。

戈尔巴乔夫认为，苏共的最终消亡，归根结底是党内保守派的“功劳”：“正是他们给党带来了最沉重的打击，败坏了党的名声，把实现自己的计划当作主要的手段，从而剥夺了党进行改革的最后可能。”㉝

保存联盟的最后努力

“8·19”政变平息后不久，波罗的海三国独立获得了国际社会的正式承认。这是联盟解体的标志。虽然西方一般认为，在苏联共产党“解散”后，原来意义上的苏维埃联盟实际上已不再存在。

波罗的海三国独立得到国际社会承认后，苏联各民族独立运动掀起第二次浪潮，如排山倒海，势不可当。“政变动摇了国家的基础。从9月到10月，实际上所有的共和国都宣布了独立。”㉞俄联邦总统叶利钦无视苏联总统已经恢复职权，仍然以国家“主人”的身份不断发布具有全联盟意义的命令，加快了各共和国脱离联盟中央的步伐。

这些加盟共和国虽然一个接一个宣布了独立，但它们同波罗的海三国并不完全相同，它们不反对加入新联盟。“8·19”事件对戈尔巴乔夫是致命的一击，但他仍然决意不放过任何保存联盟的一线可能。8月27日他在最高苏维埃代表会议上说，他将尽一切努力不使苏联解体，否则他将辞职。此后他又几次表达了同样的决心。“我身后有3月17日公投的结果。整个千百年的历史都在诉说着要保持国家的完整。迫切的经济需求、国家和人民的安全都在庄严地提出这一选择。”“现在需要全部重来。我把重新启动联盟协议的工作当作是主要的首选。”㉟刚刚经历了8月叛乱的戈尔巴乔夫，又在竭尽全力为联盟存在作最后的努力。负荷过重的工作使他感到筋疲力尽，但有一点在支撑着他，就是不要使联盟解体的信念。

8月底9月初，大部分共和国领导人又来到了新奥加廖沃，重启联盟协议会谈。大家认为面对新的情况有必要成立一个临时权力机构，即国家委员会。

戈尔巴乔夫又精力充沛地投入了工作。未能签署的8月草案已经搁置一边，政变后形势有了变化，协议内容的某些方面也必须更改。一切进展似乎都很顺利，以至戈尔巴乔夫乐观地认为，9月份完全有可能重新再提出联盟协议草案，这一次已经不会有什么干扰了。

9月2日召开了苏联人民代表第五次紧急会议。戈尔巴乔夫在会上出其不意地宣布了“10+1”声明。这是戈尔巴乔夫与10个加盟共和国领导人+格鲁吉亚（参加了声明的起草）在前一天达成的协议。声明称为防止国家进一步解体，建议“所有愿意的共和国起草和签署主权国家联盟条约”。每个共和国可以自主选择加入联盟的形式；组成由苏联总统和各共和国领导人参加的跨共和国委员会；建立由联盟院和共和院组成的苏维埃。代表们事前对此一无所知，感到很突然，会上辩论激烈。但大会最终还是通过了所有的建议，而且被通过的文件具有了法律效力。9月5日，人民代表大会根据国家总统和各共和国领导人的建议，决定成立主权国家联盟，协议草案的准备工作在加速进行。

8月政变过去还不到两周，戈尔巴乔夫重新启动签署联盟协议的工作已见成效。“10+1”声明使保存联盟有了新的转机和希望。但最重要的加盟共和国乌克兰的声明却模棱两可，耐人寻味。乌克兰声明说，它理解的联盟是“共同体”。

人代会后，9月16日国家委员会召开会议，研究未来的联盟问题，俄罗斯联邦、白俄罗斯、乌兹别克斯坦、哈萨克斯坦、土库曼斯坦、阿塞拜疆、塔吉克斯坦、吉尔吉斯斯坦8个共和国对主权联盟均表示了积极的态度。会议还研究了协议草案以及经济共同体协议的内容。10月18日，上述8个主权国家签订了协议，然后送交各共和国议会批准，一系列附加协议也在积极准备。至此，联盟协议第二次诞生了。八国中虽然没有乌克兰，但是戈尔巴乔夫毫不怀疑，乌克兰不会在联盟之外。乌克兰不加入联盟和没有联盟的乌克兰一样，是不可想象的。

与此同时，戈尔巴乔夫开始改组外交部、国防部、内务部和国家安全委员会，任命了新的领导人，撤换了80%的军队干部，并着手重新组建联盟政权机构，成立了跨共和国经济委员会。近两个月高度紧张的工作很见成效，联盟和各共和国从八月政变中恢复了过来，被中断了的联盟改造工作也得以继续，用戈尔巴乔夫的话说：“现在有理由认为，新奥加廖沃进程得到了恢复。”

10月初得到的一些信息也使戈尔巴乔夫受到鼓舞。在莫斯科、基辅、阿拉木图、克拉斯诺亚尔斯克等地进行了民意调查。尽管上次全民公决后时间过去了半年，并且发生了震荡全国的叛乱事件，但是在俄罗斯联邦、乌克兰、哈萨克斯坦民意调查的结果是，支持联盟的占被调查人数的75%，比全民公决时还高出2个百分点；在莫斯科支持联盟的人数更是增长了50%—81%；基辅也有50%以上的人支持联盟；阿拉木图10月份公投结果显示86%的人支持联盟存在。社会学方面有关联盟存在的调查资料结果也是积极的。人民代表对“您认为苏联将会是什么样的”这个问题，回答如下：几个独立的国家，占15%；联盟制，占27%；联邦制，占46%；其他，占3%。

签署联盟协议的两个关键共和国是俄罗斯和乌克兰。俄罗斯总统叶利钦在此期间无论私下还是公开谈话，都主张保留改造后的联盟。但是在此关键时刻，又有了变故。9月，在索契休假的叶利钦，收到他的班子送给他的一份绝密文件《过渡时期俄罗斯的战略》。文件的核心观点是：8月事件前后，俄罗斯面对的局势完全不同，采取的对策也要有变。现在从俄罗斯自身利益考虑，它既不需要凌驾于它之上的经济中心，也不需要其他加盟共和国——那是俄罗斯迅速恢复经济的累赘和负担。因此有两种联合方式可以参考：经济联盟＋立即政治独立；或者经济独立＋临时政治协议。自然，文件作者建议选择后一种方式。因此，他们认为“俄罗斯应当放弃加入长期的、硬性的和无所不包的经济联盟”，“不要对建立经常性的、凌驾于共和国之上的、总的经济管理机构发生兴趣”，“坚决拒绝向联邦预算缴纳税款”，“应当拥有自己的海关服务”等。

这份绝密文件对叶利钦此后在联盟问题上的态度和一系列做法产生了很大的影响和作用。果然，叶利钦在10月28日的俄联邦人民代表大会上提出，要求自己在过渡时期拥有特殊的权力，还说他打算将苏联国家银行宣布为俄罗斯银行，将苏联外交部的人员编制压缩，解散80个部等等。在他眼里，联邦中央似乎已不存在。他后来虽然放弃了将苏联国家银行归为俄罗斯的打算，但他的胃口吓坏了其他各共和国。俄罗斯的野心使各共和国大为惊骇，谁还敢签署联盟协议？

俄罗斯总统的每一步都在起着使各共和国离开联盟的作用。而联盟条约签署的另一个关键国乌克兰的情况也不是很妙。10月1日，除波罗的海三国外，其余12个国家的首脑聚集在哈萨克斯坦首都阿拉木图，商讨经济共同体条约问题。该条约只涉及各国的经济问题，因此很快达成协议，并发表了联合声明。但在10月8日将要正式签署时，乌克兰和另一共和国又反悔了。戈尔巴乔夫仍不相信乌克兰会退出联盟。他的母亲是乌克兰人，他对乌克兰有极深的感情，关心那里发生的一切事情，他本人还会讲乌克兰语，能背诵乌克兰诗人舍甫琴柯的诗。乌克兰不加入联盟，在他看来绝不可能。

乌克兰在历史上曾经宣布过独立，1920年1月。改革后近两年来，乌克兰民族独立情绪相当严重。1990年1月，乌克兰曾举行了声势浩大的活动，十万人组成人链，从首都基辅一直排列到西部城市利沃夫，以纪念历史上的独立，更是表达现在要求独立的意愿。同年9月，又有大规模游行要求退出苏联。但在“8·19”政变前，赞成保留联盟的乌克兰人仍占大多数。8月政变后，苏联局势巨变，乌克兰居民的态度也发生了很大变化。叶利钦咄咄逼人的大俄罗斯主义，更增加了乌克兰对签署联盟条约的疑虑。8月24日，乌克兰议会通过了乌克兰独立的决议，同时决定就乌克兰独立问题进行全民公决。在此期间还通过了《国防法》和《武装力量法》，准备筹建自己的部队。乌克兰全民公决的结果，无疑将成为它是否参加联盟的关键所在。

11月14日戈尔巴乔夫再次召开会议，由于乌克兰等国的退出，10+1变成了7+1。但戈尔巴乔夫仍然不弃不舍，不放弃最后的可能。他声称为了表明他并非为保住个人权力而坚持保留联盟，他不准备担任下一届总统。会议对新联盟条约草案又进行了重大修改，新联盟将是一个“邦联式的民主国家”，并预定在11月25日草签。但由于各方对联盟的名称各持己见，无法统一，新联盟协议草签再次夭折。国务委员会决定将条约草案交予各共和国议会讨论，准备年底以前再行签署。而这时乌克兰的全民公决日——12月1日已近在眼前。乌克兰全民公决的结果，使签署联盟条约草案的最后机会失去了。

联盟解体

12月初的几天异常惨淡。戈尔巴乔夫的心情像莫斯科布满阴霾的天空，沉重而忧虑。苏联总统走进了他在克里姆林宫最后的日子。

12月1日，乌克兰全民公决如期举行。就在公决前两天，美国政府突然宣布，如果乌克兰独立，美将予以承认，并将提供大量援助。美国的态度对乌克兰的全民公决产生了巨大的影响，投票结果已在意料之中。果然，公投结果表明不仅赞成乌克兰独立的人占多数，而且高达90%以上，这连乌克兰领导人都感到吃惊。12月5日，新当选的乌克兰总统克拉夫丘克宣布，乌克兰议会已废除了1922年12月30日建立的苏联条约，并且表示不准备签署新的联盟条约。

乌克兰的公投结果给戈尔巴乔夫的新联盟条约的签订以最后一击。他沮丧地看着这一切，却已经回天乏术。

俄罗斯虽然没有立即表示退出联盟条约，但它迅速承认了乌克兰的独立，并一再表示，乌克兰签署，俄罗斯也签署，没有乌克兰，联盟不可能成立。言外之意已经很清楚了。

12月7日，叶利钦带着新联盟条约来到白俄罗斯首都明斯克，与乌克兰总统克拉夫丘克、白俄罗斯最高苏维埃主席舒什凯维奇在别洛韦日密林会见。叶利钦会见时再次表明了上述态度。克拉夫丘克也再次表示拒绝签署新联盟条约。于是，三方坐下来，抛开中央联盟和苏联总统，连夜起草了一个新的联合声明，宣布废除1922年12月30日签署的苏维埃社会主义共和国联盟的条约，苏联中止存在，三方自愿组织了“独立国家联合体”。存在了近70年的红色帝国，就此消亡。

从明斯克返回莫斯科后，叶利钦去见了戈尔巴乔夫。戈尔巴乔夫对他说：你们在密林区聚会，把苏联“枪毙”了。这是背着各共和国最高苏维埃搞的一起特殊政变。多民族国家的命运，由三个共和国领导人的意志来决定，此举不符合苏联法律，未经过苏联最高苏维埃的同意等。但是苏联总统的话此时此刻已经没有了任何作用和力量。苏联解体已成现实。各共和国领导人都在忙着考虑自己民族的前途和利益，没有人和他一起追究是否合法的问题。

但是很快，戈尔巴乔夫就面对了现实。既然这是各共和国议会作出的选择，他只能尊重这一选择。这不正是他所倡导的民主改革的重要原则吗？他改变了对独联体的态度。12月中旬，他在会见新闻媒体代表时说，如各国代表赞成建立新的国家联合体，他将同意这一选择，并将加入这一进程。12月18日，他致信聚集在阿拉木图参加独联体成立仪式的各国领导人。该信于12月20日发表，仅此而已，没有下文。他完全被冷落在一边。

苏联已不复存在，苏联总统也只有退位一条路可走。那些日子戈尔巴乔夫的心境既凄凉又不平静。他不胜感慨地说，他一生的主要事业已经完成。他觉得该做离开克里姆林宫的准备了。

12月15日，离他发表辞职电视讲话还有十天。他请来了始终在他身边工作的最忠实的几名助手，其中包括国际事务助理切尔尼亚耶夫，请他们帮助起草他的电视告别讲话。此后时间一天天过得飞快。戈尔巴乔夫忙着和国际上几年来他的主要朋友和伙伴告别，这些人是布什、科尔、密特朗、梅杰、冈萨雷蒂、里根、撒切尔等人。可以说，美、德、英等国家的上述领导人，都是他实施新的世界政策的合作者。他们共同为此奠定了基础，使世界摆脱了冷战。“8·19”政变后，他们仍然保持了对戈尔巴乔夫的友谊，公开给予他无条件的支持，使他受到极大鼓舞。据切尔尼亚耶夫观察，国际社会并不希望苏联解体和戈尔巴乔夫下台，因为他们看到，苏联在他倡导的改革中发生了巨大的变化，已经成为稳定世界的强大力量，世界需要他。

值得一提的是，8月底至11月期间，戈尔巴乔夫除了为联盟协议竭尽全力做最后的努力外，还花费巨大精力会见来自美、德、英、加拿大、意大利、北欧诸国、捷克、南斯拉夫、日本、欧共体、西班牙、奥地利、埃及、沙特阿拉伯、印度等国家和地区领导人。据切尔尼亚耶夫记载，这些会见没有一次是仅仅出于礼节，戈尔巴乔夫与他们进行了内容丰富而广泛的谈话。谈到8月叛乱及其原因，谈到改革。他还在与西方领导人会见时大声疾呼，希望给予经济援助：“请帮助我们，不要提各种借口，叛乱后我们没有别的路可走，只有民主和市场经济的道路。”但是在戈尔巴乔夫担任总统的最后几个月里，苏联媒体对他采取的是漠视态度，他接见外宾的讲话很少见诸报端。

12月19—25日，在他任总统的最后几天，他和德国、意大利等国领导人通话，告诉他们已决定在近日宣布辞去总统职务。在辞职的当天，他和布什通了电话。他对布什说：大约两小时后他将发表辞职声明，关于放弃苏联总统权力的命令就放在桌子上。他将把使用核武器的权力移交给俄联邦总统。只要一声明辞职，命令就会生效。您不必担心，可以放心过圣诞节了。谈到自己辞职后的想法，他说："我不会躲进深山老林的。我将继续关注政治，参与社会生活。我认为自己的使命在于帮助协调我国积极的发展过程，在世界政治中树立新的思维。"㊱

12月25日，戈尔巴乔夫还签署了向国务活动家们的告别信。戈尔巴乔夫和他们共同走过了风风雨雨的6年时间，共同经历了跌宕起伏的历史漩涡。相信戈尔巴乔夫在签署这封告别信时，成功与失败，荣耀与落寞，都会一起涌上心头。

12月25日，戈尔巴乔夫在电视上宣布辞去苏联总统的职务。

在他宣布辞呈前三分钟，美联社记者记下了这样的镜头：他一边捆他的文件，一边低声说："如果你必须走，你就得走。现在是时候了。"㊲

在这个寒冷的圣诞节之夜，戈尔巴乔夫最后一次以苏联总统的身份出现在电视上。他平静而又不失尊严地宣布，他辞去了苏联总统的职务。言语间有几分无奈和失落，"但绝没有气愤和报复情绪"。㊳

两个小时后，飘扬在克里姆林宫上空的镰刀斧头红旗缓缓降下，俄罗斯白蓝红三色国旗在寒风中升起。一个时代结束了。历史开始了新的时期。

苏联人对此反应冷漠。也许很多人已经料到了这样的结局。曾经给他们以极大希望的戈尔巴乔夫，早已使他们失望和绝望。现在无论是国家的解体，还是总统的下台，都不会引起他们更多的关注。他们更关心的是如何吃饱肚子——这是改革近七年来人们面临的最大问题。

令戈尔巴乔夫倍感寒心的是，苏联总统辞职前后，他曾经的属下即各联盟共和国领导人，竟然没有一个人给他打电话道别或是表示安慰，更没有任何欢送会。还有更糟糕的事。25日戈尔巴乔夫还没有宣布辞职，已经来人要封科西金大街的总统住宅，并命令戈尔巴乔夫全家三天内搬出市郊的总统府邸。克里姆林宫内的总统办公室原本也和叶利钦谈好，戈尔巴乔夫在12月30日之前结束工作。12月27日还有最后一次外事活动，会见日本《读卖新闻》的记者。但在宣布辞职的那天上午，叶利钦等人就急不可耐地占用了戈尔巴乔夫的办公室，他们在那里喝酒庆贺他们的胜利……戈尔巴乔夫与《读卖新闻》记者只好在三楼工作人员的房间里会见。

戈尔巴乔夫孤独黯然地走出了克里姆林宫，永远离开了那里。

像异常生动、有声有色的一出历史大剧，苏联改革在戈尔巴乔夫的倡导和他的精英班子的带领下，在苏联的大舞台上进行了六年多，最终以苏联解体落下帷幕。戈尔巴乔夫也随之走下历史舞台，结束了他的政治生涯。

改革的结局绝非戈尔巴乔夫发起改革的本意。虽然由于种种无法预测的原因导致了这一后果，但毕竟是改革直接引发的。戈尔巴乔夫对此有无法推卸的责任，这也必定成为他有生之年精神上沉重的十字架。在他走出克里姆林宫之后，准确地说，在克里姆林宫的最后的日子里，他就已经在痛苦地思考为什么会是这样。

应该说戈尔巴乔夫的改革是顺应了历史，不改革苏联就没有出路。他大力提倡的民主化、公开性也是十分必要的。在改革大潮中，民主化、公开性犹如飓风袭来，刮进了社会的每一个角落，将社会一切阴暗的东西暴露殆尽，在一定的时期起到了积极的作用，全民的政治热情也前所未有地被调动了起来。但是任何事物一旦超越了限度，发展到绝对，就会走向反面，成为一股破坏力量。

戈尔巴乔夫是一个理想主义者，他发起改革的目的是建立一个更人性更民主更能发挥社会主义潜力的社会。他看到了苏联集权社会的致命弊端，他要破除它，要将社会主义的真正价值和潜力挖掘出来。他抱着这样的理想，满怀热情，不顾个人的前程和命运，义无反顾，发起了这场改革。但是，他并没有必胜的把握，也不清楚改革的洪流究竟会将国家引向何方。深思熟虑和谨慎行事在改革的每一步都显得欠缺。他为了自己的理想押上了自己的命运，可以说是罕见的勇敢之举，令人钦佩；但是他将亿万人民的命运也押在了没有把握的改革上，这不能不说是对人民的不负责任。他爱自己的理想胜于爱自己的人民。苏联民众据此有理由抛弃他，以及至今不肯原谅他。时过20年后，今天生活在那里的很多人对戈尔巴乔夫依然抱着这样的态度。

戈尔巴乔夫的改革理论和目的看上去十分美好，每一个正直诚实、追求真理的人都会发自内心地赞同，就像改革之初苏联民众那么热烈地支持他那样。但是美好的愿望没有带来预期的结果，原因之一是他在实现那些十分美好的理想时，步伐太快，与现实脱节，他理想中的一些东西也未必十分符合苏联的实际国情。

改革的闸门一经打开，犹如洪流一泻千里，无法管束，并裹挟了一切。改革的发起者不仅失去了对局面的控制，并且在改革的激流中身不由己，被裹挟而去。最终，戈尔巴乔夫自己被他发起的改革大浪吞没，成为历史的牺牲品。回顾六年多的改革，惊心动魄，波澜壮阔，高潮与低谷交替迭起，最后令人扼腕痛惜。轰轰烈烈的一场改革，以如此惨烈的结局告终，出乎所有人的意料。

似乎是一连串的偶然事件导致了联盟解体，但是在其背后是历史的必然。或许，这本来就是一堵不堪改建、一推就倒的高墙，无论谁来进行修补，都会导致同样的结局。不幸的是，这一使命落在了戈尔巴乔夫的身上。

戈尔巴乔夫的改革在国内虽然以失败告终，但不能说毫无成果。最大的成果是他给了人民前所未有的民主和自由，虽然付出的代价是巨大的。联盟解体后，不论在政治上还是在生活上，原苏联广大民众的处境都比改革前还要糟糕。历史在某种程度上倒退了。

应当肯定的是，他的国际新思维确实取得了巨大的成果。结束美苏冷战，从阿富汗撤军，促进两德统一，与中国建立起新型友好关系等等，戈尔巴乔夫执政期间国际局势发生的这些历史性变化和他所起的重要而积极的作用有目共睹，国际社会也因此对他抱有超乎寻常的尊重、友好和热情。

外交新思维的成功和国内改革的失败，他兼而有之。据此可以说，他是一个成功的失败者，又是一个失败的成功者。这里的另一层意思是，就改革和他的个人命运而言，他是个败者；然而他始终坚守自己的原则，他做到了，直至最后，就此而言，他又是当之无愧的胜者。

岁月悠悠，时光荏苒。改革的大幕已经落下，历史仍沿着自己的轨道向前发展。孰是孰非，胜败功过，已经退位的戈尔巴乔夫定会深入思考，所有关心社会发展的人也会认真回顾这段历史，给以客观的总结。

作者按： 1990年10月我结束了在莫斯科一年多的留学，启程回国。列车从雅拉斯罗夫火车站启动的刹那，我感到一个风雨飘摇的帝国留在了身后。寒风刺骨和飘着第一场雪的漆黑的夜，是莫斯科留给我的最后印象。而那个国家的前景，如同那个夜晚难以预测。此后一年多，苏联令人目不暇接的变化，跌宕起伏的政局，不断加剧的危机，以及最后解体，我都是从远处——在中国社科院的苏东所——看到的。

仅仅一年多，苏联就不复存在。这一历史巨变令我震惊，也使我感到遗憾。而戈尔巴乔夫的命运，尤其让我同情。他的命运或许是历史的必然。他被历史推上舞台。他必定会成为改革的牺牲品，供奉在历史的祭坛上。然而这一切究竟是如何发生的，戈尔巴乔夫的功过得失何在，这是我长久以来很想深入研究的。

苏联解体一年后，1992年年底，我再次踏上了开往莫斯科的列车，此后在那里工作和生活了十几年。这使我有机会很好地关注已经下野的苏联总统，以及他的改革的后续效应和苏联解体后的俄罗斯。

注释

①本小节引文均援引自《真相与自白：戈尔巴乔夫回忆录》，不再一一注明。

②《今日苏联一瞥》，本书作者1990年10月在莫斯科留学期间据当年亲眼看到的莫斯科经济危机的状况所记。《苏联东欧问题》1991年第2期。

③④参看《俄罗斯证人》一书附文：《苏联解体纪实报告》。

⑥⑧⑨⑩⑪⑬⑭⑲⑳㉒㉓㉔㉕㉖㉘㉙㉚㉛㉜㉝㉞㉟㊱《真相与自白：戈尔巴乔夫回忆录》。

⑯本小节引文均援引自《真相与自白：戈尔巴乔夫回忆录》，不再一一注明。

⑤⑦⑫㉑阿·切尔尼亚耶夫：《在戈尔巴乔夫身边6年》。

⑮赖莎·戈尔巴乔娃：《我希望……》，俄文版。

⑰网站资料。

⑱数字引自《真相与自白：戈尔巴乔夫回忆录》。

㉗本小节有关福罗斯的情节与引文来自《真相与自白：戈尔巴乔夫回忆录》相关部分。

㊲㊳美联社莫斯科1991年12月25日电。

★卷　六

走下政坛的自由人

当我不再是总书记和总统后，经过一段时间，在自己的现实生活中惊人地发现了极大的优势。这是一种从未经历过的感觉：我是一个完全自由的人。

——戈尔巴乔夫访谈，来自俄罗斯网站

直面于亲友的目光，我一点也不感到愧疚。将俄罗斯从恐怖中解救出来，将政治犯解放出来，而且打破了那将一个国家变成一个大监狱的铁幕，这一切不正是我艰难地活着挺过来的收获吗?

——《20世纪的精神教训——戈尔巴乔夫与池田大作对话录》

我仍然深信，业已选定和始于1985年的改革乃历史的必需。

——《真相与自白：戈尔巴乔夫回忆录》

对我们两人（指他和赖莎）来说，失去了对方就失去了生活的意义。

——戈尔巴乔夫访谈，来自俄罗斯网站

联盟解体，是我永远的伤痛。

——79岁生日答记者问，来自俄罗斯网站

戈尔巴乔夫基金会和国际绿十字会主席

苏联6年多的改革犹如一条湍急的河流，穿过了一段最崎岖险峻的道路后，从山崖上跌落，分成很多支流，继续向前奔去。历史老人的脚步不会停留，而戈尔巴乔夫已置身于漩涡之外。

他回到了自己的别墅，开始了与以往完全不同的生活。他从此可以不必每天熬到深夜以至凌晨睡觉；可以不必在早上7点准时起床，然后驱车去克里姆林宫上班。没有了繁忙、杂乱，无数个令他头疼的问题，必须做出的决定、讲话、报告，迫不及待要召开的会议、接见、出访……这一切一下子都消失了。就在昨天他还身处那个纷纷攘攘忙碌不堪的世界，而今天他已经是个养老金领取者。此刻他坐在别墅二楼他的办公室里，凝视着窗外飘雪的萧瑟冬日，感觉到四周很清静，多少年来没有过的清静。

截然不同的两种生活，他一下子还不很适应。

他现在有了充裕的时间，可以从容回顾和思考，回顾很久以前的往事，思考刚刚过去的暴风雨般的改革，改革带来的完全违背他的初衷的悲剧性结局，以及苏联解体后世界和俄罗斯面临的新局面和各种问题。他退出了政治舞台，但他不会甘心寂寞。正如他在辞职那天对布什所言，他不会“躲进深山老

在戈尔巴乔夫基金会会议上，右为伊琳娜。

林”，而是“将继续关注政治，参与社会生活”。现在，他将以“国际社会经济和政治学研究基金会”为基地，开始他下野后的政治生涯。

还在戈尔巴乔夫辞去总统职务前两天，即1991年12月23日，戈尔巴乔夫就发布了一道命令，组建国际社会经济和政治学研究基金会（Международный фонд социально－экономических и политологических исследований），这是他为将要退出政坛而提前做的安排。这个基金会即后来通常所称的戈尔巴乔夫基金会。基金会是在已经被解散的苏共中央社会科学院社会政治研究所的基础上建立，国际性的、非政府的、非营利性质的。

戈尔巴乔夫是基金会的发起人和主席，副主席是他的女儿伊琳娜。成员中有不少戈尔巴乔夫的老朋友和多年与他共事的人，如切尔尼亚耶夫、梅德韦杰夫、格拉乔夫等人。1992年1月，戈尔巴乔夫在刚刚宣布辞去苏联总统职务后，就立即主持和开展了基金会的工作。

戈尔巴乔夫将基金会的基本任务定为：研究与俄罗斯和世界发展有关的社会、经济和政治问题。他说，全力促进在社会生活中开始的具有人道意义的民主价值观，制定新的原则，不仅是全球化的迫切问题，更是公平正义的世界秩序。基金会的座右铭是：走向新文明。基金会的另一项任务是，将基金会现有的信息资源整体化，并对综合统一信息进行分析整理，使之可以最终使用。基金会的重要构想，就是使所有的信息可以被充分直观便捷地用于研究工作。

基金会接纳有意愿的俄罗斯相关组织和公民个人参加它的活动，也接纳其他国家的组织和个人。基金会在俄罗斯几个大城市设有分支机构。同样，在美国、意大利、荷兰也建立了分支机构。它们都是独立的机构，与莫斯科的基金会有着共同的任务和目标。

基金会的研究方向是全球一体化问题、世界经济发展和社会问题，俄罗斯和独联体国家的问题、文化和精神生活问题、欧洲一体化进程、国际安全和裁军、苏联改革的历史。基金会将举办国际学术大会、圆桌研讨会。研究结果汇编成资料和学术论文。将国家和政府以及团体、政治、智力和精神领导人提出的研究课题报告提交给联合国和其他国际组织。

基金会建立了自己的网站，在网站上发布了基金会的规划；更新主要新闻，发布基金会各种活动公告，登载基金会研究人员的分析观察报告、文章、专题研究文章、实事问题资料等。这个机构可以说是戈尔巴乔夫的“智库”。

基金会最初位于莫斯科城北一座米黄色五层小楼。叶利钦将这座楼拨给戈尔巴乔夫，供基金会使用。但是仅仅过了10个月，就出现了一场风波。1992年10月7日，叶利钦突然宣布，将这栋楼收回，交财经学院使用。理由是戈尔巴乔夫将该楼的一部分出租盈利，破坏了非营利组织不得从事盈利活动的原则，但真正的原因则是戈尔巴乔夫不久前拒绝就“苏共案”出庭作证。

1992年9月21日，俄罗斯宪法法院宣布，在审理1991年8月叛乱事件中，需要搞清楚苏共“非法”向外国共产党提供大量外汇，以及苏共是否有违宪等问题。宪法法院决定传唤包括戈尔巴乔夫在内的前苏共领导人到庭作证。几次传唤均遭到戈尔巴乔夫的拒绝，于是俄罗斯总统下令将基金大楼收回。俄罗斯司法部同时下令，禁止他在作证前出访任何国家。而在此之前，离开权力中心的戈尔巴乔夫的生活也并不十分平静。

戈尔巴乔夫刚刚离职后还享受着比较好的待遇，每月有4000卢布退休金，可以终身领取。这个数目在当时相当可观；莫斯科近郊的一座别墅供他在有生之年使用，并配备了厨师、女服务员和女管家；拨给他17名警卫和一辆带高档自动电话系统的“吉尔”牌轿车。这些都是在他辞去总统之前和叶利钦达成的协议。但是情况很快就变了。

1992年4月初，戈尔巴乔夫在接受法国《解放报》和俄罗斯国家电视一台记者采访时，非常尖锐地批评了叶利钦。第二天，他的“吉尔”轿车就换成了没有自动电话系统的“伏尔加”轿车，直到1997年，他的“伏尔加”轿车才安装了低档次的自动电话系统。这期间他的警卫人员也逐步减少，从最初的17个，到最后只剩下3人。

叶利钦执政后，俄罗斯的经济情况更加恶化，休克疗法造成极为严重的后果，货币贬值，金融危机，民不聊生。退休总统的经济状况也每况愈下。他原来相当可观的退休金很快就不值几个钱，1994年只值2美元。没有人过问前苏联总统退休后的生活。他的助手1993年写信询问退休基金会后，俄罗斯当局1994年秋天才通过专门决定，规定苏联前总统的退休金为国家最低退休金的40倍。

戈尔巴乔夫在离职后（包括之前）可以说是尝尽了人间冷暖，看透了世态炎凉。好在他有自己的基金会，这是他的基地和精神寄托。他还有一个温馨的家庭，赖莎和女儿伊琳娜陪伴左右，全力支持他。两个外孙女聪明健康，也是他极大的精神安慰。此外，他还有一批始终没有离开他的战友，他们现在和他一起在基金会从事研究工作。

戈尔巴乔夫基金会被称为苏维埃之后俄罗斯第一家独立的“思想智库”。基金会至今已经存在了20年，发表了大量的信息资料，成立了赖莎基金会等分支机构。基金会在戈尔巴乔夫的领导下展开了一系列活动和工作。戈尔巴乔夫和基金会研究人员经常出访，写文章，出书，评论时政和政府，接待来访的各国政要。2005年，在戈尔巴乔夫发起改革20周年之际，基金会出版了《奔向自由》一书。该书汇集了很多有分量的文章，不少出自基金会研究人员之手，他们都亲身参加和经历了苏联当年的改革，苏联解体后又与戈尔巴乔夫在基金会进行了十几年的深入研究。这本书全面回顾了震撼世界的那场改革，总结了经验和教训，进行了社会调查和民意测试，对改革的后续影响进行了深入分析。这本书批驳了很多观

戈尔巴乔夫为自己的基金会在列宁格勒大街上建起了大楼。

点，为改革做了辩护。该书影响比较广泛，对人们研究苏联改革以及如何解体的那段历史，很有启发和借鉴作用。

《21世纪的世界和平：呼唤和回应》是基金会另一项权威性文献成果。它是在戈尔巴乔夫亲自参与下，由基金会直接领导，俄罗斯和国外科学家共同研究，费时三年撰写而成。基金会成立以来，主席和研究人员已经出版了几十本专著和小册子，在世界各国定期出版物上发表文章百十篇。戈尔巴乔夫经常访问俄罗斯各地和世界各国，参加国际会议，作报告和演讲，会见社会团体、年轻人和大学生、政治人物和社会活动家。前苏联总统和基金会成员还到处讲学。俄罗斯有媒体说，戈尔巴乔夫基金会已经成为当今俄罗斯发展和公民社会不可忽视的元素。俄罗斯、独联体国家、美国、加拿大、日本等国重要代表都参加过基金会组织的学术圆桌会议。

此外，基金会还积极参与人道援助和慈善事业，资助建立儿童血液病科研所，在俄为患病儿童建立起第一家骨髓移植中心。目前俄罗斯患血液病的儿童有70%可以存活，而几年前这个数字只有10%。基金会资助建立的骨髓移植中心挽救了很多儿童的生命。

戈尔巴乔夫除了立足于自己的基金会，继续参与国内外政治和社会生活，还在1993年成立了国际绿十字会组织。这是一个全球性的环境保护组织。国际绿十字会是唯一一个将关注焦点放在安全、贫穷和环境三者之间关系上的国际组织。

国际绿十字会的口号是："保护人类的自然环境，保证人类和一切生物的未来，通过一切有益活动促进价值的变换，用它来建立适当的人与人、人与自然的关系。"

与国际红十字会的宗旨相呼应，国际绿十字会组织的功能是为挽救因为环境问题、人口问题而处于危险状态的地球，对因环境影响而受到破坏的地方给予救援，对人类进行日常的环境教育等。对戈尔巴乔夫来说，日益严重的环境污染对人类生存的严重威胁，他在1986年切尔诺贝利核电站的核泄漏灾难中亲眼目睹，这是促使他成立国际绿十字会的主要动因。此外他也深知在农产品中大量普遍使用化学杀虫剂对人类生存环境和生活带来的危害。他说："我们

1993年4月，在日本国际绿十字会成立大会上。

正面临全球环境危机，这是一次人类与自然界之间的冲突。”[①]国际绿十字会将关注任何危害环境的问题，提出有关建议和报告。

国际绿十字会总部设在日内瓦。它是联合国经济社会理事会及国际教科文组织的咨询对象，也与联合国环境计划署、人道主义事务协调办公室以及联合国人类住宅区计划署有着密切的直接合作和联系。国际绿十字会在35个国家设有分支机构，并在40多个国家开展活动。国际绿十字会关注的重点是水资源、和平以及一些公民社会组织在不同国家范围的工作角色。

国际绿十字会的成立顺应了时代的潮流，具有非常重大的意义。戈尔巴乔夫也被赞誉为“环保英雄”，并得到安南的赞扬。

思考，著书，出访，演讲

1992年年初，戈尔巴乔夫开始口授回忆录。这是他走下政坛后要写的第一本书。他早就向往潜心坐下来写东西，现在终于如愿以偿。

往事如烟，飘浮在脑海里，似乎很远，又像是在昨天。既温馨又艰苦的童年，意气风发的青年，难以忘怀的莫斯科大学生活，在那里遇到的命运之恋，毕业返乡，顺利的仕途，重回首都，担当总书记，发起改革……一幕幕，一件件，引起他无限感触和思考。特别是改革的6年，最后竟然以苏联解体告终，令他痛心疾首，为什么？问题出在哪里？民众为什么从支持他到抛弃了他？他苦苦地思索，一时不知从何下笔。好在他现在有时间，可以慢慢思考，和赖莎细谈，还可以向同事们咨询。

他写回忆录的目的，不只是想好好回顾和总结自己的过去，最主要的是想对改革做一番深入思考和探究。改革是否确有必要？改革的每一步是否正确无误？它取得了哪些成果？改革为什么会以苏联解体告终？结束冷战，从阿富汗撤军，提倡公开性、民主化，给民众以前所未有的自由，这些难道有错吗？如果这是改革带来的成果，那么民众为何最后抛弃了他？而联盟的解体，这是他最痛心的一幕，虽然他始终不同意联盟解体，但是他最后不得不正视现实。他回想起生命中最沉重的那一天：1991年12月25日，那一天他在电视上宣读了《告苏联公民书》，辞去苏联总统职务。那一天也是一个标记：苏联解体，改革落幕。

他又重读自己当年宣读的电视讲话稿《告苏联公民书》。他觉得那篇讲话完全讲出了他当时的心情、观点和心里话。回忆录从这篇讲话开始岂不是很好？于是他将《告苏联公民书》作为序言放在了回忆录的开篇。

全世界都记得戈尔巴乔夫作为苏联总统最后一次出现在电视上的镜头：疲惫的面容，失落的表情，低沉而凝重的语气。无疑这是一个失败者的形象，与6年前刚刚担任总书记时的他判若两人。但与此同时不可否认的是，在他身上还可以感受到另一种东西，即一种巨大的勇气和尊严。

在《告苏联公民书》中，戈尔巴乔夫对改革6年做了概括性的总结。这里简要重复一下很有必要。其要点是：改革是必然的。因为既不缺乏智慧又拥有丰富资源的大国苏联，生活却比很多发达国家差；社会在官僚体制束缚下几乎窒息；军备竞赛使国家不堪重负；凡此种种，继续下去国家没有前途。结论只有一个：“应当从根本上改变一切”，“正因如此，我从不后悔自己没有仅仅为了利用总书记的职务在数年的时间里‘称王称霸’。我认为如果那样才是不负责任的和不道德的”，“我至今对1985年春天开始的民主改革的历史正确性确信不疑。”②

关于改革的成果，戈尔巴乔夫列举如下：

- 社会获得了自由，政治上和精神上得到解放，这是最主要的成就；
- 消灭了极权主义体制；
- 自由选举、出版自由、政权机构的代表制和多党制均已成为现实；
- 经济开始走向市场，出现多种成分，允许私人农场，自由经营，股份制、私有化等经济方式合法化；
- 结束“冷战”，停止军备竞赛，世界大战的威胁已经解除；
- 对世界开放，不再干涉别国事务，从而得到了信任和尊重的良好国际环境；
- 成为世界上按照和平、民主原则重建现代文明的主要支柱之一；
- 各国各族人民已获得选择其自决道路的自由。

关于苏联解体和代之以建立的独联体，戈尔巴乔夫也明确表示了自己的观点：他主张“各族人民的独立自主，主张各共和国拥有主权。但同时又主张维护联盟国家和国家的完整性”。他不同意国家肢解。即使各共和国领导人在阿拉木图通过了建立独联体的决定后，他的立场也“始终不变”。他认为“如此重要的决定本应在人民表达意志的基础上作出”，但是“尽管如此，我将竭尽所能，以使所签署的协议导致社会的实际和谐、减轻摆脱危机和改革过程的困难”。

至于苏联解体的原因，戈尔巴乔夫没有正面谈论，只是简单地提及：“一场如此规模的改革而且是在我国这样的社会里，那是极其困难甚至是冒着风险的事情”，“国家复兴和国际社会发生根本变化的过程，其复杂程度大大超过了原先的一切预料”。

“我知道对目前严重局势的不满情绪，知道对各级行政当局和对我本人活动的尖锐批评。不过我想再次强调指出：在我们这样一个幅员广阔又拥有如此遗产的国家里，根本性变革不可能在毫无痛苦、毫无困难和动荡的情况下进行”，“8月政变使总危机达到顶点。这次危机中最致命的是国家的解体”，“也许某些错误本来是可以避免的，许多事情可以做得更好”。

他回顾了生命中最沉重的那一天，并以那天晚上的电视讲话为头，开始下笔写作。开篇以1978年被选为苏共书记处书记始，用倒叙的方式，回忆了家族的迁移，斯塔夫罗波尔的童年，战争，大学，从政生涯……往事像奔涌的河水，不断在脑海中涌现，被记录下来，变为文字……一部120万字的巨著终于在1995年完成。这部大作面市后迅速在世界各国翻译出版。真实的记录，详实的资料，深刻的反思和内心剖析，使之成为研究苏联历史，特别是改革以及在历史上有着独特地位的戈尔巴乔夫本人的最好的第一手资料。顺便说一句，《戈尔巴乔夫回忆录》（精选本）也是本书最主要的参考书目。

在写作中，妻子赖莎像以前一样给予了他极大的帮助，核实细节，查证资料，这些都是她的工作。她为此付出了巨大的精力和劳动。赖莎自1991年8月经历政变后，健康状况始终欠佳，视力严重损坏，有两年的时间她主要是在治病和休养中度过。在她身体稍有好转时，她一如既往，全力以赴支持和帮助丈夫。《戈尔巴乔夫回忆录》凝结着她的汗水和心血。

1996年，戈尔巴乔夫与池田大作的对话录《20世纪的精神教训》也在日本出版。

池田大作。

池田大作是日本创价学会名誉会长、国际创价学会会长。该学会是一个以佛教的生命尊严思想为本，以人人幸福为目的，推进世界永久和平的民间团体，也是得到联合国承认的非政府组织。

戈尔巴乔夫与池田大作认识于1990年，从那时起他们一直保持着联系。1994年4月戈尔巴乔夫曾访问日本创价大学，并在“池田纪念讲堂”以《人类的未来与新思维的哲学》为题发表演讲。那时正值樱花烂漫，春光明媚，戈尔巴乔夫与妻子赖莎在校园里亲手种下了一棵樱花树，名为“戈尔巴乔夫夫妇樱”，校园中有很多国际名人亲手种下的樱花树，包括中国的周恩来和邓颖超种下的，名为“周夫妇樱”。

1994年5月池田来到莫斯科，并在莫大作了演讲。

1995年起他们断续见面，围绕“20世纪的精神教训”这一主题进行对话。题目是戈尔巴乔夫提出来的。20世纪即将结束，新的世纪就要到来。回顾和总结过去的100年，对迎接新世纪的到来具有很大的现实意义。戈尔巴乔夫据此提出了这个题目。

池田大作生于1928年，比戈尔巴乔夫大三岁，他们属于同一代人，但是两个人的文化背景、经历、信仰和职业却完全不同。池田大作青年时在日本东京受过教育，经历过第二次世界大战，他的兄长在那次战争中死去。1947年夏池田大作认识了创价学会第二代会长户田城圣，成为他的弟子，后来因其学识渊博、人品高尚成为名誉会长。1975年池田大作就任国际创价学会会长后，即在香港和东南亚等国家和地区成立国际创价学会，至今会员遍布192个国家和地区，截至2001年底，全世界大约有1200万信徒。

池田大作是当今世界著名的佛教思想家、哲学家、教育家、社会活动家、作家、诗人、摄影家、国际人道主义者。他与世界各国不少著名学者、政治精英和宗教文化界人士有过对话，这些对话后来都编辑成书。他与汤因比的对话《展望二十一世纪》、与威尔逊的对话《社会变迁下的宗教角色》、与金庸的对话《探求一个灿烂的世纪》等书出版后，都产生了极大影响。与戈尔巴乔夫的对话《20世纪的精神教训》是又一本闪烁着智慧和思想火花的杰作。

池田大作1983年获得联合国和平奖，1989年获联合国难民专员公署的人道主义奖，1999年获爱因斯坦和平奖。在中国他也多次获奖，其中有中国艺术贡献奖（1959），中日友好“和平使者”称号（1990），“人民友好使者”称号（1992），中国文化交流贡献奖（1997）。至2002年8月，获得过世界各国高等学府和研究机构授予的名誉博士、名誉教授等荣誉称号130个。

戈尔巴乔夫将与之对话的，就是这样一个享有世界声誉的文化名人。而他自己则是开启苏联改革并以失败告终的新思维创始人。他们两人不仅亲眼目睹了20世纪许多重大历史事件，而且还是其中的亲历者，因此他们的对话尤其引人关注。戈尔巴乔夫与池田从个人不同的经历、角度、经验，以“20世纪的精神教训”为主题，深入探讨阐述回顾了一系列重大的人文、道德、历史、文化等问题，其间有共鸣，有共识，有补充，有启发，当然观点也不尽相同。

对即将过去的20世纪，两个人共同认为，发生过两次世界大战，经受了集体主义的沉闷和磨炼的20世纪，是革命和战争的世纪；而即将到来的21世纪是生命的世纪，主要问题是人的价值与自由，生命及生存的权利，精神自由，思想、信仰的自由权利等问题。戈尔巴乔夫期待这个对话“活在未来”。

这次对话，再次使戈尔巴乔夫有了一个全面回顾和总结自身和他发动的改革的机会，使他对一些问题的认识更加深入。苏联的改革是他一生中最重要的经历和尝试，必然是对话中多处涉及的题目。他这样谈道：

“无论是改革，还是新思维，一言以蔽之，都是尝试如何将沉没于（社会）制度意识形态领域中的人们拯救出来的实践与努力。”③

“我是经过深思熟虑才诉诸行动的。危机时也忠实于自己立下的原则，不用坦克、大炮。我选择了自己的命运。我将周围人的希望去做尝试。”

苏联社会长期潜存的问题——关于权力总是孕育着矛盾，以及由此带来的不可避免的悲惨结局这个权力者的宿命之门。

“坦率地说吧，直面于亲友的目光，我一点也不感到愧疚。将俄罗斯从恐怖中解救出来，将政治犯解放出来，而且打破了那将一个国家变成一个大监狱的铁幕，这一切不正是我艰难地活着挺过来的收获吗？”

“对我评价不一，那是人们的自由，但我的目的只有一个，即民主主义，自由。”

“1985年3月我当选为总书记时，改革已是唯一选择，别无他路。”

改革所追求的是承认“全人类的价值”的优先地位，人权、自由。

他又一次谈到这样一个观点：原始基督教最初也是共产主义性质的。

池田在对话中对戈尔巴乔夫的改革也作了评价。他说戈尔巴乔夫是被20世纪逼上舞台，扮演了世纪历史掌舵人的角色。“您的改革大潮，成了谁也阻挡不住的滚滚洪流，连您自身也在其中沉浮，您是先驱者”，“改革没有发生爆炸和恐怖，恐怕是个奇迹——你是奇迹的创造者”。

池田的这样一段话大概对戈尔巴乔夫很有启发，他说：民主是双面刃，你是背着十字架的人。自由有良知的一面，但倘无限放大，就会有反映人性之丑恶部分这样的悖律。在改革后期民主化和公开性发展到没有任何约束的程度，它的双刃剑特性充分表露，在极端民主的环境中，人性中丑陋的部分也尽显。这其实是改革最终未达到预期目的的一个重要原因。

戈尔巴乔夫与池田先生经过一年半的多次会面，完成并出版了《20世纪的精神教训》一书。该书保留了对话录的形式，阐述和探讨了涉及面非常广泛的各种问题，其中不乏精彩论述，具有启迪人们心智的作用。《20世纪的精神教训》日文版出版后，已被译为俄、德、意、法、韩、中等多种文字。

在退休后的这些年里，戈尔巴乔夫还写作出版了其他著作：《八月事变的原因与后果》、《不幸的改革者》、《我与德国统一》、《对过去和未来的思考》、《历史并没有结束》等。至今他已经写作出版了10余本书。他还会继续写下去。回忆，思考，写作，已成为他生活的一项主要内容，也是他收入的重要来源。在这样的生活中，他感觉到自己从未有过的自由。这种非常美妙的感觉是他一辈子在官场中无法体验和享受到的。他现在是一个“完全自由的人”。20年后，在他80大寿之际，有记者采访他，谈到当年辞去总统职务时，他说：“任何跌落都比上升困难得多。但是下面迎接你的是蓬勃健康的生命之谷。”④

除了写作，他还频频出访，应邀到世界各地作演讲。

1993年秋天，戈尔巴乔夫来到米兰出席在这里举行的世界各教宗代表会议。他作了题为《变化的世界中的人》的演讲。这是他第三次赴米兰访问，而且是以一个普通人的身份来访。熟悉的一切使他回想起1989年访问米兰的“凯旋之旅”。他至今都清晰地记得意大利人当年对他表现出的空前热情。这一次像那次一样，人们对他真诚、热情、尊重，令他非常感动。

戈尔巴乔夫频繁受邀赴世界各地演讲，这也成为他退休生活中很有意义的一部分。他已是当今与克林顿等人齐名的世界级演讲明星，出场费非常高，这些收入也成为支撑戈尔巴乔夫基金会活动的重要来源。2011年他在母校莫斯科大学为大学生演讲，回答了108个问题。有学生问他自认为是什么党派，他回答：社会民主党。据说，不回答完所有的问题，他不会离开演讲。

戈尔巴乔夫在1992—2008年间访问了50多个国家，共计266次，并得到了300多个奖励、奖状、荣誉嘉奖证书。

2011年3月2日戈尔巴乔夫度过了他的80岁生日。赖莎曾说过，3月是戈尔巴乔夫的幸运之月：他的生日在3月，他当选为总书记和苏联总统都在3月。如今在他80大寿之际，他又获得俄联邦国家最高奖励——圣安德烈勋章。俄罗斯总统梅德韦杰夫在他生日之际签署了授予他该勋章的命令，并接见了他。与前苏联总统见面时梅德韦杰夫说：您在国家非常复杂和充满变数的时期担任领导人，付出了巨大劳动，授予您勋章与您的付出是相符的。可以对这项巨大的工作有各种评价，但它确实是一个沉重而复杂的工作。勋章还有另一个意义，即您当时领导了我们共同的祖国：苏联。梅德韦杰夫的话会再次触动他心灵深处永远的伤痛：联盟解体。

梅德韦杰夫祝贺戈尔巴乔夫80大寿。

前苏联总统还拍过两次广告，都是为了解决基金会经济上的严重困窘。苏联解体后，俄罗斯经济几近崩溃，叶利钦的“休克疗法”使广大民众经历了物质生活最艰难的时期。戈尔巴乔夫原来相对不低的养老金也大大缩水。在1998年俄罗斯最严重的金融危机中，他存款的银行一夜之间倒闭，损失极大，严重影响到基金会的活动。为了使基金会能够正常运转，他决定应“必胜客”比萨饼连锁店和美国苹果电脑邀请，为其拍广告。广告收入数字不菲，特别是为“必胜客”比萨饼连锁店做的广告。拍广告所得不仅解决了基金会的活动资金，还有了积蓄，可以在莫斯科市为基金会盖一座办公大楼。现在莫斯科列宁格勒大街39号一栋现代风格的五层新楼，就是戈尔巴乔夫基金会所在地。基金会有了自己的阵地，再也不必担心被当局赶来赶去。2009年，戈尔巴乔夫又应邀为德国一家皮包公司拍了广告，他身穿黑色大衣，坐在一辆黑色轿车里，旁边是一个皮包——广告的主角，汽车驶过的背景则是20年前被拆除的柏林墙，据说，背景是戈尔巴乔夫亲自选定的。

戈尔巴乔夫依然充满活力，生活丰富多彩。除了著书立说、周游世界演讲、拍广告外，他还同克林顿及意大利影星索菲亚·罗兰共同为儿童音乐剧《彼得与狼》配音，该剧获得了2004年度格莱美奖。

如今，戈尔巴乔夫已淡出权力中心20年，但他并没有完全从公众视线中消失。他在国内还不时发表评论，针砭时政，直抒己见。他还在以自己的方式积极参与政治。1996年他更是打算重新走上政治舞台，参加了俄罗斯总统竞选。走出克里姆林宫五年后，为何又试图重新回到政治舞台？他自己说，原因在于他对叶利钦政权的看法。叶利钦当政时期，戈尔巴乔夫对其所作所为有过严厉批评，特别是1993年的“炮打白宫事件”，令他愤慨和痛心。在戈尔巴乔夫眼里，叶利钦执政后的一系列做法已经完全与改革无关，他走的是一条与民主完全相反的道路；而付出了以联盟解体为代价的改革，也并没有给俄罗斯人带来更好的生活，相反，老百姓的生活倒退了很多。他感到自己对此有不可推卸的责任，因

为德国公司拍广告。

1996年，戈尔巴乔夫竞选总统时投票。

此他决定参加1996年总统竞选。他要和历史争辩到底。赖莎极不同意他再涉足政坛，戈尔巴乔夫当总统的那些担惊受怕的日子她已经受够了，但是丈夫一旦决定了，她仍然全身心给予支持。

戈尔巴乔夫竞选俄罗斯总统的结果众所周知，他得到的选票不足1%。在一次竞选活动中，据说他还被一名愤怒的选民重重地扇了一记耳光。戈尔巴乔夫明白，人民没有原谅他。改革导致联盟解体，这是他一辈子最大的遗憾；而联盟解体后人民的生活如此艰难沉重贫困……这一切并非和他无关。

时光如梭，年复一年。当年和他在克里姆林宫共事的那些人，命运也各自不同。很多人像他一样走出了政治舞台，闭门写作，总结和回顾过去。利加乔夫早在1992年就出版了《戈尔巴乔夫之谜》一书。雅科夫列夫在1991年"8·19"事件前早一步退出了苏共；苏联解体后他一直非常活跃，担任国际民主基金会会长与社会民主党主席，参与俄罗斯一家电视台的经营，接受媒体采访，著书立说，出版了《现实主义：改革的土壤》、《暮霭》数本有关改革的书。切尔尼亚耶夫一直参与戈尔巴乔夫基金会的研究工作。他根据自己当年的日记，出版了《在戈尔巴乔夫身边6年》，他在书中说："不管在戈尔巴乔夫之后所发生的一切如何，我都没有改变对戈、对改革、对他的建立在新思维的基础上的对外政策的看法。"谢瓦尔德纳泽1992年回到了自己的故乡格鲁吉亚，当上了已宣布独立的格鲁吉亚总统，被家乡人尊称为老到机智的"白狐狸"，直到2003年被迫下野。雷日科夫出版了《大国悲剧——苏联解体的前因后果》、《大动荡的十年》。参与8月政变的博尔金从监狱放出来后，在生命的最后岁月写了《宝座的坍塌——戈尔巴乔夫肖像》（中文译作《戈尔巴乔夫沉浮录》）一书，在美国出版。戈尔巴乔夫的保镖也写出了《保镖谈戈尔巴乔夫》。8月政变的主要人物、当年的副总统亚纳耶夫，在2010年去世前也出版了他写作的《为联盟决战》一书。这些书的视角、观点大相径庭，对戈尔巴乔夫和他发起的改革，都有详实的记述，不同的评价，深刻的分析。戈尔巴乔夫关注每一本涉及改革和他本人的书。但无论别人对他个人和改革有着怎样的评价，他始终认为，改革是那时唯一正确的选择，这没有错。

很多人已经不在人世，雅科夫列夫、切尔尼亚耶夫、博尔金、亚纳耶夫都已去世，还有当年取代了他入主克里姆林宫的俄罗斯总统叶利钦也于2007年4月去世。戈尔巴乔夫自从走出克里姆林宫后，他和叶利钦再也没有见过面。叶利钦去世后戈尔巴乔夫参加了叶利钦的葬礼。这是不少人没有想到的，人们都知道他们积怨很深。后来有记者问他：您决定参加叶利钦的葬礼，是怎么想的？这一决定很难吧？戈尔巴乔夫回答说：不难，这是体现人性的一步。⑤

永远的殇痛：赖莎去世

1999年7月21日，戈尔巴乔夫夫妇和女儿伊琳娜乘飞机从莫斯科直飞德国的明斯特。这一次戈尔巴乔夫不是去旅游，也不是应邀去做客或是演讲，他和女儿是陪同赖莎去看病。赖莎脸色苍白，虚弱无力，病得不轻；戈尔巴乔夫和伊琳娜陪伴左右，心情沉重，忧心似焚。

赖莎近一段时间倍感疲劳，经常感冒、失眠，明显消瘦。后经检查被诊断出患了血癌——白血病。戈尔巴乔夫和女儿听到这个诊断非常震惊。“妻子的疾病那么突然，完全没有料到。我们6月还兴致勃勃地去了澳大利亚，欣赏了大自然，太平洋，我作了很多演讲。7月灾难开始了。观察，观察，不知道为什么。后来做了穿刺，一切都清楚了。”⑥是的，他们都没想到，赖莎竟患上了这么严重的疾病！

戈尔巴乔夫的家庭医生和朋友阿·伊·沃罗比约夫说，患该病的原因可能是服用药物治病的副作用，忧郁症或其他疾病的并发症；也可能是1949年核试验影响的后果，当时原子射线辐射到了她居住的城市；或者是由于1986年她在切尔诺贝利核电站泄漏后不久访问那里时受到了射线的影响。总而言之，此病不能拖延，需要立即治疗。于是戈尔巴乔夫立即联系了威廉威斯特伐利亚大学医院（德国曼斯特综合治疗中心）。这个治疗中心有最好的肿瘤专家、最好的医疗设备，治疗这种病享有盛誉。

飞机抵达明斯特后，赖莎立即住进威廉威斯特伐利亚大学医院治疗。关于这次在德国治病的情况，戈尔巴乔夫后来在一次对他的采访中回忆道：

“在明斯特医院，60天的时间里我们没有分离，一项一项接受全面检查。她问我：我的生命要结束了？像往常那样看着我的眼睛。她知道，我不会骗她。我没有对她说谎，但没有勇气说出全部真相。只是对她说：你得了很重的血液病。癌症？我不知道，但是你要尽力与疾病斗争，不要投降。我们会战胜它。为了防止感染，那时不能给她带来报刊。有一天我破坏了规定，正是带了一份你们的《新闻报》来。在‘第一夫人的尊严’的标题下有两栏字，我读给她听了，突然她哭了，并喃喃低语说：看来我应该死，这样大家才会理解我……”⑦是的，曾经的第一夫人在民众的心里一直是个不受欢迎的人。人们反感她。她知道这一点，这也是她深埋在心底的伤痛，所以现在她说出了这样的话。她的话令戈尔巴乔夫倍感心酸。戈尔巴乔夫最清楚，在他担任苏共总书记那几年，赖莎跟着他如何担惊受怕！赖莎的病和那几年心理上的折磨不无关系。

在化疗过程中，有一段时间赖莎的状况有了迅速好转，戈尔巴乔夫和伊琳娜非常欣喜，盼望奇迹的发生。他们时时鼓励赖莎坚持到底。医生们也希望尽快为她做骨髓移植术，以挽救她的生命。已经找到了骨髓来源，她的亲妹妹柳德米拉提供，时间都确定了。但是未来得及做手术，9月中旬赖莎的病情突然恶化。化疗急剧降低了她的免疫力，使她极易受到感染。她昏迷了几天后，于1999年9月20日凌晨3时左右（莫斯科时间早上6时）去世了，终年67岁。骨髓移植术原本计划三天后做。

赖莎从1999年7月22日查出患了白血病，直至去世还不到两个月的时间。在她生病的日子里，女儿和丈夫一直陪伴在她身边，戈尔巴乔夫为她读报，鼓励她与病魔斗争。即使在她昏迷后，戈尔巴乔夫也守候在她床前。但她去世的那一天，“她睡着了，我出去了一会儿。午饭后，我回到病房时，她已经不行了。赖莎的死是我的过错，是我害死了她。我对政治太投入了，而她对一切又太在意”。戈尔巴乔夫为此一直深感内疚，后悔莫及。他认为妻子的死是他的过错。虽然妻子深陷昏迷，但戈尔巴乔夫固执地认为，赖莎可以感觉到他在不在她身边，如果他一直守在她的身边，她也许不会死去。

对戈尔巴乔夫来说，赖莎生命的最后几天是他最沉重的日子，赖莎已经没有意识，他无法和她说话，哪怕是一个词；他也听不到她最后想对他说些什么。

赖莎在9月走了，这是一个色彩缤纷的季节，是他们46前结婚的季节。他们共同走过了46年的风风雨雨，如今只剩下了戈尔巴乔夫一个人。望着赖莎平静的遗容，他不相信与自己朝夕相处心心相印的妻子已经永远离开了他。他不能没有她。他还有很多事要和她一起做，还有很多话要对她说。使戈尔巴乔夫尤其感到痛心的是，妻子这些年的生活并不轻松，除了力所能及地帮助他，她在精神上一直背负着沉重的十字架，直至她死去。也许她说得对：“大概是上帝要我得这个病（白血病），为了让人们理解我。”赖莎得病后，戈尔巴乔夫基金会收到大量来自全国各地的同情和问候信。这是他们没有想到的，也使他们感到一丝欣慰。

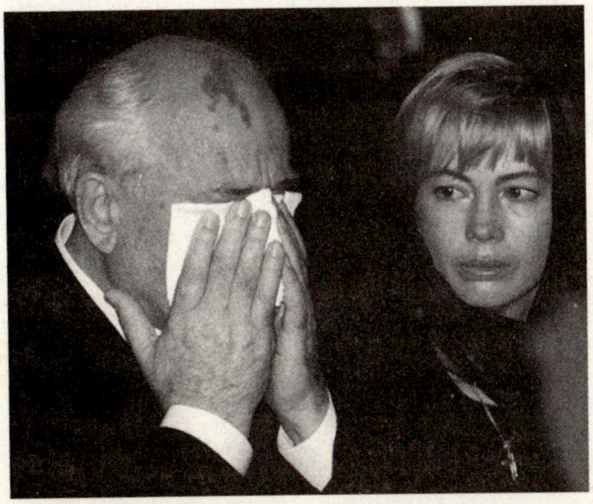
痛失赖莎，右为伊琳娜。

赖莎去世那天，戈尔巴乔夫整个早晨都待在自己房间里，极度悲痛。平静后他决定，继续做事。

俄罗斯总统叶利钦发了恻隐之心，派了一架专机飞往明斯特，将赖莎的遗体运回首都。

莫斯科人看到，失去妻子的戈尔巴乔夫面色悲戚，无限悲伤，仿佛一下苍老了许多，走路都很费力；陪伴在身边的伊琳娜眼含泪水，搀扶着父亲走下飞机。

莫斯科人排队悼念赖莎。

赖莎遗体告别时很多人前往参加，竟然排起了长队。在莫斯科新圣女公墓举行葬礼那天，一千多人为她送葬。叶利钦的妻子也参加了葬礼。这个朴实的女人与赖莎是完全不同的两种类型。她怀抱着对另一个女人的同情前来与之告别。

赖莎墓碑。

黑色墓碑旁竖起一座赖莎的全身塑像：身材苗条，长发披肩，长长的连衣裙拖至脚面，面部表情尤为生动：肃穆，忧思。

戈尔巴乔夫回到了别墅。往日温馨的家突然变得死气沉沉，荒凉冷落。仅仅两个月前，女主人还在这里，家里还充满生气。现在却只剩下他一个人。他环视房间，屋中的一切都勾起他对赖莎的怀念。墙上的照片，赖莎微笑的眼睛正看着他；卧室里一件毛衫搭在一把椅子上，就像女主人刚刚随手将它放在了那里；床头放着两册书，一本书翻到了某一页，这是女主人最后读到的地方……戈尔巴乔夫看着这一切，不禁老泪纵横。

赖莎去世后的三年时间里，女儿伊琳娜始终陪伴在父亲身边。伊琳娜说：对爸爸来说，那些日子必须看见、听见和感觉到有人，那个人看上去就像是赖莎，同样，他与之说话的人，还有姿势体态、言谈举止也要像妈妈。戈尔巴乔夫回忆起那段时光时说：“直至现在我难以回过头回忆那段时光。赖莎的离去对我是巨大的磨难。全家都成了孤儿：女儿，外孙女。这使我们关系更加亲近。此外我长时间感到自己很孤独。坦率地说，不想活下去。我甚至忍不住想大声说出这一点，虽然我一向没有控制不住自己的惯例。伊琳娜和喀秋莎、娜斯佳，她们挽救了我。在那些日子我常常把女儿叫做赖莎。”⑧

随着时光的流逝，“我明白了，不应当总是沉浸在绝望和痛苦中，淹没在其中。上天给予的生命，谁也无权用另外的目光看待它。我自然也会去上天那里，简言之，我安抚了自己，接受了所发生的一切”。⑨但思念依然每时每刻袭来，没有丝毫减弱。家里的一切摆设，赖莎的衣柜，十几年过去依然如当初那样，戈尔巴乔夫从来没有动过。“赖莎在世时我们把办公室用小墙隔开来，一边是妻子的桌子，另一边是我的。有的人建议重新摆放，说：为什么要虐待自己？但是我的手不能去改变它。像妻子的所有东西那样，原来是什么样，现在就是什么样。”⑩

戈尔巴乔夫一如以前，经常沿着别墅的林地散步，每天要走上6公里。那片树林很开阔，赖莎在世时，他们将它分成了7块地段，绕每块地段走一圈要一个小时。那时他们每天都会在这里散步，一边散步一边说话。散步是他们俩一辈子的习惯和最爱……而现在只有他独自一人走在熟悉的小路上。

走在熟悉的小路上，他经常回忆起和赖莎度过的岁月。赖莎的音容笑貌和一幕幕往事清晰地出现在他眼前：妻子要求他做她的大学讲课的第一个“学生”，听她讲课，一遍不行，还要第二遍；在突然来到的暴风雪中，赖莎却要和他出去散步，她非常迷恋大自然；赖莎和女儿严格管束他的衣食起居，不允许他超重，她们还经常偷偷把他的旧鞋扔掉；还有赖莎那手漂亮的字，她写的那条字幅现在还挂在家庭图书馆的墙上，上面是她亲手写的最喜爱的一句格言：死亡不是劳累的结果，而是停滞不前……他还回想起他们结婚41周年纪念日：“1994年秋，我们结婚41年了。那时正好俄罗斯发生了悲剧性事件。这不允许我们庆祝结婚纪念日。我们就坐一坐，说说话。我们回忆起婚后我们在圆柱大厅迎接1954年新年的情景。音乐奏着，我们的感觉异常美妙；周围似乎什么人也没有，什么东西也没有。忽然，在某个时刻华尔兹竟如此使我们醉心，以至我们居然没有发觉，大厅里只剩下我们两人……”⑪

赖莎去世后留下了25个文件包，“其中特别属于我们私人的，我将它放在了僻静的地方。文件包内保存着伊琳娜的第一缕头发，赖莎在产院的小标牌，还有外孙女的。这是我的心灵档案。完全是个人秘密”。⑫非常令人遗憾的是，戈尔巴乔夫从大学时代起写给赖莎的信件，一共52封，一直被赖莎珍藏，直至1991年“8·19”事件后被赖莎付之一炬，全部烧毁。她不愿意这些信件落在别人手里。

我们失去了对方，就失去了生活的意义。

2004年9月15日戈尔巴乔夫与老布什重逢。在戈尔巴乔夫别墅的会客室，老布什看到墙上挂着赖莎的大幅彩色照片。戈尔巴乔夫告诉他，他经常凝视照片，与妻子对话；他们的卧室与妻子去世前一模一样，什么也没有动过。那两册书，那件搭在椅子上的毛衫……

伊琳娜也经常回忆起母亲，回忆起父母在一起的生活。她说："当妈妈离去后，我和爸爸经常谈论这样的话题：为什么一切会是这样？要知道她为了帮助那些患白血病的儿童竭尽全力，做了一切。而且她没有得此病的任何客观因素。诊断结论相当快，还在莫斯科时，当妈妈去了中心医院。但爸爸只在德国医院才告诉她。她用自己所有的力量与疾病作了斗争，直至昏迷不醒。"爸爸和妈妈"给人的感觉就像是一个人。他们有过争论，吵嘴，但他们是一个整体。当不得不分别时，他们会无数次地给对方打电话，写信。甚至当我和妈妈去度假时，在那几周里我们也会写信给在家的爸爸，他也给我们写信。记得一个古老的神话故事，讲的是宙斯将同性人砍为两半——男人和女人，后来他们的另一半会面了。爸爸妈妈就像是这样"。⑬

戈尔巴乔夫和"赖莎"。

戈尔巴乔夫和两个外孙女在一起。

在赖莎生日或是忌日，戈尔巴乔夫和女儿以及两个外孙女会去莫斯科新圣女公墓为赖莎扫墓。戈尔巴乔夫总是亲自将鲜花放在墓前。2007年1月5日赖莎生日那天，全家又去了新圣女公墓。寒风萧瑟，白雪皑皑。全家人在赖莎墓前伫立良久。时光过得可真快，赖莎去世已经7年多了。看着赖莎的塑像，戈尔巴乔夫倍感心酸，黯然泪下。女儿和两个外孙女也同样无比伤心。两个外孙女是姥姥一手呵护长大的。她们对姥姥的感情很深。走出新圣女公墓，全家在不远的一个小饭馆吃了午餐，然后登上了麻雀山。女儿和外孙女都知道，在那里，在莫斯科大学，父母和姥姥姥爷当年是在那里认识的。

赖莎在20世纪80年代末成为苏联文化基金会的发起人。正是在她的支持和直接参与下实行了很多文化计划。她力排众议，说服大家，建立了白银时代著名女诗人茨维塔耶娃博物馆。她积极参与慈善活动，成为"世界儿童血液病"国际协会名誉主席，亲自到莫斯科儿童医院看望患病的儿童。1997年戈尔巴乔夫基金会创建了以她的名字命名的俱乐部，赖莎生前参与了创建并领导俱乐部的活动。这是她生前最后的爱好和社会公益事业。俱乐部的主要目的是探讨社会问题：妇女在当代俄罗斯社会中的作用，社会弱势群体受不到保护的现状，特别

赖莎的微笑很有魅力。

是儿童的状况。该俱乐部旨在帮助患病的儿童，各省从事困难儿童教育的老师和教育工作者，俱乐部组织讨论俄罗斯妇女在社会中的作用问题，研究社会不受保护阶层的现状和儿童问题。俱乐部在研究当代妇女不平等问题和组织妇女参政活动中占有重要位置。目前俱乐部由女儿伊琳娜领导。

苏联第一夫人打破了传统，引起苏联女人的非议。但是“在西方赖莎完成了真正的革命，她让世界看到了，苏联女人看上去是什么样的……”。⑭

赖莎以自己的个性引起世界的关注和兴趣，得到很高评价。1987年英国杂志《妇女》将她作为年度人物，国际基金会“共同为和平”授予她“妇女和平”奖，1991年她获得“第一夫人年”奖金。在世界公众眼里，她对丈夫的进步思想给予了力所能及的支持，他们夫妇被誉为“和平使者”。

1996年戈尔巴乔夫参加竞选俄罗斯总统，赖莎反对，但她还是尽力帮助了丈夫。“我当时反对戈尔巴乔夫参加俄罗斯总统竞选的声明。因为我并非是从书本上知道，那会是一种什么样的生活。我不得不与他分担这样的生活。自1985年以来我们度过了很多这样焦虑不安的日子。我不想让戈尔巴乔夫重新去过那种生活。但是戈尔巴乔夫——他是一个政治家，生命的每个细胞都充满了激情。他既然决定了，而我是他的妻子，就要帮助他。”

2009年6月16日戈尔巴乔夫出版发行了《纪念赖莎》的歌曲集磁盘，纪念赖莎去世十周年。上面录制了7首赖莎生前最喜爱的歌曲。戈尔巴乔夫亲自在安得烈·马卡列维奇的伴奏下完成了磁带录制。“我们将它陈列在伦敦的慈善拍卖会上，不会大量发行。”戈尔巴乔夫说。

2009年9月9日，圣彼得堡赖莎展馆揭幕。戈尔巴乔夫欣慰地出席了揭幕式。他在讲话中一往情深地说：他一直在与妻子对话，从来没有中断。“对我们两人来说，失去了对方就失去了生活的意义。”

另一次采访中有记者问他，赖莎去世后他本人有什么变化？他说：“我保留了对生活的兴趣。我想，我还是以前的那个戈尔巴乔夫，但是无疑，灵魂的一部分跟着赖莎走了，可能，这只是我的感觉……”“赖莎去世这么多年了，但失去她的痛苦没有减少，只是钝化了，但没有一点减弱。”

赖莎没有离开他。她常常走进他的梦中：他梦见自己听到电话铃响了，拿起听筒，这是——她！“赖莎！你在哪里？”戈尔巴乔夫总是这样急切地问，但是永远听不到回答……

作者按：我在1992年年底又来到了莫斯科，它已经是俄罗斯的首都。苏联成为了一段历史。

经历过如此沧桑之变，莫斯科犹如一场灾难后的废墟，一切需要重新开始；而莫斯科人脸上的表情尤其沉重，但是不乏忍耐和坚毅。这留给我很深的印象。

在这个国家工作和生活的十几年里，我经历和目睹了那里发生的一切：危机动荡的政局，车臣恐怖分子的袭击，百姓在金融危机中顷刻间丧失一切，闯荡俄罗斯的华人的艰辛……

戈尔巴乔夫仍是我关注的对象。赖莎去世时，莫斯科人确实对她表示出从来没有过的关注和同情。而戈尔巴乔夫也一直没有沉寂，不时出现在公众面前。但是他依然没有得到俄罗斯人的谅解。在那里这么多年，包括2010年我在远东某大学任教时，我多次问过周围的俄罗斯人：你们怎么看待戈尔巴乔夫？回答几乎全部是负面的。虽然越来越多的人认为改革是必要的。唯一正面的评价是他和赖莎的爱情，一些人将他们的爱情称为“上个世纪最后一个爱情故事”。

在历史的祭坛上，这就是戈尔巴乔夫的宿命。

注释

①网站相关信息。

②本小节以下引文全部援引自《真相与自白：戈尔巴乔夫回忆录》，不再一一标明。

③本小节未标注引文全部援引自《20世纪的精神教训——戈尔巴乔夫与池田大作对话录》，不再一一标明。

④⑤《共青团真理报》2011年3月2日，戈尔巴乔夫80大寿答记者问。

⑥⑦戈尔巴乔夫答记者问，来自俄罗斯网站。

⑧⑨⑩⑫俄罗斯网站相关文章。

⑪《真相与自白：戈尔巴乔夫回忆录》。

⑬⑭俄罗斯媒体对伊琳娜的访谈，俄罗斯网站。

★参阅书目

米·谢·戈尔巴乔夫：《真相与自白：戈尔巴乔夫回忆录》，亚风工作室电子图书。

阿·切尔尼亚耶夫：《在戈尔巴乔夫身边六年》，徐葵，张达楠等译，世界知识出版社2001年版。

《20世纪的精神教训——戈尔巴乔夫与池田大作对话录》，孙立川译，社会科学文献出版社2005年版。

戈尔巴乔夫基金会：《奔向自由：戈尔巴乔夫改革二十年后的评说》，李京洲等译，中央编译出版社2007年版。

米·谢·戈尔巴乔夫：《改革与新思维》，新华出版社1987年版。

赖莎·马克西莫夫娜·戈尔巴乔娃：《我希望……》，戈尔巴乔夫基金会网站。

叶·库·利加乔夫：《戈尔巴乔夫之谜》，《政党与当代世界》1992年8-9期。

瓦·博尔金：《戈尔巴乔夫沉浮录》（原名《宝座的坍塌——戈尔巴乔夫肖像》），李永全等译，中央编译出版社1996年版。

尼·雷日科夫：《大国悲剧》，新华出版社2007年版。

延伸阅读

（英）雷切尔·沃克：《震撼世界的六年》，张金鉴译，改革出版社1999年版。

罗·梅德韦杰夫：《斯大林和斯大林主义》，彭卓吾等译，中国社会科学出版社1989年版。

（法）巴其尔·凯布莱：《当代苏联社会》，钱慰曾等译，山东人民出版社1985年版。

《永志不忘——葛罗米柯回忆录上下卷》，伊吾译，世界知识出版社1989年版。

《赫鲁晓夫回忆录》，张岱云等译，东方出版社1988年内部发行版。

《最后的遗言——赫鲁晓夫回忆录续集》，上海国际问题研究所和上海市政协编译组译，东方出版社1988年版。

《克里姆林宫秘闻》，万启智等译，新华出版社1988年版。

《苏联大清洗内幕》，陈启能主编，社会科学文献出版社1988年版。

特别说明：本书细节参照了上述书籍、戈尔巴乔夫基金会官方网站和俄罗斯Яндекс等网站的相关文章；本书资料图片全部来自俄罗斯Яндекс和戈尔巴乔夫基金会等网站。

★后　记

2011年3月2日是戈尔巴乔夫的80大寿。生日前夕，美国和俄罗斯的一些媒体相继采访了他。80岁高龄的前苏联总统，依然精神矍铄，反应敏锐，谈吐幽默，活力不减当年。他说："我和赖莎曾设想，活到2000年就够了，不成为任何人的负担。就是说，我70岁，她69岁。但是她没能活到。离2000年还有三个月，也即是我们结婚46周年之际，她去世了。"

"如果一切可以重新开始，我的选择依然不变。有幸遇到我的妻子，这是我的福和惊喜。如果没有大学经历，那么我的生活舞台完全会是另一种。自1955年8月始我一直从政，当然，此前在大学学习的5年也从事了团的工作。我不想改变这一切。……改革的结局是不幸的，联盟解体了。这个结果战胜了我。我终归不是其对手。"

戈尔巴乔夫现居住在莫斯科郊区的一幢大别墅里，家人常常和他一起团聚。"（我）卖了我们原来的一切，为大家在莫斯科郊区买了一所大房子，够所有家人居住，包括两个外孙女和她们自己的家。"

谈起自己的生活，他说："我每天上网看新闻。夜里12点躺下睡觉，这是当总统时养成的蠢习惯。早晨7点起床，做操40分钟，早操后散步，然后听莫斯科之声广播，商务广播，看电视，然后上网……"

"我不想澄清什么，历史就是历史。最大的价值是生命。我还活着。任何时候也没有想到能活到80岁。农民出身，土地，劳动。现在我的健康有不少问题。70岁后不是这里出问题就是那里不舒服。已经做了几次手术。……没什么，我要说，最重要的是精神状态。"

一年前在他79岁生日时，回答记者有关改革的成功和教训时，戈尔巴乔夫说："改革和当代的最重要的教训在于，不能指望通过飞跃或剧变获得成功。当然，我们头脑中产生这种愿望是有历史原因的。我们一直习惯于自我发泄、自我保护、自我激励。为了民族大计而在许多方面放弃或限制自我。人们今后还会如此，这是他们的优点……不过，还是不要期望所有的问题可以一下子得到解决。不要再从一个极端走向另一个极端。"

"而改革的主要错误，我认为是我们没有很好地利用人民群众的巨大的支持。我不知道，还有哪个政权得到过如此巨大的支持。然而，我们从1990年春天开始逐渐失去这一支持。我们也没有抓住时机解决市场问题。人民一直在等待，可我们却没能抛弃陈旧的观点，依然将资金——数十亿美元的资金都花费在那些已经过时的大项目上。应当使人们的需求、收入与市场保持平衡，让一部分国防工业企业生产优质民用品。这样的话，人民就会理解叶利钦以及激进民主派的做法，也就不会发生叛乱了。可是当时人们认为：也许叛乱分子是对的，也许他们想使国家保持现状而不致变得更差。但没过多久他们就明白了，这不是他们要走的路。"

关于人们对改革的看法，戈尔巴乔夫基金会最近一次（2011年）社会调查显示，54%的人认为改革在当时是必要的。10年前持这个观点的人是40%，45%的人持相反的看法，也就是说更多的人开始明白为什么要改革。

戈尔巴乔夫在他80大寿之际答记者问时再次声言：他"任何时候都不会后悔发起改革"，"会有越来越多的俄罗斯人明白改革的正确性"。

2012年3月又到了戈尔巴乔夫的生日。81岁的前苏联总统仍然很活跃，出国演讲，著书撰稿，关注和评论时政。他特别关注去年年底和今年年初有关俄罗斯杜马选举的舞弊问题，以及由此引发大批民众走上街头集会示威的局势。他一再呼吁公正选举，表示赞同重新选举。对于普京再次竞选俄罗斯总统，戈尔巴乔夫也几次发表意见，认为普京已经担当过两次总理（第一次时间很短）、两届总统，执政时间足够长了，他不应当再次竞选总统，谋求执政。一两个人（"梅普"或"普梅"）长期执政，对于建立一个真正的公民社会和民主国家无益。他甚至劝说普京不要眷恋权力，学习他当年毅然辞去苏联总统职务的举动。戈尔巴乔夫的意见引起俄罗斯社会和全世界各国的关注。也许他的意见不无道理，但是俄罗斯社会主流意识却再次做出了自己的选择。

俄罗斯人为争取民主走过了漫长的道路，付出了沉重的代价，包括苏联解体，包括苏联解体后民众经历的苦难，也包括戈尔巴乔夫本人的命运。20年过去了，戈尔巴乔夫认为，今日俄罗斯离真正的民主社会还差得很远。他很清楚这一点，也会为之坚持不懈地继续努力。

经历了大起大落的戈尔巴乔夫，如今走进了自己生命的暮年。不论当权者对他打压还是褒奖，也不管自己的同胞如何长时间冷落他，他依然对自己的选择不弃不舍，严守自己的原则，坚持自己的信仰，顽强地一路走下去。他知道，这是他的生命价值所在，也是上天赋予他的宿命。

（说明：后记引文均来自戈尔巴乔夫基金会和俄罗斯网站相关资料）

2011年1月13日完成一稿，呼和浩特

2011年3月28日完成二稿，北京寓所

2012年3月14日完成文稿的最后修改，北京寓所

鸣　谢

感谢李静杰老师（中国社会科学院学部委员、中国俄罗斯东欧中亚研究学会会长），陈瑞铭老师（中国社科院经济研究所原副所长、研究员、俄罗斯科学院经济研究所经济学荣誉博士）在本书写作中给予的鼓励。

感谢本书编辑阮清钰老师在资料搜集中给予的帮助。

郑建新

2012年6月